Wirsing
Der abwendbare Untergang

Giselher Wirsing

Der abwendbare Untergang

Die Herausforderung an Menschen und Mächte

Econon Verlag
Düsseldorf · Wien

1. Auflage 1975

Gesetzt aus der 10 Punkt Times der Linotype GmbH
Gesamtherstellung:
Printed in Germany
ISBN 3 430 19798 8

Inhaltsübersicht

Kapitel I
VON DEN WELTKRIEGEN ZUR WELTGESCHICHTE

Das zwanzigste Jahrhundert unserer Zeitrechnung unterscheidet sich von allen vorhergegangenen Epochen der Menschheit durch etwas nie Dagewesenes: wir leben in einem universalen Zeitalter, in dem zum erstenmal alle großen Provinzen der Erde so eng miteinander verknüpft sind, daß die Gegenwart nur als weltgeschichtliches Ganzes zu verstehen ist.

Weltgeschichte – das war noch am Beginn dieses Jahrhunderts ein abstrakter Begriff. Auch der Erste Weltkrieg war seinem Ursprung nach noch ein europäischer Krieg, wenn auch mit Ausstrahlungen in alle anderen Weltteile. Sensible Denker ahnten damals eine radikale Änderung der Weltverhältnisse voraus. Sie ist inzwischen eingetreten.

Durch die elektronischen Kommunikationsmittel nehmen wir täglich am Geschehen der ganzen Welt in bezeichnenden Ausschnitten teil. *The one world,* von der in den vierziger Jahren der längst vergessene amerikanische Präsidentschaftskandidat Wendell Wilkie zuerst sprach, ist unsere tägliche Wirklichkeit. Daran ändert auch nichts, daß große Teile der Welt von Regimen beherrscht sind, die ihre Völker an dieser universalen Kommunikation nicht oder nur in willkürlicher Auswahl teilhaben lassen. Als zum erstenmal ein Mensch den Mond betrat, wurde diese Nachricht achthundert Millionen Chinesen vorenthalten. Eine völlige Absonderung großer Weltprovinzen vom universalen Geschehen wird jedoch weniger und weniger möglich.

Der universalen Kommunikation, der niemand entrinnt, entspricht noch lange kein universales Denken. Im Gegenteil, während alle an allem teilnehmen, ist die Welt rätselhafter, undurchsichtiger geworden. Die Fülle der Nachrichten, die uns umgibt, stumpft die Neugierde ab. Was ist wahr? Die universale Kommunikation hat zugleich das Gefühl der Ohnmacht des einzelnen erhöht. Ein indischer Bauer, der weniger chemische Düngemittel erhält, weil die Araber als Folge des Konfliktes in Palästina den Ölpreis vervierfachten – wie könnte er anders reagieren, als Forderungen an die eigene Regierung und ihre Weisheit zu stellen? Und hat eine der ölbeherrschenden Mächte je bei ihren Entscheidungen an jenen indischen Bauern gedacht, der nunmehr noch weniger in einem Lande produzieren kann, in dem schon Hunger herrscht?

Das Weltgeschehen ist universal geworden, aber der Mensch hat sich dadurch nicht in seinem Denken, Fühlen und Handeln geändert. Er muß, um existieren zu können, im Überschaubaren, im Provinziellen leben. Kirchturmpolitik ist ein Schimpfwort, aber sie ist der Natur des Menschen angemessen, der über weiter entfernte Verhältnisse nur klischeehaft nachzuplappern vermag, was die Informationsmedien ausstoßen.

Jede Generation ist anders als die vorhergehende. Auch in den scheinbar statischen Epochen der Geschichte hat sich immerwährender Wandel vollzogen. Das Normale ist jedoch, daß sich das Grundgefüge der Welt nicht ändert, der Welt, in der man lebt, die man vom Kirchturm aus überschaut. Ein Europäer, der um 1820 mannbar wurde, und einer, der um 1870 gerade erwachsen war, besaßen sicherlich ein sehr verschiedenes Weltbild. In diesen fünfzig Jahren war in die kleinstädtisch-bäuerliche Umwelt durch die Erfindung der Eisenbahn eine vorher unbekannte Mobilität eingebrochen. Aber nicht *die* Welt hatte sich verändert, sondern nur *innerhalb* der bekannten Welt hatte sich etwas verändert. Für den Heranwachsenden von 1870 galt noch immer, sogar noch vermehrt, was für den jungen Menschen von 1820 gegolten hatte: Europa erschien ihm als der Mittelpunkt der Welt. Ahnungsvolle Geister wie Alexis de Tocqueville, die in Amerika und Rußland die kommenden Weltmächte prophezeiten, waren unrepräsentativ für das Denken. Sie wurden daher auch erst ein Jahrhundert später in ihrer vollen Bedeutung entdeckt.

Welch ein Unterschied zwischen dem Jüngling von 1920 und dem von 1970. Ein Europäer, der in den zwanziger Jahren dieses Jahrhunderts erwachsen wurde, sah noch immer auf eine Welt, in der nur Japan und einige Randländer wie Thailand und Äthiopien unabhängig von der Herrschaft der Europäer und ihrer Nachkommen in Übersee waren. London und Paris standen im Mittelpunkt gewaltiger Reiche. Das Mittelmeer blieb eine europäische Binnensee, von der aus die Stützpunkte der Europäer bis ins entfernteste Asien ausgingen und ganz Afrika überzogen. Lateinamerika lag völlig im Schatten der Vereinigten Staaten. Unabhängigkeitsbewegungen, die in Indien und China entstanden waren, schien noch lange kein Nahziel zu winken.

Und fünfzig Jahre später?

Die jungen Männer und Frauen, die in den siebziger Jahren erwachsen werden, haben den Zweiten Weltkrieg nicht mehr erlebt, aus dem mit ungeheurer Beschleunigung die neue, nicht mehr europäisch zentrierte Welt hervorging. Sind sie Westeuropäer, so sind sie in einer Überflußgesellschaft groß geworden, für die der Himmel die Grenze zu sein schien. Sind sie Osteuropäer, so haben sie keine Erinnerung an eine freiheitlich verfaßte Gesellschaft. Sind sie Asiaten oder Afrikaner, so wissen sie vom Kolonialzeitalter nur aus den Erzählungen der Älteren und erleben gerade noch dessen letzte Nachwehen bei der Auflösung der portugiesischen Besitzungen. In den siebziger Jahren sind für die Generation der Zwanzig- bis Dreißigjährigen die tiefgreifendsten Veränderungen, die die Menschheit seit Jahrhunderten erfuhr, bereits geschichtliche Phänomene.

Strategisch beherrschen zwei Supermächte die Welt, aber diese Bipolarität beschränkt sich auf die letzte Entscheidung zwischen Krieg und Frieden im Weltmaßstab und schließt lokale Kriege nicht aus. Nach dem Zweiten Weltkrieg gab es kein Jahr, in dem nicht irgendwo auf der Welt Krieg geführt worden wäre. Eine große Zahl neuer gewichtiger Zentren ist entstanden, die jenseits der militärischen Machtblöcke liegen. Teheran und Delhi, Brasilia und Lima, Kairo und Algier, Hanoi und Djakarta, Canberra und Pretoria, allen voran aber das so lange ohnmächtige Peking sind Mittelpunkte großer Reiche geworden.

Eine verwirrende Fülle neuer Probleme ist entstanden. Noch vor kurzem stumme oder unterdrückte Rassen haben zu einem eigenständigen Leben gefunden. *Black is beautiful* – nicht nur in

Afrika. Die seit Jahrhunderten im Halbschlaf liegende Welt des Islam erlebte eine Renaissance. Und in Lateinamerika ist die Vorherrschaft der Vereinigten Staaten zu einer problematischen Partnerschaft geschrumpft.

In diesen fünfzig Jahren des zwanzigsten Jahrhunderts hat sich die größte Mutation vollzogen, die uns in der Geschichte der Menschheit in einem so kurzen Zeitraum bekannt ist. Die überlieferten Ideen und Normen sind fragwürdig geworden. Ständige Veränderungen mit tiefgreifenden Folgen lassen nur schwer eine Orientierung zu – trotz oder gerade wegen der Überfülle an Informationen. Die Universalität, auf die das Denken der Menschen und Völker noch nicht wirklich eingerichtet ist, hat zum erstenmal – weit über die politische Oberfläche hinaus – zu einer wahren Weltkrise geführt, die in allen Kontinenten zugleich auftritt.

Der vehemente Aufstand der Jugend, der in den sechziger Jahren von Tokio bis Paris, von Berlin bis San Francisco fast gleichzeitig ausbrach und sich wie ein Präriefeuer über alle Hochschulen der freien Welt ausbreitete, war eine der ersten universalen Reaktionen auf die Umwertung aller Werte, die diese Weltkrise mit sich brachte. José Ortega y Gasset hat solche Erscheinungen schon Anfang der vierziger Jahre vorausgesehen, als er schrieb:

»In Zeiten der Krise findet man sehr häufig falsche, geheuchelte Ansichten. Ganze Generationen verfälschen sich selbst, das heißt, sie flüchten sich in künstlerische Stilrichtungen, in Doktrinen, in politische Bewegungen, die unaufrichtig sind und die nur die Leere ausfüllen, welche die echten Überzeugungen gelassen haben.«[1]

Die große Krise der Ablösung des mittelalterlichen Denkens, aus der der neue modus – die Moderne – entstand, hat in Europa zwei Jahrhunderte ausgefüllt. Die weit universalere Krise, deren Beginn wir in den letzten Jahrzehnten erlebt haben, wird nicht so schnell einen neuen modus hervorbringen, nur ungeduldige Sophisten glauben das. Sie bringen alberne Schlagworte hervor, wie etwa »post-industrielles Zeitalter« oder »chancengleiche Gesellschaft« – Leerformeln ohne Substanz. Man wird sich auf eine lange Zeitspanne einrichten müssen, in der die Orientierung schwerfällt, weil der Glaube an Gott, der dieses Räderwerk in Ordnung hält, erschüttert ist, zugleich aber, richtiger *schon* auch der Glaube an die Vernunft, das heißt die schlichtende Allmacht der Wissenschaft zerbröckelt.

Auch unter langfristiger Perspektive sind wir in einen Zwischenzustand eingetreten, in dem bisher Festes aufweicht, neue Konturen sich aber nur langsam bilden. Wenn Mao Tse-tung in China einen völlig neuen Menschen schaffen möchte, der keine Verbindung mehr zu Jahrtausende alten Traditionen besitzt, so ist das nur einer der vielen atemlosen Versuche, die an vielen Stellen der Erde unternommen werden, wieder Boden unter den Füßen zu gewinnen. Mao gehört der futuristischen Generation an, die, meist vor der Jahrhundertwende geboren, an der Schwelle der Zeitalter stand, wie in Europa die Symbolfigur Picasso, der nach einer neuen Perspektive des Humanen strebte. Diesen Futuristen haftet etwas Gewaltsames an. Und Gewaltsamkeit – violencia – ist das Kennzeichen der Übergangszeit.

Neben die etablierte Macht ist zunehmend der Terror kleiner Gruppen getreten, die dank moderner Technik weit größeren Schrecken verbreiten können als ähnliche Gruppen früherer Übergangszeiten. Man muß den Terrorismus in der Zeit der Militäranarchie des Römischen Reiches im dritten Jahrhundert vor Diokletian studieren, um Parallelen zu Erscheinungen zu finden, wie sie in den siebziger Jahren in so weit voneinander entfernten Gebieten wie Argentinien, Nordirland und Indien an der Tagesordnung sind. Die palästinensischen Terroristen und ihre gelegentlichen japanischen Helfer entstammen wie die argentinischen Montoneros sozial zerrütteten, verzweifelten Schichten, in denen absolute und bedingungslose Indoktrinierung möglich ist.

Der Glaube, durch Mord und Ausrottung könne die Welt verbessert werden, dem unter Hitler und Stalin Millionen zum Opfer fielen, ist nicht ausgestorben. Er hat nur neue Formen gefunden. Schon muß man davor zittern, eines Tages könnte selbst die Atombombe in die Hände von Terroristen geraten. Die klassischen Übergangszeiten sind unvermeidlich von einer Rebarbarisierung begleitet, die mit Sprüchen vom kommenden Glück der Massen dekoriert wird.

Das Gesetz der höheren Erwartung

Die Weltkrise, in der wir leben, wird noch für lange Zeit eine Anpassungskrise an neue Lebensbedingungen sein. Das gilt mit völlig verschiedenen Vorzeichen sowohl für die hochindustrialisierten Völker wie für das weite Spektrum der sozialistisch-kommunistischen Länder wie für die Entwicklungsländer, so wenig sie auch eine Einheit darstellen, die man auf einen Nenner bringen könnte.

Das *Gesetz der höheren Erwartung* gilt in allen drei Kategorien als Fundament der Regierung. Es wird in der naiven Form, in der es sich im Laufe dieses Jahrhunderts durchsetzte, enttäuscht werden und eine erhebliche Modifizierung erfahren.

Für die *Industrievölker* entsprach das Gesetz der höheren Erwartung der Annahme, die Naturschätze dieser Erde seien unbegrenzt wie der Markt, für den man zu produzieren vermag. Beide Annahmen beruhen auf einer seltsamen Gedankenlosigkeit. Erst seit wenigen Jahren ist die Erkenntnis allgemein geworden, daß der Raubbau an den Naturschätzen auf Grenzen stoßen muß und nicht mehr so weiter betrieben werden kann wie seit anderthalb Jahrhunderten. Die Berechnungen, wann bei progressivem Tempo der Ausbeutung gewisse Metalle, Öl und Holz nicht mehr zur Verfügung stehen, schwanken. Gewiß ist nur, daß die Menschheit immer näher an marginale Werte der Ausbeutung herankommt, sei es bei der Erschließung der Urwälder des Amazonasgebietes, sei es in extremen Kälteregionen Sibiriens.

Die Aufschließung der auf dem Meeresboden verborgenen Schätze wird die Daten der Erschöpfung der Naturschätze viel weiter hinausschieben, als man noch vor wenigen Jahren annahm. Aber alle diese marginalen Ausbeutungsräume bedingen weit kompliziertere Vorkehrungen und damit weit höhere Kosten. Sie rentieren sich nur, wenn sie auf die Preise aufgeschlagen werden können. Das gleiche gilt für viele technische Substitute der Naturschätze. Dies alles muß sich auf die volkswirtschaftliche Gesamtbilanz und schließlich auf die Lebenshaltung des einzelnen auswirken. Der Zwang zum Haushalten wächst. Dem entspricht wachsender Protest und Gegenwehr der Rohstoffländer gegen den Überverbrauch der Industrieländer. Das Gewicht solcher Argumente wird in den kommenden Jahrzehnten zunehmen.

Hinzu kommen die Folgen der fortschreitenden *Urbanisierung*. Hier steht man nur vor der Wahl eines schleichenden Verfalls der neuen Megalopolis, der schon jetzt in vielen Riesenstädten stattfindet, oder einer beständigen Ausweitung der öffentlichen Dienstleistungen, welche die Verteilung des erarbeiteten Nationalprodukts drastisch verändern muß. Die Dienstleistungsbetriebe gerieten zuerst in den Vereinigten Staaten in eine Dauerkrise, als der Service der Eisenbahnen verfiel und die Krankenhauskosten ins Ungemessene stiegen. Inzwischen stehen alle Industrieländer vor der anscheinend endlosen Spirale der Verteuerung der Verkehrsmittel, von Strom und Wasser, der Krankenpflege und der Bildungseinrichtungen. Alle diese steigenden Kosten sind Elemente der Inflation, die sich kaum bekämpfen lassen. Sie ergeben sich aus den Wertmaßstäben des Sozialstaates. In demokratischen Ländern kann sie keine Partei in Zweifel ziehen, die nicht Selbstmord begehen will.

Dabei gerät das Gesetz der höheren Erwartung in immer schärferen Konflikt mit der harten Realität der Begrenztheit. Eine Anpassung der Industrieländer an diese neuen Gegebenheiten muß schwerwiegende soziale Folgen haben. Mitte der siebziger Jahre lebt bereits eine Anzahl hochindustrialisierter Völker über ihre Verhältnisse. Der Zwang zur Anpassung an die Begrenztheit der Mittel trifft die mächtigsten sozialen Organisationen. Nur nach schweren Erschütterungen werden sie bereit sein, sich auf einen bescheideneren Lebensstandard einzustellen.

Für die *sozialistisch-kommunistischen Staaten* gilt in der Frage der Ausbeutung der Rohstoffe das gleiche wie für die freie Welt. So bedeutet die Ausbeutung der sibirischen Rohstoffe immense Kostensteigerungen, die auf die Verteilung des Nationaleinkommens erheblich einwirken müssen. Für die kommunistischen Staaten stellt sich das zusätzliche Problem, daß es immer schwieriger werden muß, zugleich eine informierte und dennoch politisch eingeengte, ja unterdrückte Gesellschaft haben zu wollen. Das Dilemma muß wachsen, weil sich die Möglichkeiten der

Informationsbeschränkung auf lange Sicht verringern. Die Anpassung dogmatisch erstarrter politischer Systeme an die unvermeidlichen gesellschaftlichen Wandlungen industrieller Gesellschaften wirft langfristig brisante Fragen auf. Sie werden sich in der Sowjetunion noch in diesem Jahrhundert stellen.

Die *Entwicklungsländer* schließlich stehen vor dem ungeheuren Problem der sich ständig erweiternden Kluft zwischen den in traditionellen Bindungen und Gewohnheiten fortlebenden Massen und einer mit westlichen Ideen und Techniken erzogenen Elite. Dieser Zwiespalt wird durch die Bevölkerungsexplosion in den meisten Entwicklungsländern noch vertieft. Auch dort, wo eine beachtliche moderne Entwicklung eingetreten ist, bleibt sie inselhaft und vermag viele hunderte Millionen Menschen kaum zu erfassen. Die Voraussetzungen breiter Volksbildung, die heute auch in der Landwirtschaft unvermeidliche Sprossen zum Erfolg sind, bleiben rudimentär, weil das Schulwesen meist mit der Bevölkerungsentwicklung nicht Schritt zu halten vermag. Dazu vergrößert sich in den notorischen Hungerregionen in Südasien und Afrika die Gefahr, daß Millionen Heranwachsende bildungsunfähig werden, weil der Proteinmangel in früher Jugend Dauerschäden hinterläßt. Der Quantität des Nachwuchses entspricht durch solche Schäden häufig nicht die Qualität.

So mußte der große Elan, der in den Jahren der Befreiung von der kolonialen Oberherrschaft viele Entwicklungsländer beflügelte, einer dumpfen Resignation weichen, unterbrochen von lokalen Aufständen. Die schleppende Tradition einer überbesetzten und daher entweder entscheidungsunfähigen oder korrupten Bürokratie bringt große Regionen wie etwa Bangladesch, Äthiopien und manche der Sahelstaaten an den Rand der Unregierbarkeit.

Die Anpassungsprobleme der meisten Entwicklungsländer an die künstliche Welt der Technik und die von ihr geforderte Disziplin sind weit größer, als man in den Jahren nationalen Überschwangs vermutete. Die kurzen Fristen, mit denen auch westliche Experten rechneten, die den entscheidenden Faktor der Veränderung der traditionellen Mentalität nicht berücksichtigten, dehnen sich längst in das nächste Jahrhundert aus. Die akute Gefahr von Hungerkatastrophen erzwingt zudem, den Prozeß der

Industrialisierung zu verlangsamen und der Landwirtschaft erneut Priorität einzuräumen.

Wir sprachen bei den drei großen Kategorien der Völker von sehr unterschiedlicher Anpassung an sehr verschiedene Gegebenheiten. Wir wissen jedoch nicht, auf welchen neuen Aggregatzustand dieser untrennbar einen Welt das hinauslaufen wird. In dem revolutionären Prozeß der letzten fünfzig Jahre haben sich bereits große Machtverschiebungen ergeben; weitere werden folgen. Das Gefühl des Bedrohtseins wird jedoch in dem begrenzten Zeitraum, auf den wir Wahrscheinlichkeiten projektieren können, nicht von uns weichen.

Untergangsprophetien

Warum fühlt sich der Mensch in allen Kontinenten soviel mehr bedroht, soviel unsicherer? Haben sich nicht unsere Kenntnisse über Gesetze und innere Zusammenhänge der Natur von Jahrzehnt zu Jahrzehnt in unbeschreiblicher Fülle vermehrt? Sind wir nicht zu Leistungen fähig, die noch vor einem Jahrhundert nur der *science fiction* eines Jules Verne vorbehalten blieben?

Das Mißverhältnis zwischen naturwissenschaftlicher Erkenntnis und der wachsenden Ohnmacht, das soziale Geschehen vernünftig zu lenken, ist der Menschheit überall bewußt geworden. Selbst der analphabetische Bauer irgendwo im Dschungel Südasiens spürt es bereits. Je weiter sich die Rationalität ausbreitete, um so mehr stieg auch die Irrationalität.

Wenn es in Europa nach dem Ersten Weltkrieg eine biologisch-deterministische Untergangsstimmung gab, die sich im Titel von Spenglers berühmtem, heute kaum mehr gelesenen Buch ausdrückte, so traf ich auf ähnliche Phänomene – gespeist noch von uralten Mythen – in Indien und auch bei japanischen Intellektuellen. So ist mir eine Unterhaltung mit einem grundgescheiten Professor in Kyoto unvergeßlich, der schon Anfang der sechziger Jahre davon überzeugt war, daß die Japaner trotz steigenden Wohlstands sich schließlich auf ihrer schmalen Insel selbst vergiften und vernichten würden wie die in künstliche Lebensumstände versetzten Ratten bei Experimenten der Biologen.

Untergangsprophetien sind in der Geschichte immer in der Zeit der großen Veränderungen aufgetreten. Der Grieche Polybios sagte schon im zweiten Jahrhundert v. Chr. den Untergang Roms voraus – das er bewunderte. In Machiavellis »Discorsi« wandert virtú – Tüchtigkeit, Heldentum und Kraft – durch die Geschichte und läßt Völker erblühen und sterben. Der Neapolitaner G. B. Vico hat dann im 18. Jahrhundert bereits eine zyklische Geschichtstheorie entworfen. Er schilderte, wie sich die Völker aus primitiven Zuständen heraufarbeiten, um schließlich mit der Verfeinerung ihrer Zivilisation allmählich wieder in Barbarei zurückzufallen. Vom bedeutendsten Geschichtsmorphologen unserer Zeit sagte ich Anfang der fünfziger Jahre: »Die Konzeption Arnold Toynbees wird, so imponierend sie ist, kommenden Generationen als eine ins Monumentale übersteigerte und zum weltgeschichtlichen Schema erhobene Großprojektion der Abdankung der historischen Oberschicht Englands in unserem Jahrhundert erscheinen.«[2]

In all diesen Geschichtsbildern von Polybios bis Toynbee steckt ein gut Teil Wahrheit, zugleich aber eine Bedingtheit der Sicht, der wir uns nicht zu beugen brauchen. In Übergangsperioden großen Stils stehen sich häufig mechanistische Fortschrittsideen und steriles Festklammern am Bestehenden schroff gegenüber. Beides entspricht nicht dem *Urprinzip der Wandlung,* das östliche und westliche Lebensweisheit als ihr Gemeinsames besitzen.

Die Epoche der deterministischen Geschichtsauffassung nähert sich ihrem Ende. Sie führte in der Sowjetunion zu einem starren Neu-Byzantinismus, zu einem Gesellschaftssystem, das keiner ökonomischen Innovationen fähig ist, wie im Abschnitt über das Sowjetimperium näher dargelegt wird. Innovationen beschränken sich nicht auf das technisch Machbare, in ihnen drückt sich die *Schöpferkraft* aus, die uns allein befähigen kann, das gewichtigste Problem der nächsten fünfzig Jahre – eine weitere Verdopplung der Menschheit – zu bewältigen.

Der Titel dieses Buches weist auf die Wegscheide hin, an der wir angelangt sind. Von der Drohung der Atombombe bis zur Ausplünderung der Naturschätze der Erde gibt es genügend

Symptome, die Selbstvernichtung anzukündigen scheinen. Dem stehen in allen Kontinenten große Anstrengungen gegenüber, voraussehbare Katastrophen abzuwenden. Ob ihnen Erfolg beschieden sein wird, hängt davon ab, welche Formen der Kooperation sich herausbilden, die dem universalen Zeitalter entsprechen, in das wir eingetreten sind.

Das kann kein »Weltstaat« sein, der angesichts der realen Machtverhältnisse nur nach der Vernichtung der einen oder der anderen Supermacht denkbar wäre – also als Ergebnis einer Menschheitskatastrophe, die es doch gerade zu vermeiden gilt. Mit der Utopie der freiwilligen Abdankung einer oder beider Supermächte, die solchen rationalen Entwürfen zugrunde liegt, brauchen wir uns kaum zu befassen.

Die Tendenz zur Universalität ist nur die halbe Wahrheit.

In allen großen Weltprovinzen besteht zugleich ein Zwang zur internationalen Kooperation wie auch die instinktive Abwehr einer Steuerung von außen, einer Fremdbestimmung. Man macht es sich zu leicht, wenn man dieses Mißtrauen nur für ein Relikt des Nationalismus hält.

Der französische Philosoph Henri Bergson hat richtig beobachtet, daß der soziale Instinkt immer auf eine *geschlossene* Gesellschaft abzielt.[3] Bergson hat den fundamentalen Unterschied zwischen der Gesellschaft, in der wir leben, und der ganzen Menschheit als einen Unterschied der *Art* und nicht des *Grades* bezeichnet. Er erkannte, daß es einer rein intellektualistischen Auffassung von der Seele entspräche, wenn man glauben würde, Zuneigung und Verpflichtung ließe sich von der kleinsten Gemeinschaft, der Familie, über die Nation in einem fortlaufenden Prozeß erweitern, bis sie die ganze Menschheit umfasse.

Wir sind über diese Einsicht Bergsons nicht hinausgelangt, weil dies voraussetzen würde, daß die menschliche Natur sich ändere. Das soll nun freilich nicht heißen, heutige Nationen seien letzte Einheiten. Das sind sie sogar mit Sicherheit nicht. Bergson, richtig verstanden, sagt lediglich, daß es immer eine *geschlossene* Gesellschaft sein muß, die eine instinktive Treuebezeigung von uns verlangen kann. Überspringt man eine Stufe, so muß man bei der Anwendung von Gewalt enden. Der Einmarsch der Sowjetarmee in Prag (1968) war dafür ein neuer Beweis.

Small is beautiful hieß bezeichnend der Titel eines Buches, das Mitte der siebziger Jahre Aufsehen in der angelsächsischen Welt erregte.[4] Dem Zwang zur Universalität steht die Tendenz zur überschaubaren Einheit gegenüber. Wer das übersieht, wird sich an der Wirklichkeit vorbei auf ideologischen Pfaden verirren. Internationale Kooperation darf nicht auf Auslöschung der gewachsenen Einheiten gerichtet sein. Man muß daher das Mißtrauen ernst nehmen, das viele Entwicklungsländer gegenüber einer Hilfe zeigen, die sie doch dringend benötigen. Es entspringt der psychischen Abwehrreaktion gegen Fremdbestimmung. Sie hat sich oft als stärker erwiesen als wirtschaftliche Notstände.

Wenn wir von den Ansätzen universaler Kooperation sprechen, wird man diese dem menschlichen Instinkt entsprechenden Hemmungen zu beachten haben. Rationalen Planspielen, wie sie der Club of Rome betreibt, stehen irrationale Hemmungen entgegen. Man kann sie nicht einfach als »rückständiges Denken« bezeichnen. Sie sind dem Menschen eingeboren.

Das Mißtrauen gegen unüberschaubare Machtzusammenhänge ist legitim, gleichgültig ob es sich gegen multinationale Gesellschaften von größter Finanzkraft wendet oder gegen das Verlangen der Gewerkschaften nach »weltweiter Investitionslenkung«, deren Steuermänner noch mehr Macht besäßen als die obersten Manager der größten »Multis«. *So liegt das Grundproblem der Abwendung von Katastrophen darin beschlossen, wie internationale Kooperation möglich werden kann, die nicht in sich bereits den Keim neuer Zwangsbeherrschung trägt.* Wir sind davon noch weit entfernt, aber es gibt Ansätze. Mehr ist auch nicht zu erwarten. Ein neues Bewußtsein bildet sich nicht über Nacht.

Ansätze der Kooperation

Die tiefgreifende Umgestaltung der Welt hat Haß und Gewalt vermehrt, zugleich aber auch diese Ansätze zur universalen Kooperation gebracht. Der Begriff der Hilfe hat sich ins Universale ausgeweitet – in einem Umfang, der noch in den zwanziger Jahren als verwunderliche Illusion angesehen worden wäre.

Das beginnt schon mit dem Roten Kreuz, das, ursprünglich

nur zur Hilfe in Kriegszeiten gedacht, zu einer weltweiten und von zahlreichen karitativen Verbänden unterstützten Organisation geworden ist. Naturkatastrophen größeren Ausmaßes sind keine lokalen Ereignisse mehr. Schon nach wenigen Stunden setzt internationale Hilfe ein, wie abgelegen immer der Ort des Unglücks sein mag.

Am Ende des Zweiten Weltkrieges sind bei der Hungersnot in Bengalen und der folgenden Grippeepidemie noch fünf Millionen Menschen umgekommen. Die große indische Mißernte von 1966/67 setzte dagegen eine amerikanische Weizenflotte in Bewegung, die etwa ein Drittel der Ernte der USA nach Indien verschiffte. In Bangladesch allerdings versagte ein Jahrzehnt später die Hilfe. Das hatte jedoch lokale Ursachen.

Die Weltbank ist zu einer mächtigen Zentrale der Umverteilung von Mitteln geworden, mit denen Landwirtschaft, Industrie und sogar Bevölkerungspolitik nach großen entwicklungsstrategischen Plänen gefördert wird. In der ersten Entwicklungsdekade 1960/69 hat die westliche Welt 410 Milliarden DM an Entwicklungshilfe aufgebracht. Auch wenn davon ein Teil nur verschleierter Exportkredit gewesen sein mag, und ein anderer Teil in falsche Taschen floß, so läßt sich doch nicht leugnen, daß dieser Hilfe auch eine moralische Qualität zugrunde lag, die schon beim Marshallplan ein wichtiges Motiv war. Das steht den handfesten Interessen der Gebenden nicht entgegen.

Gewiß, diese Hilfe blieb unzulänglich und wurde durch sinkende Rohstoffpreise und gleichzeitiges Ansteigen der Preise für Fertigwaren *(terms of trade)* zum großen Teil aufgezehrt – so sehr, daß der Anteil der Entwicklungsländer am Welthandel zwischen 1950 und 1970 von über 30 Prozent auf 17,4 Prozent sank. Doch war das Prinzip einer universalen Interdependenz anerkannt – was nicht heißt, sie sei bei Gebern oder Nehmern populär. Trotz aller politischen Spannungen tauchten aber die Konturen neuer Partnerschaften auf. Die naive Begeisterung bei der Gründung des Friedenskorps durch John F. Kennedy wich allmählich größerem Verständnis für die wirklichen Bedürfnisse der Entwicklungsländer, die nicht unbesehen die arbeitssparende, automatisierte Technologie der Industrieländer übernehmen können. Es tauchte die Frage auf, ob die Entwicklungshilfe insgesamt falsch programmiert war.

Konferenzen zur Frage der Weltbevölkerung und Welternährung mögen noch geringe praktische Bedeutung haben. Daß sie überhaupt stattfinden, sind erste Vorboten, daß die Weltkrise nicht nur zur Konfrontation, sondern auch zur Kooperation führen kann. Auch die christlichen Kirchen hat die Krise des allgemeinen Bewußtseins nicht verschont, aber christliche Grundsätze der Nächstenhilfe haben sich als stärker erwiesen als die Kirchen selbst.

Das kommt nicht von ungefähr. Die künstliche Welt, in der wir leben und die allein das Überleben ermöglicht, hat dennoch nicht die gewissermaßen archaischen Restbestände der Überlieferung völlig verdrängt. In weiten Teilen Asiens wäre die Not noch sehr viel größer, hätte sich nicht der größere Familienverband *(joint family)* bis in die Slums der Städte hinein noch erhalten. Die so oft mißverstandene indische Kaste ersetzt teilweise eine Sozialversicherung, für die angesichts der allgemeinen Armut die Mittel gar nicht aufzubringen wären. In den USA war es gerade die Arbeiterschaft, die ungeachtet der progressiven Lehrformeln mancher Funktionäre spontanen Widerstand gegen die Vernichtung legitimer Autorität leistete. Das strapazierte Wort von der schweigenden Mehrheit ist kaum mehr zu gebrauchen, doch entbehrt es nicht realer Beobachtung.

Der Mensch ist ein beharrendes Wesen, das neuen Umweltbedingungen einen aus Urgründen stammenden Widerstand entgegensetzt. Daraus ergeben sich Hemmungen für alle radikalen Reformer, die aus der menschlichen Gesellschaft einen stromlinienförmigen, konformistischen Mechanismus machen wollen. Der Sozialingenieur stößt auf die Grenzen des Machbaren. Das verleitete Mao dazu, den Chinesen alle acht Jahre eine künstliche Revolution verordnen zu wollen, wie auch die Utopisten im Westen von einer schnellen »Veränderung der Gesellschaft« träumen, als ob es sich um Apparate handle, die sich mit ein paar Hebeln bedienen und umschalten lassen. Je komplizierter die Gesellschaft wird, um so simpler werden die Phrasen der Heilsverkünder.

Eine Zwischenbilanz

Die Weltkrise wird sich über eine lange Zeitspanne erstrecken. Die Anpassung an die universalen Voraussetzungen dieses neuen Zeitalters der Menschheitsgeschichte kann nicht in wenigen Jahrzehnten erfolgen.

Wir beabsichtigen mit diesem Buch eine Zwischenbilanz, die sich auf den Zustand der siebziger und achtziger Jahre dieses Jahrhunderts bezieht. Wir stoßen dabei auf die realen Machtverhältnisse der Gegenwart, auf die Rivalität der Supermächte wie auf die Bewegung der neu heraufkommenden Nationen, deren große Rolle schon voraussehbar ist.

Über die Gegenwartsprobleme der Umformung der großen Regionen dieser einen Welt kann der Autor nur auswählend berichten, wird er sich den Einwand der Unvollständigkeit gefallen lassen müssen. Noch weniger war es ihm möglich, das geschichtliche Werden der Weltprovinzen nachzuzeichnen, das zum Verständnis der Gegenwart und der weiteren Perspektive der Weltkrise unerläßlich wäre. Dazu wäre ein vielbändiges Werk nötig, das nicht in der Absicht dieses Buches liegen kann. Auszuwählen also war das Typische des mächtigen Umformungsprozesses in allen Weltregionen.

Die Interdependenz aller Weltvorgänge ist unleugbar, wie der weltweite Energienotstand gezeigt hat, der zu einem bezeichnenden Teilproblem der Weltkrise geworden ist. Der Kampf um die Verteilung der Rohstoffe zwischen den Weltprovinzen ist eines der großen Probleme, das sich über Jahrzehnte erstrecken wird.

Auf der anderen Seite ist universales Denken auch heute noch eine Abstraktion. Die dafür geschaffene Institution, die Vereinten Nationen, sind ein ohnmächtiges Gebilde geblieben – ein Podium propagandistischer Monologe, das durch das Institut des Vetos der Großmächte von den realen Machtverhältnissen abhängig bleibt. Eine Frühgeburt, die nicht sehr viel Hoffnung erweckt. Wir müssen uns daher der Bewegung der Mächte selbst zuwenden, wenn wir die typischen Konturen dieses noch so jungen universalen Zeitalters erkennen wollen. Die Weltgeschichte der Zukunft in der Aktion der Gegenwart.

Jedoch: der Autor gehört der Zunft der Futurologen nicht an. Dieser säkularisierte Zweig der Astrologie projiziert mit Hilfe von Computern Bekanntes aus der Vergangenheit ins Unbekannte der Zukunft. Je nachdem was man aus dem Vergangenen auswählt, ergeben sich daraus Schreckbilder oder Gemälde vom kommenden Glück der Menschheit auf Erden. Das Wesentliche aber erfaßt kein Computer.

Das Unvorhersehbare ist die Flexibilität der menschlichen Natur.

Wir sind ebenso umgeben von Verfallserscheinungen wie von fortwährendem Hervorbringen von absolut Neuem. Während sich Katastrophen ankündigen, ist die kreative Kraft nicht erlahmt. Der Drang nach allgemeinem Wohlstand wird begleitet von einem immer tieferen Mißtrauen in eine rein materielle Kultur. Das war eines der noch unausgegorenen Motive des kurzlebigen Aufstands der westlichen Jugend in den sechziger Jahren. Der große Arzt und Naturforscher Alexis Carrel sah schon vor Jahrzehnten das Dilemma einer selbstzerstörerischen Zivilisation, die dennoch alle Keime der Abwendung von immer größerem Unheil und Elend enthält. Carrel glaubte noch, mit einem ungeheuren Willensakt müßten wir den Panzer der uns umgebenden technisch-künstlichen Welt sprengen. Wir wissen heute, daß das nicht möglich ist, weil wir die Menschheit der Zukunft dann nicht mehr ernähren, kleiden und behausen könnten. Abwenden kann nicht zertrümmern heißen, sondern erkennen, vorbauen, vorsehen. Der mangelnde Mut zur Voraussicht ist die größte Schwäche aller demokratischen Systeme. Sie sind von Augenblicksstimmungen abhängig und neigen daher zum Opportunismus, zur Angst vor der Erkenntnis. Den Untergang abwenden heißt daher zum Bewußtsein der Wirklichkeit führen.

Kapitel II
DER EINBRUCH DES ÖLKARTELLS IN DAS WELTSTAATENSYSTEM

Die dreizehn in der OPEC* zusammengeschlossenen Ölproduzenten sind seit dem Herbst 1973 fast über Nacht zu einem weltwirtschaftlichen und damit auch weltpolitischen Faktor ersten Ranges geworden. Der Jom Kippur-Krieg in Palästina wurde zu einem tiefen Einschnitt, weit über die nahöstliche Region hinaus. In kürzester Zeit sind Städte wie Teheran und Riad, Lagos und Algier aus entlegenen Randgebieten zu Zentren der Weltpolitk geworden.

Wie Schwefelwolken nach einem Vulkanausbruch lasteten nach dem ersten Schock dieser tektonischen Verschiebung des Weltstaatensystems Untergangsprophezeiungen über den Industriestaaten. Sie haben sich nach kurzer Zeit als übertrieben und voreilig herausgestellt. So hat es den angeblichen Ölboykott, der im Winter 1973/74 Panik im Westen und Japan ausgelöst hatte, in Wirklichkeit nie gegeben. Auch stellte sich heraus, daß Vorausberechnungen über die künftige Kapitalanhäufung bei den Ölproduzenten weit weniger zuverlässig sind, als man zuerst dachte. Dennoch: die abrupte Vervierfachung des Ölpreises bedeutet noch für Jahre eine Übertragung von Kaufkraft, für die es – in solchem Ausmaß und in so kurzem Zeitraum – kaum ein Beispiel in der Wirtschaftsgeschichte gibt.

Binnen weniger Wochen spaltete sich die bisherige Dritte Welt. Obwohl von sehr unterschiedlichem Charakter, bildeten die Ölproduzenten eine neue Einheit unter den Mächtegruppen. Die meisten der anderen Entwicklungsländer sanken ökonomisch noch eine Stufe tiefer und wurden zur *Vierten Welt* – die armen und ärmsten Länder der Erde. Ihre Entwicklungschancen wur-

* OPEC = Organization of Petroleum Exporting Countries

den durch den vervierfachten Erdölpreis am härtesten betroffen. Die etwa 12 Milliarden Dollar, welche die Vierte Welt 1974 für die Einfuhr von Erdöl mehr bezahlen mußte, überstieg die gesamte öffentliche Entwicklungshilfe der Industriestaaten, die auf rund 11,4 Milliarden geschätzt wurde.

Unter den achtzehn wichtigsten Industriestaaten gab es 1974 nur noch zwei – die Bundesrepublik Deutschland und die Niederlande –, die ihre Ölrechnung aus Überschüssen der Zahlungsbilanz begleichen konnten. Die summierten Defizite der Industriestaaten näherten sich an der Jahreswende 1974/75 fünfzig Milliarden Dollar.[1] Sie wurden für 1976 auf sechzig Milliarden von der Morgan-Bank in New York geschätzt. Dagegen stiegen die Einnahmen der Ölproduzenten von 22,7 Milliarden Dollar 1973 auf etwa 112 Milliarden Dollar 1974. 56–60 Milliarden Dollar konnten die Ölproduzenten nicht selbst verbrauchen oder im eigenen Lande investieren. Das Vierfache der gesamten Währungsreserven der USA vagabundierte auf den Geldmärkten der westlichen Welt oder suchte Anlagen.

Die Unsicherheit war groß, zumal arabische Extremisten damit drohten, die Ölwaffe zur Erlangung ihrer Ziele in Palästina einzusetzen. So erhob sich die bange Frage, ob das zu einem Krieg aus Verzweiflung führen würde. In einem sensationellen Interview schloß selbst Henry Kissinger den Gebrauch von Gewalt »im äußersten Notfall« nicht aus.[2] Darunter verstand er jedoch nicht die Erhöhung des Ölpreises oder rein wirtschaftliche Vorgänge, sondern den Versuch, die westliche Welt zu »strangulieren«. Die Drohung war in Wirklichkeit nur ein taktisches Mittel, um den gemäßigten Kräften im arabischen Lager drastisch zu Hilfe zu kommen. Von der »Ölwaffe« war seitdem nur wenig mehr die Rede. Sie würde auch den Lebensnerv der Ölproduzenten treffen. Ihnen muß daran gelegen sein, ihre Ölvorräte, die irgendwann erschöpft sein werden, so zu nutzen, daß die nächsten Generationen noch immer von dem Reichtum profitieren können, über den sie im ausgehenden 20. Jahrhundert noch verfügten.

Energienotstand – wie lange?

Durch die Preiserhöhung des Erdöls ergab sich ein akuter *Energienotstand,* weil die enormen Ölrechnungen die Zahlungsbilanzen aller Länder der Erde schwer belasteten. Dagegen gibt es keine »Energiekrise« in dem Sinne, daß zu wenig Energieträger vorhanden wären. Diese Unterscheidung mag auf den ersten Blick sophistisch klingen, unter weiterer Perspektive ist sie jedoch fundamental.

Der Energienotstand, mit dem seit 1974 alle Länder der Erde konfrontiert sind, ist nicht durch akuten Mangel hervorgerufen, es ist vielmehr ein *ausschließlich politischer Notstand;* denn die Vervierfachung des Erdölpreises war ein politischer Entschluß der OPEC-Länder, bei dem sie ihre Monopolstellung voll ausnutzten. Auch ohne den Anlaß des Jom Kippur-Krieges hätten die Ölproduzenten früher oder später die Macht ihres Monopols spüren lassen. Nach dem Vorbild Irans waren sie alle entschlossen, die multinationalen Ölgesellschaften durch Nationalisierung aus der Produktion zu verdrängen.

Den Produzenten von Kupfer, Eisenerz, Kautschuk, Zinn und anderen Rohstoffen ist es bisher nicht geglückt, die OPEC nachzuahmen. Dagegen schlossen sich 1974 bereits unter Führung des größten Produzenten Jamaika (das seinen Ausfuhrzoll um 700 Prozent erhöhte) sieben Länder zu einer Bauxit Association zusammen, um den Preis des Aluminium-Rohstoffs zu manipulieren. Früher oder später wird das OPEC-Beispiel Schule machen, wenn auch kaum so drastisch wie beim industriellen Lebenssaft Öl.

Der Ölpreis der Wüstenstaaten ist immer ein politischer Preis gewesen. Die reinen Förderkosten für ein Faß Öl betragen im Mittleren Osten nicht mehr als zehn Cents. Solange die Wüstenstaaten ausschließlich vom guten Willen der mächtigen Ölgesellschaften abhingen – sie hatten gewaltige Summen in die Ölförderung investiert –, war der Ölpreis niedrig; objektiv sicherlich zu niedrig. Auch dieser Preis war also ein politischer Preis, der sich aus der ursprünglich schwachen Stellung der Erdölproduzenten ergab. Das Monopol lag bei den multinationalen Gesellschaften.

Als die Produzentenländer die Gelegenheit sahen, sich von diesen Fesseln zu befreien, ließen sie den Ölpreis hochschnellen. Es gibt dafür weder eine wirtschaftliche Begründung noch technologische Ursachen; denn die Förderkosten von zehn Cents pro Faß haben sich nur unwesentlich erhöht. Für den höheren Preis wurden also keine neuen realen Werte geschaffen. Das wird sich auf längere Sicht als Pferdefuß für die Ölproduzenten erweisen. *Enorm erhöhte Einnahmen, denen keine echte Wertschöpfung gegenübersteht, sind Kontributionen.* Und diese haben noch immer in der Geschichte bald ihr Ende gefunden.

Die Ölstaaten haben ihre Preiserhöhung mit den inflationierten Kosten für eingeführte Investitionsgüter begründet. Dabei aber haben sie gewaltig übertrieben. Die Weltexportpreise stiegen zwischen 1970 und 1973 um 55 bis 60 Prozent, dagegen stieg das Einkommen der OPEC-Länder am Faß Öl von 1970 bis 1974 um 955 Prozent.

Der Ölimperialismus

Seit dem Ende des vorigen Jahrhunderts ist Imperialismus nicht mehr gleichbedeutend mit der Eroberung von Kolonialreichen. Der Dollarimperialismus in den Bananenstaaten wird schon lange in jedem politischen Handbuch als klassische Form des Imperialismus beschrieben. Eine Großmacht kann auch mit indirekten Methoden überwältigenden Einfluß gewinnen. Seit der Mitte der siebziger Jahre hat die neue Großmacht der Ölstaaten diesen Weg beschritten.

Die dreizehn OPEC-Staaten zerfallen in zwei wesensverschiedene Gruppen, die ungleiche Interessen haben. Sieben von ihnen können im eigenen Land in erheblichem Maß investieren. (Wir fügen in Klammern die Öleinnahmen des Jahres 1974 – in Milliarden Dollar – hinzu):

Iran (21), Venezuela (10), Nigeria (9,2), Irak (7,6), Algerien (4,9), Indonesien (4), Ecuador (0,4). Nur Iran hat in dieser Gruppe so erhebliche Überschüsse, daß neben gewaltigen Investitionen im eigenen Land auch noch große Auslandsinvestitionen gemacht werden können. Diese sieben Staaten haben zusammen eine Bevölkerung von etwa 285 Millionen Menschen – in der Mehrzahl bitterarme Bauern.

Die zweite Gruppe besteht aus Saudi Arabien (29), Libyen (9), Kuwait (8,5), den Vereinigten Arabischen Emiraten (6,5) und Katar (2). Diese Länder zählen insgesamt nur neun bis zwölf Millionen Menschen (die Bevölkerungszahlen Saudi Arabiens werden sehr verschieden geschätzt). Von den rund 55 Milliarden Dollar, die sie 1974 verdienten, konnten sie – einschließlich der Hilfe an arme Araberstaaten – nur 17 Milliarden selbst verbrauchen. (Dieser Anteil wird jedoch wachsen.)

Es entstand bei dieser Gruppe ein Überschuß von 38 Milliarden Dollar, der nach irgendwelchen profitablen Anlagen suchte. Diese zweite Gruppe dünn besiedelter, halbnomadischer Wüstenstaaten mit einer vorläufig winzigen ausgebildeten Elite stellt bis in die achtziger Jahre hinein eine gewisse Gefahr für das gesamte monetäre System der Welt dar. Sie wußten schon 1975 nicht, was sie mit ihrem Gewinn anfangen sollten. Wenn z. B. Kuwait 14 Prozent von Daimler Benz erwarb, so entsprach das dem Ölverbrauch des kleinen Emirats von zwei Wochen. Was aber will Kuwait mit seinen kumulierten Überschüssen im Jahr 1980 anfangen?

Die Weltbank schätzte im Herbst 1974, in weiteren fünf Jahren würden die Öleinnahmen der OPEC-Länder 600 Milliarden Dollar erreicht haben, wovon etwa die Hälfte nicht in den OPEC-Ländern verbraucht oder investiert werden kann. Für 1985 berechnete die Weltbank die kaum mehr faßbare Zahl von 1,2 Billionen Dollar Öleinnahmen: Eintausendzweihundert Milliarden, das entspricht fast dem gesamten jährlichen Sozialprodukt der Vereinigten Staaten, der größten Volkswirtschaft der Erde. Als McNamara von Journalisten gefragt wurde, ob er sich unter dieser Zahl noch etwas Reales vorstellen könne, antwortete der Weltbankchef: »Ja, aber ich muß lange darüber nachdenken.«

In aller Welt berechneten die Journalisten, was diese Ölmilliarden im Laufe eines Jahrzehnts zu kaufen vermöchten. Der Betrag war weit höher als die Summe aller Aktienpapiere der westlichen Welt. Da den Öleinnahmen ein entsprechendes Defizit der Ölkonsumenten gegenübersteht, das sich vorerst mit jedem

Jahr um weit über hundert Milliarden Dollar vergrößert, könnte das Ergebnis nur eine völlige Deroute der Weltwirtschaft sein.

Nach einigen Monaten erschien es jedoch zweifelhaft, ob die Öleinnahmen jemals solche phantastischen Summen erreichen werden. Es ließ sich voraussehen, daß sich die Beschränkung des Ölverbrauchs in der westlichen Welt auf die Höhe der Produktion und damit auch auf die Profite der Ölproduzenten auswirken würde. Schon in den ersten Monaten 1975 war mehr Öl auf dem Markt als tatsächlich verbraucht wurde, so daß einige Produzenten die Produktion drosseln mußten. Die Frage, ob die OPEC-Länder auf Jahre hinaus eine einheitliche Preispolitik durchhalten könnten, war völlig offen. Einige von ihnen, wie Iran, Libyen und Irak, wollten unbedingt an hohen Preisen festhalten. Bei anderen Produzenten war das nicht so sicher. Das Beispiel Libyens schreckte, das 1975 seine Produktion um die Hälfte kürzen mußte, weil es für sein überteuertes Öl keine Käufer fand.

Es kam hinzu, daß der eigene Verbrauch der Olländer wesentlich höher eingeschätzt wurde, wobei zum Teil phantastische Projekte eine Rolle spielten, wie etwa die Anlage riesiger Baumanpflanzungen in Wüstengegenden, die teilweise auf Meerwasserentsalzung beruhen sollen, teilweise auch auf Versuchen, Bäume mit Salzwasser großzuziehen, bis die Wurzeln Grundwasser erreichen. Es zeigte sich jedenfalls, daß Vorausberechnungen über die Höhe der Öleinnahmen auf ein Jahrzehnt hinaus kaum möglich waren. Die Experten der Morgan-Bank berechneten sogar mögliche Defizite für einige Ölproduzenten am Beginn der achtziger Jahre.

In den Jahren 1976/77 dürfte der Punkt erreicht sein, an dem die Überschüsse der Ölstaaten kaum mehr unterzubringen sind. Auch die größten Banken der USA werden sich, wie die Schweiz, weigern, die Ölmilliarden noch zu verzinsen. Alle Industriestaaten werden gezwungen sein, die Beteiligung des Ölkapitals an ihren Aktiengesellschaften scharf zu limitieren. So willkommen Minderheitenpakete ohne maßgebenden Einfluß auf die Geschäftsführung sind – das wäre das Muster der Beteiligung Irans an Krupp –, so wenig werden die Industriestaaten zulassen können, daß ihre Schlüsselindustrien den Golfstaaten in die Hände fallen. Daimler Benz und IBM werden nicht verkauft.

Im Jahre 1974 hatte sich der Überschuß von 60 Milliarden Dollar, den die Ölproduzenten insgesamt erzielten, folgendermaßen verteilt: 21 Milliarden Dollar (35 Prozent) waren in den Euro-Dollarmarkt geflossen, 9 Milliarden (15 Prozent) sind für Aktienkäufe und private Anleihen in Europa und Japan aufgewandt worden. 7,5 Milliarden (12,5 Prozent) wurden für öffentliche und private Anleihen Großbritanniens aufgewandt. 6 Milliarden Dollar (10 Prozent) flossen in amerikanische Regierungspapiere und 4 Milliarden (6,7 Prozent) in amerikanische Banken als kurzfristige Anlagen. Die Weltbank erhielt nur 3,5 Milliarden (6 Prozent), und die Anleihen an Entwicklungsländer betrugen nur 2,6 Milliarden Dollar, magere 4 Prozent.[3]

Eine solche Verteilung des überschüssigen Ölkapitals wird von Jahr zu Jahr schwieriger werden. Die inflationäre Wirkung des Ölkapitals war 1974/75 gewaltig. An der rasanten Steigerung der Inflation in vielen Ländern war nach einer Feststellung der Weltbank die Ölpreiserhöhung 1974 mit einem Viertel bis gar einem Drittel beteiligt. Da in den siebziger Jahren noch mit großen Überschüssen der Ölproduzenten zu rechnen ist, bleibt das Problem vorerst akut, was mit den Ölmilliarden tatsächlich geschehen wird.

Demoralisierung der Golfstaaten

Die Anhäufung eines so plötzlich hereinströmenden Reichtums konnte in den halbnomadischen Wüstenstaaten nicht ohne Folgen bleiben. Einst besaßen sie eine stolze Kultur, die ich als junger Mann noch erlebte, als ich in Begleitung des ersten deutschen Gesandten bei König Ibn Saud, des Arabisten Fritz Grobba, in dem damals noch völlig mittelalterlichen Jiddah war. Die Amerikaner hatten auf der anderen Seite der Halbinsel gerade ihre ersten Bohrungen gemacht. Das Land war noch bitterarm und von kleinen britischen Subventionen abhängig. Die Hofhaltung des Königs in seinem bescheidenen Palast jenseits der Stadtmauer war noch tief vom puritanisch-wahabitischen Geist geprägt. Der Fremde wurde mit unnachahmlicher Würde empfangen.

Zwei Jahrzehnte später regierte bereits der Dollar in Jiddah. Ibn Sauds ältester Sohn Saud hatte sich in Riad einen protzig-geschmacklosen Palast erbaut. Viele der unzähligen Prinzen bereicherten das Nachtleben von Paris und die Spielsäle der Côte d'Azur, verschleuderten Millionen, während auf der Halbinsel wenig zur Hebung des Wohlstands geschah.

Als dann Feisal seinen Bruder 1964 abgesetzt hatte, zog noch einmal wahabitischer Geist am Königshof ein. Der strenge Monarch konnte aber nicht mehr der Hüter seiner vielen Brüder und Neffen sein. Noch wurde nach außen die alte Form gewahrt. Der Reichtum hatte jedoch zu einer schleichenden Demoralisierung geführt. Das geschmacklose Benehmen saudischer Prinzen, die in Monte Carlo und Las Vegas Millionen in einer Nacht verspielten, ist nur eines der Symbole für eine unaufhaltsame Degeneration. Wie aus Kuwait, so ist auch aus Saudi Arabien ein Super-Wohlfahrtsstaat geworden. Den Nomaden, die nur ein karges und hartes Leben kannten, scheint das schlecht zu bekommen.

Am Golf sieht es noch schlimmer aus. Der Herrscher von Abu Dhabi schenkt jedem seiner zwanzig Stammesführer, die jeweils über ein paar tausend Nomaden herrschen, jährlich 2,5 Millionen Dollar. Sie kaufen sich dafür Dutzende schneller Wagen, für die es kaum Straßen gibt. Statistisch entfallen auf jeden Einwohner von Abu Dhabi 43 636 Dollar Jahreseinkommen – das höchste der Welt. Aber Statistik und Wirklichkeit sind weit voneinander entfernt. Von den 50 000 Einwohnern sind nur wenige wohlhabend geworden. Anders in Kuwait: dort sorgt der Emir für seine Stammesleute gut. Aber sie werden bald die Minderheit im eigenen Lande sein. Arbeit ist allein den zugewanderten Palästinensern, Iraki und Pakistani vorbehalten.

Man hat in Äthiopien erlebt, wie plötzlich und wie blutig sich ein Umschwung in Ländern mit fragwürdig gewordener Sozialstruktur vollziehen kann. Immerhin war Haile Selassie der Chief of Chiefs aller Afrikaner und trotz seiner geradezu brutalen Korruption auf seine Weise ein großer Herr. Das alles nützt nichts mehr, wenn die Glaubwürdigkeit traditioneller Herrschaftsschichten verloren gegangen ist.

Je unermeßlich reicher die Golfstaaten und Saudi Arabien werden, um so schneller schreitet die Degeneration voran. Hinter der Fassade noch aufrechterhaltener islamischer Herrschertradition wird im Luxus alles brüchig, was noch vor wenigen Jahrzehnten festgefügte Form war. Auf die Degeneration folgt die Revolution. Vom Süden droht der rote Jemen und vom Norden der von der Sowjetunion abhängige Irak. Dem ließe sich widerstehen, wäre das Leben der Wüstensöhne noch intakt.

Was also wird geschehen, wenn sich im Zentrum des Ölimperialismus über Nacht ein radikaler Umschwung vollzieht? Ein Umschwung, der den indirekten Machtbereich der Sowjetunion bis an den Golf ausdehnen würde? Wir treffen auf dieses Problem nochmals im Kapitel über Iran. Hier ist nur auf die Konsequenzen hinzuweisen, die sich für die ganze freie Welt ergeben, wenn das wichtigste Ölgebiet der Erde nicht mehr nur die vordergründigen Probleme ungezügelter Profitgier stellt, sondern in Gefahr gerät, unter sowjetischen Einfluß zu fallen. Die tektonischen Verschiebungen, die im Weltstaatensystem mit der Erhöhung des Ölpreises begannen, sind noch lange nicht zum Stillstand gekommen.

Ungeheurer Reichtum schwacher Staaten zieht die Kräfte des Umsturzes magisch an – von innen wie von außen. König Feisal war ein viel zu kluger Mann, als daß er das nicht gesehen hätte. Er konnte zwar einen Wohlfahrtsstaat errichten und sein Land modernisieren, aber er konnte den Milliardensegen nicht auf seine Beduinen verteilen und noch weniger auf seine Armee. Das Königshaus ist daher wie in den Golfstaaten der Hort allen Reichtums. Je mehr der Wohlfahrtsstaat in dieser bisher urtümlichen Gesellschaft ausgebaut wird, je mehr jedermann zum Staatsrentner wird, um so begehrlicher muß er werden. Große Waffenkäufe können sich innenpolitisch ebenfalls als zweischneidig erweisen. Wer verfügt über diese Waffen?

So zerstört die absolute Feudalherrschaft ihre eigene Basis. Dieses Dilemma konnte König Feisal nicht lösen. Die weltpolitischen Folgen sind unabsehbar; denn keine der beiden Supermächte kann der anderen unbeschränkten Einfluß am Golf überlassen.

Die Herausforderung des Westens

Als der Energienotstand im Oktober 1973 ausbrach, war die westliche Welt sogleich tief gespalten. Die Amerikaner befanden sich in völlig anderer Lage als die Europäer und Japaner. Die USA sind mit einer eigenen Ölförderung von 513 Millionen Tonnen (1973) noch immer der größte Ölproduzent der Welt (zum Vergleich: Saudi Arabien 1973: 364 Millionen Tonnen). Nur acht Prozent ihrer Öleinfuhr kommen aus dem Mittleren Osten.

Die Energieversorgung der Europäer ist dagegen zu etwa 70 Prozent und die der Japaner zu 80 Prozent auf die Öleinfuhr angewiesen. So war es kein Wunder, daß die Europäer und Japaner – zutiefst erschrocken über einen drohenden Ölboykott – versuchten, sich zunächst bilateral bei den Ölstaaten zu sichern. Der Wettlauf der Franzosen, Briten, Japaner und Italiener nach Teheran und Riad gab den Ölproduzenten Mut, die Preise abermals hochzutreiben.

Man muß Henry Kissinger zubilligen, daß er angesichts dieser desperaten Situation als einziger versuchte, den gesamten Westen – die wichtigsten Ölkonsumenten – auf eine gemeinsame Linie zu bringen, welche die Europäer nicht einmal unter sich finden konnten. Im Februar 1974 trat in Washington die erste Energiekonferenz zusammen. Sie wurde durch die sarkastische Obstruktion des damaligen französischen Außenministers Michel Jobert nur ein halber Erfolg. Noch zehn Monate dauerte es, bis endlich die Internationale Energie-Agentur, mit dem Sitz in Brüssel, gegründet werden konnte. Ein Treffen zwischen den Präsidenten Gerald Ford und Giscard d'Estaing bereinigte Ende 1974 einigermaßen die bisherigen französisch-amerikanischen Dissonanzen. Ein ganzes Jahr war jedoch verloren gegangen, in dem der Westen keinen gemeinsamen Aktionsplan zustande brachte.

Auch in Europa liefen die Gegenmaßnahmen im Schneckentempo an. Es wurde Januar 1975, bis die EG-Kommission in Brüssel dem Ministerrat ein Vierjahresprogramm über Energieeinsparung und – noch wichtiger – Energieforschung vorlegen konnte. Der vorgesehene Betrag von nur 74 Millionen EG-Rechnungseinheiten für die Forschung war lächerlich gering, und die

Erfüllung der Forderung der Kommission, daß für Forschung und Entwicklung »schließlich« 1,5 Milliarden Rechnungseinheiten aufzubringen seien, stand in den Sternen.

Neue Energiequellen

Seit Jahrzehnten wußte man, daß die Notwendigkeit zur Erschließung neuer Energiequellen besteht. Solange aber das Öl aus dem Mittleren Osten preiswert war, gab es keinen ersichtlichen Grund zur Eile. Keine andere Energiequelle erforderte so geringe Produktionskosten wie das Erdöl in den Wüstengebieten. Die Verteuerung des Erdöls beschleunigt also einen Prozeß, der ohnehin kommen mußte. Zugleich ermöglicht sie aber auch den Umstellungsprozeß, weil die meisten neuen Energiequellen erst auf einem höheren Preisniveau profitabel werden, als auf dem bis 1972 gültigen Erdölpreis. So war zum Beispiel Teerschiefer, der in den USA und Kanada reichlich vorhanden ist, bisher nicht profitabel auszubeuten. Auf dem jetzigen Preisniveau würde es sich lohnen. Damit sind jedoch schwerwiegende Umweltprobleme verknüpft, die erst gelöst werden müssen.

Die Industriestaaten sind gezwungen, in einer möglichst kurzen Zeitspanne Versäumtes (weil nicht Profitables) nachzuholen, wie etwa die Herstellung und Verwendung von Wasserstoff als Energieträger, die Nutzung der Sonnenenergie und der Erdwärme, die Vergasung und Verflüssigung von Kohle, die thermonukleare Fusion, um nur einige der akuten Forschungsbereiche zu nennen. Dazu kommen schwimmende Kernkraftwerke, die Nutzung von Ebbe und Flut und viele andere Großprojekte der Zukunft, die Felix R. Paturi jüngst zusammenfassend dargestellt hat – eine Riesenpalette ungenutzter Chancen.[4]

Bei der Erschließung *neuer Energiequellen* stehen die USA an erster Stelle. Durch falsche administrative Maßnahmen sank die Ölförderung der USA von 534 Millionen Tonnen 1970 auf 513 Millionen 1973. Nixon hatte 1969 die Steuervergünstigung *(depletion allowance)* für neue Bohrungen erheblich gesenkt. Dadurch wurden die USA kurzfristig importabhängiger. Öl aus Alaska soll ab 1978 täglich 600 000 Faß und ab 1981 zwei Millionen

Faß liefern. Bis dahin wird auch für England und andere Europäer Öl aus der Nordsee fließen.

Niemand vermag Mitte der siebziger Jahre einigermaßen präzise vorauszusagen, welche Zeitspanne die Substitution des Öls benötigt – in einem Umfang, daß das derzeitige Monopol der Ölproduzenten gebrochen wird. Die Herausforderung ist derart groß, daß die Anfang der siebziger Jahre angenommenen Zeitspannen von einigen Jahrzehnten sich mit Gewißheit verkürzen werden. Man erinnere sich nur an den Sputnik-Schock des Jahres 1957, bei dem Amerika geradezu traumatisch unter der Vorstellung litt, die Russen seien ihnen um Jahrzehnte voraus. Sechs Jahre später begannen die Amerikaner bereits mit den Vorbereitungen für die erste Mondlandung. Die Periode, in der die Ölreiche eine Art neuer Weltherrschaft errichteten, wird begrenzt sein.

Jeder Monat, der für die Energieforschung und -entwicklung in ihrer ganzen Breite verlorengeht, kostet den Europäern Milliarden – mit allen tiefgreifenden sozialen Folgen. Das unermeßliche Potential, das Europa, die USA und Japan in Wissenschaft und Entwicklung besitzen, wurde nicht mit der Schnelligkeit, Entschlossenheit und Umsicht mobilisiert, die angesichts einer an den Lebensnerv gehenden Bedrohung nötig gewesen wäre.

Da Substitution des Öls Zeit erfordert, bleibt vorerst nur die Möglichkeit des *Sparens*. Darauf war Henry Kissingers Plan für eine Gemeinschaftsaktion des Westens vor allem gerichtet. Der Ölkonsum der westlichen Welt fiel von 1973 auf 1974 von 48 Millionen Faß täglich auf 46,5 Millionen – ein unzureichendes Ergebnis. Keines der westlichen Länder hatte aus Furcht vor der Unpopularität solcher Eingriffe einschneidende Sparmaßnahmen angeordnet.

Die Vereinigten Staaten sind der größte Energieverschwender der westlichen Welt. Allein eine Umstellung der amerikanischen Straßenkreuzer auf Autos mit durchschnittlichem europäischen Hubraum würde den Ölimport der USA um mehr als ein Drittel vermindern. Präsident Ford stand jedoch ein von lokalen Interessen beherrschter Kongreß gegenüber, der nur widerwillig das Notwendige beschließen wollte. Es ist die Meinung aller Fachleute, daß bei allen Ölkonsumenten erhebliche Möglichkeiten der Einsparung bestehen. Auch dazu gehören neue Energie sparende Technologien. Sie müssen die Substitution des Erdöls ergänzen. »Von aller Energie, die wir *ver*brauchen, *ge*brauchen wir nur 50,3 Prozent. Die andere Hälfte geht durch schlechte Wirkungsgrade in den einzelnen Umwandlungsstufen unwiderbringlich verloren« (Felix R. Paturi). Und dies, obwohl auf allen Gebieten der Energiegewinnung grundlegend neue, bessere Technologien bereits entwickelt sind.

Noch immer gibt es Kraftwerke, die zwei Drittel ihrer erzeugten Energie durch den Schornstein jagen. Großbritannien ist ein besonderer Meister dieser Verschwendung. Den Energieproduzenten der öffentlichen Hand fehlt überall der Ansporn, neue Technologien zu entwickeln, wie das bei Monopolbetrieben üblich ist.

Sparsamkeit ist ein wesentliches Element der Abwendung der Selbstzerstörung. Darauf kann sich eine hemmungslose Konsumgesellschaft nur schwer einstellen. Henry Kissinger forderte neben einer neuen Ethik der Sparsamkeit die Bildung eines *Hilfsfonds* von 25 Milliarden Dollar zur Stützung westlicher Länder, deren Zahlungsbilanz durch den Ölpreis stark ins Defizit geraten ist. Bedenkt man, daß Italien 1973/74 13 Milliarden Dollar borgte und sich damit eine Zinsenlast von über einer Milliarde auflud, so war es für die USA und die Bundesrepublik Deutschland kein einfacher Entschluß, die Garantie für einen solchen Milliardenfond zu übernehmen. Man stößt an die Grenzen fortbestehender Souveränität, wenn etwaige Empfänger weiterhin über ihre Verhältnisse leben wollen, wie das in den siebziger Jahren in Europa üblich wurde.

Ein Teil der Ölmilliarden des Mittleren Ostens wird durch gewaltige Investitionen, die vor allem Iran und Saudi-Arabien vornehmen wollen, wieder nach dem Westen (und Japan) zurückfließen. Ein anderer Teil kann im Westen investiert werden, soweit keine ernste Überfremdungsgefahr eintritt. Es bleibt der riesige überschüssige Rest. Die Zurückführung dieser Milliarden in den Westen *(recycling)* hat die besten Köpfe der Weltfinanz beschäftigt, ohne daß sich tragbare Lösungen ergeben hätten.

Bei genauem Durchdenken stellt sich nämlich heraus, daß dieser neue Begriff »*recycling*« eine euphemistische Leerformel ist, hinter der sich nichts anderes verbirgt als *weitere Verschuldung* bereits hoch Verschuldeter. Wenn die Araber kurzfristige Gelder nach New York legen, die dann über irgendeine Institution langfristig an bedürftige westliche Länder gegeben werden, so muß der Bedürftige dafür hohe Zinsen zahlen. Er hat zwar im Augenblick einen Teil seiner Ölausgaben zurückerhalten, aber dafür eine Zinslast, die schließlich nicht mehr getragen werden kann. Dritte, die Garantien für diesen berüchtigten Prozeß »aus kurz mach lang« geben sollen, bleiben schließlich haftbar gegenüber den Ölmilliardären. Es ist daher pure Illusion, die vagabundierenden Ölmilliarden könnten durch einen einfachen Trick wieder dorthin gebracht werden, wo sie herkamen.

Erst dann wird der Ölpreis sinken, wenn die Konsumenten durch sparsame Technologie den Bedarf einschränken, auch wenn das für einige Jahre eine Stagnation des Wachstums der Wirtschaft bedeutet. Damit reden wir nicht der abwegigen Idee des Nullwachstums das Wort, die der Club of Rome unbedacht propagierte, sondern zeitlich begrenzten Defensivmaßnahmen.

Wie wir sahen, steht der Erhöhung des Ölpreises keine Wertschöpfung gegenüber. Geldströme ohne wirtschaftlichen Gegenwert sind fiktive Zahlen, die nur noch in den Büchern stehen. So war das bei den Reparationen der Weimarer Republik, so wird es auch – in riesig vergrößertem Maßstab – den überschüssigen Ölmilliarden ergehen. Bis diese Einsicht sich durchsetzt, sind jedoch nachhaltige Erschütterungen fast unvermeidlich. Sie werden um so gravierender sein, je später sich die freie Welt zu wirksamen Aktionen zusammenfindet.

Die Vierte Welt und der Ölimperialismus

Die armen Völker sind durch die Ölpreiserhöhung noch schwerer betroffen als die Industrievölker. Die Neureichen steuerten in den ersten beiden Jahren des Energienotstandes zur Linderung der Not ihrer bisherigen Brüder nur Almosen und vage Versprechungen bei.

Die Industrieländer besitzen das Know-how und die Mittel,

um dem Notstand entgegenzuwirken. Dem stand nur Egoismus und zeitweilige Willenslähmung entgegen.

Die meisten Entwicklungsländer haben dagegen kaum die Möglichkeit, neue Technologien zur Einsparung von Energie und zur Substitution des Öls zu erfinden. Konzentrieren sich doch 98 Prozent aller Forschungsausgaben auf die hochentwickelten Länder.[5]

Das Afrika südlich der Sahara mußte 1974 3,5 Milliarden DM mehr für seine Öleinfuhren bezahlen. Das war eine riesige Summe, wenn man in Betracht zieht, daß die Gesamtausfuhr dieser Länder* 1972 nur 29 Milliarden DM betragen hat, knapp ein Fünftel der damaligen Ausfuhr der Bundesrepublik Deutschland. Nicht anders erging es Indien, dessen Ölrechnung in einem Jahr von 0,4 auf 1,7 Milliarden Dollar stieg.

Für die Vierte Welt bedeutete die Ölverteuerung eine echte Katastrophe. Die hungernden Sahelländer leben von ihrer Erdnußausfuhr. Wie aber können die Ölmühlen weiter betrieben werden, wenn der Brennstoff fehlt? Die Bewässerungssysteme hängen von Hunderttausenden von Pumpen ab. Funktionieren sie nicht mehr, sinkt der Ertrag in ungünstigen Trockengebieten fast auf Null. Indien könnte mit großen Kosten einen Teil seiner Kraftwerke auf die reichlich vorhandene Kohle umstellen. Das würde jedoch das Transportsystem so übermäßig belasten, daß dem enge Grenzen gezogen sind. Wie aber soll Bangladesch, das kaum Kohle besitzt, ausweichen? Dutzende von krassen Beispielen ließen sich anführen.

Die OPEC-Länder haben es strikt abgelehnt, den armen Ländern pauschale Preisnachlässe zu gewähren. Wenn Ölproduzenten Sonderabmachungen mit Entwicklungsländern trafen, so handelte es sich nur um die Verschiebung von Zahlungen für geliefertes Öl um einige Freijahre, also um eine weitere Erhöhung des Schuldenberges der armen Länder. Die Weltbank hat mit sogenannten Ölfazilitäten auszuhelfen versucht. Auch dies sind jedoch rückzahlbare Kredite.

Die Ölproduzenten hatten bis Anfang 1975 nur 2,6 Milliarden

* Das schwarze Afrika ohne Nordafrika, Südafrika und Rhodesien sowie ohne das Ölland Nigerien.

Dollar als direkte Hilfe an Entwicklungsländer ausgezahlt. Davon ging ein großer Teil von Saudi Arabien und Kuwait an Ägypten, Syrien und Jordanien. Der Rest kam aus Iran. Verzinsbare Zahlungsversprechen an internationale Hilfsfonds hatten die Ölproduzenten in Höhe von knapp zehn Milliarden Dollar gegeben, noch nicht ein Zehntel ihrer Einnahmen von 1974. Ob den Versprechungen auch die Überweisungen folgen würden, war in vielen Fällen unklar.[6]

Die Vierte Welt hat diesen skrupellosen Mangel an Solidarität der Neureichen fast demütig hingenommen, wenn auch böse Worte hinter vorgehaltener Hand in Afrika, Indien und Pakistan zu hören waren. Die ideologischen Fronten waren so festgemauert, daß der Ölimperialismus als neues Phänomen in der Vierten Welt noch kaum verstanden wurde.

Das hatte irrationale Gründe. Blut ist dicker als Wasser. Selbst in den armen Entwicklungsländern, die durch den Ölimperialismus schwer zu leiden hatten, freute man sich an dem Schauspiel, daß die mächtigsten Staaten der Welt durch bisher kleine und schwache Länder in Bedrängnis gebracht wurden. Es erschien ihnen wie eine späte Vergeltung für den Kolonialismus. Ich hörte, wie Mobutu, der Präsident von Zaire (Kongo), in der gleichen Rede erst die Auswirkung der Erhöhung des Ölpreises auf sein Land beklagte, dann aber die Solidarität der OPEC-Länder als Beispiel für die Dritte Welt pries. Daß er längst der Vierten Welt angehörte, war ihm noch nicht bewußt. Es wird viel Behutsamkeit und psychologischer Einfühlung bedürfen, wenn man diese Bewußtseinsspaltung in der Vierten Welt überwinden will. Gefühl und Interessen stehen miteinander in Widerspruch.

Die Abwendung eines weiteren Verfalls der wirtschaftlichen Strukturen der armen Entwicklungsländer muß für die Industriestaaten von hohem Interesse sein. Sie müssen sonst mit einem weiteren Zerfall der weltwirtschaftlichen Arbeitsteilung, mit der Bildung von Rohstoffkartellen und der Errichtung immer höherer Handelsbarrieren rechnen – mit Verzweiflungsakten.

Mit Recht hat der deutsche Entwicklungspolitiker Jürgen Todenhöfer als wichtigste Maßnahme der europäischen Industrieländer gefordert, sie müßten ihre Märkte für die Produkte der

Entwicklungsländer weit öffnen. Statt dessen werden bei der EG in Brüssel nur allzu häufig kleinliche Tagesinteressen, so etwa diskriminierende Kontingente, durchgesetzt, die langfristige Kooperation verhindern. Damit aber schaden sich die Industrieländer selbst. Ohne eigene erhebliche Leistungen werden sie nicht darauf hinwirken können, daß überschüssige Ölmilliarden produktiv in die Entwicklungsländer geleitet werden können.

Nur wenn die Industrieländer durch eigene Leistungen und eine großzügige Handelspolitik unter Beweis stellen, daß sie sich ihrer Verantwortung gegenüber den in Bedrängnis geratenen armen Entwicklungsländern bewußt sind, können sie das einzige Mittel wirksam anwenden, das ihnen zur Verfügung steht: *Das energische Verlangen, daß ihre eigenen Leistungen für die Entwicklungsländer in einem angemessenen Verhältnis zu den Leistungen der Ölproduzenten stehen müssen.*

Die Entwicklungsländer werden das angesichts der summierten Defizite der Zahlungsbilanzen der Industrieländer verstehen müssen, wie groß immer die psychologischen Hemmungen sein mögen. Nur die Entwicklungsländer selbst können auf die Ölmilliardäre einen moralischen und politischen Druck ausüben, den Tribut, den sie über den Ölpreis von den armen Ländern verlangen, durch Investitionen auszugleichen. Vor allem ist hier an die Finanzierung von Kunstdüngerfabriken zu denken, um die gefährdete Agrarproduktion zu heben.

Ziel muß die Verbindung von westlichem Know-how mit der Finanzkraft der Ölproduzenten sein, wie das bei der Beteiligung Irans an den Kruppwerken vorgesehen ist. Darin läge dann eine neue Chance der Entwicklungsländer, aber auch der Industriestaaten.

Weit über die Abwendung relativ kurzfristiger Engpässe hinaus erfordert der Energienotstand eine *weltweite politische Strategie* der Industriestaaten. Das gilt vor allem für das rohstoffabhängige Europa. Bisher waren die Europäer gewohnt, die Entwicklung solcher Ideen dem großen Bruder jenseits des Ozeans zu überlassen. Ohne universales Denken, Planen und Handeln werden die Europäer jedoch ihre ureigensten Probleme nicht mehr zu lösen vermögen. Ist doch Europa weit mehr als die USA von jeder einschneidenden Störung der internationalen Arbeitsteilung betroffen, weil das europäische Sozialprodukt in viel höherem Maße vom Export abhängig ist als das amerikanische.

Der drohende Zerfall des Mechanismus der weltwirtschaftlichen Arbeitsteilung ist – trotz der Auswirkungen der Ölpreiserhöhung – kein Naturereignis, dem man machtlos gegenüberstünde. Das Scheitern einer Vorkonferenz zwischen Ölproduzenten und Konsumenten in Paris im Frühjahr 1975 zeigte jedoch, wie hoch sowohl die psychologischen Barrieren wie die materiellen Interessengegensätze sind. Die Position der Konsumenten hatte sich durch den Überfluß auf dem Ölmarkt gebessert. Daher schien das Verlangen nach weiteren Preiserhöhungen, die vor allem Iran forderte, unrealistisch. Dem Argument der Ölproduzenten, daß sie nur über einen zeitlich begrenzten Reichtum verfügen, kommt sicherlich Legitimität zu. Andererseits zeigten neue Ölfunde in allen Weltteilen, wie unsicher und ungenau alle Statistiken über die vermuteten Ölreserven sind.

Das gleiche gilt für andere Rohstoffe. In dem berühmten Bericht des Club of Rome über die Grenzen des Wachstums wurde 1972 angenommen, Mangan stehe (bei Einberechnung der vermuteten jährlichen Zuwachsrate des Verbrauchs) nur noch für 46 Jahre, Nickel für 53 Jahre, Kupfer für 21 Jahre und Kobalt für 60 Jahre zur Verfügung, dann seien die Weltvorräte erschöpft.[7] Inzwischen ergibt sich, daß allein auf dem Meeresgrund des Pazifik Metallklumpen liegen, die – gemessen am Verbrauch von 1960 – Mangan für 400 000 Jahre reichen lassen; sie enthalten ferner Nickel für 150 000 Jahre (14,7 Mrd. t gegen 66,5 Millionen t der Schätzung des Club of Rome), Kupfer für 6000 Jahre (Reserven 7,9 Mrd. t) und Kobalt für 200 000 Jahre.[8] Da sich diese Metallklumpen auf dem Meeresgrund beständig neu bilden, handelt es sich um fast unbegrenzte Reserven. Mit dieser Entdeckung wird nicht alles falsch, was der Club of Rome feststellte und forderte. Aber sie zeigt, wie schnell sich Schätzungen über natürliche Reserven verändern. Auch Erdöl wird mit Sicherheit nicht in zwanzig Jahren erschöpft sein, wie der Club of Rome annahm.

Die Supermächte

Alle bedeutenden Staatsmänner unserer Epoche haben gestaltend und mit persönlichem Engagement in die Außenpolitik ihrer Länder eingegriffen. Das gilt für Nikita Chruschtschow und Leonid Breschnjew ebenso wie für Mao Tse-tung und de Gaulle, für Truman wie für Adenauer, die beide vor ihrem Amtsantritt kaum außenpolitische Erfahrung hatten. Es gilt auch für Jawaharlal Nehru, Sukarno und Gamal Abdel Nasser, für Shingeru Joshida und Willy Brandt, dem die Ostpolitik Glanz und Verhängnis einbrachte.

Dennoch ist Leopold von Rankes berühmte These vom Primat der Außenpolitik ein Kind der Kabinettspolitik des 19. Jahrhunderts, die sich in Distanz zu den inneren Strömungen der Völker nach ihren eigenen Gesetzen vollzog.

Selbst in den autoritären Staaten, in denen die Völker fast keinen Einfluß auf die Geschäfte der Regierenden besitzen, kann die Außenpolitik nicht im Stile der Kabinettspolitik von den inneren Kräftegruppierungen getrennt werden. Wie ließe sich etwa die Außenpolitik der Sowjetunion seit Stalins Tod darstellen, wenn man nicht den Machtkern beschreibt, auf dem sie beruht: dem militärisch-industriellen Komplex? Wie ließe sich die fatale Lage eines Lyndon Johnson im Vietnamkrieg verstehen, wenn man nicht berücksichtigt, daß die innere Opposition sich als mindestens ebenso wichtiger Faktor herausstellte wie der Kriegsgegner selbst. Oder wer könnte leugnen, daß Richard Nixons außenpolitischer Handlungsspielraum von Watergate beeinflußt wurde, auch wenn seine Außen- und Verteidigungsminister Männer von ungewöhnlichem Format waren?

Die Außenpolitik ist in ihren großen Linien immer durch den inneren Aggregatszustand der Völker geprägt, auch wenn sie dem Talent des großen Diplomaten – deren es in unserer Epoche nur noch wenige gibt – oder der Intuition des Staatsmannes noch immer weiten Raum der Entfaltung gestattet. Natürlich machen auch heute noch Männer die Geschichte, nicht abstrakte Schemen. Aber sie leben nicht im luftleeren Raum. Ihre Handlungen können nicht lange dem Grundgefühl des Volkes entgegengesetzt sein, jedenfalls nicht in den Demokratien. Johnsons trauriges Schicksal ist dafür ein Beleg. Einen unpopulären Krieg führen und dazu noch wie Hamlet einen Sieg gar nicht wirklich anstreben – eben weil dieser Krieg unpopulär war: das war zuviel des Mißverständnisses einer Führungsrolle.

Bei der anderen Supermacht sind ähnliche Beispiele nicht so deutlich erkennbar. Aber stürzte nicht auch Chruschtschow, weil er die Grundkräfte der Koalition nicht mehr einzuschätzen verstand, die in Wahrheit jedes sowjetische Politbüro darstellt? Galt nicht auch bei ihm, wie so oft in der Geschichte, daß außenpolitische Erfolge innenpolitische Fehlleistungen ausgleichen sollten? War es nicht um ihn geschehen, als mit dem Fehlschlag des Kuba-Abenteuers gerade diese Erfolge ausblieben? Auch in der Sowjetunion ist innere Entwicklung und außenpolitisches Handeln unlösbar miteinander verquickt.

Deshalb ist es notwendig, die inneren Antriebe und die bewegenden Kräfte der Mächte in ihrem Verhältnis zur außenpolitischen Aktion zu erkennen. Das große Drama der Geschichte, deren Zeuge wir sind, umfaßt heute die Zuschauer ebenso wie die Personen auf der Bühne. Und es wirkt auf die Bühne zurück, ob sich die Zuschauer provoziert fühlen, ob sie johlen oder Beifall klatschen. Verschieden groß ist nur der Zuschauerraum. In der Sowjetunion ist er eng. In Amerika umfaßt er die ganze Nation.

Kapitel III
WANDLUNGEN EINER WELTMACHT
Von Kennedy zu Kissinger

Es war eine denkwürdige Stunde, als John F. Kennedy in der Paulskirche zu Frankfurt zu den Deutschen sprach und dem Sinne nach wiederholte, was er zwei Jahre vorher bei seiner Amteinführung mit fester Stimme verkündet hatte: »Jede Nation, ob sie uns gut oder böse gesinnt ist, soll es wissen, daß wir jeden Preis bezahlen, jede Mühe, Last und Härte auf uns nehmen, jeden Freund unterstützen, jeden Feind bekämpfen werden, um die Fortdauer und den Erfolg der Freiheit zu sichern. Dies versprechen wir.«

Als Kennedy in der Paulskirche sprach, lag die *Kubakrise* schon einige Monate hinter ihm, der große Wendepunkt des Kalten Krieges. Eine für unabsehbare Zeit gültige Abgrenzung war an jenem strahlenden Herbstsonntag im Oktober 1962 erfolgt, an dem Chruschtschow dem vor Spannung fast berstenden Führungskreis im Weißen Haus den Rückzug seiner Atomwaffen tragenden Schiffe mitgeteilt hatte. Vierundzwanzig Stunden später wären die sowjetischen Schiffe auf die Vorposten der amerikanischen »Quarantäne« im Atlantik gestoßen, hätte Kennedy die Zerstörung der bereits auf Kuba installierten Raketenbasen angeordnet.[1] Die Katastrophe war abgewendet.

Als wir Kennedy in der Paulskirche zuhörten, wußten wir, daß die beiden Supermächte – bei Strafe des Selbstmordes – ihre Macht nicht über jene Schwelle ausdehnen können, bei der die Drohung des Atomkriegs real wird. Wir wußten jedoch nicht, daß Kennedy vor seiner Abreise nach Deutschland den Befehl gegeben hatte, die 3500 amerikanischen Militärberater in Vietnam auf etwa 17 000 zu vermehren. Damit war eine verhängnisvolle Entscheidung gefallen. Der Bürgerkrieg in Vietnam mußte nunmehr unvermeidlich zu einem amerikanischen Krieg werden. Vier Jahre später standen 552 000 amerikanische Soldaten in Vietnam. Dreizehn Jahre später kam an einem düsteren Apriltag des Jahres 1975 das Ende, als Botschafter Graham Martin als letzter Amerikaner den Flugplatz von Saigon verließ, das Sternenbanner seines Amtssitzes unter dem Arm. Die Besieglung der ersten Niederlage in der amerikanischen Geschichte.

In der Paulskirche konnten wir nicht ahnen, daß der noch immer jugendliche, aber schon von schwerer Last gezeichnete Präsident fünf Monate später von den Kugeln eines Desperados niedergestreckt werden würde. Das war der Beginn der amerikanischen Tragödie, deren Zeugen wir inzwischen geworden sind. Für mehr als ein Jahrzehnt sollte Kennedy der letzte amerikanische Präsident sein, der seine Autorität zu bewahren vermochte.

Die amerikanische Tragödie ist durch die beiden Worte *Vietnam* und *Watergate* markiert – Chiffren für die tiefgreifendste Krise des amerikanischen Selbstverständnisses seit dem Bürgerkrieg im vorigen Jahrhundert. Sie ist weit umfassender, als die Rebellion der Neger und der Aufstand der Jugend in den sechziger Jahren. Sie betrifft die Autorität des Präsidentenamtes schlechthin und damit sowohl die Regierbarkeit der USA wie ihre Führungsrolle in der westlichen Welt.

Seit den neunziger Jahren haben die USA mehrere Protestbewegungen erlebt. Sie wallten auf wie etwa der erste große Ansturm des Mittelwestens gegen die Vormacht des Kapitals der Ostküste, den der Feuerkopf W. J. Bryan um die Jahrhundertwende entfacht hatte. Nicht weniger stürmisch waren die Jahre vor dem Amtsantritt F. D. Roosevelts. Aber diese Bewegungen ebbten auch wieder ab, wenn der Protest Wirkungen ausgelöst hatte. Der amerikanische Mythos – *the American dream* – blieb unberührt, ja er wurde gestärkt.

Man konnte Anfang der siebziger Jahre glauben, auch die Protestbewegungen erst der Neger und dann der Studenten werde wieder in den großen Strom der amerikanischen Entwicklung einmünden. »Gott ist tot« hatten die Theologen erklärt. Von der »Arroganz der Macht« hatten geachtete Senatoren gesprochen. Die puritanische Moral, auf der Amerika so lange beruht hatte, schien einer großen Umwertung weichen zu müssen. Man sprach von der »Gegenkultur« der *drop outs,* jungen Männern und Mädchen, die dem etablierten Gefüge der Gesellschaft Lebewohl gesagt hatten. Im Sommer 1967 wurde die Zahl der im Haschrausch dahinträumenden »Blumenkinder« auf etwa dreihunderttausend geschätzt. Unter den vielen Erklärungen der neuen Phänomene setzte sich die Erkenntnis durch, man stehe vor den Folgen der Überflußgesellschaft, die keine Aufgaben mehr stellt und keine Bewährung mehr verlangt. Überwältigend war jedenfalls das Bestreben in der anonymen Industriegesellschaft, neue Werte zu definieren und das Verhältnis des Individuums zur Gesellschaft neu zu bestimmen.

In den gleichen Jahren waren in vielen Großstädten Rebellionen der Neger ausgebrochen. Sie erreichten ihren Höhepunkt mit den Bränden in zahlreichen Gettos, obwohl die Bürgerrechtsgesetzgebung den Kongreß schon passiert hatte (1964). Die Ermordung Martin Luther Kings, des sprachgewaltigen Wortführers der gemäßigten Neger, gab noch einmal der Bewegung *Black Power* und den militanten Black Panthers Auftrieb, die sich der Integration der Neger in die amerikanische Gesellschaft entgegenstemmen wollten.

Aber schon Anfang der siebziger Jahre gehörten die brennenden Gettos der Vergangenheit an, nachdem der soziale Fortschritt wenigstens eines Teiles der Neger sichtbar geworden war. Die Studentenunruhen waren schon 1970 aus dem Campus verschwunden. Auch hatte das Fernsehen, das jede Demonstration in großem Stil plakatierte, die Dimensionen verzerrt. Selbst 1968 betrug die Zahl der Aktivisten, laut »Time«, nur fünf Prozent der Studenten.

An der Jahreswende 1973/74 zog die »New York Times« Bilanz über den Zustand an den Hochschulen und stellte fest, es habe eine bemerkenswerte Umschichtung in den Studienfächern stattgefunden. Überfüllt seien alle Fächer, die zur Vorbereitung auf einen aussichtsreichen Beruf dienten, wie Biochemie und Biologie, Chemie, Jura, Betriebswirtschaft, Landwirtschaft, Medizin und Krankenpflege. Dagegen fänden die theoretischen Kurse über Umweltfragen wenig Interesse mehr.

Das Studium fernöstlicher und okkulter Religionen, das in den sechziger Jahren mit Gurus und Wahrheitssuchern von Beverly

Hills eine Attraktion gewesen sei, sterbe aus, während Studien in christlicher und jüdischer Religion viel gefragt seien. Radikale Kurse, die während der Studentenrebellion überfüllt gewesen seien, hätten ihre Popularität verloren. Ein von Studenten an der Universität Boston geleiteter Kurs über »radikale Kritik«, der einst große Bedeutung bei dem Versuch der Studenten gehabt habe, auf die Lehrpläne einzuwirken, werde kaum noch besucht. Soziologie – zehn Jahre früher von größter Anziehung – habe ebenfalls an Popularität verloren, »weil sie in den Verdacht sozialer Manipulation und Kontrollbestrebungen über das Verhalten (der Mitmenschen) geraten ist«.

Insgesamt folgten die Studienrichtungen jetzt den Berufschancen. So habe die Einschränkung des Raumfahrtprogramms zeitweise zur Vernachlässigung der Ingenieurwissenschaften geführt. Nirgends mehr spielten – nach dem Abgang der Studentengeneration der sechziger Jahre – radikale Gruppen noch eine Rolle. Der Student der siebziger Jahre sei auf die schnelle und möglichst erfolgreiche Absolvierung seines Studiums ausgerichtet.[2]

Auch von einem besonderen Engagement für die Neger war wenig mehr zu bemerken. Beobachter wie George Kennan schienen recht behalten zu haben, die am Höhepunkt des Studentenprotests vermutet hatten, es sei den protestierenden Studenten weit weniger um das jeweilige Objekt ihrer Anklage gegangen als um Protest schlechthin. Ein so weiser Mann erkannte natürlich die Berechtigung mancher Forderungen der Neuen Linken, sah aber ihren Zusammenbruch voraus, weil sie keine echten Alternativen anzubieten hatte.

Die Folgen von Vietnam

Die Rückkehr zur Normalität und das Versickern der aktiven Protestbewegungen erweckte falsche Hoffnungen. Das Selbstverständnis der Amerikaner war durch Vietnam und Watergate viel tiefer gestört als bei früheren Krisen. Zum ersten Mal in der zweihundertjährigen Geschichte der USA war zugleich das Verhältnis zur Außenwelt, insbesondere die Führungsrolle der Vereinigten Staaten, und das Vertrauen in die eigene Führungsschicht fragwürdig geworden.

Der sich hinschleppende Krieg ohne Siegesaussichten hatte die moralische Frage aufgeworfen, wie gerechtfertigt die Verpflichtungen überhaupt seien, die von den Vereinigten Staaten in allen Weltteilen feierlich übernommen worden waren. Das war ein Kernpunkt der Unrast auf den Hochschulen. Tausende Studenten hatten sich gefragt, wie sie sich verhalten sollten, wenn der Briefträger den Einberufungsbefehl bringen würde. Nur eine Minderheit wählte den zivilen Ungehorsam und entschloß sich zur Flucht ins Ausland. Die Gewissenfrage aber betraf eine ganze Generation, die erstmals in der amerikanischen Geschichte über das Problem des »gerechten« und des »ungerechten« Krieges nachzudenken begann. Noch nie hatte eine Protestbewegung ein außenpolitisches Engagement der USA betroffen. Die Antikriegspropaganda hat den Neo-Isolationismus erheblich gestärkt und dazu beigetragen, daß die Grenzen der Macht nicht nur von außen, sondern auch von innen drastisch fühlbar wurden. Der Verzicht Johnsons auf Wiederwahl ist jedoch weit mehr von den Massenmedien als der Protestbewegung selbst erzwungen wurden, die den Fernseh-Managern als erwünschte Staffage diente.

Die Erregung der Jugend ließ nach, als Nixon mit dem Programm antrat, den Krieg in Vietnam zu beenden. Ende 1972 war die allgemeine Wehrpflicht abgeschafft worden. Damit entschärfte sich für die Studenten die Frage des »gerechten« oder »ungerechten« Krieges. Sie fühlten sich nicht mehr persönlich betroffen.

Die Berater Kennedys und Lyndon Johnsons waren Männer von hohem intellektuellem Niveau. Wie kam es zu einer so krassen Fehleinschätzung der amerikanischen Möglichkeiten in Vietnam, die von vielen unabhängigen Beobachtern schon frühzeitig erkannt werden konnte? Von Leuten, die nicht über die Fülle der Informationen der Regierung in Washington verfügten.

Verteidigungsminister *Robert McNamara,* der die Hauptverantwortung trug, war aus dem Vorstand der Ford Company ins Pentagon berufen worden. Sein Ruf eines geradezu genialen Managers war berechtigt. Aber daran lag – wie er selbst zu spät erkannte – sein Handicap. Sein phänomenales, Daten speicherndes Gehirn vertraute dem Computer gewissermaßen als einem Super-Mac, und der Computer gab dem verhältnismäßig primitiv gerüsteten Gegner keine Chance gegen die überlegene amerikanische Technologie. Der Computer aber konnte weder die Bedingungen des asiatischen Dschungels, noch des nationalistischen Fanatismus und des asiatischen Stoizismus gegenüber dem Tode, noch gar die Erfahrung der Geschichte speichern, daß in Vietnam alle Reichsbildungen vom kargeren Norden ausgegangen waren und das kosmopolitische Saigon als Reichshauptstadt nur geringe Chancen besaß. Clemenceaus berühmtes Wort, der Krieg sei eine viel zu ernste Sache als daß man ihn den Generalen überlassen dürfe, traf auf Vietnam voll zu, wenn man ›General‹ durch den erweiterten Begriff ›Experten‹ übersetzt.

Im Umkreis Lyndon Johnsons scheint es nur einen Mann gegeben zu haben, der beharrlich zu widersprechen wagte, als der verhängnisvolle Entschluß fiel, die Zahl der Truppen in die Hunderttausende zu erhöhen: *George Ball,* damals Unterstaatssekretär im State Department. In einem Memorandum vom 1. Juli 1965 schrieb er dem Präsidenten prophetisch: »Unser Engagement wird so groß werden, daß wir vor der Erreichung unserer Ziele nicht ohne nationale Erniedrigung haltmachen können. Ich glaube aber, Erniedrigung wird in jedem Fall das Wahrscheinlichere sein – auch nachdem wir schreckliche Kosten dafür bezahlt haben.«[3]

Es gab wenig Männer in hoher Position, die sich nicht vom Computer täuschen ließen. Sie gewannen nie die Überhand, obwohl der gesamte Führungskreis in Washington schon ab 1967 über die Erfolgsaussichten innerlich unsicher geworden war.

Die amerikanische Niederlage beruhte jedoch nicht nur auf den Fehlkalkulationen des Computers. Obwohl Johnson martialische Reden hielt, die sich mit Friedensangeboten ablösten, *hat er nie den Entschluß gefaßt, den Feind auch wirklich zu besiegen.* Zwar wurde Nordvietnam durch Bomben verwüstet (was die Amerikaner in Asien – bis hin nach Japan – verhaßt machte), aber selbst der Bombenkrieg war im Grunde nur defensiv. So wurde der einzige Nachschubhafen Haiphong, über den der Großteil der sowjetischen Waffen kam, in der Periode Johnson nicht vermint. Es war ein Krieg, hinter dem trotz gewaltigen Aufwands kein Siegeswille stand.

Als Nordvietnam nach der fehlgeschlagenen Tet-Offensive im Frühjahr 1968 die Luft auszugehen drohte, versäumte man in Washington den massiven Stoß, der die Entscheidung hätte bringen können.

Die Wirklichkeit war allerdings auch hier etwas weniger einfach. Das Fernsehen und die führenden Zeitungen der Ostküste hatten die Tet-Offensive als Beweis dafür hingestellt, Nordvietnam sei weit überlegen, die Verteidigung sei schwach, der Optimismus von Pentagon und Weißem Haus völlig unbegründet. Demgegenüber behauptete die Regierung, die Tet-Offensive sei ein letzter verzweifelter Versuch eines schon ausgebluteten Gegners gewesen und habe mit einem Fehlschlag geendet. Wem glaubte das Volk, wem vor allem der Kongreß? Davon hing der Fortgang des Krieges entscheidend ab. War der Gegner wirklich entscheidend angeschlagen, so konnte die Regierung sicher sein, Unterstützung im Kongreß zu erhalten. Der Senat aber lehnte das unter dem Eindruck der Massenmedien ab. So wurde Johnson schließlich gezwungen, seine gesamte Politik umzustellen und nicht mehr zu kandidieren.[4] Es war ein dramatischer Sieg der Massenmedien über die Regierung. Inzwischen weiß man, daß Hanoi tatsächlich an einem Tiefpunkt angelangt gewesen war. Die Macht der Massenmedien war so gewachsen, daß der impulsive Texaner Lyndon Johnson nicht mehr wagte, unbeirrt diesem mißtönenden Chor entgegenzuhandeln. Äußerlich robust, war er überempfindlich gegen Kritik.

Die Niederlage

Richard Nixon trat mit der erklärten Absicht im Januar 1969 sein Amt an, das Engagement in Vietnam zu beenden. Er hoffte, einen Verhandlungsfrieden zu erreichen, der das Überleben Südvietnams garantieren konnte. Während im Hotel Majestic in Paris fruchtlose Verhandlungen zwischen Amerikanern, Nord- und Südvietnamesen geführt wurden, traf sich Henry Kissinger zwischen August 1969 und Januar 1972 zwölfmal mit dem Mitglied des nordvietnamesischen Politbüros Le Duc Tho in größter Heimlichkeit in einem Pariser Vorort, ohne daß es zu einer Vereinbarung kam. Der »rückwärtige Kanal« erwies sich als ebenso unergiebig wie die Verhandlungen im Majestic. Schon 1966 hatte der deutsche Wehrexperte Lothar Ruehl eine Studie über Vietnam mit dem Satz beendet: »Die Geschichte des vietnamesischen Kommunismus ist zwar reich an Beispielen für taktische Rückzüge und Kompromisse – aber sie enthält kein einziges Exempel für die Preisgabe eines politischen Ziels; und das oberste Ziel war immer die nationale Einheit in einem sozialistischen Staat.«[5]

Man wird nicht annehmen dürfen, daß Kissinger das nicht ebenfalls erkannt hatte, als er mit seiner Geheimdiplomatie begann. Er stand jedoch vor einer unlösbaren Aufgabe. Seit man in Hanoi wußte, daß Nixon aus innenpolitischen Gründen den Abzug nicht vermeiden konnte, auch wenn er ihn mit harten militärischen Schlägen immer wieder verzögerte, stellte sich für die Kommunisten nur das Problem, ob sie im Bombenhagel und zuletzt mit verminten Häfen genügend lange aushalten konnten.

Die Amerikaner hofften, Südvietnam habe im Laufe der Jahre genügend eigene Widerstandskraft gewonnen, um den entschlossenen Gegner in Schach zu halten. Aber die sogenannte *Vietnamisierung* des Krieges war nur eine Verschleierung fortbestehender Abhängigkeit. Auch Nordvietnam war von den Waffenlieferungen der Sowjets und der Chinesen abhängig. Aber im Gegensatz zum Regime in Saigon war die kommunistische Führungsgruppe in Hanoi eine eigenständige Kraft und nicht nur eine Marionette Moskaus oder Pekings. Das war das Geheimnis ihres Sieges.

Der südvietnamesische Präsident Thieu ist von Kissinger im Januar 1973 nur unter schwerster Pression dazu gebracht worden, den Pariser »Friedensvertrag« zu unterzeichnen, nachdem die Amerikaner schließlich von ihrer Grundforderung abgegangen waren, die nordvietnamesischen Divisionen müßten Südvietnam gleichzeitig mit den amerikanischen Truppen verlassen. (Nur mit diesem Zugeständnis war die Rückkehr der sechshundert gefangenen amerikanischen Piloten zu erreichen gewesen.) Aber Nixon hatte Thieu eine bindende Zusage gegeben, die amerikanische Luftwaffe werde sofort eingreifen, falls Nordvietnam den Pariser Vertrag breche. Das war bereits drei Monate später – im April 1973 – der Fall. Hanoi begann mit einer Offensive, die den Pariser

Frieden klar verletzte. Wie Kissinger am Ende des vietnamesischen Dramas zugeben mußte, haben Nixons Berater für sofortiges Eingreifen plädiert, aber Nixon traf keine Entscheidung mehr: es waren genau die Tage, in denen sich die Büchse der Pandora des Watergate-Skandals geöffnet hatte. Der Präsident konnte angesichts der beginnenden Erregung über die Beteiligung des Weißen Hauses an dem Verbrechen nicht mehr wagen, sein an Vietnam gegebenes Versprechen zu halten. Wie immer man Thieu beurteilen mag, er mußte sich verraten von seinem großen Bundesgenossen fühlen. In ganz Südostasien hatte das nachhaltige Folgen.

Die Bilanz, die am Tage der Besetzung Saigons durch die Kommunisten aufgemacht werden mußte, war erschreckend. Weit über eine Million vietnamesische Soldaten aus Nord und Süd waren zwischen 1965 und 1975 gefallen, dazu 56 697 Amerikaner und fast eine halbe Million vietnamesische Zivilisten. Elf Millionen Menschen waren heimatlos geworden. Die USA hatten etwa 140 Milliarden Dollar für diesen Krieg ausgegeben.

Die Haltung der amerikanischen Regierung während des Vietnamkrieges forderte Zynismus geradezu heraus. Selbst gute Bekannte in den amerikanischen Dienststellen in Washington, Hongkong und Saigon begrüßten einen, wenn man wiederkam, mit frommen Sprüchen über den Kriegsverlauf. Jahrelang wurde dem amerikanischen Volk erzählt, man sehe »*Licht am Ende des Tunnels*«. So wurde es den Massenmedien, die letzten Endes Hanoi in die Hände arbeiteten, leicht gemacht, die Regierung auch dann zu verteufeln, wenn sie die Wahrheit sprach. Die Atmosphäre war vergiftet. Am schlimmsten mußte sich in der Endphase von Kissingers Friedensverhandlungen das Schlagwort »*peace with honor*« auswirken. Wer konnte an einen ehrenvollen Frieden glauben, nachdem beim Pariser »Friedensschluß« im Januar 1973 rund 120 000 reguläre nordvietnamesische Truppen in Südvietnam verblieben waren und die Amerikaner das verbündete Land als ein Leopardenfell mit Dutzenden Stützpunkten eines entschlossenen Gegners zurückließen?

Es bleibt Spekulation, wie die Amerikaner die erste Niederlage ihrer Geschichte verkraftet hätten, wäre wenigstens ihre Führung intakt geblieben. Durch die Watergate-Affäre mußte sich das Trauma von Vietnam vervielfältigen. Selbst bei zynischen Amerikanern der »Gegenkultur« war das Amt des Präsidenten noch mit einer gewissen Gloriole umgeben. Sie war entschwunden, als nach langen qualvollen Monaten die Wahrheit ans Licht gekommen war. Der Präsident hat den kriminellen Akt des Einbruchs in das Hauptquartier der Demokratischen Partei im Watergate-Gebäude zu verschleiern versucht und zugestimmt, daß 217 000 Dollar Schweigegelder ausbezahlt worden waren. Monate schwebte über Nixon das Damoklesschwert eines Verfahrens auf Amtsenthebung (impeachment), dem er durch Rücktritt am 9. August 1974 zuvorkam, als es keinen Ausweg mehr gab.

Der Verlauf der spektakulären Affäre braucht hier nicht nacherzählt zu werden. Wichtig bleiben die psychologischen Wurzeln, aus denen sie entstand. Nixon war 1968 nach harten Rückschlägen und knappem Wahlsieg nach Washington mit dem Vorsatz zurückgekehrt, die Macht der immobilen Riesenapparate der Bürokratie zu beschränken und den langjährigen Widerstand des Senats gegen innere Reformen zu brechen. Das war die Kampfansage an zwei Drachen.

Um sie durchzufechten, wollte Nixon weder auf konventionelle Kräfte aus der Bürokratie, noch auf die üblichen Lobbyisten zurückgreifen, die am Kapitol guten Wind für das Weiße Haus machen. Er brauchte Außenseiter.

Dafür brachte er völlig unbekannte junge Kalifornier mit, Werbefachleute von Beruf. Seinem Stabschef H. R. Haldeman und seinem innenpolitischen Berater John Ehrlichman wurde die Aufgabe zugedacht, als harte Rammböcke gegen Bürokratie und Senat zu wirken. Sie sollten die Anti-Typen zu den in Washington dominierenden Berufspolitikern sein.

Das Vorzimmer zur Macht ist eines der großen Probleme jeder Regierung. Das Weiße Haus glich in jenen Jahren einer Druckkammer von höchster Arbeitsintensität des um das ovale

Präsidentenzimmer auf Rufweite gruppierten Teams. Nach außen wurde es allmählich zu einer belagerten Festung. So jedenfalls sahen es diese politischen Prätorianer, die sich nur ihrem Chef verpflichtet fühlten. Die Polarisierung zwischen Nixons »verschworenem« Team und seinen Gegnern hatte mit dem Diebstahl der Pentagon-Papiere durch Daniel Ellsberg einen Höhepunkt erreicht. Als der Oberste Gerichtshof trotz der besonderen Vertraulichkeit dieser Papiere grünes Licht für ihre Veröffentlichung gab, war das für das Weiße Haus ein Alarmzeichen. Welche Staatsdokumente würden noch gestohlen werden, fragte man sich dort. Von nun ab hielt Nixon selbst und seine engsten Mitarbeiter jedes Mittel für recht, um wirkliche oder eingebildete subversive Aktivitäten zu entlarven. Aus diesem Klima entstand der Watergate-Einbruch. Der Präsident glaubte, selbst ein kriminelles Vergehen – so töricht es war – sei noch durch die Staatsräsion gedeckt.

Von diesem Augenblick an befand sich Nixon in den Händen zahlreicher Mitwisser, wurde ein offenes Geständnis immer unmöglicher, häuften sich die Lügen, nahm das Schicksal seinen Lauf, bis er die Bühne unter schmählichen Umständen räumte.

Bedrohte Glaubwürdigkeit

Die falschen Parolen während des Krieges in Vietnam, der Schock der endgültigen Niederlage und Watergate: das mußte die Glaubwürdigkeit der Führungsschicht nachhaltig erschüttern. Nixons tiefer Fall mußte sich psychologisch um so nachhaltiger auswirken, als er den Anspruch erhoben hatte, für die »schweigende Mehrheit« zu sprechen, und der Hüter von *»law and order«* zu sein. 62 Prozent der Amerikaner hatten ihn 1972 wiedergewählt. Diesem großen Wahlsieg mußte beispiellose Enttäuschung folgen.

Der Verlust der Glaubwürdigkeit der Führungsschicht brachte eine bedenkliche *Schwächung des Präsidentenamtes* mit sich. Die amerikanische Verfassung macht Kongreß und Präsidenten auf vielen Gebieten zu Konkurrenten, zwingt sie aber auch zu Kompromissen. Nach Nixons Sturz jubelte die liberale Presse, nunmehr sei die Übermacht des Präsidentenamtes gebrochen, ohne zu bedenken, daß es F. D. Roosevelt, das Idol der Liberalen, gewesen war, der die Macht des Weißen Hauses in den dreißiger Jahren mit guten Gründen erheblich stärkte.

Nixons Nachfolger Gerald Ford mußte erleben, daß der Kongreß versuchte, die Führung der Außenpolitik an sich zu reißen, was in der Praxis nur bedeuten konnte, daß es überhaupt keine zusammenhängende Außenpolitik mehr gab. Davon wurde auch Henry Kissingers Spielraum als Außenminister hart betroffen. Seit Nixons Sturz war für ihn die innere Front, die beständige Auseinandersetzung mit dem Kongreß, fast wichtiger als die Aufgaben nach außen geworden. Die zeitweilige Erosion der Macht, die Watergate herbeigeführt hatte, widersprach der Entwicklung eines ganzen Jahrhunderts, in dem durch beständig wachsende Aufgaben auch die Machtkonzentration im Weißen Haus größer werden mußte. Kongreßmehrheiten der dem Präsidenten entgegengesetzten Partei haben die Regierungsmaschinerie in Washington schon oft blockiert. In ersten Amtsjahr Gerald Fords war jedoch durch die ständige Konfrontation zwischen Präsident und Parlament die Regierbarkeit der Vereinigten Staaten überhaupt in Frage gestellt.

In einer Anfang der fünfziger Jahre veröffentlichten Studie[7] wurde die interessante Beobachtung gemacht, daß sich in der amerikanischen Geschichte »introvertierte« und »extravertierte« Perioden mit einer gewissen Regelmäßigkeit ablösen. So rechnet Klingsberg im letzten Jahrhundert die Perioden von 1891 bis 1919 (die Dollardiplomatie und das Ausgreifen nach Mittel- und Südamerika unter Theodore Roosevelt bis zur Beteiligung am Ersten Weltkrieg) zu den »extravertierten«, die Jahre von 1919 bis 1940 (Ablehnung des Völkerbundbeitritts, Coolidge, Hoover und das New Deal F. D. Roosevelts) zu den »introvertierten« Perioden, auf die dann mit der Beteiligung am Zweiten Weltkrieg wieder eine »extravertierte« Periode gefolgt sei, die nach einem Rhythmus von jeweils knapp dreißig Jahren Ende der sechziger Jahre hätte ausklingen müssen. Man soll solche Periodizierungen nicht zu wörtlich nehmen, doch war Ende der sechziger Jahre in ganz Amerika eine Welle des Überdrusses am Internationalismus zu spüren, die über Vietnam weit hinaus ging.

Nachdem die USA Hunderte Milliarden an die Länder der Dritten Welt als Entwicklungshilfe gegeben hatte, schallte von dort fast ausnahmslos nur Kritik zurück, die von der Masse der Amerikaner resignierend als Undank empfunden wurde. Missionarische Ideen, die noch unter Kennedy bei der Gründung des Friedenskorps weiten Widerhall gefunden hatten, schlugen entweder in Enttäuschung um oder sie verbanden sich mit der Grundstimmung der Protestbewegung der sechziger Jahre und führten zu einer radikalen, oft oberflächlichen Kritik. Weit verbreitet war der Hinweis, daß angesichts eigener Slums, wüsten Bildern in den Gettos und der Armut der sozial zurückgebliebenen Schichten aller Anlaß bestehe, erst Amerika menschenwürdiger zu machen, ehe man sich um das Wohlergehen weit entfernter Länder sorge. Die Rolle Amerikas in der Welt wurde an vielen Stellen einer ätzenden Bestandsaufnahme unterzogen. Wie »Time« formulierte, »gehört es zu den Besonderheiten des amerikanischen Denkens, daß die USA entweder das beste oder das schlechteste Land sein müssen«.[8]

Eine Rückwendung der Amerikaner zu ihren eigenen Problemen war unverkennbar, auch wenn dies nicht mit dem Isolationismus der zwanziger Jahre gleichgesetzt werden darf. Weder politisch noch wirtschaftlich kann sich eine Weltmacht – und das waren die USA der Coolidge und Hoover doch nur bedingt –, aus allseitiger internationaler Verflechtung herauslösen.

Richard Nixon war entschlossen, dieser neuen Grundströmung Rechnung zu tragen, als er sein Amt antrat. Man war schon 1969 weit von dem pathetischen Idealismus entfernt, der acht Jahre vorher aus Kennedys Antrittsrede ein Manifest amerikanischer Weltmission gemacht hatte.

Bei einer Europareise im Frühjahr 1969 hatte Nixon den Bundesgenossen versichert, die USA würden weiterhin treu zu ihren Verpflichtungen stehen, zugleich forderte er die Europäer auf, sich stärker an den Lasten der gemeinsamen Verteidigung zu beteiligen. Das sollte auf Jahre hinaus ein Grundthema des oft stockenden atlantischen Dialogs bleiben.

Weit deutlicher wurde Nixon dem neuen amerikanischen Grundgefühl bei einer Reise in acht asiatische Länder gerecht

(August 1969), an deren Beginn er in *Guam* eine Erklärung abgab, die als Nixon-Doktrin in die Geschichte einging. Sie war wohl absichtlich unscharf formuliert: Frieden in Asien kann kein amerikanischer Frieden, es muß ein asiatischer Frieden sein. Die Völker und die Regierungen Asiens sind aufgerufen, selbst den richtigen Weg zu finden. Nixon kündigte an, nach dem Ende des Krieges in Vietnam würden sich die USA militärisch schrittweise vom asiatischen Festland zurückzuziehen. Zum erstenmal fiel bei dieser Reise auch das Wort *»low profile«,* mit dem sich Nixon deutlich von den hochtönenden Worten seiner Vorgänger distanzierte: das bescheidene Profil.

Diese »Doktrin« war nicht mehr als eine Absichtserklärung, aber in den USA wie in Asien wurde sie doch als ein wichtiger Wendepunkt verstanden. Seit der Jahrhundertwende hatten die Vereinigten Staaten das Prinzip der Offenen Tür in Asien vertreten, das im Washingtoner Neun-Mächte-Vertrag über China 1922 sogar wörtlich erwähnt wurde. Weit über wirtschaftliche Fragen hinaus beruhte es auf dem Grundsatz, daß die USA keiner Großmacht die Beherrschung Ostasiens überlassen würden. Das Prinzip der Offenen Tür gehörte dem Kolonialzeitalter an und wurde daher offiziell nicht mehr erwähnt. Dem Sinne nach aber bestand es weiter bis zur Niederlage in Vietnam.

Die Methoden Henry Kissingers

In den ersten Monaten der Präsidentschaft Nixons war die amerikanische Außenpolitik einer totalen Röntgenuntersuchung unterzogen worden. Mit Nixon war Henry Kissinger ins Weiße Haus eingezogen und hatte einen kleinen Stab hervorragender Fachleute – es waren nie mehr als einhundertzwanzig – zusammengestellt, die er sich aus dem State Department, dem Finanzministerium und dem Pentagon, einige auch aus politischen Seminaren geholt hatte. Kissinger kannte vorher Nixon persönlich kaum. Er hatte – nach einem kurzen und unbedeutenden Gastspiel bei Kennedy – längere Zeit für Nixons Rivalen um die republikanische Kandidatur Nelson Rockefeller, damals Gouverneur von New York, gearbeitet, mit dem er später erneut in ein enges Verhältnis trat, als Rockefeller Vizepräsident unter Ford geworden war.

Der Harvard-Professor war ziemlich überrascht, als ihm Nixon kurz nach seiner Wahl den Posten eines Sicherheitsbeauftragten beim Präsidenten anbot. Diese unter Truman gegründete Organisation wird vom Präsidenten geleitet; außer dem Vizepräsidenten gehören ihr nur der Außenminister, der Verteidigungsminister und der Direktor des Notstandsbüros an. Ständig anwesend sind jedoch auch der Chef des CIA und die drei Stabschefs der Streitkräfte. Weder Kennedy noch Johnson hatten sich dieses Gremiums bedient, das schließlich zu einer Tafelrunde an jedem Dienstag herabgesunken war.

Kissingers harte Kritik an dem letzten Jahrzehnt amerikanischer Außenpolitik bezog sich nicht nur auf die Substanz, sondern auch auf die Methode.[9] Für Kissinger kam es darauf an, dem Präsidenten einen systematischen Entscheidungsmechanismus zu liefern, über den bis dahin die Vereinigten Staaten nicht verfügten. Sie konnten immer nur fallweise Krisenstäbe bilden, bei denen es oft so verworren zuging wie beim deutschen Krisenstab nach dem Überfall während der Münchner Olympischen Spiele.

Decision making – der Entscheidungsmechanismus – ist der eigentliche und maßgebende Prüfstein für die politische Fähigkeit einer Regierung. Hat man einigermaßen klare Vorstellungen davon, wie Entscheidungen in einem Lande zustande kommen, so weiß man schon einiges über die zu erwartenden Reaktionen in Krisensituationen.

Einen Apparat für diese Prozesse hat Kissinger unter höchster Anspannung seiner Mitarbeiter in kurzer Zeit arbeitsfähig gemacht. Ein Teil von ihnen hatte sich nur auf die Gesamtkonzeption und die Erarbeitung von Prioritäten zu konzentrieren, ein anderer Teil auf aktuelles Krisenmanagement in allen Gebieten, wo Krisen wahrscheinlich sind. So entstand ein außenpolitisches Laboratorium, wie es die USA nie vorher besessen hatten.

Die eigentliche Aufgabe dieses Stabes war es, zu jeder wichtigen Frage für den Präsidenten verschiedene Möglichkeiten *(options)* auszuarbeiten, unter denen er auswählen konnte. Während sich unter früheren Präsidenten die Bürokratie auf einen Vorschlag einigen mußte, der häufig nur ein halbherziger Kompromiß sein konnte, lag unter Nixon die wirkliche Entscheidung bei ihm allein. Er wählte aus den »options« aus, die vorher in einem Fragebogen an die Bearbeiter – meist von Kissinger selbst – scharf umrissen worden waren. Wer einen solchen Fragebogen erhielt, mußte nach Beantwortung die unerbittliche Kritik des Chefs bestehen, ehe dieser damit zum Präsidenten ging. Am Ende des Prozesses stand das *»Decision Memorandum«* des Präsidenten, das die Linie in der jeweiligen Frage festlegte.

In der Praxis bedeutete dieses System, daß sich sowohl das State Department wie das Pentagon mit den Stabschefs, wie die CIA dem Manne unterzuordnen hatten, der im Auftrag des Präsidenten die Fragebögen entwarf. Daraus ergab sich schon 1969 eine für die großen Bürokratien Washingtons völlig ungewohnte Konzentration aller Entscheidungen im Weißen Haus, eine Art »amerikanischer Gaullismus«. Versuche der Bürokratie, dieses System zu unterlaufen, wurden von Kissinger schnell und hart unterbunden.

Erst im Laufe der Jahre stellte sich auch die Schwäche dieser Neuordnung heraus. Da Kissinger alle wichtigen Fragen an sich gezogen hatte, konnte ohne ihn überhaupt nichts geschehen. Während er die Geheimverhandlungen mit Vietnam führte, war er zugleich die oberste Instanz für die komplizierten SALT-Verhandlungen mit der Sowjetunion. Die gesamte Politik gegenüber Moskau und Peking blieb ebenso sein Reservat wie seit dem Herbst 1973 der Nahe Osten.

Er war nun Außenminister, leitete aber oft durch viele Wochen das Krisenmanagement persönlich an Ort und Stelle. Auch die großen internationalen Probleme der Energiefrage zog er an sich. Es war unvermeidlich, daß dies selbst einen »Wundermann« überfordern mußte, auch wenn er an Konzentration und Vitalität die meisten amerikanischen Außenminister der Nachkriegszeit überragte.

Das Dilemma der Übersetzung einer konzeptionellen Idee in die Tat, unter den komplizierten Voraussetzungen modernen Regierungsstils, war ihm am Beginn seiner Karriere durchaus bewußt. Er sagte damals in einem Interview: »Die Polarisierung zwischen Leuten, die nur denken, und Leuten, die nur handeln, ist eine der Kernfragen unserer Zeit.«[10]

Die amerikanischen politischen Gedankenfabriken, die *think tanks*, sind enorme Apparate. Wie können Politiker, die in höchster Anspannung leben müssen und in beständiger Terminnot sind, überhaupt von ihnen Notiz nehmen? Auch Kissinger mußte von der Substanz der Gedanken zehren, die er sich *vor* seiner Berufung ins Weiße Haus gemacht hatte.

Aus intensiven Vorarbeiten des Theoretikers über die Diktaturregime unserer Zeit erklärte sich, weshalb der praktische Außenpolitiker im Umgang mit autoritären Regimen aller Färbungen meist erfolgreicher war als bei den Verhandlungen mit demokratischen Regierungen. Mit Breschnjew, Tschou En-lai, Mao und Sadat fand er die richtige Tonlage besser als mit europäischen, japanischen und indischen Politikern. Kissinger wollte – in einem Zeitalter totaler Publicity – zur Geheimdiplomatie, zur äußersten Diskretion in den wirklich entscheidenden Fragen zurückkehren: Ein einfacheres Unterfangen mit Diktatoren als mit demokratischen Regierungschefs.

So stehen neben den brillanten Erfolgen auch augenfällige Mißgriffe. Voran das Versäumnis, den japanischen Ministerpräsidenten Sato über Nixons beabsichtigte Reise nach Peking zu informieren, was, wie wir im Japankapitel näher ausführen, zu einer langdauernden Spannung führte. Auf der gleichen Linie lagen die Mißgriffe während des indisch-pakistanischen Krieges. Japan und der Subkontinent waren lange eine terra incognita für Kissinger. Sie paßten nicht in sein Großmachtschema.

Auffallend war Kissingers Unverständnis gegenüber den europäischen Interessen nach Ausbruch des Jom-Kippur-Krieges und einige Monate später das Versagen der amerikanischen Diplomatie in der Zypernkrise, bei der erstmals zwei NATO-Staaten gegeneinander standen. Hier wurde ein ernsthafter Vermittlungsversuch – trotz ständiger Telefonate mit Athen und Ankara – kaum unternommen. Bald schien Athen, bald Ankara von Washington begünstigt, was zu wütenden Reaktionen in beiden Hauptstädten führte. Die daraus folgende Schwächung der NATO wurde hingenommen. Die Teilung Zyperns wurde nicht verhindert. Daraus entstand eine neue schwärende Wunde am Rande Europas.

Inspiration und Organisation

Am Schluß von Kissingers Buch über das Zeitalter Metternichs findet sich eine lange Passage darüber, ein unausweichliches Element der Geschichte sei das Ringen zwischen Inspiration und Organisation.[11]

»Inspiration verlangt, daß das Innere mit der Bedeutung der Ereignisse übereinstimme. Organisation verlangt Disziplin, die Unterordnung unter den Willen anderer. Inspiration ist zeitlos, ihr Wert liegt in ihrem Konzept. Organisation ist zeitgebunden und hängt von den Tatsachen ab, die innerhalb einer gegebenen Zeit verfügbar sind. Inspiration ist ein Appell an die Größe. Organisation erkennt an, daß eine Führung üblicherweise nur von durchschnittlicher Qualität ist. Um politisch wirkungsvoll zu sein, braucht man eine Organisation. Darum verfälscht die Übertragung prophetischer Visionen stets die Absichten ihrer Schöpfer.«

Die Inspiration, die in Kissingers ersten Jahren im Weißen Haus die amerikanische Außenpolitik zu verändern begann, war für alle Welt faszinierend. Amerika war ihm wie ein Ritter in einer zu schweren und starren Rüstung erschienen, dem Beweglichkeit gegen flexiblere Gegner abging. Amerika sei nur auf einen Krieg vorbereitet, der nicht stattfinden werde, sei aber machtlos allen Verwicklungen gegenüber, die unter der Schwelle atomarer Auseinandersetzung bleiben – das war seine beständige Warnung. Das war auch noch die Inspiration, mit der er in den Konflikt im Nahen Osten eingriff.

Hat in späteren Jahren der Pragmatismus der Organisation auch Henry Kissinger Fesseln angelegt? Gewiß ist, daß sich seine früheren Visionen von einem *Gleichgewicht der Mächte* unter dem Zwang der Verhältnisse wesentlich ändern mußten. Seine ursprüngliche Vorstellung von einem ausgewogenen »Fünfeck« – bestehend aus den USA, der Sowjetunion, China, Europa und

Japan – trat in den Hintergrund und erwies sich als abstraktes Gebilde. Rivalität und Kooperation der Supermächte blieb dagegen bestimmend. Das Verhältnis zu China, Japan und Europa wurde in späteren Jahren Kissingers mehr und mehr zu einer Funktion der amerikanisch-sowjetischen Beziehungen.

Blick nach Moskau

Das neue große Spiel der Supermächte begann schon am Tage von Richard Nixons Amtsantritt. »Nach einer Periode der Konfrontation treten wir jetzt in eine Ära der Verhandlungen ein«, sagte er in seiner Inaugurationsrede und verwischte mit diesen Worten das Bild eines unversöhnlichen Kommunistenfressers, das sich die Russen lange Zeit von ihm gemacht hatten.

Der ungelösten Streitpunkte waren mehr als genug. Berlin stand noch immer vorn auf der Liste; gefolgt von Vietnam und der Rivalität im Nahen Osten, wo die Russen ihre ägyptische Position immer weiter ausbauten. Bedrückender noch schwebte das Gespenst einer neuen Generation von Atomwaffen und Raketenabwehrsystemen über beiden Völkern.

Die Sowjets drängten in den folgenden Monaten auf eine Gipfelkonferenz. In Washington versprach man sich davon nichts. Wie Nixon später in seinen – von Kissinger entworfenen – außenpolitischen Jahresbotschaften immer wieder betonte, kam es den neuen Männern nicht auf verbale Entspannung an, sondern auf substantielle Fortschritte. Es sollte bis November 1969 dauern, bis in Helsinki die SALT-Konferenz* zur Einschränkung der Atomrüstung zusammentreten konnte, die dort und in Wien bis zum Mai 1972 tagte, bis das SALT-I-Abkommen bei Nixons Besuch in Moskau unterzeichnet werden konnte. Die Amerikaner waren in diese schwierigen Verhandlungen mit dem Bewußtsein eingetreten, daß von ihrer früheren Überlegenheit nicht mehr die Rede sein konnte. An die Stelle von *»superiority«* war *»sufficiency«* getreten – genügend geschützte atomare Vernichtungskraft für einen Vergeltungsschlag.

* SALT = Strategic Arms Limitation Talks

Um die Zeit, da SALT I begann, hatte in Bonn die Regierung gewechselt. Schon kurz darauf erschien Egon Bahr in Moskau. Während Brandt im Sommer 1970 die baldige Unterzeichnung des Vertrages mit Moskau erstrebte, waren die Beziehungen zwischen Moskau und Washington fast über Nacht erneut in eine so scharfe Konfrontation geraten, daß von den Vorsätzen bei Nixons Amtsantritt wenig mehr übriggeblieben zu sein schien.

Anlaß war der *Nahe Osten.* Der Schießkrieg am Suezkanal, den die Ägypter als einen Abnützungskrieg aufgefaßt hatten, war im August nach dreijähriger Dauer durch amerikanische Vermittlung von einem Waffenstillstand abgelöst worden, bei dem verabredet worden war, daß an den eingenommenen Positionen nichts verändert werden dürfe. Mit sowjetischer Rückendeckung verlegten jedoch die Ägypter eine größere Anzahl ihrer SAM-Stellungen (Boden-Luftraketen zur Flugabwehr) unmittelbar nach dem Waffenstillstand weit nach vorn. Israel reagierte entsprechend, und alsbald befanden sich die beiden Supermächte erneut in einer Auseinandersetzung, die alle Pläne zur Schaffung einer besseren Atmosphäre zunichte machte. Im Oktober 1970 hatte Nixon davon gesprochen, die Russen trachteten weiterhin nach Vorherrschaft *(domination).* Der sowjetische Staatspräsident Podgorny hatte vorher schon eine Vereisung des Klimas öffentlich festgestellt. Weit in das Jahr 1971 hinein änderte sich daran nichts.

Das Team Nixon-Kissinger hatte sich jedoch darauf eingestellt, die sich etwa auflockernden Beziehungen zwischen den beiden Supermächten könnten sich schon bei der nächsten unvorhergesehenen Krise in die übliche Sackgasse verrennen. Ihm schwebte »die Entwicklung irgendeines Ordnungssystems in einer Welt vor, die in militärischer Hinsicht bipolar, und in politischer multipolar ist«.[12]

Dazu aber bedurfte es der Einführung einer weiteren Kraft neben den Supermächten. Weder das mit den USA verbündete, im übrigen aber noch immer zersplitterte Westeuropa kam dafür in Frage, noch das außenpolitisch abstinente Japan, das weiterhin auf der Suche nach seiner Identität in Asien zu sein schien. Nur eine Macht konnte eine solche Rolle spielen: die Volksrepublik China.

Sprung nach Peking

Schon einige Jahre später fällt es schwer, sich zu erinnern, wie kühn, ja fast absurd Ende der sechziger Jahre ein solcher Gedanke erscheinen mußte. Seit dem Koreakrieg waren Washington und Peking Antipoden. Zwei Jahrzehnte hindurch hatte die amerikanische Diplomatie den Eintritt der Volksrepublik in die Vereinten Nationen mit allen Mitteln blockiert. Seit Jahrzehnten operierte die VII. Flotte in der Formosastraße zum Schutze des Bundesgenossen in Taiwan. Jeder Handel mit China war amerikanischen Bürgern verboten, und ihre Pässe waren nicht für die Volksrepublik gültig.

In allen chinesischen Städten gab es immer wieder Haßkampagnen gegen die USA, bei denen Bilder von Eisenhower, Johnson und Nixon verbrannt wurden. Ein chinesischer Hauptvorwurf gegen Moskau war die Behauptung des heimlichen Einverständnisses mit den USA. Seit Chruschtschows Gesprächen mit Eisenhower in Camp David im Herbst 1959 war davon die chinesische Führung auch wirklich überzeugt. Wer konnte unter solchen Voraussetzungen auch nur im Traum daran denken, ausgerechnet die amerikanische Supermacht, »dieser Papiertiger«, könne in die selbstgewählte Isolation Chinas einbrechen?

Nixon war noch nicht zwei Wochen im Amt, als er eine umfassende Studie über die amerikanisch-chinesischen Beziehungen veranlaßte. An ihr beteiligten sich neben Kissingers Fernostspezialisten John Holdridge vor allem der frühere Generalkonsul in Hongkong, Marshall Green – einer der wenigen Diplomaten, die seit langem für eine Änderung der Chinapolitik eingetreten waren, dabei aber tauben Ohren gepredigt hatten.

Die Studie für Nixon war noch nicht abgeschlossen, als durch den Ussuri-Zwischenfall die Spannung in Fernost einem Höhepunkt entgegenzutreiben schien. Mit dem Ausbruch eines Krieges mußte jederzeit gerechnet werden. Noch unter Johnson wären in einem solchen Falle die Sympathien der USA ausschließlich auf der sowjetischen Seite gewesen. Nixon und seine Berater sahen ganz andere Vorzeichen. Ein siegreicher Krieg, so meinten sie, würde der Sowjetmacht die Herrschaft über ganz Asien einbringen, Japan gefährden und die USA auf den zweiten Platz in der Welt verweisen.

Daraufhin ordnete Nixon eine Reihe von Signalen an, die öffentlich nach Peking gegeben werden sollten. Es begann mit winzigen Handelserleichterungen und kleinen symbolischen Gesten. Zugleich aber wurden die ersten Fäden der Geheimdiplomatie gesponnen. In Bukarest, der letzten Etappe seiner Fernostreise im Sommer 1969, sprach Nixon den rumänischen Staatschef Ceausescu auf dessen gute Beziehungen zu Peking an und bat um Vermittlung. Schon im Februar 1969 hatte Nixon bei seiner Europareise Charles de Gaulle gebeten, die Chinesen freimütig über den bevorstehenden Stimmungswandel in Washington zu unterrichten. De Gaulle wollte deshalb selbst nach China reisen. Dazu kam es nicht mehr, aber die Botschaft ist durch seinen ehemaligen Außenminister Couve de Murville nach Peking gelangt.

Im Winter 1970/71 – wir sahen, wie sich die Beziehungen zu Moskau wieder verhärtet hatten – folgte das deutlichste Signal: die VII. Flotte bekam Befehl, ihre Routinepatrouillen in der Formosastraße einzustellen.

Peking blieb zwei Jahre hindurch stumm. Am 10. Dezember 1970 empfing Mao seinen alten Freund, den amerikanischen Journalisten Edgar Snow. Lassen wir Snow selbst sprechen, was Mao ihm sagte:

»Die Vereinigten Staaten haben eine Bevölkerung von zweihundert Millionen. Sie haben die höchste industrielle Produktion und ein universales Erziehungssystem. Ich wäre glücklich, wenn dort eine Partei entstünde, die eine Revolution durchführte, aber in naher Zukunft ist das nicht zu erwarten. Inzwischen studiert mein Außenministerium die Frage, ob man Amerikanern, seien sie von der Linken oder Rechten, das Recht einräumen soll, China zu besuchen.

Soll man einem rechtsstehenden Mann wie Nixon, der das Monopolkapital vertritt, die Erlaubnis geben zu kommen? Er soll mir willkommen sein, weil derzeit die Probleme zwischen China und den USA nur mit Nixon zu lösen sind. Ich wäre glücklich, mit ihm zu sprechen, ob er nun als Tourist oder ob er als Präsident kommt.«[13]

Damit war das Eis gebrochen. Eine Wendung von wirklich historischer Bedeutung kündigte sich an. Nachdem das Weiße Haus über Snows Bericht verfügte, wußte Nixon, er werde bald einen Trumpf in der Tasche haben, der große Rückwirkungen in Moskau haben mußte.

Vom amerikanischen Standpunkt aus hatte die Öffnung der Tür nach Peking einen doppelten Sinn: Zweifellos sahen Nixon und Kissinger in der Durchbrechung der Isolierung Chinas einen Wert an sich. Bei kritischer Überlegung waren die Streitpunkte zwischen beiden Ländern nicht so zahlreich, wie Außenminister Dean Rusk es vor dem Senat 1966 formuliert hatte, als er sagte: »Wir und Peking sind in den Fragen der fundamentalen Politik so weit voneinander entfernt wie vor siebzehn Jahren.«[14] Sah man von Vietnam ab, so blieb nur die Frage Taiwan als wirklich gravierender Streitpunkt übrig.

Hinter einer Wendung in der China-Politik stand von Anfang an für Kissinger eine spezifische Vorstellung vom *Gleichgewicht der Mächte.* Seit der faktischen Auflösung des chinesisch-sowjetischen Bündnisses war die Distanz zwischen Washington und Moskau, zwischen Washington und Peking, aber auch zwischen Peking und Moskau ungefähr gleich weit. Für Moskau war es jedoch ein Vorteil, wenn Washington und Peking nicht miteinander in Kontakt waren. Das bedeutete freie Hand für eine aggressive Fernostpolitik.

Dies war dann auch für die Chinesen das ausschlaggebende Motiv für die Wendung nach Washington. Tschou En-lai machte gegenüber Kissinger kein Hehl daraus, wie sehr sich China durch den beginnenden sowjetischen Aufmarsch an der sibirischen Grenze bedroht fühlte.

Nach dieser ersten Reise Kissingers nach Peking war der Vorteil nunmehr auf amerikanischer Seite. Washington war im Dreieck der Großen in eine Mittellage gerückt. Von nun ab konnte Moskau nicht mehr sicher sein, wie sich Washington im Falle eines großen Konflikts an der sibirischen Grenze verhalten würde. Damit war die Kriegsgefahr im Fernen Osten wesentlich vermindert und flaute nach chinesischer Ansicht so sehr ab, daß Tschou En-lai seit 1974 öffentlich erklären konnte, der sowjetische Aufmarsch in Sibirien sei nur eine Scheinoperation, in Wirklichkeit liege das Schwergewicht sowjetischen Expansionsdranges in Europa.

Der Besuch Nixons in Peking hat im wesentlichen nur bestätigt, was Tschou und Kissinger schon im Juli 1971 ausgehandelt hatten. Im Kommuniqué von Schanghai (27. Februar 1972) wurden zu den wichtigsten Fragen die Standpunkte nebeneinander gestellt, wobei die gravierendste, nämlich das Verhältnis beider Mächte zur Sowjetunion, ausgespart wurde.

Nixon und Kissinger wußten, daß *Taiwan* der heikelste Punkt für Peking sein mußte. Der amerikanische Spielraum war klein. Einen Bruch mit Taiwan konnten die Amerikaner nicht in Erwägung ziehen. Der bestehende Bündnisvertrag ließ keine Alternative zu, da alle anderen Bündnispartner der USA – gleich wie sie zu Taiwan standen – dies als Alarmsignal hätten auffassen müssen. Insofern befanden sich die Amerikaner in einer wesentlich anderen Lage als später die Japaner. Sie konnten daher nur bestätigen, Taiwan sei ein Teil Chinas, da auch Tschiang Kaischek die Zwei-China-Theorie stets abgelehnt hatte. Und sie konnten zusagen, sie würden nach dem Abzug aus Vietnam ihre Truppen auf Taiwan vermindern, was dann auch geschah. Damit mußten sich die Chinesen abfinden. Auch drei Jahre später hatte sich daran nichts geändert. Seit 1974 ist einer der besten amerikanischen Fernostkenner Botschafter in Taipeh.

Chinesische Zweifel

Der Besuch Nixons in Peking hat die Chinesen vom Alptraum eines sowjetischen Angriffs weitgehend befreit. Das war der große Vorteil für China, dem zuliebe sie das Problem Taiwan zurückstellten. Ebenso groß war der Vorteil für die USA, daß sich von nun ab die Sowjetunion zugänglicher für Verhandlungen zeigen mußte. Die Weltkonstellation hatte sich tatsächlich mit diesem Schachzug beider Mächte fundamental geändert.

Dennoch war bei den Chinesen in den folgenden Jahren eine gewisse Enttäuschung darüber unverkennbar, daß sich die Beziehungen zu Washington langsamer entwickelten, als sie offenbar bei Nixons Besuch angenommen hatten. Eine endgültige Normalisierung, d.h. der Austausch von Botschaftern an Stelle von diplomatischen Bevollmächtigten, mußte an der Taiwan-Frage scheitern. Wenn auch unwillig, konnte sich Peking damit abfinden, das werde sich allenfalls nach dem Tode Tschiang Kaischeks ändern.

Gravierender war, daß in Peking der Zweifel nagte, ob Kissingers Chinapolitik nicht hauptsächlich dem Zweck gedient hatte, Barrikaden auf dem Wege nach Moskau wegzuräumen. Diese Zweifel tauchten schon bei der Breschnjew-Nixon-Erklärung über die Atompolitik beider Mächte auf, die im Juni 1973 ein sarkastisches Echo in Peking hervorrief (Vgl. S. 82).

Noch mehr mußte die Chinesen im November 1974 die Wahl Wladiwostoks als ersten Treffpunkt zwischen Präsident Ford und Breschnjew verstimmen – eine Stadt, welche die Chinesen durch die ungleichen Verträge mit den Zaren erst 1860 verloren hatten. So fand denn auch Kissingers siebter Besuch in Peking, der sich unmittelbar an Wladiwostok anschloß, in kühler Atmosphäre statt. Mao, der Kissinger vordem stets zu langen Gesprächen empfangen hatte, ließ sich nicht sprechen. Es schien, als ob dem Meisterdiplomaten bei seinem Spiel mit drei Kugeln die eine zu entgleiten drohte.

Die Schwächung der amerikanischen Position im Fernen Osten nach dem endgültigen Sieg Hanois mußte sich auch auf die Beziehungen zu China auswirken. In Peking fragte man sich, welcher Wert der amerikanischen Karte bei der Konfrontation mit der Sowjetunion noch zukam, nachdem die USA – bis auf Japan und Korea – kaum noch verläßliche Außenpositionen in Asien besaßen. Das war 1971/72 noch nicht vorauszusehen.

Zieht man Bilanz, so hat Nixons Chinapolitik die Gesamtlage im Fernen Osten entschärft und Gefahren abgewendet, die bis an den Rand eines neuen Weltkrieges hätten führen können. Darüber hinaus ist die Volksrepublik China aus ihrer früheren Isolierung befreit. Ihr Verhältnis zur Außenwelt beruht nicht mehr auf der Zwangsvorstellung einer Rundumverteidigung. Auch als Nixon später ein gedemütigter Mann war, blieb das in den Annalen der Geschichte als ein Wendepunkt verzeichnet.

Sekt in Moskau – Minen in Haiphong

Die Ankündigung des Präsidentenbesuches in Peking war ein Schock für die Männer im Kreml. Die Pingpong-Diplomatie war zwar eine Vorwarnung gewesen, aber in Moskau glaubte man nicht, daß nach zwei Jahrzehnten unversöhnlicher Feindschaft der Durchbruch so schnell erfolgen könne. Der sowjetische Nachrichtendienst schien nicht die leiseste Ahnung von Kissingers Geheimreise im Juli 1971 gehabt zu haben. Man war in Moskau so vollständig überrascht worden wie zwei Jahre später die Amerikaner über die ägyptische Offensive am Suezkanal.

Nachdem der erste Ärger verflogen war, schien es Breschnjew geraten, sich so schnell wie möglich einzuschalten. Den Amerikanern wurde durch Dritte hinterbracht, im Kreml würde man Nixon gerne *vor* seiner Reise nach Peking empfangen. Nachdem das diskret abgelehnt worden war, kam schließlich im Oktober eine offizielle Einladung der Sowjetregierung für den Mai 1972. Die Initiative lag dabei ganz auf der sowjetischen Seite. Man genoß das heimlich in Washington im Gedenken daran, daß es Chruschtschow gewesen war, der im Sommer 1960 den schon fest vereinbarten Besuch des Präsidenten Eisenhower abgesagt hatte – formell wegen des U-2-Zwischenfalls, tatsächlich, weil der Kreml damals die Chinesen nicht noch weiter reizen wollte.

Jetzt waren alle Karten neu gemischt. In den folgenden Monaten gab es kleine Schritte von der Verbesserung des »heißen Drahtes« zwischen Moskau und Washington, von einem Abkommen zur Verhütung von Zwischenfällen auf See bis zu einem Kulturabkommen. Signale, die anzeigten, daß sich Breschnjew im Politbüro mit seiner These durchgesetzt hatte, die Sowjetunion benötige dringend der Hilfe aus dem Westen, um ihren technischen Rückstand aufzuholen. Dem amerikanischen Handelsminister Maurice Stans wurde das bei einem Besuch in Moskau im September 1971 unverblümt gesagt. Der Vorhang war von dem eigentlichen Problem plötzlich weggeschoben, um das es Breschnjew ging: er bedurfte einer längeren Atempause und westlicher Kredite.

In Nordvietnam sah man jedoch keinen Anlaß, auf solche

Erwägungen des großen Bruders Rücksicht zu nehmen. Am Ostersonntag, man schrieb den 2. April 1972, war die nordvietnamesische Armee in einer Stärke von 150 000 Mann über die demilitarisierte Zone nach Südvietnam eingebrochen und hatte die Abwehrkräfte Saigons innerhalb weniger Tage aufgerieben. Der Zeitpunkt war für Washington besonders kritisch. Von der halben Million amerikanischer Truppen in Vietnam waren nur noch rund 60 000 Mann Sicherungstruppen zurückgeblieben, darunter nur noch 6000 Mann Kampftruppen. Eine totale Katastrophe schien sich abzuzeichnen. Ganz abgesehen von den Folgen in Vietnam selbst, eröffnete sich die düstere Aussicht, daß Nixon allenfalls als geschlagener Mann nach Moskau reisen sollte. In aller Heimlichkeit wurde abermals Kissinger nach Moskau entsandt, um Breschnjew zu bewegen, Hanoi zum Abbruch der Offensive zu veranlassen. Nach vier mühseligen Tagen kam Kissinger unverrichteter Dinge zurück. Breschnjew hatte sich geweigert, in Hanoi zu intervenieren.

Nixon faßte daraufhin einen fast verzweifelten Entschluß. Er befahl die Verminung der gesamten Küste Nordvietnams und vor allem des Hauptnachschubhafens Haiphong. Jahre hindurch hatte er, mit Rücksicht auf die Sowjetunion, dem Drängen der Generale auf die totale Blockade Nordvietnams widerstanden. Bis die Maßnahme durchgeführt war, schrieb man den 8. Mai. Die Ankunft in Moskau war auf den 22. Mai festgesetzt. Die Möglichkeit, daß ein russisches Schiff auf eine Mine lief, war gegeben. Der Präsident mußte damit rechnen, daß Breschnjew den Besuch absagte und darüber hinaus militärische Gegenmaßnahmen befahl.

Nichts dergleichen erfolgte. Wie man später erfuhr, gab es im Politbüro in Moskau heftige Auseinandersetzungen. Zwar wurde eine scharfe Erklärung in Moskau veröffentlicht, in der nicht näher beschriebene »Konsequenzen« angedroht wurden. In Washington empfing jedoch zu fast gleicher Stunde Nixon den gerade anwesenden Handelsminister N. Patolitschew, und im Pentagon verhandelten sowjetische Marineoffiziere über ein Seeabkommen, so als ob nichts geschehen wäre: eine fast surrealistische Szene. Wie hart es im Politbüro hergegangen war, erfuhr man unmittelbar vor Nixons Ankunft in Moskau. Breschnjew hatte den Wortführer der unnachgiebigen Linie, den Parteichef der Ukraine Pjortr Schelest, kaltgestellt und aus dem Politbüro entfernt.

Die Verminung Haiphongs war zu einem Lehrstück für die Beziehung der beiden Supermächte geworden. Nixon hatte alles auf eine Karte gesetzt und hatte gewonnen. Sicherlich vor allem deshalb, weil Breschnjew seine weit ausgreifenden Pläne nicht durch die »teuren Genossen« in Hanoi durchkreuzen lassen wollte. Eine ebenso große Rolle spielte jedoch auch die konkrete Machtlage im Golf von Tongking.

Nixon hatte vor der Verminung Haiphongs die größte Flottenkonzentration des ganzen Vietnamkrieges – darunter sechs Flugzeugträger – angcordnet. Selbst wenn sich die harte Linie im Kreml durchgesetzt hätte, wären die Russen vor einer seestrategisch unlösbaren Aufgabe gestanden. Im Gegensatz zu Chruschtschows Aktion vor Kuba hatten die Amerikaner das Risiko seestrategisch auf ein Minimum reduziert.

Das eigentümliche Verhältnis der beiden Supermächte war durch die Haiphong-Episode noch einmal scharf pointiert worden: auf der einen Seite gab es zahlreiche gemeinsame Interessen und auch eine gewisse Bereitschaft zur Verständigung. Weder Washington noch Moskau lebten jedoch in der Entspannungseuphorie, die sich in Europa breitzumachen begann. Beide waren sich bewußt, daß es nach wie vor breite Konfliktzonen gab, nicht nur in Vietnam. Beide bauten ihre Positionen dort aus, wo sie einen Übergriff der anderen Macht befürchten mußten.

»*The non-allied alliance*« hatte damals Cyrus L. Sulzberger das Verhältnis Washingtons zu Moskau in der »New York Times« genannt. In der »Pekinger Volkszeitung« sagte man weniger höflich, man erlebe ein Schauspiel, das an Gangsterfilme erinnere. Die Bosse sitzen an einem Tisch, aber hinter ihnen stünden die Wächter mit gezückter Pistole.

Die Einladung Nixons nach Moskau war die unmittelbare Folge der Ankündigung seiner Reise nach Peking. Während aber in Peking nur Standpunkte miteinander verglichen wurden und der symbolische Akt der Anwesenheit eines amerikanischen Präsidenten in der chinesischen Hauptstadt das eigentlich Wichtige war, ging es in Moskau um brisante und konkrete Fragen, vor allem um den Abschluß des SALT-Abkommens, das während dieser Tage in Moskau unterschriftsreif wurde.

Die Papiere, die Nixon und Breschnjew damals unterzeichneten, waren schon ein Jahr später überholt. Hinter der freundlichen Miene, die Breschnjew auch noch beim harten Ringen um Einzelheiten des SALT-Abkommens zur Schau trug, verbargen sich bereits Pläne, die diesen Vertrag aus den Angeln heben sollten. Das Feilschen mußte zwei Jahre später von neuem beginnen und setzte sich in der Amtszeit Fords fort. War der soeben in Peking so erfolgreiche Nixon in Moskau in eine Falle gegangen?

Hunderte Milliarden Dollar für Raketen?

Im Sommer 1973 erlebte das militärische Establishment im Pentagon einen Schock. Verteidigungsminister James Schlesinger gab Mitte August bekannt, die Sowjets hätten drei neue Raketensysteme erstmals mit Mehrfachsprengköpfen (MIRV)* getestet, darunter die schwerste Rakete der Welt, die die Amerikaner SS-18 tauften. Dieses Monster kann acht Gefechtsköpfe zu je einer Megatonne über Tausende von Kilometern befördern. Acht Megatonnen: das ist die vierhundertfache Sprengkraft der Bombe von Hiroshima, mit der 1945 260 000 Menschen getötet wurden. Eine einzige SS-18-Rakete mit acht voneinander unabhängig zielbaren Sprengköpfen würde ausreichen, um New York mit seinen zehn Millionen Menschen total zu vernichten.

Gewiß hatten die Amerikaner immer damit gerechnet, die Sowjets würden eines Tages hinter das Geheimnis der Mehrfachsprengköpfe kommen. Aber dieser Tag war weit schneller gekommen, als man erwartet hatte. Zwar wußte der Nachrichtendienst des Pentagons, es würde noch einige Jahre dauern, bis die Sowjets die ihnen von Nixon 1972 zugestandenen 320 SS-9- und SS-18-Raketen mit Mehrfachsprengköpfen ausgerüstet hätten, aber es ließ sich nicht verheimlichen: das vielgepriesene SALT-Abkommen vom Mai 1972 war schon ein Jahr später das Papier nicht

* MIRV = Multiple Indepently Targeted Re-entry Vehicles

wert, auf dem es geschrieben wurde. Das strategische Oberkommando der USA mußte der Aussicht gewärtig sein, daß sich die Sowjetunion mit unheimlichem Tempo das Potential eines ersten Atomschlages *(first strike)* zulegen wollte.

Vom atomaren Gleichgewicht der beiden Supermächte hängt der Frieden der Welt ab. Ihm allein verdanken wir, daß auch in den Perioden höchster Spannung der Nachkriegszeit der Dritte Weltkrieg nicht ausbrach. So kompliziert das Problem der strategischen Atomrüstung ist, so abstrakt der Jargon erscheinen mag, der für SALT entwickelt wurde, so einfach ist das Grundprinzip des atomaren Gleichgewichts. Es beruht darauf, daß der Angreifer im Falle eines atomaren Überraschungsangriffs mit einem todbringenden Vergeltungsschlag rechnen muß. Kurz gesagt: Wer zuerst schießt, stirbt als zweiter. Das atomare Gleichgewicht beruht also darauf, daß keine der beiden Mächte in der Lage ist, einen Vernichtungsschlag zu führen, der das atomare Potential des Gegners so verkrüppelt, daß kein Vergeltungsschlag mehr zu befürchten ist. Das ist der Kern der gesamten Atomstrategie.

Da die Waffensysteme der Amerikaner und der Sowjets nicht gleichartig sind, hatte man sich bei SALT I in mühseligen Verhandlungen auf ein »asymmetrisches Gleichgewicht« geeinigt. Den Sowjets, die 1972 noch keine unabhängig voneinander zielbaren Mehrfachsprengköpfe besaßen, wurde im Verhältnis von etwa drei zu zwei eine größere Zahl von Raketen zugestanden. Dafür verfügten die Amerikaner durch ihre Mehrfachsprengköpfe über eine erheblich größere Zahl atomarer Gefechtsköpfe (etwa 5700 amerikanische gegen 2500 sowjetische beim Abschluß von SALT I).

Dieser Vorteil der Amerikaner wurde jedoch wieder ausgeglichen, weil die Sowjets schon 1972 weit schwerere Raketen mit größerer Schubkraft als die amerikanischen besaßen, mit denen daher auch eine weit größere atomare Wurflast befördert werden konnte. Die gesamte Wurflast-Kapazität der Sowjets betrug 1972 bei den landgebundenen Raketen (ICBM)* das Dreifache der amerikanischen.[15] Dafür war die Zielgenauigkeit der amerikani-

* ICBM = Intercontinental Ballistic Missile

schen Raketen besser entwickelt. Außerdem waren die Amerikaner dabei, ihre MIRV-Raketen noch durch das MARV-System* zu verbessern, bei dem die Sprengköpfe noch während des Fluges in andere, weit entfernte Ziele in einem Zick-Zack-Kurs programmiert werden können, dem keine Abwehrrakete folgen kann.

Schon diese ganz grobe Skizze der Hauptprobleme zeigt, wie schwierig es war, dieses »asymmetrische Gleichgewicht« auszuwiegen, das auf beiden Seiten auf landgebundenen Raketen, auf Raketen-U-Booten und Raketenbombern beruhte. Der springende Punkt bei SALT I war, daß das Abkommen keiner der beiden Seiten Grenzen für die technische Entwicklung auferlegte, wodurch ein technologisches Wettrennen unvermeidlich wurde. Nur bei der quantitativen Begrenzung der Gesamtzahl der Raketen war den Sowjets das Zugeständnis abgerungen worden, daß die Zahl ihrer Schwerlast-Raketen vom Typ SS-9 und SS-18 (der SS-9 allmählich ersetzt) 320 nicht überschreiten durfte.

Man kann daher den Schock verstehen, den das amerikanische Oberkommando erlitt, als die Sowjets den ersten erfolgreichen Test mit unabhängig voneinander steuerbaren Mehrfachsprengköpfen schon so bald nach SALT I durchgeführt hatten. Ihnen war bis 1977 die größere Quantität an Raketen (2358 sowjetische zu 1710 amerikanischen) zugestanden. Waren sie in absehbarer Zeit in der Lage, ihre Monsterraketen mit gewaltigen Sprengköpfen zu versehen, so hieß das nicht mehr und nicht weniger, als daß sich die Sowjetunion die Möglichkeit für einen ersten Schlag von verheerender Wirkung schaffen könnte.

Das Londoner Institute for Strategic Studies, das maßgebende Institut des Westens, sah die Lage im Frühjahr 1974 so: wenn rund 320 sowjetische Schwerlastraketen Mehrfachsprengköpfe tragen, könnten die 1054 Silos der amerikanischen ICBM (Minuteman) mit etwa 2000 Sprengköpfen angegriffen werden. Bei entsprechender Zielgenauigkeit träfen auf jeden Silo zwei Megatonnen-Atomsprengköpfe (zehnmal soviel als die Hiroshima-Bombe). Auch die stärksten Betonwände wären dem nicht gewachsen. Somit könnten die landgebundenen amerikanischen Raketen mit

* MARV = Manoeuverable Re-entry Vehicles

einem einzigen Schlag vernichtet werden. Der Alpdruck eines ersten Schlages, der die ganze Atomstrategie durchzieht, war also plötzlich – oder doch gegen Ende der siebziger Jahre – wieder real.

Das Gesamtbild sah dennoch etwas weniger apokalyptisch aus, weil selbst in diesem äußersten (und unwahrscheinlichen) Fall den Amerikanern ihre gewaltige Atom-U-Bootwaffe bleiben würde. Sie ist praktisch unangreifbar und unauffindbar, insbesondere wenn ab 1978 das neue Modell Trident die Poseidon-Klasse ersetzt. Jedes dieser Boote wird mehr als eine Milliarde Dollar kosten – so viel wie ein großer Flugzeugträger. Es wird 24 Raketen mit je etwa vierzehn Sprengköpfen tragen, die mit größter Zielgenauigkeit über neuntausend Kilometer geschossen werden können, so daß Trident-U-Boote theoretisch sogar von Amerikas großen Binnenseen aus operieren könnten.

Es mußte jedoch alarmierend wirken, daß sich die Sowjets eine Atomstreitmacht zuzulegen begannen, die zum »ersten Schlag« fähig wäre. Zweimal fuhr Kissinger 1974 vergeblich zu Verhandlungen nach Moskau. Er traf bei Breschnjew auf keinerlei Verhandlungsbereitschaft. Erst nach dem Sturz Nixons trat bei der Zusammenkunft zwischen Breschnjew und Präsident Ford in Wladiwostok (November 1974) eine gewisse Wende ein.

Wladiwostok – Jagdschein zum Wettrüsten

Das Treffen von Wladiwostok war so sorgfältig vorbereitet worden, daß es Breschnjew und Ford in nur zwei Tagen gelang, die großen Linien für SALT II festzulegen, die bis 1985 gelten sollen. Die Einzelheiten wurden dann in weiterhin überaus mühseligen Verhandlungen in Genf ausgehandelt. Der geplante Zeitraum für das neue Abkommen von einem Jahrzehnt war zweifellos ein großer Fortschritt. Die Obergrenze aber, die für die Raketenträger mit 2400 und für Raketen mit Mehrfachsprengköpfen auf 1320 festgelegt wurde, grenzte an Irrsinn. Sie erlaubt beiden Mächten eine atomare Kapazität, mit der alle fünf Kontinente mehrfach vernichtet werden könnten, wenn die Schwerlastraketen mit MIRV ausgerüstet sein werden.

Jeder der beiden Mächte soll es erlaubt sein, die Träger ihrer Raketen nach Belieben zu wählen; die Raketen können also verbunkert oder auf U-Booten oder Bombern etabliert sein. Damit können die USA ihre gewaltigen Trident-U-Boote und vor allem den neuen Bomber B-1 in Serie geben, der Ende 1974 seinen ersten Probeflug machte. Er ist ungleich schneller als die bisherige B-52 und erreichte doppelte Schallgeschwindigkeit – infolge seiner unheimlichen Beweglichkeit eine furchtbare Waffe.

War schon bei SALT I von atomarer Abrüstung mit keinem Wort die Rede, so wird SALT II gemäß den Richtlinien von Wladiwostok einen atemberaubenden gegenseitig sanktionierten Rüstungswettlauf bedeuten, der in beiden Ländern – zusammengerechnet – innerhalb eines Jahrzehnts abermals Ausgaben von mindestens fünfhundert Milliarden Dollar, wahrscheinlich aber weit mehr erfordern wird – im gleichen Jahrzehnt, in dem für die Abwendung einer Hungerkatastrophe in weiten Teilen der Welt ungeheuere Summen aufgebracht werden müßten.

Wir gehen davon aus, daß ein Gleichgewicht der Atomwaffen für die Aufrechterhaltung des Weltfriedens unerläßlich und daß die totale Abschaffung der Atomwaffen, die oft gefordert wird, nur eine utopische oder propagandistische Phrase ist. Wir gehen ferner davon aus, daß die USA längst den Anspruch auf Superiorität hatten aufgeben müssen und daß es sich für sie seit 1972 nur darum handeln konnte, das »asymmetrische Gleichgewicht« zu erhalten, d.h. eine sowjetische Superiorität zu verhindern.

Noch bei seinem letzten Besuch in Moskau im Juni 1974 wollte Nixon offenbar die Gleichheit der beiden Mächte auf der Basis von je 700 Raketen mit Mehrfachsprengköpfen erreichen (was einer amerikanischen Abrüstung um etwa 180 MIRV-Raketen entsprochen hätte). Wenige Monate später sah sich Ford – von Breschnjew bedrängt – gezwungen, fast die doppelte Anzahl von MIRV-Raketen als gemeinsame Grundlage zu akzeptieren. Da die Sowjetunion bei MIRV-Raketen 1975 bei Null anfing, bedeutet dies für die Wirtschaft der Sowjetunion für viele Jahre eine neue fast unglaubliche Belastung, die den militärisch-industriellen Komplex noch weiter verstärken und den zivilen Wirtschaftssektor noch mehr in Rückstand bringen muß.

Aber auch für die USA brachten die Beschlüsse von Wladiwostok eine neue schwere wirtschaftliche Bürde. Bisher besaßen die USA keine Schwerlast-Raketen, die sich mit den sowjetischen SS-9 und SS-18 vergleichen ließen. Um der Gefahr einer sowjetischen »first strike«-Kapazität entgegenzuarbeiten, wird das Pentagon voraussichtlich gezwungen sein, ebenfalls Schwerlast-Raketen zu entwickeln. Das wird Unsummen kosten. Da die Sowjets ihre Raketenrüstung seit Mitte der sechziger Jahre in rasantem Tempo ausgebaut haben, schätzte man nach Wladiwostok, sie könnten bis 1980 über 10 000–12 000 Gefechtsköpfe verfügen – mit einer Wurflast, die der amerikanischen weit überlegen wäre, wenn nicht auch die Amerikaner neue schwere Typen einsetzen.

So hat Wladiwostok das Kernproblem nicht gelöst, sondern nur ein neues Wettrüsten beider Supermächte sanktioniert. Der technische Fortschritt wird auf dem atomaren Raketengebiet weitergehen. Daher kann bis 1985 mit einer Verminderung der Rüstungslast der Supermächte auf ein vertretbares Maß kaum gerechnet werden.

Das Risiko der Atomverträge

Bei den SALT-Verhandlungen in Genf stellte sich im Frühjahr 1975 eine neue Schwierigkeit ein, auf die Ford schon nach seiner Rückkehr aus Wladiwostok vorsichtig aufmerksam gemacht hatte: Wie nämlich läßt sich überhaupt feststellen, daß sich der Partner an die vorgeschriebenen Obergrenzen hält? Kann man Betrugsversuche ausschließen? Mit den Spionagesatelliten, die beide Seiten beständig 150 Kilometer über der Erde kreisen lassen, läßt sich zwar die Zahl der Raketensilos fotografisch feststellen, nicht aber die Zahl der Sprengköpfe im Bauch einer Rakete. Das Problem der *Verifizierung* trat beherrschend in den Vordergrund, seitdem die Sowjets über MIRV verfügten. Sie lassen sich überhaupt nur verifizieren, solange sie getestet werden – also über eine kurze Zeitspanne.

So unglaublich es klingen mag – die sowjetische Delegation hat während der jahrelangen Verhandlungen von SALT I nicht ein einziges Mal Angaben über Stärke und Dislokation ihrer Raketenwaffe gemacht. Mehr noch, selbst die zivilen sowjetischen Delegierten hatten nur ungenaue Vorstellungen von ihrer eigenen Atomwaffe.[16] Einmal bat sogar der stellvertretende sowjetische Delegationsleiter Generaloberst Nikolai Ogarkow die Amerikaner, sie sollten den sowjetischen Zivilisten nicht so viel Einzelheiten über die *sowjetische* Atomwaffe mitteilen! Das ginge die Zivilisten nichts an. Ein schlagender Beweis für die Abschirmung des militärisch-industriellen Komplexes. Die Verifizierung hängt allein an der Satellitenaufklärung, deren fotografische Überwachung die Amerikaner für perfekt halten.[17] Eine wohl einzigartige Situation bei derart lebenswichtigen Verhandlungen.

Kissinger mußte das im Juli 1972 bei den Senatsbesprechungen über SALT I auch zugeben. Er sagte, als er von Senator Henry Jackson über die Frage der Verifizierung in die Enge getrieben wurde: »Es steht außer Zweifel, daß die ganzen Prämissen dieses Abkommens in Frage gestellt wären, wenn unsere Nachrichtendienste erkennen sollten, daß die wirkliche Anzahl der sowjetischen Raketen (die von uns angenommenen) Richtzahlen erheblich überschreiten sollten.«

In Washington hörte der Verfasser, bei den Verhandlungen sei es regelmäßig so zugegangen, daß ein amerikanischer Delegierter sagte: »Nach unseren Feststellungen verfügen Sie über X Raketen des Y Typs«, worauf die Russen antworteten: »Wenn Sie das wissen, nehmen wir an, daß das so ist.«

Die Satellitenfotografie hängt nicht nur vom Wetter ab. Sie kann zum Beispiel nicht feststellen, ob in einem Raketensilo etwa auch Ersatzraketen gelagert werden. Die Amerikaner gingen jedoch von der Annahme aus, daß sich in jedem Silo nur eine Rakete befindet. Niemand kann das beweisen.

Tatsächlich mußte Ende 1974 das Pentagon erstmals das ständige SALT-Komitee anrufen, weil die Amerikaner über das Ausmaß der Tarnung von sowjetischen strategischen Objekten wie U-Booten und unterirdischen Raketensilos tief beunruhigt waren. Es stellte sich die Frage, ob die Sowjets ihre tatsächliche Stärke mehr und mehr verheimlichten. Niemand konnte mehr eine Verschleierung großen Stils ausschließen. Nach den Erfahrungen bei den SALT II-Verhandlungen über die Schwierigkeiten der Verifikation setzte an diesem allergischen Punkt auch die Kritik vieler Senatoren unter Führung des Demokratischen Präsidentschaftskandidaten Henry Jackson mit aller Schärfe ein.

In Wladiwostok kam kein generelles Verbot für *bewegliche* Abschußrampen zustande, die auf Lastwagen oder Eisenbahnwaggons installiert werden. Die mit festem Treibstoff getriebene sowjetische Rakete SS-16 scheint hauptsächlich zu diesem Zweck konstruiert worden zu sein. Hier ist die Möglichkeit der Tarnung besonders groß und die Satellitenüberwachung ungemein unsicher. Vergeblich hatte Kissinger den Sowjets zugeredet, auf diese mobilen Raketen zu verzichten.

Die Amerikaner konnten sich dagegen in einem anderen wichtigen Punkte durchsetzen. Er betraf die Schlagkraft des Bündnisses und der NATO-Strategie. Gegen harten sowjetischen Widerstand gelang es, daß auch in SALT II die in Europa stationierten amerikanischen Atomwaffen *(Forward Based System)* nicht in die Gesamtrechnung einbezogen wurden. Wie weit jedoch die Amerikaner selbst an diesen Basen festhalten wollen, wurde zweifelhaft, nachdem das dem Pentagon nahestehende militärwissenschaftliche Brookings Institute Ende 1974 den Vorschlag machte, von den siebentausend »taktischen« Atomwaffen in Europa fünftausend abzuziehen.

Neue Atomtheorie

Alle derartigen Vorschläge hängen eng mit einer *neuen Theorie des Verteidigungsministers James Schlesinger* zusammen. Seit Januar 1974 ging er von der bisherigen Doktrin der totalen Zerstörung der Ballungszentren im Falle eines Atomkrieges ab und begann die Atomstrategie auf selektive Ziele von militärischer Bedeutung umzustellen *(Flexible Strategic Options),* was nichts anderes bedeutet, als daß die Atomwaffe wieder mehr als Superartillerie angesehen wird. Man begann zu überlegen, ob es im Falle eines atomaren Einsatzes eine *Schadensbegrenzung* geben könne, falls die eigentliche Funktion der Atomwaffe, die Abschreckung, versagen sollte. Der Theorie liegt das jetzt schon Jahrzehnte alte Problem zugrunde, daß man Milliarden in eine

Waffe steckt, die nie gebraucht werden soll. Bei begrenztem Schaden wäre das anders. Zugleich aber müßte auch die Schwelle der Abschreckung sinken. Das wäre gefährlich.

Hier standen sich die Meinungen Kissingers und des Pentagons prägnant gegenüber. Der Diplomat hielt Kriegsverhütung für das absolute Ziel, dem die Atomwaffe dienen muß. Das Militär hingegen fragte, was geschähe, falls Kriegsverhütung, die immer auch und in erster Linie vom Gegner abhängt, Schiffbruch erleiden sollte. Muß dann sofort die Totalzerstörung des Gegners ins Auge gefaßt werden? Oder wählt man Ziele, bei denen der Schaden begrenzt ist? Hier gerät die Atomstrategie an den Rand der politischen Philosophie.

Nicht viel anders verhält es sich mit der sogenannten taktischen Atomwaffe, einer irreführenden Bezeichnung, weil es niemand in der Hand hat, was der Gegner als »taktisch« hinnimmt und wo er sofort mit massiver Eskalation beginnt. An Zahlen kann man sich hier nicht klammern. Eine zu große Massierung könnte im Ernstfall eine Eskalation im dichtbesiedelten mitteleuropäischen Raum geradezu herausfordern. Es kann also auch eine negative Schadensbegrenzung geben, eine Abwendung von Schaden im eigenen Raum durch verminderte Massierung.

Die Atomrüstung ist weit mehr als ein strategisch-technisches, sie ist vor allem ein politisch-psychologisches Problem. Auf der einen Seite hängt der Weltfriede von der Atomrüstung ab, weshalb die Supermächte immer zum Gleichziehen gezwungen sind. Auf der anderen Seite macht eine zu große Anhäufung nuklearer Zerstörungsmittel die Atomwaffe zu einer »politisch toten Masse« (A. Weinstein).[18] Die Zeiten, in denen ein Chruschtschow naiv mit Atombomben »rasseln« konnte, sind vorbei. Wenn aber der Präsident Israels mit Atombomben droht, ist das ein politischer Akt ersten Ranges.

Für die Sowjetunion hat die Atomrüstung offensichtlich einen anderen Stellenwert als für die Vereinigten Staaten. Die USA haben ihre Atomrüstung bisher politisch immer nur defensiv eingesetzt. Die Sowjetunion hingegen hat mit ihrer Atomwaffe zum mindesten in einem Falle von höchster globaler Bedeutung politische Drohung versucht: mit der atomaren Rüstung gegen China seit 1969 durch die Raketenstellungen in der Mongolei. Daß dies auch gegenüber Europa jederzeit möglich werden könnte, wenn sich der amerikanische Atomschirm verdünnt, kann kein vorausschauender Politiker außer acht lassen.

Ein zweideutiger Vertrag

Beide Mächte sind in ihrem Bewußtsein der atomaren Sonderstellung ambivalent. Schon seit Stalin und mehr noch seit Chruschtschow strebten die Sowjets immer wieder eine Teilung der Welt mit den USA an. Dem kam der zwischen Nixon und Breschnjew am 24. Juni 1973 unterzeichnete *»Vertrag zur Verhütung von Atomkriegen«* in der Nachkriegszeit am nächsten. Er enthält Formulierungen, die zum erstenmal seit Jalta die Möglichkeit eines amerikanisch-sowjetischen Kondominiums ahnen ließen. Dieses Abkommen war Kissingers schwerwiegendster Sündenfall einseitiger Großmachtpolitik ohne Rücksicht auf die Verbündeten der USA.

Im Artikel IV dieses Vertrages sichern sich die beiden Supermächte zu, sie würden gemeinsam »alles unternehmen, um die Gefahr eines nuklearen Krieges abzuwenden ... wenn die Beziehungen zwischen Staaten, die nicht Unterzeichner dieses Abkommens sind, einen Atomkrieg zwischen den beiden Vertragsparteien oder zwischen einer Vertragspartei und anderen Staaten hervorzurufen scheinen«.

Das lief auf ein »Krisenmanagement der beiden Supermächte unter Übernahme einer Aufseherfunktion für den Weltfrieden« hinaus.[19] Kissinger hatte sofort nach Vertragsabschluß erklärt, er »bedeute eine totale Veränderung der internationalen Struktur der Nachkriegszeit«.[20] Ein Satz, der später in der zusammenfassenden Interpretation Kissingers nicht mehr zu finden war, nachdem man in Washington das ärgerliche bis wütende Echo aus Westeuropa, Japan und China zur Kenntnis genommen hatte.

Da der Vertrag schon wenige Monate später bei der Nahostkrise im Oktober 1973 keine Rolle spielte, sollte man ihn nur als flexible Absichtserklärung werten. In Moskau hatte man nicht daran gedacht, Washington vom bevorstehenden Krieg im Nahen

Osten zu unterrichten, obwohl die Russen darüber Bescheid wußten. Nach dem Vertrag wären sie dazu verpflichtet gewesen. Für Kissinger war das eine herbe Enttäuschung.

Dem Leitmotiv des Kondominiums steht auf sowjetischer Seite immer das andere gegenüber, daß atomare Macht einen politischen Rang verleiht, dem sich nicht-nukleare Mächte zu fügen haben. Solche Untertöne fanden sich nicht nur bei den Sowjetmarschällen, sondern auch bei Breschnjew, vor allem, wenn er sich mit China beschäftigte.

Nukleare Drohung braucht sich nicht unbedingt gegen die andere Supermacht zu richten, sie kann vielmehr subtilere Formen annehmen, bemerkte dazu einmal der Londoner »Economist«.[21] Dann nämlich, wenn nukleare Überlegenheit die Sowjetunion veranlassen könnte, auf einen oder mehrere der amerikanischen Verbündeten einen schweren Druck auszuüben. »Wären dann die Vereinigten Staaten dazu bereit, am Abgrund eines nuklearen Krieges festzubleiben, wenn ihr eigenes Territorium nicht unmittelbar bedroht wäre?«

Diese von britischer Seite formulierte Frage war gewiß nicht neu. Sie würde sich nur dann unter einem anderen Aspekt stellen, wenn die Vereinigten Staaten es zuließen, daß die Sowjetunion nukleare Überlegenheit gewinnt. Dieses Ziel schien Breschnjew aufgegeben zu haben. Ob das auch für seine Nachfolger gilt, muß offenbleiben. Die Vereinigten Staaten werden sich immer im Zugzwang befinden, wenn sie eine Erschütterung ihres Bündnissystems abwenden wollen.

Von der anderen Supermacht fasziniert

Durch die Außenpolitik der Vereinigten Staaten zieht sich schon seit Kennedy ein doppelter roter Faden: Entspannung und Sicherheit. Da sich beide Motive ständig überschneiden, sind Widersprüche unvermeidlich. Sie übertragen sich automatisch auf das amerikanische Bündnissystem, vor allem die NATO.

In der Periode Kissinger waren beide Tendenzen in den ersten Jahren ziemlich ausgewogen. Das Weiße Haus begann die Entspannungspolitik mit den nötigen Vorbehalten. So hat Kissinger im Februar 1972 in Nixons außenpolitischer Botschaft an den Kongreß – kurz vor der Reise nach Peking – die amerikanische Position folgendermaßen umrissen:

»Wir sind mit zweideutigen und widerspruchsvollen Trends der Sowjetpolitik konfrontiert. Die fortgesetzte Aufrüstung der sowjetischen Militärmacht ist naturgemäß eine Quelle tiefer Besorgnis ... Die Position der UdSSR im Mittleren Osten ist eine Mischung expansionistischer Politik mit dem Wissen um die Gefahren einer Konfrontation ... Die Sowjetunion hat die Wahl: entweder ist die gegenwärtige Periode des Nachlassens der Spannung nichts anderes als lediglich offensive Taktik oder sie ist eine echte Chance, ein internationales System zu entwickeln, das auf der Stabilität der Beziehungen der Supermächte beruht. Was uns angeht, so erstreben wir ein neues Verhältnis ... Erreichen wir es, so wäre die Transformation der sowjetisch-amerikanischen Beziehungen die bedeutsamste Errungenschaft unserer Zeit.«[22]

So messerscharf abgewogene Worte hat man aus Washington nie wieder vernommen, seit Nixon vom Sprungbrett Peking aus zur ersten Gipfelkonferenz in Moskau gelandet war.

Seitdem schlichen sich in Kissingers globale Beurteilung des künftigen Kräfteverhältnisses Elemente der *Konvergenztheorie* ein, deren Vertreter eine innere Angleichung der beiden Systeme annehmen. So begann Kissinger zu argumentieren, große Kredite für Moskau und enge Handelsverflechtungen würden gesellschaftliche Wandlungen in der Sowjetunion nach sich ziehen. Man wird den scharfsinnigen Schriftsteller Kissinger für zu klug halten müssen, als daß er das wirklich glaubte. Die neue Tonart entsprach vielmehr wachsendem Pragmatismus. Bei seinen Gesprächen in Moskau sah er von Mal zu Mal deutlicher, daß die Hoffnung auf Kredite für Breschnjew das treibende Motiv war, die frühere Konfrontation abzumildern. Infolgedessen kam Kissinger zu der Überzeugung, es sei schon einige Milliarden wert, den Kreml bei Laune zu halten. Dazu kam eine gewisse Faszination, die von der anderen Supermacht ausging. Sie war weit von den Kondominiumsvorstellungen der Kremlführer entfernt – aber doch, war nicht der Umgang mit den egozentrischen und

oft kleinmütigen Europäern oft mühseliger als selbst die härtesten Positionskämpfe mit den hartnäckigen Sowjets?

Das Koordinatensystem der amerikanischen Außenpolitik hatte sich im Laufe der siebziger Jahre wesentlich verändert. Bis in die Jahre Kennedys – und abgeschwächt noch Lyndon Johnsons – war im Hintergrund das sogenannte Establishment der Ostküste für die großen Linien bestimmend gewesen. Darunter verstand man »ein nebelhaftes, aber in seiner Wirkung sehr reales Konglomerat von Bankiers, großen Geschäftsleuten und Anwälten, die in diesem Jahrhundert der amerikanischen Außenpolitik weitgehend das Gepräge gegeben hatten ... Es verstand etwas von den Gesetzen der Macht und war hartgesotten.« (David Halberstam). Mittelpunkte waren Männer wie der frühere Außenminister Dean Acheson und der Bankier John McCloy, der einige Jahre Hoher Kommissar auf dem Petersberg gewesen war. Für das »Eastern Establishment« stand die Verbindung zu Europa und damit die NATO an der ersten Stelle der amerikanischen Außenpolitik. George Ball, der letzte große Repräsident dieses Kreises, hat daher auch Kissingers Politik scharfer Kritik unterzogen, weil er befürchtete, die sogenannte Entspannung werde konkret wenig ergeben, stattdessen aber das Verhältnis zu Westeuropa fragwürdig machen. Mitte der siebziger Jahre ging von diesem einst mächtigen Kreis um die Foreign Policy Association in New York kaum noch Wirkung aus.

Beide Supermächte waren – um mit der berühmten These des Staatsphilosophen Carl Schmitt zu sprechen – »Großräume mit Interventionsverbot raumfremder Mächte«. Diese Haltung hatten die USA bereits bei den Aufständen in Berlin, in Ungarn sowie beim Bau der Mauer eingenommen, umgekehrt aber auch während der Kubakrise.

Daraus ließ sich dennoch kein Gesamtsystem entwickeln; denn die eigentliche Rivalität hatte sich längst auf Gebiete verlagert, die jenseits der »geschützten« Großräume lagen.

Während sich die Entspannungspolitik fortsetzte und Kissinger mit dem Kongreß um die Gewährung von Milliardenkrediten für Moskau zu ringen begann, bestand die Rivalität im Nahen und Mittleren Osten unvermindert fort. Einerseits wollte Kissinger den Eindruck erwecken, als sei diese »Transformation der Beziehungen der Supermächte«, von der 1972 der Nixon-Report als Ziel sprach, schon fast erfolgt. Andererseits aber mußte er versuchen, die Sowjetunion aus den Friedensbemühungen im Nahen Osten weitgehend auszuschalten. War doch aller Welt klar, daß Moskau an einem Frieden nicht interessiert war, sondern am Fortbestand eines labilen Zustandes. Das Monopol der Vermittlung zwischen Israel und den Arabern, das Kissinger vom Herbst 1973 bis zum Frühjahr 1975 an sich gerissen hatte, wurde in Moskau niemals als isoliertes Faktum anerkannt. Es wirkte auf die sowjetische Gesamtpolitik zurück.

Besonders typisch war der amerikanische Atomalarm vom 24. Oktober 1973, der die weltüberspannende amerikanische Streitmacht von Guam über Europa bis zu den Flugplätzen in den USA betraf, als eine sowjetische Besetzung Ägyptens drohte. Washington versäumte keine Gelegenheit, um den Sowjets klarzumachen, daß sich die USA nicht aus dem Mittleren Osten verdrängen lassen.

Diese Spannung in der Entspannung hatte zur Folge, daß die Sowjetunion hartnäckig auf allen anderen Gebieten Positionen verteidigte, die bei einer wirklichen Entspannung zu Kompromissen hätten führen müssen. Das zeigte sich vor allem auf den beiden großen internationalen Konferenzen, die sich mühsam dahinschleppten.

Auf der *Wiener Konferenz* über eine Rüstungsverminderung in Europa (MBFR) war nach zweijähriger Dauer nicht der geringste Erfolg erzielt worden. Hier hatten es die Amerikaner zugelassen, daß die Sowjets das bedeutungsvolle B *(balanced)* aus dem Namen der Konferenz entfernten, das sie allein sinnvoll machen könnte.

Auf der *Sicherheitskonferenz* für Europa in Genf blieb es bei Minimalkonzessionen der sowjetischen Seite. Sie sollen durch eine Monster-Abschlußkonferenz zu einem »Welterfolg« stilisiert werden, während sich weiterhin Mauern, Stacheldrähte und Tretminen durch Europa ziehen. Durch jene spektakuläre Gipfelfeier sollen diese Zäune den Segen und die Legitimation aller westlichen Länder erhalten. Eine Zumutung, die im State Department noch 1972 brüsk abgelehnt wurde.

Der Versuch, die Sicherheitskonferenz dazu zu benutzen, den Todesstreifen quer durch Deutschland und Europa zu beseitigen, wurde erst gar nicht unternommen. Ein solches Ansinnen nannte man auch im Westen »unrealistisch«, womit man sich gängige Vokabeln des Moskauer Wortschatzes zu eigen machte.

Der eigentliche Sinn der Sicherheitskonferenz für Europa bestand für Moskau darin, daß alle übrigen Mächte anerkennen, daß die Grenzen wasserdichte ideologische Barrieren bleiben. Kleine Zugeständnisse – etwa bei der Familienzusammenführung – sollen erreichen, daß schließlich sogar der Äther »geschlossenes Gebiet« werden soll, in das man nicht mit Sendungen in den Ostsprachen eindringen darf. Solchen Bestrebungen setzten die Amerikaner nur noch geringen Widerstand entgegen.

Nur der Vertrag über Berlin ließe sich als Positivum nennen. Aber auch er geht nicht über einen modus vivendi hinaus. An der grundsätzlichen Auffassung der Sowjetunion, West-Berlin liege auf dem Territorium der DDR, hat sich nichts geändert. Die Schwierigkeiten, die Moskau bei der Errichtung des Bundesamtes für Umweltschutz und eine unpolitische Institution der EG machte, zeigten die engen Grenzen der Abmachungen über Berlin.

Der neuralgische Punkt

Die Bilanz der Entspannung war in allen konkreten Punkten nicht so günstig ausgefallen wie das beim ersten Anlauf im Jahre 1972 erwartet worden war. Sie beschränkte sich auf das Atmosphärische, auf eine Verminderung polemischer Töne auf beiden Seiten. Das aber war ein labiler Gewinn, der bald wieder verlorengehen konnte.

Das war auch der Grund, warum Kissinger die Schlacht auf dem eigentlich entscheidenden Feld verlor: der Gewährung von Milliardenkrediten an die Sowjetunion. Wir sahen, die Hoffnung auf Kredite war der neuralgische Punkt des gesamten Entspannungsgeschäftes. Die triftigen Gründe dafür legen wir im Kapitel über das Sowjetimperium genauer dar.

Die Mehrheit des amerikanischen Kongresses war jedoch der

Meinung, riesige Kredite an die Sowjetunion verstärkten nur deren Kriegsmaschine. Daher begrenzte der Kongreß Ende 1974 die Befugnis der Import-Export-Bank, der Sowjetunion zinsgünstige Kredite zu erteilen, bis 1978 auf 75 Millionen Dollar pro Jahr. Innerhalb des Gesamtbetrages dürfen nur 40 Millionen Dollar für die Suche nach Erdgas und Öl in Sibirien ausgegeben werden, und Anleihen für die Entwicklung von Erdgasquellen verbot der Kongreß überhaupt. Daneben wurde die Gewährung der Meistbegünstigung an die Bereitschaft der Sowjetunion geknüpft, sowjetischen Juden in größerer Zahl die Auswanderung zu erlauben.

Als man im Kreml sah, daß Breschnjews zentrales Argument für die Entspannung – wie man sie in der Sowjetunion verstanden hatte – eine Seifenblase gewesen war, kündigte die Sowjetregierung im Januar 1975 den noch gar nicht wirksam gewordenen Handelsvertrag. Breschnjew verkündete zwar mehrfach, die Entspannungspolitik gehe weiter. Das gleiche tat Kissinger bei jeder Gelegenheit. Seit dem Sturz Nixons war jedoch eine Klimaänderung eingetreten. Auch konnte der Sieg der Kommunisten in Hanoi, wie auch im atlantischen Bereich das Vordringen der Kommunisten in Portugal und die labile Lage in Italien nicht ohne Einfluß auf das Verhältnis der Supermächte zueinander bleiben.

Die Supermächte und die Dominos

Die Intervention der USA in Indochina ist in den fünfziger und sechziger Jahren mit der Domino-Theorie begründet worden. Eisenhower hat sie in seiner schlichten Weise 1954 so umschrieben: »Wenn man eine Reihe Dominosteine aufstellt und den ersten zum Wackeln bringt, wird auch der letzte bald umgefallen sein.« Gegen die Dominotheorie wurde ein Jahrzehnt lang hochgradig emotional polemisiert. Zweifellos berücksichtigte sie nicht genügend, daß in Südostasien der Nationalismus die treibende Kraft ist. In Nordvietnam sind die Kommunisten vornehmlich mit nationalistischen Parolen gegen den französischen Versuch, die Kolonialherrschaft wieder herzustellen, zur Macht gekommen.

Dennoch war nicht zu übersehen, daß Länder wie Thailand,

Indonesien und die Philippinen in einer starken amerikanischen Präsenz eine wichtige Rückendeckung ihrer eigenen Freiheit sahen. Obwohl das Schicksal Südvietnams seit Jahren voraussehbar gewesen war, verloren die Amerikaner in Ostasien ihr Gesicht, als die Kommunisten Hanois einen totalen Sieg errangen und die Versprechungen Nixons an Präsident Thieu nicht eingelöst wurden. So sicher der Sieg Nordvietnams schien, so wenig glaubten die Ostasiaten noch um die Jahreswende 1974/75 daran, die USA würden nicht die geringste Anstrengung mehr für Südvietnam machen. Der Schock war daher in Südostasien, Japan und Korea größer als vorgesehen werden konnte. In Bangkok und sogar in Manila beeilten sich die Regierungen, sich soweit wie möglich von den USA zu distanzieren und den Rückzug der Amerikaner von ihren Basen in Thailand und den Philippinen zu fordern, die plötzlich nicht mehr als Blitzableiter, sondern im Gegenteil als Anziehungspunkte für kommende Gewitter erschienen. So stellte sich am Tage der Wahrheit heraus, daß die Domino-Theorie zum mindesten darin nicht falsch war, daß mit Südvietnam Prestige und Einfluß der USA in Ostasien eng verbunden gewesen war.

Insofern war jedoch die Domino-Theorie zu modifizieren, als der Kommunismus in Asien längst keine monolithische Größe mehr ist. Nach der totalen Unterwerfung des Südens wird das von den Kommunisten geeinte künftige Vietnam ein mächtiger Militärstaat im Süden Chinas, dem noch dazu erbeutetes amerikanisches Kriegsmaterial im Werte einer Milliarde Dollar zur Verfügung steht. Nord-Laos war schon lange von Hanoi beherrscht und ob die Khmer (welche Vietnamesen hassen) der Dominierung durch Hanoi widerstehen können, ist mehr als fraglich.

Der von Hanoi beherrschte, jetzt entstehende kommunistische Militärstaat Indochina wird ein wesentlich neuer Faktor in Ostasien sein, dem in der sowjetisch-chinesischen Konfrontation eine viel wichtigere Rolle zufallen wird, als sie Hanoi spielen konnte, solange es noch gegen den Süden kämpfte.

Im Norden Thailands wohnen laotische Stämme, in deren Siedlungsgebiet schon seit einem Jahrzehnt ein Guerillakrieg auf kleiner Flamme geführt wird. Es bietet sich für Hanoi als nächstes Aggressionsziel an. Es war nicht erstaunlich, daß Thailand –

auf amerikanische Unterstützung nicht mehr vertrauend – Rückversicherung in Peking suchte, in der Annahme, daß den Chinesen eine weitere Machtausweitung Vietnams unerwünscht sein muß, während sie von Moskau mit großer Wahrscheinlichkeit gefördert werden wird.

Die Domino-Theorie aus Eisenhowers Zeiten konnte noch nicht die scharfen Spannungen berücksichtigen, die innerhalb der kommunistischen Staatenwelt entstehen würden. Im Endergebnis läuft der Sieg Hanois auf eine gewaltige Stärkung des Kommunismus hinaus – aber welcher Färbung, das ist die große Frage der Zukunft: ob vietnamesischer, sowjetischer oder chinesischer (Vgl. S. 212)

Darin kann für die Vereinigten Staaten auf längere Sicht die Chance des Aufbaus neuer Position in Ostasien liegen. Die Expansion des Kommunismus steht im Zeichen heftiger Rivalität der roten Hauptstädte. Einer einsichtigeren und vor allem den Nationalismus als treibende Kraft berücksichtigenden amerikanischen Politik könnten sich dadurch neue Möglichkeiten eröffnen. Ob es in Washington Männer mit der dazu benötigten Subtilität geben wird, ist nach dem Gesichtsverlust in Vietnam nicht vorauszusagen.

Amerikaner und Russen

Kissinger hat vor einem Jahrzehnt scharfsinnig formuliert:

»Jeder Staatschef tritt vor zwei verschiedenen Auditorien auf. Natürlich wird er versucht sein, bei seinem eigenen Volk den Eindruck zu erwecken, als habe er einen einzigartigen Beitrag zum Frieden geleistet; bei seinen Verbündeten wird er gezwungen sein zu versichern, daß er keine Abmachungen treffen wird, ohne sie daran zu beteiligen. Man koppelt übertriebene Behauptungen mit beruhigenden Zusicherungen an die Adresse der Verbündeten, die ihrerseits in Versuchung sind, eine bilaterale Diplomatie mit der Sowjetunion zu betreiben. Ein solcher Kurs bedeutet Selbstmord für den Westen. Er wird das Mißtrauen innerhalb der Allianz nur verstärken. Die traditionelle westliche Politik des Gleichgewichts der Kräfte wird als Werkzeug des Kreml wieder auferstehen. Die sowjetischen Führer werden in der Lage sein, ihre

Schwierigkeiten mit Hilfe des Westens zu überwinden, ohne auch nur eine der strittigen Fragen geregelt zu haben.«[23]

Die Antinomie, die Kissinger damals beobachtete, hat sich in seine eigene Außenpolitik eingenistet. Der nur verbal auflösbare Widerspruch zwischen Sicherheit und Entspannung führte in der gesamten westlichen Welt zu einem hohen Maß von Opportunismus. Davon waren auch die Vereinigten Staaten nicht frei.

Die Verteidigungsminister malten auf ihren halbjährlichen Konferenzen ein immer düstereres Bild von dem militärischen Stärkeverhältnis zwischen NATO und Warschauer Pakt. Politische Konsequenzen wurden daraus nicht gezogen, weil keine akute Bedrohung vorzuliegen schien. Die gegenseitige Abstimmung des Westens über das gemeinsame Verhältnis zum sowjetischen Machtbereich wurde dürftiger. Der seltsame Zustand trat ein, daß nur noch die Chinesen vor fortbestehender sowjetischer Expansionsgefahr warnten. Das nahmen die Amerikaner nicht ernst und führten es auf den antisowjetischen Komplex der alten Herren in Peking zurück.

Der tiefere Grund für diese Sorglosigkeit lag in der sowjetischen *Methode* der Machtentfaltung in der Ära Breschnjews. Die Wahrscheinlichkeit eines militärischen Angriffs auf Westeuropa war zweifellos geringer geworden. Worauf sich die Beherrscher des Kreml konzentrierten, war die ständige Vertiefung ihres Einflusses in Westeuropa, jener Prozeß, der mit dem wenig schönen, aber zutreffenden Wort *Finnlandisierung* bezeichnet wird. Dieser von Richard Löwenthal 1966 geprägte Begriff kann an der Entwicklung in Finnland selbst gemessen werden. Innerhalb eines Jahrzehnts ist dieses Nachbarland der Sowjetunion in eine Lage geraten, in der ihm keine Wahl bleibt, als sich der Kontrolle des Kreml zu fügen. Das ist lautlos und undramatisch geschehen. Wird Portugal auf diesem Wege folgen?

Die Amerikaner sind in ihrem Denken durch eine hochgradig auf dramatische Effekte ausgerichtete Presse- und Fernseh-Journalistik erzogen. Dem können sich auch das Weiße Haus und die außenpolitischen Experten nicht entziehen. Damit ist ein Hang zur Vergeßlichkeit und zur Verdrängung des gestern Gewesenen verknüpft. Wenn Makarios aus Zypern fliehen muß, ist das die

Titelgeschichte. Wenn ein halbes Jahr später die Zyprioten in schmutzigen Lagern verkommen, interessiert das niemand.

Die russische Denkschulung ist genau entgegengesetzt. Weder der Einmarsch in die Tschechoslowakei noch der Sturz Nixons war Anlaß für Schlagzeilen in Moskau. Die Russen sind geborene Jäger und haben große Erfahrung im Fallenstellen. Das hat Napoleon beim Brand von Moskau ebenso erfahren müssen wie einhundertdreißig Jahre später Adolf Hitler. Als sich die Amerikaner in den Morast von Vietnam hineinbegeben hatten, konnte sich das Politbüro an dem Schauspiel weiden, wie der große Gegenspieler in einer Falle saß. An ihrer Vorbereitung war die sowjetische Außenpolitik wesentlich beteiligt.

Die beharrliche Ausdehnung des sowjetischen Einflusses unterhalb der brisanten Risikozone, wo die Atommacht ins Spiel kommt, ist das eigentliche Geschäft der sowjetischen Diplomatie. Der äußerlich so unauffällige Gromyko ist darin Meister. Er gebietet über einen hervorragend informierten Apparat und steht schon seit der Konferenz von Jalta in wechselnden Rollen auf dieser Bühne.

Die amerikanische Phantasie entzündet sich schnell und das kann sehr wirksame Folgen haben. Auch die Russen besitzen Temperament, aber der Denkprozeß vollzieht sich langsamer und ist auf entferntere Ziele gerichtet. Das kommunistische Idealreich der Zukunft ist das säkularisierte Millenium, das Tausendjährige Reich. Der amerikanische Impetus sucht die Aktion. Der russische Fallensteller kann warten.

Die SALT-Verhandlungen waren ein Musterstück dafür, wie sich diese verschiedenen Temperamente politisch auswirken. Die Amerikaner wußten, es würde lange und zähe Verhandlungen geben. Sie waren darauf glänzend vorbereitet. Als sie dann erleben mußten, daß die Russen ungeniert monatelang immer wieder die gleichen Argumente vorbrachten, wurden die Amerikaner ungeduldig. Schließlich gaben sie sich mit Kompromissen zufrieden, die viel weiter von ihren Ausgangspositionen entfernt waren als von den russischen.

Das langfristige sowjetische Konzept der Finnlandisierung Europas und der schrittweisen Zurückdrängung des amerikanischen Einflusses ist eine Methode der Diplomatie, die in den gegenwartsbezogenen amerikanischen Denkprozeß nur schwer Eingang findet. Nur so ist zu erklären, daß selbst eine Intelligenz wie Kissinger Hoffnungen daran knüpfen konnte, mit Milliardenkrediten könne eine allmähliche Verwandlung des sowjetischen Handelns erreicht werden.

Die Schwäche der amerikanischen Außenpolitik liegt in der eingeborenen Ungeduld, der Vorliebe für schnelle Ergebnisse und der Geringschätzung langfristiger Faktoren, die noch keine unmittelbare Herausforderung darstellen.

Fast die gleichen Eigenschaften machen aber auch die amerikanischen Stärken aus. Sie scheuen das Risiko nicht, wenn eine echte Herausforderung entstanden ist. Von der Luftbrücke nach Berlin bis zum Probealarm am 24. Oktober 1973 am Ende des Jom-Kippur-Krieges gab es dafür immer wieder drastische Beweise. In solchen Momenten werden die Methoden des Fallenstellers unwirksam und er zieht sich grollend zurück, wie Stalin am Ende der Blockade Berlins. Die Amerikaner sind dann geneigt zu glauben, das Problem sei gelöst. Der Fallensteller aber gibt nicht auf. Noch dreißig Jahre nach der Luftbrücke ist die sowjetische Rechtsauffassung in Berlin die gleiche wie 1948. Sie kann jederzeit bis zu einer Krise reaktiviert werden.

Zwang zur Regeneration

Die Vereinigten Staaten bleiben das stärkste wirtschaftliche und militärische Potential auf dieser Erde. Kissinger hatte recht, wenn er seinen Landsleuten nach dem Vietnam-Debakel zurief, es bleibe für die USA keine Wahl, sie müßten im eigenen Interesse eine führende Rolle in der Welt spielen. Ein Rückzug einer so gewaltigen Macht in »*splendid isolation*« sei nicht denkbar.

Nach Vietnam und Watergate und der bedrohten Glaubwürdigkeit der amerikanischen Führungsschicht besteht die Gefahr einer langdauernden Stagnation. Bei anhaltender Schwächung des Präsidentenamtes durch einen in sich selbst uneinigen, querulantisch kleinmütigen Kongreß müßte der Schaden noch größer werden. War die amerikanische Außenpolitik seit drei Jahrzehnten auf Defensive, auf Eindämmung – *containment* – eingestellt – auch dort wo sie, wie in Vietnam, nur scheinbar offensiv war, so besaß sie in den vierziger und fünfziger Jahren doch moralische Grundsätze. Sie sind durch die Selbsttäuschungen und Lügen aufgerieben worden, mit denen grob und bedenkenlos die Wahrheit über den Kriegsverlauf in Vietnam verschleiert wurde.

Wenn sich »Weltpolitik« nur noch auf die Verhinderung eines Krieges zwischen den Supermächten reduziert, müssen sich die Gewichte zugunsten desjenigen verschieben, der in allen essentiellen Fragen kompromißlos bleibt. Er kann durch Verweigerung echter Kooperation erpressen und langsam Terrain gewinnen. Die Unbeirrbarkeit der harten Männer von Hanoi war dafür ein Lehrstück. Aber das gleiche trifft auch auf Moskau zu. Kompromisse, die dieses Namens wert gewesen wären, verstand man auch dort fast immer zu umgehen.

Trotz hoher Flexibilität im einzelnen hat Henry Kissingers *Gleichgewichtsvorstellung* der hinhaltenden Taktik des großen Gegenspielers genützt. Dieser im 18. Jahrhundert aus der Mechanik in die Außenpolitik eingeführte Begriff war untauglich gegenüber einer Macht, für die »friedliche Koexistenz« nur eine Kampfpause bedeutet. Wir führen das im Kapitel über die Sowjetunion genauer aus. So beruhten gewisse Prämissen der amerikanischen Außenpolitik auf Ignorierung der Antriebskräfte des Gegners.

Nach dem Ende des Ringens in Vietnam versuchte man in den USA die moralische Bewältigung der Wahrheit mit dem Hinweis auf die Korruption in Südvietnam zu verdrängen. Niemand bestreitet sie. Dennoch wünschte das Volk in Südvietnam die Kommunisten nicht herbei. Sie kamen mit massiver Waffengewalt. Nirgends arbeitete ihnen ein Volksaufstand in die Hände. Eine Regeneration der Vereinigten Staaten ist schwerlich denkbar, solange die Führungsschicht bei diesem entscheidenden Punkt in Selbsttäuschungen verharrt. Sie müssen bei allen Verbündeten der Amerikaner erneute Zweifel erwecken.

Oscar Wilde spottete, Amerikas Jugend sei seine älteste Überlieferung. Das geistvolle Wort hat einen richtigen Kern. Die Amerikaner haben noch immer auf neue Herausforderungen Antworten zu finden versucht. Es besteht kein Grund zu glauben, das werde nicht mehr der Fall sein. Allein schon die bevorstehende Generationsablösung in Moskau und Peking wird solche Herausforderungen in Fülle bringen. Sie werden sich verbinden mit den großen Fragen der Welternährung, der Bevölkerungsexplosion und der Energie- und Rohstoffprobleme. Das alles wird neue und sehr hohe Ansprüche an die amerikanischen Führungsqualitäten stellen. Bestürzt sehen sich die Nachfahren Washingtons, Jeffersons und Lincolns in der Lage, daß sie erstmals eine große Bewährungsprobe nicht bestanden. Fast alle großen Völker haben Ähnliches erlebt. Sie waren dann zu Konsequenzen gezwungen. Im zweihundertsten Jahr ihrer Geschichte macht das die Vereinigten Staaten gewissermaßen normaler. Sowohl der banale Babbitt-Optimismus wie der Weltschmerz der »Gegenkultur« führte in Sackgassen. Vom Zwang zur Selbsterkenntnis hängt die Abwendung noch größerer Katastrophen ab als sie die Amerikaner im letzten Jahrzehnt erlebten.

Kapitel IV

EIN ENTSCHEIDENDES ZWISCHENSPIEL

Ostpolitik der Bundesrepublik im Alleingang

Die Ostpolitik der Bundesrepublik Deutschland war die spektakuläre außenpolitische Aktion eines europäischen Landes zu Beginn der siebziger Jahre – eine Aktion, die tief in das weltpolitische Gleichgewicht eingriff. Mit der Distanz von fünf Jahren läßt sich unbefangener eine Bilanz ziehen. Die beiden Hauptakteure auf deutscher Seite – Willy Brandt und Egon Bahr – bestimmen seit dem Frühjahr 1974 nicht mehr den Kurs der Außenpolitik der Bundesrepublik. Die Emotionen der Befürworter und Gegner ihrer Ostpolitik sind einer kühleren Betrachtung gewichen. Die Ostpolitik Brandts hat Tatsachen geschaffen, die nicht rückgängig zu machen sind. Die Anerkennung eines zweiten deutschen Staates ist – abgesehen von fast unerkennbaren juristischen Finessen – erfolgt. Damit hat die Sowjetunion eines der Hauptziele ihrer Westpolitik erreicht. Ein Ziel, um das sie zwanzig Jahre gerungen hat.

Auf der anderen Seite ist die Bundesrepublik Deutschland nicht mehr in der Schußlinie sowjetischer Haßpropaganda und wird von Moskau behandelt wie andere europäische Staaten. Der Druck ständiger Spannung ist dadurch von der Bundesrepublik genommen. Die Zugangswege nach Berlin sind durch das Viermächte-Abkommen vom 3. September 1971 sicherer, wenn auch keineswegs völlig störungsfrei geworden. Die prinzipielle Frage des politischen Status Berlins blieb jedoch ungelöst. Die Einbeziehung Berlins in Verträge mit Staaten des Ostblocks ist nach wie vor strittig und kann nur von Fall zu Fall geregelt werden. Noch im Herbst 1974 scheiterte ein Kulturabkommen zwischen der Bundesrepublik und der Sowjetunion daran, daß sich Moskau weigerte, Berlin einzubeziehen.

In der Bundesrepublik hat es zwischen den drei großen Parteien nie einen *Zielkonflikt* in der Frage der Ostpolitik gegeben. Eine Normalisierung des Verhältnisses zu den Staaten des Warschauer Pakts hielt schon Adenauer für notwendig. Seine tastenden Versuche scheiterten bei dem Besuch Mikojans in Bonn 1958.[1] Sein Nachfolger Erhard trat dann im März 1966 mit einer Friedensnote hervor, in der den Staaten des Warschauer Pakts Verträge über einen Gewaltverzicht angeboten wurden. Diese Friedensnote war in Moskau und Warschau auf scharfe Ablehnung gestoßen, in Bukarest hingegen auf Interesse. Im Januar 1967 – inzwischen war Kiesinger Bundeskanzler und Brandt Außenminister – wurden diplomatische Beziehungen zwischen Bonn und Bukarest aufgenommen, ohne daß der rumänische Staatschef Ceausescu die Anerkennung der DDR durch Bonn zur Vorbedingung für einen Botschafteraustausch gemacht hatte. Eine massive Gegenaktion Moskaus war die Folge. Schon im April 1967 traten in Karlsbad vierundzwanzig kommunistische Parteien zusammen, die unter der Leitung Breschnjews eine weitere diplomatische Offensive der Bonner Großen Koalition abzublocken versprachen.

Die Aufnahme von diplomatischen Beziehungen zur Bundesrepublik wurde von fünf Hauptbedingungen abhängig gemacht: 1. Anerkennung der DDR als souveräner Staat; 2. Anerkennung der Oder-Neiße-Linie und der Demarkationslinie zur DDR als Staatsgrenze; 3. Anerkennung West-Berlins als besondere politische Einheit; 4. Verzicht der Bundesrepublik auf den Alleinvertretungsanspruch und die Verfügungsgewalt über Kernwaffen; 5. Annullierung des Münchener Abkommens von Anfang an.

Diese Karlsbader Beschlüsse erschienen damals als ein Maximalprogramm. Blickt man jetzt auf sie zurück, so muß man feststellen, daß nur der Punkt drei (bei dem die Alliierten Verhandlungspartner waren) nicht erfüllt wurde und der Punkt fünf nur zur Hälfte.

Nachdem die Karlsbader Beschlüsse vorlagen, entwickelte sich ein heftiger *Methodenkonflikt* in der Bundesrepublik über die Weiterverfolgung der Ostpolitik. Innerhalb der deutschen Sozialdemokratie wuchs die Neigung, die Karlsbader Beschlüsse als unvermeidliche Voraussetzung der Ostpolitik hinzunehmen, während die CDU/CSU das ablehnte.

Die Bundesrepublik befand sich von Anfang an in einer völlig anderen Lage als die Franzosen, die Engländer oder die Amerikaner. Verhandlungen mit Moskau bedeuteten für die anderen Westmächte in erster Linie die Herstellung eines Gleichgewichts der Rüstungen, die Ausschaltung der Gefahr eines Atomkrieges und die Eindämmung eines weiteren Vordringens des sowjetischen Einflusses in Europa. Für die Bundesrepublik ging es in ihrer Eigenschaft als Verbündeter zwar auch um diese Fragen, weit vordringlicher aber war das Verhältnis zur DDR und eine wenn nicht befriedigende, so doch erträgliche Lösung der deutschen Frage.

Nachdem die Möglichkeit für eine Wiedervereinigung in weite Ferne gerückt war, blieb immer noch die Notwendigkeit, den siebzehn Millionen Deutschen auf der anderen Seite des Stacheldrahts entscheidende Erleichterungen zu verschaffen, ihre totale Abschließung von der westlichen Welt zu beenden und zu einem Ergebnis zu gelangen, bei dem wenigstens die Mauer, der Schießbefehl und zahllose Verordnungen beseitigt würden, durch die die Menschen in der DDR in einem völlig unnormalen Zustand leben.

Der Methodenstreit, wie dies zu erreichen sei, schwelte bereits unter dem Dach der großen Koalition. Im November 1967 hatte sich die Kommunistische Partei Italiens in Geheimkontakten mit Unterhändlern der SPD als Vermittler zur SED wie auch nach Moskau eingeschaltet. Der äußere Ablauf dieser Vermittlungsaktion, in deren Schlußphase auch der damalige Staatssekretär im Auswärtigen Amt, Egon Bahr, bei einer Unterredung in München im März 1968 zugegen war, ist hinlänglich bekannt.[2] Die italienischen Kommunisten versuchten den Unterhändlern der SPD – voran Brandts engem Freund Leo Bauer – klarzumachen, an den Karlsbader Beschlüssen führe kein Weg vorbei.

Eine große Rolle spielte bei den Besprechungen zwischen KPI und SPD, was unter dem Begriff *Realitäten* zu verstehen sei; ein Wort, das die kommunistische Seite für ihren Standpunkt okkupiert hatte. Es sollte später im Moskauer Vertrag vom 12. August 1970 im Artikel eins wiederkehren. Noch im März 1968 schrieb die ideologische Zeitschrift der SPD »Die neue Gesellschaft« warnend:

»Nur dann wird es möglich sein, zu einer Politik der Verständigung zu kommen, wenn nicht einseitig Realitäten als unumstößlich erklärt werden, sondern wenn gegenseitig versucht wird, *alle* Realitäten als Grundlage des Gesprächs und des Bemühens um Verständigung anzuerkennen.«[3]

Noch war man sich innerhalb der SPD nicht einig, ob man Abschied von der bisher von allen Parteien des Bundestages getragenen Deutschlandpolitik nehmen sollte.

USA, UdSSR und Ostpolitik

Der Methodenkonflikt um die Ostpolitik ist Jahre später noch von großer Bedeutung, weil er in das Zentrum der Ost-West-Beziehungen hineinreicht. Wir müssen daher einen Blick auf die Ausgangslage der Supermächte werfen, als Willy Brandt und Egon Bahr die deutsche Ostpolitik als einen Alleingang konzipierten.

Die deutsche Frage war in den sechziger Jahren ein Hauptthema der amerikanischen Außenpolitik geblieben. So schrieb der ehemalige Staatssekretär George Ball in seinen Memoiren: »Die Zukunft Deutschlands ist ein Rätsel, das wir mit Bedacht lösen müssen. Es liegt im Kern der Beziehungen zwischen Ost und West. Es ist in vieler Hinsicht das schwierigste und sehr wahrscheinlich das wichtigste Problem, vor dem wir stehen.«[4] Es gab noch 1968/69 keine amerikanische Stimme von Gewicht, die einer Beendigung der Verpflichtungen aus dem Deutschland-Vertrag das Wort geredet hätte, sosehr sie auch die Verbesserung die Beziehungen zur Sowjetunion erschwerten.

Henry Kissinger hatte schon Mitte der sechziger Jahre vorausgesehen, in der Bundesrepublik würden »Nationalisten« oder »Quasi-Neutralisten« nach vorne rücken, wenn man sich nichts Positives einfallen ließe. Die deutsche Widerstandskraft »gegenüber sowjetischen Verführungskünsten oder kommunistischen Erpressungsversuchen« werde geringer – »eine Entwicklung, die noch durch amerikanische Andeutungen, die Deutschen sollten dem Osten gegenüber mehr Wendigkeit zeigen, gefördert wird«.[5]

Kissinger fragte dann, ob die Bundesrepublik die Initiative allein ergreifen solle oder die Allianz als Ganzes. Er begründete klar die Ansicht, *warum nur die Allianz als Ganzes* Aussicht haben werde, Zugeständnisse von der Sowjetunion zu erhalten.

»Jede Aufwertung des Status Ostdeutschlands ist gefährlich«, sagte er damals, »vor allem weil die Verhandlungsposition der Bundesrepublik prekär ist. Als Gegenleistung für die der Bevölkerung gewährten Erleichterungen kann das ostdeutsche Regime konkrete politische Zugeständnisse verlangen. Keiner westdeutschen Regierung, die von humanitären Impulsen bewegt wird, kann es dann leicht fallen, leidenschaftslos darüber zu befinden, von welchem Punkt an eine Häufung anscheinend peripherer Zugeständnisse einen nicht mehr umkehrbaren Trend darstellt ... Falls die politischen Führer Deutschlands entschlossen sind, solch einen Kurs einzuschlagen, können wir sie nicht daran hindern. Aber wir sollten sicherstellen, daß dem Westen nicht die Schuld für die wahrscheinlichen Konsequenzen in die Schuhe geschoben werden kann. Und wir sollten uns hüten, einer Politik Vorschub zu leisten, die zur wachsenden Demoralisierung der Bundesrepublik führen könnte.« Anschließend entwarf Kissinger ein genaues Verhandlungsprogramm, »das nicht mit der Aufwertung des ostdeutschen Regimes beginnen darf«.

Kissinger war bereits ein Jahr lang außenpolitischer Hauptberater Präsident Nixons, als sich Brandt im Januar 1970 zu einer Initiative in der Ostpolitik entschloß. Nichts hätte näher gelegen, als erst einmal den Hauptunterhändler Bahr zu Kissinger zu schicken, um festzustellen, ob er noch bei dieser Meinung geblieben war (was tatsächlich der Fall war, wie der Autor in jenen Monaten von Kissinger erfuhr). Das unterblieb – unter dem Eindruck der von den italienischen Kommunisten betriebenen Vermittlungen nach Moskau, die eine Unterwerfung unter die Karlsbader Beschlüsse als unvermeidlich bezeichnet hatten.

Die Behauptung, die Ostpolitik sei vorher mit Washington verabredet worden, ist eine nachträgliche Legende. In Bonn war man zum Alleingang mit allen Risiken entschlossen. Der westliche Hauptverbündete wurde vor vollendete Tatsachen gestellt, auf die er keinen mitgestaltenden Einfluß nehmen konnte. Er wurde zwischen Januar und April 1970, den entscheidenden

Monaten, nur fragmentarisch unterrichtet. Als Bahr im Frühjahr 1970 nach Washington flog, waren alle wesentlichen Entscheidungen bereits gefallen. Er konnte nur über vollendete Tatsachen berichten. Wie die Amerikaner behaupten, geschah auch das nur ungenau und in großen Zügen.

Man verfolgte in Washington die Verhandlungen Bahrs in Moskau mit besorgter Skepsis, wie der Autor im Frühjahr 1970 feststellen konnte. Der Bundesregierung ist das jedoch, soweit man weiß, niemals nachdrücklich zur Kenntnis gebracht worden, sondern höchstens sub rosa. Sie konnte daher subjektiv ehrlich behaupten, sie fühle sich bei ihrem Vorgehen in Übereinstimmung mit ihren westlichen Verbündeten, da sich Paris und London nicht anders verhielten. Es konnte nicht ausbleiben, daß dieses gegenseitige Spiel mit verdeckten Karten – bei reservierter äußerer Herzlichkeit – zu immer weiterer Entfremdung führte.

Wie aber stand es mit der Verhandlungsbereitschaft der Sowjetunion? War der sowjetische Standpunkt unverrückbar festgelegt? Die Sowjetunion hatte sich zwei Jahrzehnte hindurch unablässig darum bemüht, für ihren deutschen Bundesgenossen, die DDR, die volle diplomatische Anerkennung und damit auch die Mitgliedschaft in den Vereinten Nationen zu erreichen. Es handelte sich um eines der großen weltpolitischen Ziele des Kreml; denn nur nach der vollen Anerkennung der DDR war das Wort Wiedervereinigung endgültig vom Tisch und damit die Notwendigkeit, sich immer wieder in Abständen gegen die Gewährung des Selbstbestimmungsrechts der Deutschen zur Wehr zu setzen. Das hatte Moskau schon aus prinzipiellen Gründen stets neue Unannehmlichkeiten eingebracht. Die internationale Anerkennung der DDR war gleichbedeutend mit der Anerkennung des 1945 erreichten Gesamtbesitzes des sowjetischen Imperiums – ein Ziel, für das sich ein hartnäckiger Kampf lohnte.

Ende der sechziger Jahre waren aber auch andere Gesichtspunkte in der Sowjetunion aktuell geworden. Wie wir sahen, trat das Bemühen um eine Verständigung mit den Vereinigten Staaten gerade um jene Zeit in den Vordergrund. Man wollte westliche Hilfe zur Modernisierung der rückständig gewordenen Wirtschaft. Die deutsche Frage blockierte noch 1969 das Verhältnis der UdSSR zu den USA. Im gleichen Jahr hatte sich seit dem Ussuri-Zwischenfall das Verhältnis zu China zugespitzt. So drängte es sich geradezu auf, daß sich die Bundesregierung einschaltete und die befreundete USA zu neuen Sondierungen in Moskau über Zugeständnisse in der deutschen Frage ermunterte. Dabei hatte man davon auszugehen, daß die Wiedervereinigung nicht zu erlangen war, wohl aber ein Abbau des Todesstreifens mitten durch Deutschland.

Niemand kann nachträglich behaupten, ein solcher Versuch einer neuen Verhandlungsrunde zwischen den Großen hätte zu einem Erfolg geführt. Aber niemand kann behaupten, er sei von vornherein aussichtslos gewesen. Man verzichtete auf eine gezielte Initiative der USA, für die gewichtige neue weltpolitische Umstände sprachen.

Nur eines ist sicher: Der Schlüssel für die von Moskau so dringend gewünschte Anerkennung der DDR und ihre Aufnahme in die Vereinten Nationen lag ausschließlich in Bonn. Die Westmächte rüttelten nicht an ihrer Verpflichtung, in der deutschen Frage nichts gegen den erklärten Willen der Bundesrepublik zu unternehmen. Damit besaß Bonn auch unter weltpolitischen Aspekten einen wichtigen Trumpf. Wer, wie Willy Brandt, dies als bloßen »Formelkram« abtat, zeigte wenig Einsicht in die Überlegungen der Männer im Kreml. Ihnen kam es gerade darauf an, eine in ihrem Sinne hieb- und stichfeste völkerrechtliche Situation zu schaffen. Als kühle Rechner konnten sie kaum vermuten, das würde ihnen ohne jegliche Veränderungen in der DDR möglich sein. Wieviel sie zu geben bereit gewesen wären, wird man wohl nie erfahren. Das hätte sich nur in einer langen und zähen Verhandlung ausloten lassen.

Brandt wirft seinen Trumpf weg

Verhandlungen mit dem Osten verlangen Geduld und nochmals Geduld. Statt dessen ereignete sich ein in der Geschichte der Diplomatie einzigartiger Vorgang. Ehe die Verhandlungen überhaupt nur begonnen hatten, machte der neugewählte Bundeskanzler Willy Brandt in seiner Regierungserklärung vom 29. Oktober 1969 den Sowjets das zum Geschenk, was nur am Schluß langer Verhandlungen hätte stehen dürfen: Er sprach von der Existenz zweier Staaten in Deutschland. Zwar schränkte er das mit den Worten ein: »Auch wenn zwei Staaten in Deutschland existieren, sind sie doch füreinander nicht Ausland; ihre Beziehungen zueinander können nur von besonderer Art sein.« Drei Jahre später hat sich im Grundlagenvertrag diese These nicht einmal mit einem Halbsatz durchsetzen lassen. Fünf Jahre später strich die DDR das Wort »Deutsche Nation« aus ihrer Verfassung.

Auch Helmut Allardt, der damalige deutsche Botschafter in Moskau, ein erfahrener Diplomat, war, wie er in seinen Memoiren festhielt, sprachlos über diese Vorleistung, die nachfolgende Verhandlungen zur Farce machen mußte. »Die Zweistaatentheorie war die bedeutendste Konzession, die wir in Verhandlungen mit den Sowjets überhaupt anzubieten hatten. Sie zu verschenken – dazu bestand angesichts der Bedeutung, die ihr die andere Seite beimaß, kein erkennbarer Anlaß. Wenn schon die Gewichte so ungleich verteilt waren, wie es bei den Verhandlungen zwischen einer Weltmacht und einem Kontinentalstaat der Fall war, mußte der Schwächere um so minuziöser die eigene Stärke definieren, und mußte vor allem vermeiden, sie zu zersplittern.«[6]

Es ist hier nicht der Ort, Motivforschung zu treiben. Viel spricht dafür, daß Willy Brandt den östlichen Verhandlungspartner mit einer großen Geste entgegentreten wollte, in der Hoffnung, dies werde von den harten Männern im Kreml entsprechend honoriert werden. Die noble Art, mit der er sogleich die Konsequenzen zog, als er fünf Jahre später erkennen mußte, daß diese gleichen Männer sich nicht gescheut hatten, ihm einen Spion in die nächste vertraute Umgebung zu pflanzen, spricht für diese Auslegung. Gewiß sprach auch die ungeheure Enttäuschung über die Amerikaner in den Tagen des Baus der Mauer mit. Noch zehn Jahre später hatte er sich mit Bitterkeit über das Verhalten Kennedys in diesen trüben Tagen geäußert.[7] Man darf vermuten, daß Brandt damals zu dem Schluß kam, er müsse sich *um jeden Preis* mit den Sowjets arrangieren, weil kein Verlaß auf die Amerikaner sei.

Anders lagen die Dinge bei Brandts Mitarbeiter Egon Bahr.

Er hatte 1968 eine langfristige Konzeption entwickelt, die er als Planungschef des Auswärtigen Amtes in einem Grundsatzpapier (Pl–8201/6223/68) niederlegte, das später durch eine Indiskretion im vollen Wortlaut bekannt wurde.[8] Im gleichen Sinne äußerte er sich gegenüber dem amerikanischen Professor Walter Hahn, der fünf Jahre später die Niederschrift seines Gesprächs veröffentlichte.[9] Atmosphärisch sind diese Dokumente bezeichnend für die Gedanken, die vor dem Gang nach Moskau den innersten Kreis Brandts bewegten. Sie liefen auf die Herauslösung der Bundesrepublik aus dem westlichen Bündnis hinaus, auf eine Neutralisierung Mitteleuropas – sehr ähnlich dem einstigen Plan des polnischen Außenministers Rapacki.

In beiden Dokumenten entwickelte Bahr einen Stufenplan, an dessen Ende die Auflösung der NATO und des Warschauer Pakts stehen sollte. An ihre Stelle sollte ein mitteleuropäisches Sicherheitssystem treten, mit der Bundesrepublik und der DDR, Polen, der Tschechoslowakei, Ungarn, Dänemark sowie den Benelux-Ländern als Teilnehmern. Das Ziel war, sämtliche sowjetischen und amerikanischen Streitkräfte aus diesem Bereich zu entfernen. Frankreich und England sollten als Nuklearmächte ausdrücklich ausgeschlossen sein. Die Europäische Gemeinschaft wurde nicht ausdrücklich erwähnt, doch war für sie in dieser Konzeption kein Platz. Im Endeffekt liefen diese Gedanken darauf hinaus, die Amerikaner aus Europa zu entfernen und der Sowjetunion die Rolle der alleinigen Hegemonialmacht in Europa zuzusprechen. Im amtlichen Dokument sagte Bahr:

»Diese Konzeption eröffnet einen konkreten Weg zur optimalen Wahrung unserer nationalen Interessen, verlangt aber die förmliche Aufgabe bisheriger Grundsätze (Nichtanerkennung der DDR und der Oder-Neiße-Linie). Die Konzeption C erscheint aus verschiedenen Gründen zur Zeit nicht verwirklichbar ... Es könnte sich aber später eine Lage ergeben, die es der Bundesregierung nützlich erscheinen läßt, einen derartigen Vorschlag zu machen.« In der Schlußbemerkung des Planungsdokuments wiederholt er: »Diese Untersuchung hat zu dem Ergebnis geführt, daß die Konzeption C, also die Auflösung der Militärpakte und die Schaffung eines neuen Sicherheitssystems, unseren Interessen eindeutig (sic!) am besten entsprechen würde.« Bahr bedauerte dann, daß die Aussichten auf Verwirklichung vorerst gering seien, »was nicht ausschließt, daß man diese Lösung gleichwohl vorschlagen sollte«.

Das Bahr-Papier

Mit solchen Fernzielen im Auge flog Bahr Ende Januar 1970 nach Moskau zu den Verhandlungen mit Außenminister Gromyko, von denen der zuständige deutsche Botschafter Allardt ausgeschaltet wurde. Über den Gang dieser Verhandlungen im Februar und März ist noch immer ein dichter Schleier des Geheimnisses gebreitet. Bekannt ist nur das Ergebnis, das sogenannte Bahr-Papier, das zunächst von der Bundesregierung als bloße »Protokollnotizen« bezeichnet wurde. In Wirklichkeit war es ein voll ausgearbeiteter Vertragsentwurf, an dem später Außenminister Walter Scheel in Moskau nur noch Geringfügiges ändern konnte.

Aus Allardts Bericht ergibt sich ein ungewöhnlicher Vorgang bei der Methode der Verhandlungen Bahrs. Er erschien nämlich in Moskau ohne bindende schriftliche Instruktionen.[10] Selbst bei untergeordneten Verhandlungen fertigt das Auswärtige Amt dem Unterhändler in einer fremden Hauptstadt stets eine solche Instruktion aus, weil es nicht seinem Belieben überlassen werden kann, wie er verfährt und wie weit er geht. Die Instruktion ist zugleich eine wichtige Absicherung des Unterhändlers, der bei Erreichung eines kritischen Punktes der Gegenpartei sagen muß, daß er erst neue Instruktionen einholen muß, was sich oft als sehr heilsam erwiesen hat. Konnte sich Bahr in diesen für das gesamte deutsche Volk wichtigsten Verhandlungen der Nachkriegszeit seine Instruktionen selbst von Tag zu Tag ins Notizbuch schreiben? Das war ein Vorgang ohne Beispiel in der modernen Diplomatie.

Dieser ungewöhnlichen Methode der Verhandlungen entsprach der Inhalt. Aus fragmentarischen Indizien[11] ergibt sich, daß Bahr vom Beginn der Verhandlungen ab die Anerkennung der DDR als souveränen Staat ohne entscheidende Zugeständnisse angeboten hat. Ein Ringen um solche Zugeständnisse hat offenbar überhaupt nicht stattgefunden. Die Verhandlungen drehten sich bis in den März hinein wesentlich nur darum, daß der beabsichtigte Vertrag so gestaltet werden müsse, daß er vom Bundesverfassungsgericht nicht als Friedensvertrag ausgelegt werden könne, für den man im Bundestag eine (nicht vorhandene) Zweidrittelmehrheit benötigt hätte.

Es ging also in Moskau für Bahr und Gromyko nicht um die große politische Strategie der Lösung der deutschen Frage, sondern nur um taktische Gesichtspunkte. Die wirklich entscheidenden Fragen standen nach der Aussage Botschafter Allardts, der die Akten kannte, nie zur Diskussion:

»Ich habe nie angenommen, daß die Sowjetunion für die Aufhebung des Schießbefehls an der DDR-Grenze sorgen würde. Weshalb sollte sie auch? Da diese Forderung von seiten der Bundesregierung zum taktisch einzig möglichen Zeitpunkt, dem der Gespräche mit Bahr bzw. Scheel, niemals mit Nachdruck gestellt worden ist, war Gromyko auch der Notwendigkeit enthoben, dazu Stellung zu nehmen. Doch wird die Bemerkung erlaubt sein, daß diese Behutsamkeit der deutschen Unterhändler selbst die Sowjetregierung überrascht hat.«[12]

In wesentlichen Punkten ging der Moskauer Vertrag vom 12. August 1970 – wie schon das fast gleichlautende Bahr-Papier – über die Karlsbader Beschlüsse hinaus:

Im ersten Artikel hat die Bundesregierung die sowjetische Formel von »der Normalisierung der Lage in Europa« akzeptiert. Dazu schrieb Klaus Mehnert, der den Vertrag grundsätzlich befürwortete, anläßlich der Veröffentlichung des Bahr-Papiers:

»Das ist keine gute Formulierung, da das Wort ›Normalisierung‹ in Moskau und Bonn völlig verschieden ausgelegt wird. Für Moskau heißt Normalisierung, daß die Deutschen die Wünsche des Kreml erfüllen, daß aber im übrigen alles beim alten bleibt – die Sperrung des sowjetischen Machtbereichs gegen freien Gedankenaustausch, der Eiserne Vorhang, die Mauer.«[13]

Im Artikel drei hat die Bundesregierung die Breschnjew-Doktrin der beschränkten Souveränität der osteuropäischen Staaten anerkannt. Sie erklärte sich bereit, daß im Zusammenhang mit der Unantastbarkeit aller Grenzen Europas die Westgrenze Polens ausdrücklich genannt wurde. Dazu Klaus Mehnert zum gleichlautenden Bahr-Papier: »Man muß sich fragen, was die Grenzen *dritter* Staaten in einem Vertrag zwischen Bonn und Moskau zu suchen haben. Akzeptieren wir diesen Text, so gestehen wir der Sowjetunion das Recht einer Schutzmacht gegenüber dritten Staaten zu, und damit degradieren wir diese Staaten, vor allem Polen, zu Protektoraten der UdSSR.«[14]

Die deutsche Option

Der bei weitem gravierendste Mangel des Moskauer Vertrages war jedoch, daß es der Bundesregierung nicht gelang, das Recht auf Selbstbestimmung aller Deutschen und damit die friedliche und einvernehmliche Änderung von Grenzen – die sogenannte deutsche Option – in den Vertragstext aufzunehmen. Dies wurde nur in einem Schreiben der Bundesregierung einseitig festgehalten, dem »Brief zur deutschen Einheit«, dessen Inhalt zwar der Bundestag einstimmig billigte, von dem aber – nach einer späteren Aussage Herbert Wehners im Bundestag – nicht gewiß ist, wieweit dieser Brief *integrierender Bestandteil* des Vertragswerkes ist.

Zwar konnte die Bundesregierung vor der Ratifizierung des Vertrages im Bundestag auf eine Äußerung Gromykos bei den Verhandlungen mit Bahr verweisen, in der die friedliche Änderung von Grenzen nicht ausgeschlossen wird. Die DDR hat jedoch konsequent bestritten, daß der »Brief zur deutschen Einheit« eine bindende Verpflichtung beider Seiten ist. Vier Jahre später hat die Sowjetdelegation auf der Sicherheitskonferenz für Europa den Moskauer Vertrag so interpretiert, als gebe es keine »deutsche Option«, so daß die Bundesregierung Vorbehalte zu Protokoll geben mußte, die beweisen, daß verschiedene Interpretationen möglich sind.

Die Atemlosigkeit, mit der unter innenpolitischem Zeitdruck der Moskauer Vertrag in wenigen Monaten durchgepeitscht wurde, hat sich nirgends mehr gerächt als bei dem Problem der »deutschen Option«, das ein grundlegendes Recht auf Generationen hinaus in sich schließt. Anstatt in Ruhe und zäh über diesen allerwichtigsten Punkt weiterzuverhandeln, ließ man sich auf eine fragwürdige Prozedur ein, die es der Gegenseite noch in Jahrzehnten ermöglicht zu behaupten, nur das was wirklich im Vertragstext stehe, sei bindend. Wenn man den Deutschen pauschal vorwirft, sie hätten zu Zeiten Adolf Hitlers vor der Macht kapituliert, so erhebt sich die Frage, ob sie das nicht 1970/72 zum zweiten Mal in diesem Jahrhundert getan haben – und zwar ohne überwältigenden Zwang.

Die Hoffnung, nach dem Abschluß des Moskauer Vertrages und zwei Jahre später des Grundlagenvertrages werde sich wenigstens ein »gutnachbarschaftliches Verhältnis« zwischen der Bundesrepublik und der DDR herstellen, hat sich nicht erfüllt. Zwar stiegen die Besucherzahlen 1973 beträchtlich, aber die Regierung der DDR bremste diesen Strom schon bald durch Manipulierung des Zwangsumtauschs in DDR-Geld und machte »Abgrenzung« zur Maxime ihrer Politik. 1974 reisten daher eine Million West-Berliner weniger nach Ost-Berlin als 1973. Für Ost-Berlin waren die Verträge nicht der Anfang, sondern das Ende einer Entwicklung, die mit Hilfe der Bonner Regierung zur vollen internationalen Anerkennung geführt hatte.

Für die DDR-Bürger unter fünfundsechzig Jahren blieben die Grenzen nach Westen nach wie vor fast verschlossen. Nur 38 298 jüngere DDR-Bürger durften 1974 in die Bundesrepublik reisen. Das entspricht der Zahl der Gäste aus Australien in der Bundesrepublik! Einer breiten Schicht von »Werktätigen« wurde auch innerhalb der DDR jeglicher »Westkontakt« als gravierender Minuspunkt im Arbeitsleben angekreidet, wenn nicht überhaupt verboten.

Die Mauer wurde nicht durchlässiger. Im Gegenteil – im Sommer und Herbst 1974 häuften sich Aberdutzende von geheim geführten Strafverfahren gegen »Fluchthelfer«, bei denen Zuchthausstrafen bis zu fünfzehn Jahren verhängt wurden. Es sollen damals über 270 Personen wegen »Fluchthilfe« in Prozesse verwickelt gewesen sein – Männer und Frauen, die nichts anderes getan hatten, als Menschen von einem Teil Deutschlands in den anderen bringen zu wollen. Die Zahl der politischen Gefangenen in der DDR wurde im Herbst 1974 erneut auf 6 000 geschätzt, nachdem sie vorher zurückgegangen war.

Die Einwirkungsmöglichkeiten der Bundesregierung waren nach dem Abschluß der Verträge geringer geworden, und vor einer formellen Klage beim Ausschuß für Menschenrechte der Vereinten Nationen scheute sie zurück. So haben die Verträge die Schizophrenie in der deutschen Frage nicht geändert, um deren Beseitigung willen sie geschlossen worden waren. Das Unnormale blieb nach wie vor »normal«.

In dem hastig und unter Wahlgesichtspunkten abgeschlossenen Grundlagenvertrag war es der Bundesregierung nicht gelungen, die wichtige Frage der *Staatsangehörigkeit* zu regeln. Nach geltendem Recht der Bundesrepublik, das durch das Bundesverfassungsgericht bestätigt wurde, wird jeder Bürger der DDR behandelt wie ein Bürger der Bundesrepublik, besitzt also automatisch deren Staatsangehörigkeit. Da die DDR das nicht anerkennt, versuchte die Bundesrepublik nachträglich die Errichtung von Konsulaten der DDR, z. B. in Österreich, zu verhindern. Dabei mußte sie sich in den Fallstricken verfangen, die sie sich beim Abschluß des Grundlagenvertrages selbst gezogen hatte. Erst nach Jahren stellten sich die Folgen der Versäumnisse beim Abschluß dieses Vertrages mit aller Klarheit heraus.

Nur in einem Punkt blieb man in Ost-Berlin aufgeschlossen: West-Mark nahm man gerne. Nach einer Auskunft der Bundesregierung flossen der DDR aus der Bundeskasse und dem Haushalt West-Berlins zwischen 1970 und 1973 1,4 Milliarden DM zu. Dazu kamen die zinslosen Schulden der DDR im innerdeutschen Handel (Swing) in Höhe von 850 Millionen DM. Sie wurden Ende 1974 verlängert. Damit wurde eine teilweise Senkung der Zwangsumtauschgebühren erkauft. Hinzu kamen nach dem Abschluß der Ostverträge Forderungen für getarnte Reparationszahlungen an Polen und Jugoslawien. An Belgrad wurde eine Milliarde DM Reparationen zunächst als Entwicklungshilfe deklariert. Polen verkoppelte seine Forderungen mit der Rückführung heimkehrwilliger Deutscher.

So war es kein Wunder, daß die Ostverträge auch von ihren Befürwortern einige Jahre später mit sehr viel nüchterneren

Augen angesehen wurden. Als sich die Hoffnungen, die sich an sie geknüpft hatten, verflüchtigten, gab es nur noch eines: man muß mit diesen Verträgen leben und zum mindesten verhindern, daß sie noch weiter zuungunsten der Bundesrepublik und der Menschen in der DDR interpretiert werden. An Silvester 1974 warnte Staatssekretär Gaus vor falschen Hoffnungen. Er war als Chefredakteur des »Spiegel« einer der begeistertsten Befürwortern der Ostverträge gewesen. Jetzt sagte er als Bevollmächtigter in Ost-Berlin, immer schärfere »Abgrenzung« werde noch fünfzehn Jahre die Politik der DDR bestimmen. So schwanden die letzten Illusionen über das Positive der Ostverträge, selbst bei ihren Freunden.

Der Westen nach den Ostverträgen

Mit Ausnahme der Volksrepublik China rief der Abschluß der Ostverträge der Bundesrepublik Deutschland in der ganzen Welt ein freundliches, ja fast begeistertes Echo hervor. Da sich die Zugeständnisse der Bundesrepublik ausschließlich auf deutsche Probleme und Optionen bezogen, hatte auch niemand Anlaß, kritisch zu sein. Vor allem die *Franzosen* waren befriedigt. Die Teilung Deutschlands in zwei souveräne Staaten entsprach dem traditionellen französischen Instinkt, die Mitte Europas schwach zu halten.

Die *britische Reaktion* auf die Ostpolitik unterschied sich äußerlich wenig von der französischen. Dennoch gab es Nuancen. Erscheinungen wie Walter Ulbricht und seine Nachfolger waren und sind den Engländern gewissermaßen physisch unangenehm. Alle Vorbehalte, die es gegenüber Deutschen auf der Insel ohnehin gibt, potenzieren sich gegenüber System, Denkweise und Auftreten der Funktionäre der DDR. Sie verkörpern Eigenschaften, die dem Durchschnittsengländer wenig behagen.

Hinzu kommt, daß England trotz seiner reduzierten Weltgeltung den alten Sinn für das Gleichgewicht in Europa nicht völlig eingebüßt hat. Spielt doch die Bundesrepublik für England in der Nachkriegszeit die gleiche Rolle, die im 19. Jahrhundert den Niederlanden und Belgien zufiel: sie ist das Vorfeld, das nicht unter den Herrschaftsbereich einer gegnerischen Großmacht fallen darf. Das ist für die britischen Interessen von hoher Priorität. Daher war auch der Beifall zu den Ostverträgen in England gedämpfter.

Die weittragendsten Folgen hatte die Ostpolitik in *Washington*. 1970 war man dort noch uneingeschränkt auf die Einhaltung der Verpflichtungen aus dem Deutschlandvertrag von 1955 eingestellt. Man wollte dem Zwangsregime in Mitteldeutschland so lange die Anerkennung verweigern, bis dort unmißverständliche Schritte zur Humanisierung zu erkennen waren. Es bedurfte einiger Zeit, bis man in Washington erkannte, welche Chance sich der amerikanischen Außenpolitik dadurch bot, daß die Deutschen selbst bereit waren, die Amerikaner aus ihren Verpflichtungen stillschweigend zu entlassen und sie in der Praxis nur noch auf Berlin zu beschränken.

Ich konnte zwischen 1969 und 1974 bei jährlichen Besuchen in Washington die Reaktionen im Zentrum der amerikanischen Macht beobachten. Im Frühjahr 1970 hatte der Alleingang der Bundesrepublik durch die Verhandlungen Bahrs in Moskau Skepsis und Verwirrung ausgelöst. Man rechnete jedoch noch mit einem nahen Zeitpunkt, zu dem man den Deutschen zu Hilfe kommen müsse, wenn sich ihre Verhandlungen in Moskau festfahren würden. Kissinger wörtlich zum Verfasser: »*We are always prepared to help the Germans.*«

Im Frühjahr 1971 war bereits ein tiefer Wandel eingetreten. Der Moskauer Vertrag war unterzeichnet. Nunmehr sagte Henry Kissinger zum Verfasser: »*Well, we cann't be more German than the Germans.*« Man befand sich noch mitten in den Viermächteverhandlungen um Berlin. Und man gab zu verstehen, daß die amerikanischen Unterhändler Weisung hatten, sich nicht in Zeitdruck bringen zu lassen. Es gab erstaunte Untertöne darüber, daß ausgerechnet die deutsche Seite auf schnellen Abschluß drängte und zu Zugeständnissen bereit war, die den Amerikanern zu weit gingen. Ähnliche Eindrücke hatte der Abgeordnete Kurt Birrenbach, der über weitreichende Verbindungen in den USA verfügte.

Bei meinem nächsten Besuch im Jahre 1972 war in Washington ein totaler Wandel eingetreten. Nixon war aus Peking zurück und bereitete sich auf seine erste Reise nach Moskau vor. Noch gab es – angesichts der schwindenden Mehrheit Brandt/Scheels im Bundestag – ein gewisses Interesse, ob die Ratifizierung des Vertrages mit Moskau glatt über die Bühne gehen würde. Die Ostverträge aber sah man jetzt mit ganz anderen Augen an.

War es nicht nützlich für die USA, wenn die Deutschen selbst eine der größten Schwierigkeiten zwischen Washington und Moskau aus dem Wege geschafft hatten?

Unter den vielen Problemen, mit denen Nixon in Moskau (im Mai 1972) konfrontiert werden würde, war die deutsche Frage ein erledigtes, ein vorerst abgeschlossenes Kapitel. Wenn Deutschland seinen eigenen Weg gegangen war – gut. Auch in Washington würde man künftig einen eigenen Weg gehen, und zwar ohne sich noch sonderlich um langwierige Konsultationen mit Bonn und den anderen Europäern zu bemühen. Die Perspektive hatte sich in Washington geändert. Wieviel Rücksicht sollte man noch auf Verbündete nehmen, die ohnehin glaubten, daß sie ihre Geschäfte am besten allein besorgten?

Im folgenden Jahr hatte sich diese Tendenz noch weiter verstärkt. Kissingers Vorschlag einer neuen Atlantik-Charta war in Europa auf rabulistische Ablehnung und einen Wortschwall nichtssagender Deklarationen gestoßen. Niemand wollte das Bündnis brechen, aber man hatte sich weit auseinandergelebt. Damals sagte mir ein kluger Amerikaner:

»Ihr Deutschen habt bei eurer Ostpolitik darauf vertraut, daß es zwischen den Russen und den Deutschen eine Affinität gibt, die weit über Bismarcks Rußlandpolitik bis in die napoleonische Epoche hineinreicht. Ihr habt euch erinnert, daß sogar Stalin 1952 solche Töne anschlug. Aber wieviel zählen diese historischen Erinnerungen heute? Für die Russen gibt es – wenn ich von China absehe – nur eine Macht, die sie wirklich interessiert. Sie ist nicht in Europa zu finden; denn auch der Flirt Moskaus mit de Gaulle war nur ein Umweg, der nach Washington führen sollte. Habt ihr wirklich die Zeichen der Zeit verstanden? Habt ihr euch – bei all eurer nach außen gezeigten Demut – nicht selbst überschätzt? Für die Sowjetunion gibt es nur einen gleichwertigen Partner. Alle anderen sind in den Augen der Männer im Kreml Bauern auf dem Schachbrett.«[15]

Das deutsch-amerikanische Verhältnis der Nachkriegszeit beruhte, wie jede außenpolitische Beziehung, auf Interessen und auf Imponderabilien, deren man sich auf beiden Seiten sehr wohl bewußt war. Die Zeit eines etwas paternalistischen Wohlwollens der Amerikaner gegenüber der Bundesrepublik war in den sechziger Jahren abgeklungen, ohne daß dies der Intimität der Beziehungen geschadet hätte. Die manchmal etwas lästigen deutschen Besuche, in denen sich die Herren aus Bonn nur von der Festigkeit des Bündnisses überzeugen wollten, hatten aufgehört. Angesichts des antiamerikanischen Komplexes der Franzosen blieb die Bundesrepublik der zuverlässigste Pfeiler im atlantischen Bündnis.

Der Alleingang der Deutschen in der Ostpolitik enthob zwar die Amerikaner einer langjährigen und nie bestrittenen Verpflichtung. Er zerstörte aber auch die vorher bestehende Intimität und reduzierte das Interesse der Amerikaner an der Bundesrepublik. Nachdem die Sowjetunion so gut wie alles erhalten hatte, was sie wünschte, lag Bonn nicht mehr auf der Straße, wo die großen Entscheidungen fallen. Das konnte jeder regelmäßige Besucher in Washington spüren.

Die oft gestellte und meist verneinte Frage, ob es eine *Alternative zur Ostpolitik* Brandts und Bahrs gab, haben wir zu beantworten versucht. Es gab sie durchaus, wenn die damalige Bundesregierung sich wirklich mit langem Atem in Kissingers gerade erst anhebende Entspannungspolitik so eingeschaltet hätte, daß jeder Schritt wohlvorbereitet gemeinsam mit den Vereinigten Staaten geschah. Das schloß deutsche Initiativen nicht aus, wohl aber ein Vorgehen, das in Washington verstimmen, ja brüskieren mußte, auch wenn man das nach außen nicht zeigte und höchstens mit der Achsel zuckend sagte: Schließlich sind die Deutschen erwachsen.

Wenn man die späteren intensiven Vermittlungsbemühungen Kissingers in Vietnam und im Nahen Osten als Beispiel nimmt – welche Wirkungen hätte es gehabt, wenn die Regierung in Bonn Kissinger 1970 um ähnliche Dienste in der deutschen Frage gebeten hätte? Dem Verfasser ist wohlbekannt, daß ein solcher Wunsch im Weißen Haus nicht abgelehnt worden wäre. Welche Perspektiven! Kissinger statt Bahr in Moskau mit dem deutschen Problem beschäftigt! Niemand wagt es heute auszusprechen, daß dies die wahre Alternative war. Wenn auch keine nationalistische.

Diese Chance ist vertan. Was bleibt, ist das gemeinsame Interesse, daß die Finnlandisierung Europas und insbesondere der Bundesrepublik nicht jene Fortschritte macht, die Randkräfte in der Bundesrepublik, wie die Jungsozialisten, bereits befürworten. Sie wollen den ohnehin schon reduzierten Stellenwert der NATO vollends löschen. Die nüchtern gewordenen Beziehungen zwischen Bonn und Washington schließen jedoch enge Kooperation nicht aus. Das gilt auch für die Abwendung künftigen Schadens, der sich aus der harten Politik der Abgrenzung der DDR ergibt. Der Zeitpunkt kann kommen, zu dem das auch für die Amerikaner wieder ein wichtigeres Problem wird.

Der Mißerfolg des Kernstücks der Ostpolitik – verbesserte Beziehungen und eine Humanisierung der DDR – haben bei den an Europa interessierten Amerikanern – einer Minderheit – eine gewisse Schadenfreude hervorgerufen. Die Mahnungen der Chinesen an die Deutschen, sie dürften nicht nachlassen, ihre nationale Einheit wiederzugewinnen, werden in den USA mit Interesse registriert. Keine Stimme dieser Art ist jedoch in Amerika zu vernehmen. Die Deutschen selbst haben es den Amerikanern ermöglicht, den östlichen Teil ihres Landes als unwiderruflichen Besitzstand des sowjetischen Imperiums anzusehen. Davon geht seit 1972 die amerikanische Entspannungspolitik mit der Sowjetunion aus. Und darum war auch der Methodenkonflikt in der deutschen Ostpolitik kein leeres Stroh. Er betraf die Existenz der deutschen Nation.

Kapitel V
DAS SOWJETIMPERIUM

Nikita Sergejewitsch Chruschtschow war eine faszinierende Erscheinung. Ich erlebte ihn bei seinem großen Auftritt nach der geplatzten Gipfelkonferenz von Paris im Mai 1960. Während seiner wie ein Gewitter grollenden und dröhnenden Rede hätte man glauben können, der große Zar Peter und der legendäre Bauernrevolutionär Pugatschow seien in einer Person auf die Erde zurückgekehrt. Hinter seiner auftrumpfenden Demonstration der Macht stand die listige Berechnung des ewigen Muschik, aber auch der noch ungebrochene Optimismus einer glückverheißenden Heilslehre.

Ganz anders Leonid Breschnjew. Wir sahen ihn in jenen Maitagen des Jahres 1973 am Rhein. Ein schwerer, jedoch beweglicher Mann. Seine Jovialität war nicht spontan, sie wirkte einstudiert, berechnet auf die Publizität der Medien des Westens. Die Landschaft dieses breiten russischen Gesichts hatte nichts vom zornig-pfiffigen Witz Nikita Sergejewitschs. Sie schien auch nicht von blendenden Ideen erhellt. Aber eines verriet sie: das Bewußtsein der Macht.

Der Apparatschik mittleren Zuschnitts, als der Breschnjew so lange galt, war in seine neue Rolle der absoluten Herrschaft hineingewachsen. Am Rhein tastete er vorsichtig ein Gelände ab, das er als künftiges Vorfeld der sowjetischen Weltmacht ansah. Wie so viele »historische Ereignisse« sollte auch dieser Auftritt bald wieder im Meer der Vergessenheit versinken. Zu Unrecht. Es war ein lang überlegter Vorstoß im Zuge eines großen Planes.

Der Generalsekretär der KPdSU residierte auf dem Petersberg im gleichen verstaubten Prunkhotel, in dem einst Adenauer seine Auftritte mit den steinernen Hohen Kommissaren gehabt hatte, denen er beharrlich das Lebensrecht für ein besiegtes Volk abringen mußte. Das war schon ferne Erinnerung.

Aber auf dem Petersberg gab es auch bei diesem Besuch ein Schauspiel der Macht. Hier triumphierte, wie später ein sachkundiger Beobachter aus Wien sarkastisch bemerkte, »ein fast schon verzweifelter Entspannungs- und Anpassungs-Opportunismus; es gab Beispiele für das hilflose Verhalten gutwilliger Liberaler gegenüber der Macht, gegenüber einer militanten Weltanschauung, gegenüber totalitären Regimen«.[1]

Die gängigen Worte sind abgeschliffene Kiesel. Als ein Bote der Entspannung, so sagte der Mann auf der Mattscheibe mit verhangenem Gesicht, sei er von Moskau zu den Deutschen geeilt. Jedermann war klar, daß er nicht als Missionar eines Umsturzes erschienen war, daß es vielmehr um die Vorbereitung eines für die Sowjetunion vorteilhaften Großgeschäftes ging.

Wenn wir den Kiesel »Entspannung« aufheben und nachdenklich in der offenen Hand halten, können wir nicht leicht definieren, was das eigentlich ist. Gewiß: kein Krieg, sondern eine Hoffnung auf Frieden. Da stocken wir schon.

Wie soll man dann aber Symptome verstehen, die fatal an die »alten Zeiten« erinnern, jedoch offenbar anders genannt werden müssen. Die Besetzung Prags? Die neuen gewaltigen Raketen mit einer vierhundertfachen Wirkung der Bombe von Hiroshima? Die Verhaftung und Ausweisung Solschenizyns? Wenn das nur eine Polizeimaßnahme des Politbüros war, so hat sie doch Millionen Menschen in aller Welt berührt. Wie ist das alles einzuordnen?

Nehmen wir einen anderen Kiesel in die Hand: friedliche Koexistenz. Wie verträgt sie sich mit der Feststellung des führenden sowjetischen Nationalökonomen A. G. Aganbegian, 40 Prozent der sowjetischen Wirtschaft dienten der Rüstung? Kalter Frieden?

Warum aber mußte Breschnjew in Bonn und Washington um Milliardenkredite werben, wenn wir in den Zeitungen lesen, zu welchen Leistungen die sowjetische Raketenforschung fähig ist? Wenn es ihr zum Beispiel gelingt, amerikanische Satelliten, die als elektronische Spione die Erde umkreisen, durch »Mördersatelliten« zu vernichten? Heißt das nicht, daß die Sowjetunion zu technischen Höchstleistungen fähig ist, wie sie außer den Amerikanern kein anderes Land zustande bringt?

Wie können wir damit in Einklang bringen, wenn die Fachleute von einem technologischen Rückstand der Sowjetunion sprechen, der auf manchen Gebieten Jahrzehnte beträgt? Kann beides wahr sein?

Wie läßt sich vereinbaren, daß sich die Sowjetgesellschaft – wie jede andere Industriegesellschaft – immer weiter differenziert, daß sie Millionen junger Techniker, viele Tausende Wissenschaftler, Hunderttausende Lehrer hervorbringt. Daß aber in dieser hochindustrialisierten Gesellschaft der Arbeiter nicht um Verbesserung seines Lohnes zu kämpfen vermag? Ja, daß es dafür überhaupt kein Instrumentarium gibt, das sich mit europäischen, amerikanischen, japanischen, ja selbst indischen Gewerkschaften vergleichen ließe?

Nehmen wir einen anderen Kiesel in die Hand: Inwiefern ist die Sowjetunion der zweitgrößte Industriestaat der Erde, wenn sie kaum ein einziges Industrieprodukt von Bedeutung auf dem Weltmarkt anbieten kann? Wenn sie den Außenhandel eines typischen Entwicklungslandes treiben muß, das für eingeführte Maschinen fast nur mit Rohstoffen, mit Erzen, Pelzen und Holz, mit Erdgas und Öl bezahlen kann?

Wo also liegen Mitte der siebziger Jahre die Wurzeln des Sowjetimperiums und seiner globalen Rolle?

Die Erben Stalins

Als Nikita Sergejewitsch gestürzt war, erhob sich Stalin wieder aus seiner Gruft. Chruschtschow ließ ihn aus dem Lenin-Mausoleum entfernen. Breschnjew errichtete ihm an der Kremlmauer ein idealisiertes Denkmal. In diesen symbolischen Akten verdichtete sich die Sowjetgeschichte in den Jahrzehnten nach Stalins Tod.

Die berühmte Anklagerede Chruschtschows auf dem XX. Parteitag, in der er den Schleier von Stalins Untaten für die Sowjetöffentlichkeit wegriß, entsprang gewiß auch dem Kalkül, daß er damit seine gefährlichsten Rivalen, die Stalins willfährige Gehilfen gewesen waren, entmachten konnte. Aber mit sicherem Instinkt traf er doch den moralischen Nerv der seit Jahrzehnten unter Druck lebenden Russen. Nikitas Tauwetter brachte Erleichterung nach außen und innen.

Stalin wurde verdammt, aber der Stalinismus blieb. Darum war es später in Breschnjews Restaurationsperiode nicht schwierig, Stalin aufzuwerten und damit die Kontinuität der Parteigeschichte wiederherzustellen.

Der Stalinismus blieb, weil Chruschtschow in seinem übersprudelnden Muschik-Temperament zutiefst überzeugt war, das System sei als solches richtig. Was er ändern wollte, war der tödliche Würgegriff, der so lange auf dem Land und seinen Menschen gelegen hatte. Am Machtmonopol des gigantischen bürokratischen Apparats wollte er jedoch nicht rütteln. Die unauflöslichen Widersprüche der Zentralverwaltungswirtschaft sah er zwar, aber er kurierte nur an Symptomen. Der Kern blieb unberührt.

Stalin war kein »Betriebsunfall«, wie gelegentlich behauptet wurde.[2] An seinem System hat es inzwischen einige Korrekturen gegeben, in seiner Grundstruktur aber besteht es fort. Mochte Chruschtschow Stalin als Person gehaßt haben, von der Überlegenheit des Sowjetsystems, wie es Stalin in dreißigjähriger Herrschaft geschaffen hatte, war er überzeugt. 1958 sagte er voraus, bis 1970 werde die Sowjetunion den Lebensstandard der Amerikaner überholt haben. Das von ihm 1961 verkündete Parteiprogramm der KPdSU strotzte von Zukunftsoptimismus und behauptete, der Übergang vom Sozialismus zum Kommunismus werde in den achtziger Jahren erfolgen. Der sowjetische Anfangserfolg im Weltraum (erster Sputnik: Oktober 1957) muß Chruschtschows Glauben an die Unwiderstehlichkeit des von Stalin geschaffenen, nun aber gereinigten Systems gewaltig beflügelt haben.

Chruschtschow war kein bahnbrechender Reformator, der der sowjetischen Gesellschaft eine neue Grundlage hätte schaffen können. Er war ein oft origineller Improvisator. Manchmal mit Glück, wie bei diesen ersten Weltraumexperimenten, öfter vorschnell und unbedacht. Sein landwirtschaftliches Großexperiment in Kasachstan schlug fehl, weil die Steppe mit ihrer dünnen Humuskrume sich nicht für Ackerbau eignete. Ebenso hastig war das Abenteuer in Kuba unternommen worden, bei dem Nikita auf den Widerstand der Amerikaner traf. Das sollte zu seinem Sturz führen. Chruschtschow fehlte das geistige Rüstzeug zur Erkenntnis der tieferliegenden Strukturfehler des Sowjetsystems.

Die Kritik Chruschtschow an Stalin beschränkte sich auf den »Betriebsunfall« einer Person (wenn man den Massenmord an Millionen Menschen so bezeichnen darf). Seine Nachfolger aber waren alle Stalins Geschöpfe: Die letzte Generation, die noch unter dem Diktator in der Parteihierarchie aufgestiegen war. Sie alle haben ihre Sporen in der zweiten Hälfte von Stalins Regierungszeit verdient. Nicht einer von ihnen hat je grundsätzliche Kritik an Stalins System geübt. Sie wollten lediglich den »Personenkult« abschaffen. Mit diesem euphemistischen Ausdruck umschrieb man schon unter Chruschtschow das Terrorsystem.

Die Sowjetpolitik der letzten Jahrzehnte kann man nur verstehen, wenn man sich klarmacht, daß diese letzte Stalin-Generation Mitte der siebziger Jahre noch immer im Besitz der ausschließlichen Macht ist. Hier und dort zu Neuerungen bereit, aber nicht zu durchgreifender Umformung des gesamten Systems. Für diese Besitzer des Machtmonopols ist die teilweise Restalinisierung nach Chruschtschows Sturz ebenso bezeichnend, wie ein Zögern, in den »Personenkult«, d. h. den nackten Terror zurückzufallen. Symbolisch dafür ist, daß man zwar mit Kritikern wie Professor Andrej Sacharow vom Westen aus telefonieren konnte, daß aber seine weniger prominenten Mitstreiter in Irrenhäusern verschwanden.

Nicht der ganze Stalin lebt in diesen seinen Nachfolgern fort, jedoch ist die Kontinuität seines Herrschaftssystems bewahrt geblieben – über die Episode Chruschtschows hinaus. Niemand hat dies schärfer herausgearbeitet als Kritiker der Neuen Linken, wie etwa Antonio Carlo.[3] Er zeigte die Grundwidersprüche des Systems des bürokratischen Kollektivismus kompromißloser auf als die meisten Spät-Liberalen.

Von den 16 Mitgliedern des Politbüros des Jahres 1975 waren 12 schon unter Chruschtschow im obersten Führungsgremium. Sie alle verdanken Stalin ihren persönlichen Aufstieg. Unter den vier »Neulingen« befindet sich Marschall Gretschko (Jahrgang 1902). Er war einer der Armeeführer Stalins. Ferner der Chef der Geheimpolizei Juri Andropow, ebenfalls ein Altstalinist. Im Jahre 1975 betrug das Durchschnittsalter des Politbüros 64 Jahre. Die Hälfte seiner Mitglieder war zwischen 64 und 76 Jahre alt, die andere Hälfte bis auf zwei – den im April 1975 entlassenen Scheljepin und Kulakow (56) – war über sechzig.

Fast noch drastischer ist der Prozentsatz dieser letzten Stalin-Generation im Zentralkomitee (ZK). Das Durchschnittsalter der Mitglieder des ZK betrug bei Stalins Tod 49 Jahre, es stieg bis 1966 auf 56 Jahre. 1975 waren 53 Prozent der Mitglieder des ZK über 60 Jahre alt – also durchweg Männer, die unter Stalin gedient hatten. Weitere 36 Prozent waren zwischen 50 und 60. Nur 12 Prozent waren unter 50 Jahre alt (die Chruschtschow-Generation) und nur fünf Prozent waren der Partei erst nach Stalins Tod beigetreten – also eine minimale Vertretung des Nachwuchses.[4]

Die Diskrepanz wird um so auffallender, als über die Hälfte der 14 Millionen Parteimitglieder unter 40 Jahre sein soll. Selbst in den Republiken und sogar in den Oblasts, den unteren Verwaltungsbezirken, hat diese jüngere Generation kaum Führungsstellungen inne.[5] Auch dort hat die letzte Stalingeneration das Heft noch fest in der Hand, wobei viele ihre jetzige Position Breschnjew verdanken. Ein Generationswechsel aber ist bisher nicht erfolgt. Die Jugendorganisation der Partei, der Komsomol, ist nur durch einen einzigen Funktionär im ZK vertreten.

Breschnjew als Typus

Auch Leonid Breschnjew (Jahrgang 1906) gehört zu der von Stalin selbst herangebildeten Generation. Drei Jahre vor seinem Tod berief ihn der Diktator auf einen wichtigen Führungsposten. Er wurde Erster Sekretär der Moldaurepublik, des 1944 von der Roten Armee besetzten rumänischen Bessarabien, dessen Verlust die kommunistische Regierung Rumäniens bis heute als bitteres Unrecht beklagt. Bei Breschnjews Eintreffen in Kischinjew war bereits eine halbe Million Rumänen liquidiert oder deportiert – ein Sechstel der Einwohner der Moldaurepublik.[6] Breschnjew vollendete die Russifizierung mit eiserner Hand.

Er war vorher Erster Sekretär in seinem Heimatland, dem Oblast Dnjepropetrowsk, gewesen und brachte dort engere Mitarbeiter an die Moldau mit – den Kern der späteren »Dnjepr-Mafia«, die seinen Aufstieg begleiten sollte. Sein Wirken an der Moldau war so rigoros, daß er Stalin angenehm auffiel. Schon zwei Jahre später (1952) berief er Breschnjew nach Moskau, machte ihn zu einem der Kandidaten des Politbüros, und nahm ihn – als einen unter zehn – in das Allerheiligste, in das Sekretariat des ZK auf: eine Blitzkarriere in den letzten düsteren Jahren des russischen Tiberius.

Chruschtschow behielt Breschnjew im Politbüro und übertrug ihm das einflußlose Amt des Staatspräsidenten (1960). Dennoch stand er dem Zentrum der Macht nahe genug, daß ihm bei der Verschwörung gegen Chruschtschow im Herbst 1964 vom Drahtzieher Suslow der entscheidende Platz in der neuen Troika neben Podgorny und Kossygin eingeräumt wurde.

Aus der Erbschaft Chruschtschows fiel Podgorny das Amt des Staatspräsidenten, Kossygin das des Ministerpräsidenten zu. Breschnjew aber übernahm als Erster Sekretär der KPdSU die Schlüsselposition. Schon zwei Jahre später erwarb er den 1953 abgeschafften Titel des Generalsekretärs als erstes Zeichen, daß sich eine neue Alleinherrschaft anbahnte. Sie blieb jedoch auf halbem Wege stehen.

Die Machtkämpfe, die Breschnjews Aufstieg begleiteten, waren zeitweise hart, aber doch weniger dramatisch als in Chruschtschows ersten Jahren. Nikita Sergejewitsch standen noch Stalins Großfürsten mit alten Machtansprüchen gegenüber: Molotow, Malenkow, Berija, Kaganowitsch, Bulganin und Marschall Schukow.

Rivalen von solchem Gewicht besaß Breschnjew nicht. Kossygin (Jahrgang 1904), die Nummer zwei, verfolgte als oberster Wirtschaftszar zwar häufig seine eigene Linie, um die es erbitterte Kämpfe gab. Er scheint jedoch nie den Ehrgeiz besessen zu haben, an die erste Stelle rücken zu wollen. Staatspräsident Podgorny (Jahrgang 1903) hatte größeren Ehrgeiz, doch gebrach es ihm an Kraft. Scheljepin (Jahrgang 1918), der einzig Jüngere unter der alternden Mannschaft, die eisern im Politbüro verharrte, konnte von Breschnjew bald weit zurückgedrängt und auf den einflußlosen Posten des Gewerkschaftsboss abgeschoben und schließlich völlig entmachtet werden. So vollzog sich Breschnjews Aufstieg ohne echten Rivalen fast lautlos. Weit und breit war in der obersten Führungsschicht niemand zu erblicken, von dem persönliche Attraktion oder auch nur ein bescheidenes Maß von Originalität ausgegangen wäre.

Milovan Djilas hat die Soziologie der kommunistischen Staatenwelt in den fünfziger Jahren um den Begriff der »Neuen Klasse« bereichert. Das bürokratische Kollektiv als exklusive Führungsschicht ist in der Sowjetunion auf die Spitze getrieben. Unter den 241 ZK-Mitgliedern sind nicht weniger als 95 Parteifunktionäre und weitere 97 Staatsfunktionäre, dazu kommen 19 Militärs. Von den restlichen dreißig entfallen 14 auf Vertreter der Industrie, auf die Landwirtschaft gar nur zwei ZK-Mitglieder, dazu noch neun aus intellektuellen Berufen.

Im Arbeiter- und Bauernstaat sind also weder Arbeiter noch Bauern im zweithöchsten Entscheidungsgremium vertreten. Das ZK ist ein geschlossener Funktionärsklub, der seit Jahrzehnten die nachwachsenden Generationen abzuwehren verstand. In der Hand dieses Klubs – der Spitze der Neuen Klasse – befinden sich als Gesamteigentum alle Produktionsmittel dieses riesigen Landes – eine Machtkonzentration, die auch der Spätkapitalismus nicht kennt, in dem die Besitzer der Produktionsmittel nicht auch die *direkte* politische Macht ausüben. Der oberste Funktionsklub des ZK stellt daher eine ungewöhnliche Zusammenballung wirtschaftlicher und politischer Macht dar.

Die verkalkte Revolution

Der Prozeß der Versteinerung der Führungsspitze ist in dem Jahrzehnt seit Chruschtschows Sturz rapid fortgeschritten. Der kommunistische Zukunftsoptimismus, der Chruschtschow noch beflügelt hatte, wich seit Mitte der sechziger Jahre der vorsichtigeren Prognose vom »entwickelten Sozialismus«. Die Sowjetwirtschaft war auf vielen und gerade auf entscheidenden Gebieten in Rückstand geraten. Einen Gradmesser dafür bot die

Raumfahrt. Während die Amerikaner den Mond erreichten und mit Skylab das bedeutendste Experiment im Weltraum durchführten, mußte die sowjetische Raumfahrt über ein Jahrzehnt lang Rückschläge hinnehmen. Sie wurde kaum als konkurrenzfähig angesehen, als die amerikanischen Astronauten bei der Vorbereitung eines Gemeinschaftsunternehmens nähere Einsicht bekamen.[7] Erst 1974/75 wurde der Rückstand aufgeholt.

Die Revolution fraß ihre Kinder nicht mehr, weil sie längst zur fernen Erinnerung geworden war. Die Ideologie hatte sich ritualisiert und in scholastische Stilübungen verdünnt. Die endlosen Leninzitate wurden zu zusammenhanglosen Leerformeln, die für die heranwachsende Generation kaum mehr verständlich sein konnten. Ein Vakuum entstand unterhalb der Neuen Klasse, die sich im kollektiven Besitz der wirtschaftlichen und politischen Macht und immer ausgeprägterer Privilegien befand.

Wir wissen von den Dissidenten, die gegen die Erstarrung und den neostalinistischen Individualterror protestierten, wie in dieses Vakuum kalter Zynismus und Karrieristentum der Jugend eindrang. Sie sieht sich dieser geschlossenen Gerontokratie gegenüber, die seit dreißig Jahren alle Machtpositionen unter sich verteilt und »lediglich will, daß alles beim alten bleibt, daß die Autoritäten weiterhin anerkannt werden, daß die Intelligenzia schweigt, daß das System von keinerlei gefährlichen und ungewöhnlichen Reformen erschüttert wird«. So der zum zweitenmal nach Sibirien verbannte Dichter Andrej Amalrik, der bei Stalins Tod 15 Jahre alt war.

Für diese mit einer leblos gewordenen Ideologie verbrämte Autokratie der Epoche Breschnjew bot sich als einzig noch wirksames Mittel das bewährte Fundament des *russischen Patriotismus* an. Uraltes byzantinisches Erbe begann hinter der Fassade des manipulierten Leninismus hervorzuschimmern. Vom »heiligen Rußland« zur dauernden Verherrlichung des »Großen Vaterländischen Krieges« war kein großer Schritt. Die Kontinuität zwischen dem Zarenreich und dem Sowjetimperium wurde sichtbarer. Die Chinesen hatten dies als erste erkannt, als sie seit 1960 die Beherrscher des Kremls höhnisch als die »neuen Zaren« bezeichneten. Das war für Peking keine Metapher, sondern Realität.

Der klassische Internationalismus der Gründer der kommunistischen Lehre war schon unter Stalin mit der Parole »Sozialismus in einem Land« verdorrt, hatte aber unter Chruschtschow nochmals einen Impetus erhalten. Er hatte bei seinem Indienbesuch (1955) die Dritte Welt entdeckt und bald darauf mit der systematischen Aufrüstung Ägyptens begonnen.

Tausende afrikanische, arabische und asiatische Studenten wurden nach Moskau, Taschkent und Baku geholt, und Milliarden Rubel flossen in die Entwicklungshilfe, so in die Stahlwerke in Indien und den Assuandamm. In der russischen Bevölkerung war dieser neue Internationalismus jedoch unpopulär. Die Leute schimpften in Moskau offen über die Vergeudung großer Summen im Ausland, während sie selbst nach allem Notwendigen Schlange stehen mußten. Die afrikanischen Studenten der Lumumba-Universität waren wenig erwünschte Gäste, besonders wenn sie an russischen Mädchen Gefallen fanden.

Sowjetpatriotismus

Dagegen konnte Moskau als Mittelpunkt eines mächtigen Weltreiches begeistern, das seinen Einfluß weit über Europa und Asien erstreckt. Daher protestierte auch gegen den Einmarsch in Prag nur die kleine Minderheit der Dissidenten. Die überwältigende Mehrheit der Russen billigte diesen Eingriff, nach Augenzeugenberichten aus dem Jahre 1968, ohne jeden Vorbehalt.[8] Ebenso bezeichnend für das neue Selbstverständnis der Sowjetunion war es, daß im Mittelpunkt der Diffamierungskampagne gegen Solschenizyn sein »unpatriotisches Verhalten« stand. Hatte doch sein »Archipel Gulag« deshalb so empfindlich getroffen, weil die gesamte Führungsschicht, wie wir sahen, unter Stalin groß geworden und daher auch von den Verbrechen seines letzten Jahrzehnts Kenntnis gehabt haben muß. Das sollte der heranwachsenden Generation soweit wie möglich verborgen bleiben.

Der Schriftstellerverband – wie die orthodoxe Kirche ein Staatsorgan – war längst durch das Militär in den Dienst am Sowjetpatriotismus eingespannt, der die Rehabilitierung Stalins unumgänglich machte. Solschenizyns Bericht über die Gefängnisse und Lagergreuel war um so brisanter, als – nach Angaben Andrej Sacharows[9] – auch 1974 noch 1,7 Millionen Russen in Gefängnissen und Lagern lebten.

Die Repression gegen Dissidenten wurde verfeinert, aber sie blieb als Drohung mit Sibirien oder Irrenhaus bestehen. Mit dem ungeheuren Echo, das Solschenizyns Buch und sein persönliches Schicksal in der ganzen Welt fand, standen dem Sowjetpatriotismus plötzlich moralische Kategorien gegenüber, die der verstaubte Antikommunismus alten Stils nicht mehr besaß.

Über die Auswirkung auf die stumme jüngere Generation in Rußland kann man nur spekulieren. Bisher waren die Dissidenten nur eine kleine Schar, auch wenn die Samisdat-Literatur große untergründige Verbreitung besaß. Jede Restauration ruft ihren eigenen Untergrund hervor, auch unter den Zaren bestand er nur aus Minderheiten. Mag das kommunistische System vorläufig stabil und die nächste russische Revolution weit entfernt sein, so birgt doch das Machtmonopol der stalinistischen Gerontokratie Unwägbares in sich – gerade weil es so total und absolut ist. Die harte Verfolgung der Dissidenten zeugt von Unsicherheit der Führung.

Das trifft noch mehr für die zahlreichen *Minderheiten* zu, die bei der letzten Volkszählung 1970 bereits 47 Prozent der Gesamtbevölkerung ausmachten, wenn man Ukrainer und Weißrussen mitrechnet. Unter ihnen sind die Anzeichen von Unzufriedenheit besonders groß. Man sollte sich vor übertriebenen Schlüssen hüten, aber vielleicht ist das Urteil des amerikanischen Sowjetologen Z. Brzezinski nicht zu gewagt. Er rechnet mit einem Jahrzehnt wachsender Unstabilität in der Sowjetunion nach dem Ende der Ära Breschnjew. »Das einzige Mittel, das sie bisher in solchen Zeiten kannten, war Gewalt. Sie aber wird diesmal nicht ausreichen.«

Die Nachfolge

Die Ära Breschnjew geht ihrem Ende entgegen, auch wenn der Generalsekretär noch einige Zeit an der Spitze ausharren sollte. Es war jedoch Mitte der siebziger Jahre nicht Breschnjew allein, um den es ging. Bis zum Beginn der achtziger Jahre wird aus biologischen Gründen der größte Teil des Politbüros und über die Hälfte des ZK von der Bühne abgetreten sein. Wird diese Ablösung einer ganzen Generation reibungslos erfolgen? In einem System, das keine Legitimität der Nachfolge kennt?

Als Breschnjew um die Jahreswende 1974/75 erkrankte und zugleich der Mißerfolg seiner Kreditwünsche im Westen durch die Gesetzgebung des amerikanischen Kongresses dem Politbüro klargeworden war, häuften sich die Spekulationen über seine Nachfolge. Zur Auswahl standen einige Männer von Erfahrung, aber bisher nur geringem Profil. Apparatschiks, die eines miteinander gemeinsam hatten: mit der Welt außerhalb der Sowjetunion hatten sie nur minimalen Kontakt gehabt.

Eine überragende Persönlichkeit war im Politbüro nicht zu entdecken, als Kreml-Spezialisten über die Nachfolge Breschnjews und Kossygins Anfang 1975 ihre Hypothesen aufstellten. Es schien daher wahrscheinlich, daß – ähnlich wie gleichzeitig in Peking – ein Übergangsregime geschaffen wird, das die Macht der alten Männer noch für einige Zeit aufrecht erhält. Dafür böte sich als Ersatz für Breschnjew sein Altersgenosse *Andrej Kirilenko* (Jahrgang 1906) und für Kossygin dessen erster Stellvertreter *Kyrill Masurow* (Jahrgang 1915) an. Kirilenko, von Beruf Flugzeugkonstrukteur, gehört zur »Dnjepr-Mafia«, dem engeren Freundeskreis Breschnjews, der mit ihm kurz nach dem Krieg in der Ukraine zusammenarbeitete. Er verfügt über gute Beziehungen zu den Technokraten, die sich um den Aufbau Sibiriens bemühen. Seine Erhöhung zum Parteichef wäre nur möglich, wenn Breschnjew noch Einfluß auf die Ernennung seines Nachfolgers hat. Das eigentliche Nachfolgeproblem wäre um einige Jahre hinausgeschoben.

Der Weißrusse Masurow hat seine Sporen in der Stalinzeit im annektierten Ostpolen durch die Deportation von Hunderttausenden verdient. Als hervorragender Technokrat ist er eng mit dem militärisch-industriellen Komplex verbunden. Von beiden Männern ist keine grundlegende Veränderung des Systems zu erwarten.

Die Ausstoßung *Alexander Scheljepins* aus dem Politbüro im

April 1975 war ein erstes Anzeichen der beginnenden Nachfolgekämpfe der ausklingenden Breschnjew-Ära. Mit ihm wurde ein ernsthafter Kandidat ausgeschaltet, der den obersten fünf Siebzigjährigen (Breschnjew, Kossygin, Suslow, Podgorny, Kirilenko) seit langem suspekt war. Man traute ihm den Willen zu gewissen Veränderungen zu. Wir verzichten darauf, die Chancen weiterer Nachfolgekandidaten wie des farblosen Parteichefs von Moskau V. Grischin, wie F. Kulakows und des Parteichefs der Ukraine, W. Schtscherbitzkij, zu erörtern. Auch für die Kremologen, die jedes Detail über diese Männer gesammelt haben, bleiben sie anonyme Schattenrisse. Sie alle sind durchschnittliche Geschöpfe des Parteiapparats, ängstlich gegenüber jeglicher durchgreifenden Reform, bedacht auf die Fortführung des alteingefahrenen Systems. Keiner von ihnen verfügt über besondere Autorität oder Glaubwürdigkeit gegenüber dem eigenen Volk. Daher ist im Augenblick der akuten Nachfolge jede Möglichkeit offen – Koalitionen und Machtkämpfe, die sich nicht voraussehen lassen. Die vorherrschende Mediokrität erzwingt das geradezu.

Und die Jugend?

Aber wird die jüngere Generation die geistige Erstarrung auf lange Sicht hinnehmen, die sich im Sowjetreich verbreitet hat? Man kann nicht glauben, daß Rußlands Genius unter der Last dieser kollektiven Bürokratie schlechthin erdrückt worden sei. Vorläufig sehen wir nur eine kleine Avantgarde mit neuen und kritischen Ideen. Daß diese wenigen Namen des Kreises um Professor Sacharow aber inzwischen in der ganzen Welt bekannt wurden, dürfte nicht ohne Rückwirkungen bleiben.

Die russische Jugend ist ungebärdig. Alle Rußlandreisenden des letzten Jahrzehnts haben von den langhaarigen jungen Leuten berichtet, die man in den Kulturparks beobachten kann, von ihrer Vorliebe für westliche Musik, für Jeans und alles, was den jungen Leuten im Westen gefällt. Die wachsende Entfremdung zwischen der jungen Generation und der Sowjetmacht kann niemand verborgen bleiben.

Ebenso auffallend ist der Lerneifer der sowjetischen Jugend,

»nicht nur auf den Gebieten der politischen Pflichtübung, an denen den Ideologen so viel gelegen ist. Dieser Lerneifer der Jugend hat ganz überwiegend zum Ziel, nur bloß nicht in das von der Partei stets hochgejubelte Proletariat abzusinken. Die sowjetische Jugend will ›etwas Besseres‹ werden, als es ihre Väter wurden. Sie revanchiert sich für den Fleiß und die Disziplin, an denen sie es ordergemäß nicht fehlen läßt, indem sie den Intentionen der Partei zum frühestmöglichen Zeitpunkt davonläuft.«[10]

Ob diese stumme Generation mehr zur Neuen Linken neigen wird, womit sich Klaus Mehnert ausführlich befaßte[11], ob sie im Gegenteil den extremen Klassenstaat durch freiheitlichere Ideen überwinden möchte, vermag niemand vorauszusagen. Nur eines ist sicher: die Ablösung der herrschenden Generation aus der Stalinzeit wird Anfang der achtziger Jahre nicht ohne ungeheure Reibungen, nicht ohne schwere Brüche vor sich gehen. Eruptionen sind unvermeidlich.

Dafür wird schon, um mit Hegel zu sprechen, eine List der Geschichte sorgen. Das umfassende Schulsystem – wertfrei betrachtet –, das die Sowjetführung ihrer Jugend bescherte, hat bewirkt, daß der größte Teil der Sowjetjugend aus denkenden Menschen besteht, die lesen können, die sich zu orientieren versuchen. Ist ein solcher Prozeß erst einmal in breiter Form in Gang gekommen, so läßt er sich bremsen, aber nicht wirklich aufhalten.

Der Wissensdurst der jungen Russen ist unerschöpflich wie ihre Neugierde gegenüber der ihr verschlossenen Welt des Westens, dessen Radiostationen Millionen Zuhörer haben.

In einigen Jahren wird man von Satelliten ausgestrahlte amerikanische Fernsehprogramme auch mit gewöhnlichen Empfängern in der Sowjetunion auf die Mattscheibe bekommen. Die Elektronik ist zum Überwinder der Eisernen Vorhänge geworden. Dabei geht es nicht darum, revolutionäre Parolen in die verschlossenen Staaten zu tragen, wie Naive meinen, sondern ganz einfach um Kenntnisse, um Anregungen des eigenen Denkens, um die Fähigkeit zum Vergleich. Sie ist auch heute noch in der Sowjetunion und ihrer Jugend gering, aber sie wächst ganz zwangsläufig – und damit auch das diskursive, das kritische Denken, das allein auf lange Sicht ein Zwangssystem zu erschüttern oder doch zu verändern mag.

So wird die unvermeidliche Ablösung der Stalin-Generation in den achtziger Jahren zu einem der spannendsten Ereignisse des ausgehenden Jahrhunderts werden. Selbst wenn sie sich weniger eruptiv vollzieht als man vermuten könnte, müssen doch Wandlungen erfolgen, die seit vielen Jahrzehnten mit Gewalt zurückgehalten wurden. Daß dies Wandlungen im Sinne der Konvergenztheorie, Annäherungen an westliche Lebensformen sein müßten, ist keineswegs ausgemacht. Nur eines ist sicher, in welcher Form auch immer, es wird um die Privilegien der »Neuen Klasse« gehen, die durch das herrschende System jeder Kritik entzogen ist, die aber in einer entpolitisierten Jugend große Ressentiments angehäuft hat.

Die Überempfindlichkeit und Ängstlichkeit der Sowjetregierung vor jedem breiteren Kontakt ihres Volkes mit der Außenwelt ist ein untrügliches Zeichen dafür, daß die alten Herren des Politbüros ahnen, wo die Macht des Polizeistaates endet. Daß Kissinger im Zuge seiner Entspannungspolitik der Aufrechterhaltung des Systems der Abschließung seines sowjetischen Partners allmählich das Wort zu reden begann*, gehört zum seltsamen Wechselspiel der Inhaber der Macht. Scher dich nicht um mein Watergate, so scher ich mich nicht um deine Gedankenpolizei. Fußnoten der Geschichte, die an den Grundtatsachen nichts ändern. *Wer lesen kann, wird auf die Dauer nicht nur lesen wollen, was ihm verordnet wird.*

Der rote Militärstaat

Schon seit Stalins Zeiten wird immer wieder gefragt, ob das Sowjetsystem eines Tages durch einen russischen Bonapartismus abgelöst werden würde. Die Frage ist falsch gestellt; denn die Sowjetunion hat ihren 19. Brumaire längst hinter sich. Kein

* Typisch war dafür in Kissingers Pressekonferenz die unwirsche Antwort des Außenministers, als er über Solschenizyns Deportation befragt wurde. Vor seiner zweiten Moskaureise warnte Nixon, sich allzu intensiv mit innersowjetischen Angelegenheiten zu befassen – weit über die Frage der Visumverweigerung für auswanderungsbereite sowjetische Juden hinaus. Der Opportunismus der Staatsräson wird dann stets mit einer Verbeugung vor den Menschenrechten bemäntelt.

Marschall hat allerdings die Macht ergriffen und keine Regimenter umzingelten den Kreml. Die Verschmelzung des Militärs mit der obersten Führungsspitze hat sich so lautlos und Schritt um Schritt vollzogen, daß der wichtigste Vorgang fast unbemerkt blieb, der das heutige Bild der Sowjetunion prägt.

Blicken wir zunächst auf die Symptome:

Erstes Symptom: Die *Wirtschaftsmisere* der Sowjetunion, der sich beständig erweiternde technologische Rückstand, das Versagen einer Konsumindustrie, die unterentwickelt bleibt – viel davon läßt sich, wie es die Ökonomen tun, mit den prinzipiellen Strukturfehlern der Planwirtschaft erklären. Doch nicht alles. Der wichtigste Grund für die Dauermisere ist die absolute Priorität, die der *militärisch-industrielle Komplex* genießt. Er verschlingt nicht nur die besten Talente des Landes, sondern auch das modernste Material jeder Art.

Zweites Symptom: Das gesamte *Erziehungssystem* der Sowjetunion von der Grundschule bis zur Universität ist im letzten Jahrzehnt auf eine militärpatriotische Grundlage gestellt worden, wie das selbst zu Stalins Zeiten in solchem Umfang nicht der Fall war.[12] Militärische Lehranstalten haben in zunehmendem Maß Patenschaften für die örtlichen Schulen übernommen, die weit über vormilitärische Ausbildung hinausgehen. Der gesamte Unterricht wird mit militärischem Denken durchsetzt. Dabei wird die russische Geschichte als Erziehungsmittel im Sinne der Militärpädagogen herangezogen. Sie hat schon unter Stalin eine Aufwertung erfahren.

Es ist das Politbüro, das diese Entwicklung mit allen Mitteln fördert. Die militärpolitische Erziehung wird um so stärker zum Ideologieersatz, je schwieriger es sich erweist, der jungen und jüngsten Generation die ehrwürdigen Dogmen einzupauken. Nicht nur Marx, auch Lenin ist von der tatsächlichen Entwicklung der Sowjetwirklichkeit schon so weit entfernt, daß die Führung Handfesteres benötigt. Der Sowjetpatriotismus mit breiter geschichtlicher Fundierung vermag das zu bieten. Die politisch gleichgültig gewordene Jugend reagiert auf nationale Parolen positiver als auf ideologische.

Drittes Symptom: Die *Außenpolitik* der Sowjetunion steht –

trotz der »Entspannung« – unter militärpolitischen Vorzeichen. Im Gegensatz zu Chruschtschows Abenteuer in Kuba handelt es sich um eine systematische Erweiterung des sowjetischen Einflußbereiches. Dabei steht die Rote Flotte mehr und mehr im Mittelpunkt. Die Gewinnung von Stützpunkten nach dem Muster des ehemaligen britischen Empire hat Vorrang bekommen.

Diese drei Symptome sind – zusammengenommen – das Kernstück der sowjetischen Wirtschafts-, Kultur- und Außenpolitik. Das Verhältnis von Politik und Militär bedarf genauerer Erläuterung, ehe wir uns den einzelnen Gebieten zuwenden.

Trotz aller Leistungen der Roten Armee im Zweiten Weltkrieg und der Verherrlichung ihrer Helden hat es Jahrzehnte gedauert, bis die Armeeführung den Schock des Tuchatschewskij-Prozesses des Jahres 1937 innerlich überwand. Mit Marschall Tuchatschewskij, der von Stalin der Spionage für Deutschland und Japan beschuldigt worden war, sind im Sommer und Herbst 1937 vier Fünftel des Obersten Kriegsrates liquidiert worden; darunter zwei von fünf Marschällen und dreizehn von fünfzehn Armeegeneralen. Aber auch die Reihen der nächsthöheren Kommandeure wurden dezimiert. Von 85 Korpskommandeuren fielen 62, von 195 Divisionskommandeuren 110 und von 406 Brigadekommandeuren 220 dem Terror Stalins zum Opfer.[13]

Die späteren Marschälle und Generäle waren zwar mittelbar die Nutznießer dieses Blutrausches, aber ihr Verhältnis zum Politbüro blieb von untergründigem Mißtrauen beherrscht. Die Armeeführung zog daraus in den folgenden fünfzehn Jahren die Lehre, daß sie ihren Einfluß nur indirekt geltend machte, unter sorgfältiger Vermeidung auch nur des Anscheins eines unmittelbaren Machtanspruchs. Sie stand Chruschtschows Theorien über den Atomkrieg mit Skepsis gegenüber, und das Kuba-Abenteuer wurde im Kreis der Marschälle scharf kritisiert. Schon unter Chruschtschow gelang es jedoch den Marschällen, den militärisch-industriellen Komplex immer weiter auszubauen und wirksam abzuschirmen, obwohl Chruschtschow der Armeeführung eher distanziert gegenüberstand.

Eine deutliche Wendung trat erst ein, als Breschnjew fest im Sattel saß. Seit der Kriegszeit war er mit der Roten Armee eng verbunden. Marschall Gretschko ist sein Kommandeur gewesen. Nach Stalins Tod wurde Breschnjew im Range eines Generalleutnants ins Kriegsministerium versetzt, nachdem er aus Politbüro und Sekretariat entlassen worden war. Von der Armeeführung wurde er als Mitglied des Generalklubs angesehen – was bei Chruschtschow schon seinem Wesen nach nie der Fall sein konnte.

So sind unter Breschnjew die Marschälle in den Prozeß der Vorbereitung aller großen Entscheidungen einbezogen und integriert worden. Richard Löwenthal[14] und andere Sowjetologen sehen richtig die Rolle des Militärs nicht als die einer separaten und in sich geschlossenen Lobby, sondern als mitentscheidende Körperschaft an. Die Berufung Marschall Gretschkos ins Politbüro im April 1973 ist daher ganz anders zu beurteilen als das kurzfristige Gastspiel Schukows unter Chruschtschow.

Je wichtiger für die Führung die Schaffung eines sowjetpatriotischen Staatsbewußtseins wurde, um so größer mußte auch die politische Rolle des Militärs werden. Ähnlich wie die herrschenden Alt-Stalinisten war auch das Gros der Marschälle an einer Rehabilitierung Stalins interessiert. Die Kritik an seiner strategischen Oberleitung verschwand aus den von der Armee dirigierten Darstellungen des »Großen Vaterländischen Krieges« und bald auch aus den Schulbüchern. Verdankten doch alle diese Offiziere Stalin den Beginn ihrer Karriere.

Falken und Tauben?

Eine Richtung der westlichen Sowjetologie – vor allem der Kommentator großer Zeitungen in England und Amerika, Victor Zorza – will in den Jahrzehnten nach Stalins Tod ein beständiges Ringen zwischen »Falken« und »Tauben« beobachten. Dieses Bild ist – zum mindesten für das Jahrzehnt der Breschnjew-Periode – zu einfach und überträgt in unstatthafter Weise westliche Verhältnisse auf die Sowjetunion. Es wird damit der Eindruck erweckt, im Politbüro gebe es eine Entspannungspartei und eine Kriegspartei.

Richtig ist gewiß, daß die rüstungsorientierten Kräfte gelegentlich mit den mehr konsumorientierten Wirtschaftsbossen konfrontiert sind. Aus solchen Konflikten über Prioritäten einen dauernden Kampf zwischen Falken und Tauben konstruieren zu wollen – was sich dann auch sehr dramatisch darstellen läßt –, muß zu falschen Schlüssen führen. Weit näher der Wahrheit ist eine geistvolle Wortprägung des Ostexperten Carl Gustaf Ströhm, der gelegentlich Breschnjew als eine »gepanzerte Taube« bezeichnet hat.

Die gewaltige Aufrüstung, die seit der Kuba-Krise in der Sowjetunion betrieben wird, kann nicht allein auf eine Militärlobby zurückgeführt werden, sie muß vielmehr dem Willen des gesamten Politbüros entsprechen. Das gleiche gilt für die von Breschnjew betriebene *Politik der Entspannung*.

Warum sollten die Marschälle Einwendungen gegen eine Politik erheben, die der Sowjetunion Zeit gibt, Rückstände auf dem Rüstungsgebiet aufzuholen? Noch 1972 war die sowjetische Raketenwaffe qualitativ der amerikanischen unterlegen. 1973/74 konnten die ersten Mehrfachsprengköpfe des MIRV-Typs getestet werden. Mußte sich der Chef der Raketenwaffe nicht darüber freuen, daß ihm Breschnjew eine Atempause verschafft hatte, in der in aller Ruhe dem Ziel zugearbeitet werden konnte, die Amerikaner auf dem Raketengebiet auch qualitativ einzuholen? Die Vermutung, die Militärspitze müsse grundsätzlich die Entspannungspolitik ablehnen, geht am Kern der sowjetischen Wirklichkeit vorbei, die andere Kategorien besitzt.

Die Fehlinterpretation eines Dualismus von Falken und Tauben mag in weiterem Zusammenhang auch daraus entstanden sein, daß eine Richtung der internationalen Osteuropaforschung seit einigen Jahren untersucht, ob sich auch innerhalb eines Einparteienstaates pluralistische Tendenzen durchsetzen können.[15] Gewiß muß es auch in der Sowjetunion gleichgelagerte Interessen geben, so etwa der Betriebsmanager, die der Zentralbürokratie der Ministerien und des Gosplans gegenüberstehen. Das entscheidende Kriterium ist jedoch, daß das System unter keinen Umständen zuläßt, daß sich etwa die Manager in einem Verband oder einer institutionalisierten Organisation zusammentun, um ihre Forderungen gegenüber der Zentralbürokratie durchzusetzen.

Nicht anders erginge es auch dem Militär, läge nicht die Priorität des militärisch-industriellen Komplexes und eine expansive Seestrategie im Interesse des Politbüros. Der krampfhafte Versuch, im Machtmonopol des bürokratischen Kollektivs nach demokratischen Spurenelementen zu suchen, zeugt von Farbenblindheit.

Die monolithische Grundstruktur schließt natürlich Meinungsverschiedenheiten nicht aus, wie sie zwischen Breschnjew und Kossygin des öfteren auftraten. Auch liegen einzelne Instanzen der Zentralbürokratie häufig miteinander in heftigem Kampf. Wir wissen, wir erbittert oft die Kämpfe in der Führungsgruppe der Nazis waren. Warum sollte es Ähnliches nicht auch in der Sowjetunion geben? So interessant das sein mag, so ist es doch kein Symptom für einen sich allmählich entwickelnden Pluralismus. Es sind lediglich Gruppen- und Positionskämpfe.

Echter Pluralismus muß von Institutionen – von eigenständigen staatsunabhängigen Verbänden – ausgehen. Chruschtschow ließ gelegentlich die Ventile vor allem auf kulturellem Gebiet lockerer. Sobald er aber durch ein wenig mehr Freiheit für die Intelligenzia das Machtmonopol der Zentralbürokratie bedroht sah, machte er die Schotten dicht.[16] Systemveränderung war auch für Chruschtschow untragbar. Um so mehr galt das für seine Nachfolger.

Die Amalgamierung der politischen und militärischen Führung, die unter Breschnjew erreicht wurde, braucht nicht beständig zu sein und kann sich unter einem Nachfolger wieder verändern. Alle totalitären Regime sind von neuen Machtkämpfen bedroht, wenn die Führungsspitze wechselt oder erste Anzeichen von Schwäche zeigt. Der mit dem Militär so eng verbundene Sowjetpatriotismus ist jedoch inzwischen ein tragender Pfeiler des ganzen Systems geworden. Man kann sich schwer vorstellen, wie daran von einer neuen Führungsspitze gerüttelt werden könnte, die das Erbe des jetzigen Politbüros antritt.

Der militärisch-industrielle Komplex

Die Sowjetunion hat auf allen Gebieten der Rüstungstechnik im letzten Jahrzehnt außerordentliche Fortschritte gemacht. Die

Elektronik, die für die Raketenwaffe, das Radarsystem, die Flotte und Luftwaffe, ja sogar die Panzerwaffe, ausschlaggebend ist, hat einen hohen Stand erreicht. Der Übergang auf Mehrfachsprengköpfe (MIRV), die in getrennte Ziele gelenkt werden können, ist dafür symbolisch. Die sowjetischen Raketen-Atom-U-Boote der Y-Klasse gehören zu den besten der Welt. Seit Anfang der siebziger Jahre vermag die Sowjetunion mehrere Boote dieser modernsten Klasse jährlich in Dienst zu stellen. Ähnlich fortgeschritten sind die neuesten Flugzeug-Typen der MIG-Modelle. Zu Luft, zu Wasser, zu Land und auf dem Raketengebiet ist Mitte der siebziger Jahre die sowjetische Rüstungsindustrie im Begriff, amerikanische Vorsprünge dort einzuholen, wo sie noch bestehen. Den Mammutraketen SS-18 haben die Amerikaner nichts Gleichwertiges entgegenzusetzen.

Dafür hat die Sowjetunion wirtschaftlich und sozial einen gewaltigen Preis bezahlt. Das Bruttosozialprodukt der Sowjetunion beträgt etwa die Hälfte des amerikanischen. Der tatsächliche Rüstungsaufwand ist zwar nicht genau bekannt. Im veröffentlichten Etat wird er mit 10,1 Prozent des Sozialprodukts angegeben, was bei weitem zu niedrig ist. Der Rüstungsaufwand dürfte kaum hinter den Ausgaben der USA (1974 85 Milliarden Dollar) zurückstehen. Das entspräche der doppelten Belastung des Sozialprodukts durch die Rüstung, welche die USA zu tragen hat.

Eine auf sowjetische Quellen zurückgehende Schätzung besagte, »von hundert Millionen Menschen der aktiven Bevölkerung arbeiten dreißig bis vierzig Millionen für die Verteidigung«.[17] Kossygin hat Ende der sechziger Jahre zugegeben, ein Viertel des sowjetischen Sozialprodukts werde für die Verteidigung aufgewandt (USA dagegen 1975 5,9 Prozent). Eine andere Schätzung nimmt an, etwa die Hälfte der Bruttoproduktion des Maschinenbaues und der Metallverarbeitung entfalle auf Rüstungsgüter.[18] Welche Schätzung immer die richtige sein mag, die Belastung durch die Rüstung ist ungeheuer.

Nach sowjetischen Angaben gab es bereits 1968 2,1 Millionen Hochschul- und Fachschulingenieure in der UdSSR. Schon damals schätzte man im Westen, über die Hälfte dieser Ingenieur-Armee werde für die Rüstungstechnik eingesetzt. Inzwischen haben sich die Zahlen vergrößert. Wichtiger als die Zahl ist aber die Qualität. Wer im Ingenieurberuf nur irgend als befähigt gilt, landet mit Sicherheit im Rüstungssektor. Seit Ende der sechziger Jahre hat die Sowjetunion ihre Ausgaben für militärische Forschung nochmals jährlich um 10 bis 13 Prozent erhöht[19]; vor allem zu Gunsten der ungeheuer kostspieligen Raketenforschung. So bleibt für den Konsumsektor immer weniger übrig.

Der militärisch-industrielle Komplex stellt den eigentlichen Machtkern des Sowjetstaates dar, das vom Politbüro gemeinsam mit den Marschällen behütete Kronjuwel und zugleich auch den wichtigsten Bezugspunkt für den die Ideologie überschattenden Sowjetpatriotismus.

Zugleich aber ist der militärisch-industrielle Komplex ein geschlossener Staat im Staat. Das geht weit über den formalen Bereich der acht Einzelministerien hinaus, die unter der Oberleitung des Politbüro-Mitglieds D. F. Ustinow (Jahrgang 1908) und des ZK-Mitgliedes Leonid W. Smirnow, des Leiters der Militärisch-industriellen Kommission, den »Sektor der Verteidigungsindustrie« bilden.

Der militärisch-industrielle Komplex ist vom zivilen Sektor durch eine undurchdringliche Mauer getrennt. Seine Arbeit ist auch im Inland von der dichtesten Geheimhaltung umgeben. Jeder Austausch mit dem zivilen Sektor ist strikt verboten. (Vgl. S. 79) Während die amerikanische Raumfahrt der zivilen Produktion zahllose Anregungen gab, ist in der Sowjetunion selbst ein »Erfahrungsaustausch« tabu und könnte Anlaß für einen Landesverratsprozeß werden.

Der ehemalige amerikanische Botschafter in Moskau, Foy Kohler, ein sehr genauer Kenner der Sowjetunion, sagte dazu vor einem Kongreßausschuß im Juli 1973:

»Amerikaner werden die Abschließung des militärisch-industriellen Komplexes von der übrigen Wirtschaft kaum für möglich halten. Es ist phantastisch, aber bis heute hat es die Sowjetführung nicht über sich gebracht, die Mauern vor diesem streng gehüteten Spezialsektor niederzureißen, in den sie ihre besten Talente, Hilfsmittel und Maschinen einbringt. Und das, obwohl sie sich seit fünfzehn Jahren über ihren wissenschaftlichen und technologischen Rückstand die größten Sorgen machen.«

»Ja, es ist wahrhaft phantastisch, daß sie sich an den Westen um wissenschaftliche Hilfe wenden müssen, wenn man ihr hochmodernes militärisches Raumfahrt- und Raketenprogramm ansieht. Ich vermute, wir sind ihnen trotzdem im Gesamtniveau um eine Generation voraus. Und das, obwohl sie offenbar in der Rüstungsindustrie mit Computern umgehen können, die im zivilen Sektor so gut wie vollkommen fehlen. Sie haben aber den Rüstungssektor in ihr allgemeines wirtschaftliches Management überhaupt nicht einbezogen.«[20]

Wir haben nur ganz wenige Zeugnisse aus dem Inneren dieses Staates im Staat. Eines davon – sehr allgemein gehalten – stammt von A. Sacharow, dem Erfinder der sowjetischen Wasserstoffbombe und später dem geistigen Führer der Bürgerrechtsbewegung. Man wird in diesem Text zwischen den Zeilen lesen müssen, wenn er sagt:

»Im Jahre 1950 wurde unsere Forschungsgruppe Teil eines Spezialinstituts. Im Laufe der folgenden achtzehn Jahre fand ich mich gefangen im Räderwerk einer speziellen Welt von militärischen Konstrukteuren und Erfindern, von Spezialinstituten, Komitees und gelehrten Räten, Versuchsstationen und Versuchsgebieten.«

»Täglich sah ich, wie das riesige physische, geistige und nervliche Kräftepotential Tausender von Menschen in die Erzeugung von Mitteln der totalen Zerstörung investiert wurde, die imstande sind, die ganze menschliche Kultur zu vernichten. Ich beobachtete, daß die Kontrollhebel in den Händen zynischer Menschen sind, wenngleich sie in ihrer Art auch Talent haben mögen.«

»Bis zum Sommer 1953 war Berija oberster Chef des Atomprojekts. Er herrschte über die Sklavenarbeit von Millionen von Strafgefangenen, mit deren Hände Arbeit die meisten Bauprojekte verwirklicht wurden. Seit den späten fünfziger Jahren bekam man ein zusehends klareres Bild von der kollektiven Macht des militärisch-industriellen Komplexes und von seinen prinzipienlosen Leitern, die allem gegenüber blind waren, was nicht ihre ›Sache‹ betraf.«

»Meine Lage gab mir die Möglichkeit, viel zu wissen und zu sehen: Sie zwang mich, meine eigene Verantwortung zu fühlen, wobei ich gleichzeitig das ganze pervertierte System gewissermaßen wie ein Außenstehender betrachten konnte.«[21]

Jede große technische Entscheidung auf dem Rüstungssektor ist zugleich eine erstrangige strategische Entscheidung. Das Militär aber wünscht nicht, daß irgend jemand aus dem zivilen Sektor aus solchen Entscheidungen Rückschlüsse auf die Strategie ziehen könnte. Daher bleibt die Mauer um den militärisch-industriellen Komplex unübersteigbar. Dieser Dualismus der sowjetischen Wirtschaft ist der Hauptgrund dafür, daß der zivile Sektor in immer größeren Rückstand geriet.

Eisenfresser und Lebensstandard

Der Rückstand der sowjetischen Konsumindustrie entspricht einem eisernen Gesetz, solange der militärisch-industrielle Komplex über die absolute Priorität verfügt. Seit Stalins Tod haben die drei obersten Wirtschaftszaren Malenkow, Chruschtschow und Kossygin immer wieder versprochen, die Konsumindustrie zu fördern. Vergeblich. 1953 betrug der Anteil der Investitionsgüter-Industrie an der Gesamtproduktion über 70 Prozent. Ein Jahrzehnt später war – trotz aller Versprechungen – der Anteil der Investitionsgüterindustrie noch weiter – auf 81 Prozent – gewachsen. Nach Chruschtschows Sturz versprach Kossygin energische Abhilfe.

Im neunten Fünfjahresplan (1971/75) sollte erstmals der Konsumsektor mit 48 Prozent schneller wachsen als der schwerindustrielle Sektor mit 45 Prozent. 1973 stieg jedoch die Erzeugung von Konsumgütern nur um 5,8 Prozent, die der Schwerindustrie aber erneut um 8,2 Prozent – bei einem um vier Fünftel höheren Ausgangsniveau. Für 1975 gab Planungschef N. Bajbakow bekannt, die Produktion der Schwerindustrie solle um sieben, die der weit kleineren Konsumindustrie nur um sechs Prozent steigen.

Das fortdauernd niedrige Lohnniveau in der Sowjetunion ist die unmittelbare Folge der Priorität des militärisch-industriellen Komplexes. Da die Konsumgüterindustrie nicht einmal mit dem

Bevölkerungswachstum Schritt halten konnte und die Pro-Kopf-Produktion an Konsumwaren in den letzten zwanzig Jahren gesunken ist, muß auch der Lohn niedrig bleiben.

1974 betrug der Durchschnittsverdienst der sowjetischen Arbeiter und Angestellten 135 Rubel pro Monat. Wie immer man die Kaufkraft des Rubels rechnet, so entspricht dieser Betrag nur etwa 650 DM. Der Mindestverdienst war auf 75 Rubel festgesetzt – die Mehrzahl der Millionen Landarbeiter liegt nur wenig darüber. Höhere Angestellte lagen 30 Prozent über dem Durchschnittsverdienst, während die kleine Schicht der Spitzenverdiener, darunter auch Wissenschaftler und Künstler, zehn- bis fünfzehnmal mehr verdienten als der Durchschnitt. Die höchsten Spitzen der Zentralverwaltung einschließlich des Politbüros und des Sekretariats der KPdSU schließlich verfügen über ein offenes Konto bei der Staatsbank, von dem beliebig hohe Beträge abgehoben werden können.[22]

Zwischen 1966 und 1970 war der Durchschnittsverdienst des sowjetischen Arbeiters um 22 Prozent erhöht worden, mit dem Ergebnis, daß ein beträchtlicher Kaufkraftüberhang entstand: bei einem Monatsverdienst von noch immer nur etwas über 600 DM. Nach wie vor ist die Provinz so schlecht mit Konsumwaren versorgt, daß große Menschenmengen Hunderte von Kilometern mit der Eisenbahn fahren, um in den Großstädten einfache Gebrauchsgüter zu erhaschen. Daher wimmelt es auch im Moskauer Warenhaus Gum und im schicken Einkaufszentrum Arbat von Menschen aus allen Teilen der Sowjetunion, die eine Dienstreise in die Hauptstadt zum Einkauf benutzen. Der Konsumhunger des Sowjetmenschen, die ärgerlichen Probleme des täglichen Lebens sind in Dutzenden Büchern seit Jahrzehnten beschrieben worden.[23] Die eigentliche Ursache der permanenten Unterversorgung der Sowjetgesellschaft ist jedoch in den meisten Schilderungen kaum erwähnt worden. Solange das Politbüro an der absoluten Priorität der Rüstungsindustrie festhält, ändert sich auch an der Mangelgesellschaft und einem Lohnniveau nichts, das sich nur mit den Einkommensverhältnissen unterentwickelter Länder vergleichen läßt. Der Dualismus der Sowjetwirtschaft läßt keine andere Wahl – es sei denn, man versucht die Lücken durch Importe zu schließen, aber auch da bleibt der Vorrang der Investitionsgüterindustrie eisernes Gesetz.

Ja mach nur einen Plan

Im Dezember 1973 erschien in der Moskauer Fachzeitung »Sozialistische Industrie« ein Brief von sechs Arbeitern der Gorki-Automobilfabrik, die den gängigsten Gebrauchswagen »Wolga« herstellt. Die Briefschreiber beklagten sich darüber, die Saransk-Gummifabrik sei seit Anfang des Jahres mit der Lieferung von 5,6 Millionen Einzelteilen im Rückstand, die Gummifabrik in Jaroslawl habe 40 000 Gummiformen nicht geliefert. Insgesamt wurden sieben Zulieferer aufgezählt, die alle im Rückstand seien; daher erkläre sich denn auch, daß so wenig Wolga-Wagen hätten ausgeliefert werden können. Die sechs Arbeiter gingen in ihrer Kritik noch einen Schritt weiter. Jeder Zulieferer müsse seinen Plan in Tonnen erfüllen, schrieben sie. Die Fabriken konzentrierten sich daher auf möglichst schwere und große Stücke. »Das hilft uns aber nicht, wenn wir Gummiringe für Stoßdämpfer benötigen, die nur wenige Gramm wiegen. Davon fehlen uns 180 000 Stück.«

Wir wissen es nicht, aber wahrscheinlich haben die Zulieferfabriken ihr Plansoll erfüllt und dafür den Bonus für das Management erhalten, der seit Kossygins Reform von 1965 für Planerfüllung gewährt wird. »Wolga« hin oder her.

Nicht der Brief der sechs Arbeiter ist erstaunlich: verblüffend ist nur das Datum. Nach fünfzig Jahren sowjetischer Planwirtschaft – oder wie W. Eucken richtiger formulierte, Zentralverwaltungswirtschaft – sind die »Kinderkrankheiten« dieses Systems noch immer nicht überwunden. Die Klagen, die man 1974 lesen konnte, sind fast wörtlich die gleichen, die schon 1927, 1935, 1955 oder 1965 in der Sowjetpresse vorgebracht wurden. Der Verdacht liegt nahe, daß es auch 1985 und 1995 noch die gleichen Arbeiterbriefe geben wird, wenn das System stabil bleibt.

Die Bemessung der Produktion nach Tonnen und Quadratmetern ist so alt wie die sowjetische Planwirtschaft. Berühmt wurde schon in den fünfziger Jahren der Fall der Traktorenfabriken, deren Plansoll nach Tonnen gemessen wurde. Sie stellten daraufhin überschwere Traktoren her, die im Schlamm der Straßen zu vielen Tausenden steckenblieben und nur noch Schrottwert hatten. 20 Jahre später berichteten Moskauer Korrespondenten von einer Glasfabrik, deren Plansoll nach Quadratmetern bemessen wurde. Der schlaue Werksleiter erfüllte den Plan, indem er so dünnes Glas herstellt, daß es bei der ersten Verwendung zerbrechen mußte. Die Prämie wird nicht für ordentliche Qualität bezahlt, sondern für die Planerfüllung. Man kann in Gogols »Toten Seelen« nachlesen, wie sich schon vor einhundertdreißig Jahren russische Provinzbeamte darauf verstanden, »die da oben« hinters Licht zu führen.

Trotz des unglaublichen Warenhungers der Russen von heute hat die sowjetische Konsumindustrie in den letzten Jahrzehnten für viele Milliarden Rubel Schund und Ausschuß produziert, den niemand kaufen wollte. Hugo Portisch besuchte 1967 eine Möbelfabrik in Chabarowsk in Ostsibirien. Rolf Winter tat das gleiche 1971 in Wladimir, westlich Moskau. Die Schilderungen beider Autoren über den kläglichen Zustand der Möbel stimmt verblüffend überein. Beide Autoren sahen versandfertige Möbel, die aussahen, als seien sie schon Jahre benutzt worden. Verkratzt, schief, kurzum Ausschuß – in beiden Fällen wurden exorbitante Preise genannt.

Anfang der siebziger Jahre konnte man Berichte in der Sowjetpresse lesen, Hunderttausende unbrauchbarer Schuhe seien vernichtet worden. Wenn heute eine Fabrik gute Ware auf den Markt bringt, für die es sich lohnt, Schlange zu stehen, so kann einen Monat später die gleiche Fabrik Unverwertbares liefern. Die Garantie einer gleichbleibenden Qualität hat sich in der zentralen Planwirtschaft bisher nicht verwirklichen lassen.

Seit Stalins Tod hat es drei große Reformen der sowjetischen Planwirtschaft gegeben: 1956/57 Chruschtschows Versuch einer Dezentralisierung; 1965 Kossygins Reform, die auf eine neue Zentralisierung bei Schaffung von Anreizen für die Planerfüllung hinauslief, und 1973 schließlich die Auflösung der rein bürokratischen Branchenverwaltungen zugunsten einer konzernartigen Organisation der verschiedenen Industriezweige.

Jetzt wollte man die etwa 50 000 sowjetischen Industriebetriebe in Produktionseinheiten vertikal zusammenfassen, um die klassische Notlage der sowjetischen Wirtschaft zu beseitigen: die Unzuverlässigkeit des Zulieferers, durch die Großbetriebe immer wieder in Rückstand kamen. Der wichtigste Großbetrieb sollte als Konzernspitze die Zulieferer beaufsichtigen, also etwa eine große Möbelfabrik die Hersteller von Nägeln. Etwa tausend solche »Konzerne« wurden bis 1975 geschaffen. Das Ergebnis war jedoch abermals unbefriedigend. Nur wenige Konzernmanager waren bereit, die Verantwortung für Betriebe zu übernehmen, die zu einer anderen Branche gehörten und oft weit entfernt lagen.

Der Widerstand der Bürokraten

Die 34 Industrieministerien in Moskau leisteten passive Resistenz, weil sie fürchteten, ihre bisherige Macht würde durch die Verlagerung der Verantwortung auf die Konzerne wesentlich eingeschränkt. Jeder Versuch einer Lockerung des starren Systems der Zentralplanung wird von der Planungs- und Ministerialbürokratie als Einbruch in ihre Privilegien empfunden. Sie ahnt, es könne damit die heikle Frage aufgeworfen werden, ob die Bürokratie als Kontrollinstanz des gesamten Wirtschaftslebens nicht nur überflüssiger Ballast sei. Das aber geht an den Lebensnerv des Systems.

Das neue Plansystem hat selbst bei wichtigsten Prestigeprojekten wie dem tausend Kilometer östlich von Moskau im Bau befindlichen riesigen LKW-Werk Kama seltsame Fehlplanungen nicht verhindert. Eine genaue amerikanische Untersuchung[24] von Kama ergab, daß der Generaldirektor des Werkes, Lev Borisowitsch Wasiliew, mit dem Bau der Fabrikgebäude begonnen hatte, ehe die Verträge über die aus dem Ausland zu liefernden Maschinen gemacht waren. Als dann die Maschinen 1973/74 geliefert wurden, stellte sich heraus, daß die Fabrikgebäude nicht paßten. Sie mußten umgebaut werden. Die Maschinen wurden verpackt in eilig errichtete Lagerhäuser geschafft, wo sie 1975 noch ruhten – zu einem Zeitpunkt, da nach dem Plan die Produktion hätte angelaufen sein müssen. Die Fehlplanung lag nicht an Wasiliew, sondern den zuständigen Ministerien, die sich das Monopol auf die Bestellung der Maschinen nicht hatten entwinden lassen.

Ähnlich wie in der Industrie löste sich in der Agrarpolitik Dezentralisierung und Zentralisierung ab. Während zeitweise den Kolchosbauern etwas mehr Freiheit gegeben wurde, ist man seit 1973 – nach der großen Mißernte von 1972 – wieder bei Plänen der extremen Zentralisierung angelangt, der die Kolchosen (Dorfgemeinschaften) zugunsten der Staatsgüter (Sowchosen) zum Opfer fallen sollen.

Die Sowjetwirtschaft hat sich durch riesige Investitionen, die das niedrige Lohnniveau ermöglichte, erheblich diversifiziert. Gerade dadurch ist aber der zentrale Lenkungsprozeß – ohne echten Preis und Markt – zu einer kaum lösbaren Aufgabe geworden. Der führende sowjetische Kybernetiker W. M. Gluschkow schätzte die Zahl der für eine detaillierte Planberechnung notwendigen Operationen auf mehrere Trillionen.[25] 1964 glaubte er noch, man benötigte dazu eine Million Computer, die mit 30 000 Operationen in der Sekunde ein ganzes Jahr arbeiten. Da inzwischen die dritte Generation Computer weit höhere Rechengeschwindigkeiten hat, wollte er sich 1972 mit 10 000 Computern begnügen, dafür aber setzte er den Berechnungszeitraum auf zehn Jahre hinauf.

Der Rückstand der UdSSR auf dem für die moderne Wirtschaft schlechthin entscheidenden Gebiet der EDV-Technik (Computer) wurde 1974 mit elf Jahren gegenüber den USA angenommen.[26] Soweit bekannt, verfügte die zivile Sowjetwirtschaft erst über wenige Prototypen der dritten Computergeneration. Im militärisch-industriellen Komplex muß es, wie seine Leistungen zeigen, weit günstiger aussehen.

Trotz aller Reformen – so schätzte man 1974 – sind immer noch 80 Prozent aller größeren Entscheidungen des Einzelbetriebs – oder gar eines »Konzerns« – von oben diktiert. Die Eigeninitiative der Betriebe, die Kossygin 1965 noch vorschwebte, hat sich nie verwirklichen lassen. Wie soll sie unter dem Zwang starrer Planerfüllung auch möglich werden?

Und es war auch der Mensch, der von Gogol so herrlich geschilderte russische Mensch, der sich seine Hintertüren und Hintertreppen in diesem starren Gehäuse schaffte: den *schwarzen* und den *grauen Markt*. Nur durch ihn nämlich wird die Produktion der Sowjetindustrie aufrechterhalten, wie auch jeder einzelne Sowjetbürger – bis auf die privilegierte »Neue Klasse« – ohne die »kleinen« schwarzen und grauen Märkte nicht auskommt. Der schwarze Markt in der Sowjetunion ist ein vielfältiges Großunternehmen mit Milliarden Rubel Umsätzen, die zwischen den Betrieben im Tauschwege und mit Bestechungen aller Art in einem Ausmaße betrieben werden, das der unbefangene westliche Leser kaum glauben wird.

Ein Betriebsleiter, dem Strafe und Degradierung aus einer auch materiell privilegierten Stellung wegen mangelnder Planerfüllung droht, wird tausend Wege finden müssen, wie er sich das benötigte Material, vom Zement und Schrott bis zu den Einzelteilen für Maschinen beschafft.[27]

Ebenso müssen »die oben« auch den grauen Markt mit Agrarprodukten vom Privatland der Kolchosbauern gewähren lassen. Es machte 1965 nur 1,24 Prozent der gesamten landwirtschaftlichen Nutzfläche aus. Darauf wurden jedoch 63 Prozent der Kartoffeln, 40 Prozent Fleisch und Milch, 67 Prozent der Eier und 41 Prozent des Gemüses der Sowjetunion erzeugt.[28] Auch 1975 hatten sich diese Proportionen noch nicht wesentlich verändert, nur war das private Hofland auf vier Prozent gewachsen.

Der schwarze Markt ist wie das Hofland der Bauern eine Korrektur der Zentralverwaltungswirtschaft. An den prinzipiellen Strukturfehlern, die sich aus der Zeit Stalins bis in die Mitte der siebziger Jahre fortgeschleppt haben, vermögen diese Abweichungen wenig zu ändern. Im Gegenteil: die allbeherrschende Zentralbürokratie hat seit Mitte der sechziger Jahre eine beständig größere Verwirrung ihrer Planungen erlebt.

Neuerungen machen Sorgen

Die Einführung neuer Methoden – *Innovationen* – erweisen sich im zentralen Planungssystem als besonders schwierig. Neuerungen grundsätzlicher Art können in der Übergangsphase die Produktion verringern, weshalb der Betriebsleiter zögern muß, sich auf Experimente einzulassen, deren Komplikationen von der übergeordneten Bürokratie nicht verstanden werden. Um nur einige Beispiele zu nennen: Das von der österreichischen Stahlfirma VOEST 1954 in die Produktion eingeführte Sauerstoff-Blasverfahren wird erst um 1975 – mit Abstand von zwanzig Jahren – im großen Stil in der Sowjetunion angewandt.

In der Petrochemie und Computertechnik, den beiden Feldern, auf denen sich die technische Revolution der letzten Jahrzehnte besonders scharf ausprägte, wird der Nachholbedarf gar auf dreißig Jahre geschätzt. Zwar hat Chruschtschow 1960 die Bedeutung der Petrochemie erkannt, aber der Bau von Werken der chemischen Industrie hat durchschnittlich dreizehn Jahre benötigt. Und das ist kein ausgefallenes Beispiel. Zum Bau eines Stahlwerkes benötigt man in der Sowjetunion durchschnittlich zwölf Jahre.

Der stellvertretende Vorsitzende der Plankommission der UdSSR, V. Isjaew, gab für den Jahresbeginn 1973 die Summe von fünf Milliarden Rubel nichtinstallierter, aber gelieferter Maschinen und Ausrüstungen an. Darunter befanden sich importierte Maschinen im Werte von 1,4 Milliarden Rubel. Die Sowjetunion hatte also über fünf Milliarden DM ganz oder teilweise für Importe zum Fenster hinausgeworfen.[29]

Auf dem Aprilplenum 1974 des ZK der weißrussischen Unionsrepublik – einer der kleinsten der Sowjetunion – hat der Erste Sekretär Pjotr Mascherow ganz ähnliche Klagen über seinen Bereich geführt. Er sagte wörtlich: »Maschinen gehen bei uns eher durch mangelnden Gebrauch als durch Überbeanspruchung kaputt. Teure Maschinen sammeln Staub in Lagerräumen; allein in Weißrußland lagerten Anfang 1974 nichtinstallierte Ausrüstungen im Wert von 110,7 Millionen Rubel, darunter für 29,6 Millionen Rubel importierte Maschinen. Fast 20 Prozent der bei uns produzierten Maschinen sind veraltete Modelle.«[30]

Eine Kettenreaktion tritt ein, die schließlich auch von der höchsten Kommando-Zentrale der Bürokratie nicht mehr abgestoppt werden kann. Keine Reportage konnte je die Verzweiflung – oder das resignierte Nitschewo – beschreiben, das in den Amtsstuben des Gosplaners herrschen muß. Wie muß es dem Minister für Maschinenbau zu Mute sein, wenn die sowjetische Industrie 1973 den Bedarf von rund einer halben Million spanabhebenden Maschinen angemeldet hatte, durch die endlosen Bauverzögerungen davon aber noch nicht einmal die Hälfte geliefert werden konnte? Für eine Planerfüllung bliebe dann nur der Kauf im Ausland übrig.

Im Dezember 1973 hat Breschnjew vor dem ZK ein vernichtendes Bild der Investitionen des laufenden Fünfjahresplanes gezeichnet – fast mit den gleichen Worten, mit denen Chruschtschow 1956 die Wirtschaftsmanager kritisierte. In diesen siebzehn Jahren hat sich die Durchführung der Pläne weiter kompliziert; vor allem durch die immer länger werdenden Bauzeiten der geplanten Werke, daneben aber auch durch sprunghafte Kostenerhöhungen.

Etwa ein Viertel aller wichtigen Industrieprojekte, die im Planjahr 1973 mit der Produktion beginnen sollten, hatten den Betrieb wegen baulicher Rückstände oder wegen fehlender Maschinen und Ausrüstungen nicht aufnehmen können. Die lange Bauzeit – so donnerte Breschnjew vor dem ZK – bedeutet, daß man häufig 1972/73 mit einer Technologie von 1960 in die Produktion ging, d. h. viele Werke waren schon hinter dem internationalen Standard, wenn sie gerade erst zu produzieren begannen.[31]

Technischer Fortschritt – ein Importartikel

Die Außenpolitik der Sowjetunion seit Ende der sechziger Jahre ist nur zu verstehen, wenn man den Zusammenhang mit der innerwirtschaftlichen Lage des Sowjetbereiches durchleuchtet. Zum Wirtschaftswachstum der westlichen Länder haben Innovationen aller Art, verkürzt gesagt, technischer Fortschritt, annähernd zwei Drittel beigetragen.[32] Das geschah entweder durch die Schaffung neuer Produkte oder durch qualitative Verbesserung bestehender Produktionen oder durch kostengünstigere Verfahren.

In der Sowjetunion ist es gerade umgekehrt. Hier beruht Wirtschaftswachstum auf dem Einsatz von Arbeit und Kapital. Technischer Fortschritt spielt dagegen nur eine bescheidene Rolle. Der Grund liegt in der Schwerfälligkeit des Planapparates. Der Weg von der Forschung zur Entwicklung und schließlich zur Produktion ist unendlich viel länger als in der Privatindustrie. Umständliche Instanzenzüge müssen passiert werden – in einer Bürokratie, die von Natur aus mißtrauisch gegenüber Neuerungen ist.

Innovation setzt erhöhten Kapitaleinsatz voraus. Die zentrale Planbehörde ist aber wenig geneigt, Kapital für Experimente einzusetzen. Dem einzelnen Betriebsleiter wird sie das in der Regel verweigern.

Die Sowjetunion der siebziger Jahre ist in hohem Maß auf Import technischen Fortschritts angewiesen. Nur mit Hilfe westlichen Know-hows kann der Rückstand überwunden werden. Das bisher größte sowjetische Automobilwerk VAZ in Togliatti ist von den Fiat-Werken gebaut worden. Für die LKW-Fabrik in Kama wurden mit 40 amerikanischen Gesellschaften etwa hundert Verträge in einer Gesamthöhe von einer halben Milliarde Dollar abgeschlossen. Die Bundesrepublik baut das moderne Stahlwerk in Kursk nur deshalb, weil die sowjetische Industrie nicht über die neuesten Techniken verfügt. Zahllose andere Beispiele ließen sich anführen.

Der Import westlicher Technologien bereitet Schwierigkeiten, auf die wir nur kurz hinweisen können. Immer wieder stellte sich heraus, daß die Sowjetwirtschaft nur unter großen Verlusten imstande war, die aus dem Westen gekauften Maschinen auch produktiv zu verwenden. Selbst gekaufte Innovation ist schwer zu absorbieren. So hat das PKW-Werk in Togliatti (600 Kilometer östlich Moskau) noch Jahre nach seiner Fertigstellung Produktionshemmungen und liefert unzureichende Autos und kaum Ersatzteile.

Die Abhängigkeit des zivilen Sektors der Sowjetwirtschaft vom Technologie-Import ist das entscheidende Motiv für Breschnjews Entspannungspolitik gewesen. Die Kremlführung wußte seit dem Ende der sechziger Jahre, daß sie mit den Mitteln ihres Plansystems den immer größer werdenden Rückstand nicht mehr aufholen konnte. Daraus ergaben sich die dringlichen Wünsche auf Milliardenkredite, mit denen Breschnjew nach Bonn, Washington und Paris kam.

Als Ende 1974 der amerikanische Kongreß die Kredite der Import-Export-Bank auf insgesamt 300 Millionen Dollar bis 1978 begrenzte (vgl. S. 88), fiel fast automatisch eines der wichtigsten Motive für Breschnjews Entspannungspolitik fort. Daraufhin mußte Breschnjew den Handelsvertrag mit den USA kündigen. Im Politbüro kam es zu einer schweren Krise.

Aber was heißt Kredit? Die Sowjets waren immer pünktliche Zahler. Wenn aber der Kreditplafond zu hoch wird, muß jeder verantwortliche westliche Politiker ernsthaft prüfen, wo die Risikozone beginnt. 1973 betrug das vom Staat verbürgte Kreditvolumen für den Ostblock (ohne DDR) 8,8 Milliarden DM. In der Zwischenzeit ist es noch beträchtlich gewachsen.

Die Industrie hat wenig Interesse daran, zu untersuchen, wo die Risikogrenze liegt, wenn das Ostgeschäft staatlich abgesichert ist. Man braucht jedoch kein Prophet zu sein, wenn man nüchtern feststellt, daß auch das Sowjetreich nicht unbeschränkt Kredite aufnehmen kann, die eines Tages nicht wie bei vielen Entwicklungsländern der »Konversion« bedürfen, d. h. Laufzeiten erhalten, mit denen der Kredit zum Geschenk wird. Das Wettrennen der westlichen Firmen im Ostgeschäft hat politische Erwägungen in den Hintergrund gedrängt. Man rüstet den zivilen und sogar den halbmilitärischen Sektor der Sowjetunion auf, ohne die geringsten Garantien, daß die Sowjetunion zur Abrüstung bereit ist.

Sibirien – die große Herausforderung

Alle Sorgen und aller Ärger der Sowjetführer verblassen hinter der schlechthin gigantischen Aufgabe der Erschließung Sibiriens. Die wirtschaftliche und militärische Sicherung des gewaltigen Ostreichs der Sowjetunion ist seit dem Ende der fünfziger Jahre zu einem Herzstück der gesamten äußeren und inneren Politik des Politbüros geworden – seit die Konfrontation mit China aus der schlafenden sibirischen Grenze eine Frontlinie von 6 500 Kilometern Länge gemacht hat.

Der natürliche Reichtum dieses unermeßlichen weiten Hinterlandes der russischen Kerngebiete ist in Europa nur in Umrissen bekannt. Was unter der riesigen Landmasse des Dauerfrostbodens Nordsibiriens verborgen sein mag, ist noch lange nicht vollständig erforscht. Sibirien gleicht einer Schatzkiste, die man zwar besitzt, deren Schubfächer aber mit verzwickten Geheimfächern versehen sind. Auch wenn man sie geöffnet hat, klemmen sie immer noch. Ein noch weitgehend rudimentäres Transportsystem läßt die Erschließung auch der erforschten Rohstoffe nur mit großen Mühen zu. Die weit entlegenen Teile sind nur durch die Anlage eines sehr dichten Netzes von Flugplätzen miteinander und der noch von den Zaren erbauten Magistrale der Transsibirischen Bahn im äußersten Süden verbunden.

Die veränderte Einstellung zu den Problemen Sibiriens ist einer der wirklich grundsätzlichen Einschnitte, welche die Chruschtschow/Breschnjew-Ära von der Stalinperiode trennen. Auch zu Stalins Zeiten war in Moskau die Zukunftsbedeutung Sibiriens wohl bekannt. Die sowjetische Wissenschaft bezeichnete schon damals Sibirien und das Amazonasbecken als die letzten großen Reservegebiete der Menschheit. Das eine ein tropisches Treibhaus, das andere ein arktischer Eisschrank.

Stalin glaubte jedoch diesen sibirischen Eisschrank nur mit Hilfe von Zwangsarbeitern öffnen zu können. Fünfzehn Millionen Häftlinge sollen in Berijas sibirischen Lagern gewesen sein. Ihre Arbeitsproduktivität lag trotz allem Zwang noch tief unter dem ohnehin niedrigen sowjetischen Niveau. Es war Chruschtschows Verdienst, daß er 1956 entschlossen mit dieser unmenschlichen Fehlkalkulation Schluß machte. Auch wenn es jetzt noch Arbeitslager in Sibirien gibt, so spielen sie bei der Erschließung des Landes keine große Rolle mehr.

Zugleich mit der Schließung der sibirischen Sträflingslager beschloß Chruschtschow die Entwicklung Sibiriens nicht mehr dem Zufall zu überlassen, sondern einer wissenschaftlichen interdisziplinären Planung. Dem verdankt das hoch privilegierte Wissenschaftszentrum *Akademgorodok* bei Nowosibirsk seine

Entstehung, das Anfang der sechziger Jahre seine Arbeit mitten in der Taiga aufnahm. Erst von diesem Zeitpunkt ab datiert die zweite Eroberung Sibiriens: die systematische Erforschung, welche Techniken unter den extremen Klimabedingungen eines Landes anzuwenden sind, das neun Monate hindurch im strengsten Winter lebt und nach dem Einsetzen des Tauwetters im Schlamm erstickt.[33]

Gewaltige Leistungen sind in Sibirien vollbracht worden, seitdem in den dreißiger Jahren das Hüttenkombinat Magnitogorsk im Ural mit dem 2200 Kilometer entfernten Kusbass-Kohlenrevier in Westsibirien verknüpft wurde, dem ersten sichtbaren Zeichen, daß die Uralgrenze keine Bedeutung mehr hatte.

Die Wirtschaftsgeographie Sibiriens hat sich in den letzten beiden Jahrzehnten so schnell verändert, daß die meisten Darstellungen meist schon veraltet sind, wenn sie erscheinen. Durch den Strom des mächtigen Elektrizitätswerkes von Bratsk konnten in Mittelsibirien, im Raum um Irkutsk, ganz neue Industrien (z. B. der Aluminiumverarbeitung) entstehen. Das Erdöl im Tjumengebiet in Westsibirien, die erst teilweise erforschten Erdgasreserven Ostsibiriens, ein Waldgebiet von 770 Millionen Hektar, Edelmetalle wie Gold, Platin, Uran, Zink, Blei, Wolfram und Molybdän – dies alles wird bereits ausgebeutet; jedoch unter meist unvorstellbar hohen Kosten.

Die 9000 Kilometer lange transsibirische Bahn ist zwar durch die Turksib nach Kasachstan hin ergänzt worden. Im eigentlichen Sibirien aber gibt es nach wie vor nur kurze Stichbahnen. Die geplante zweite transsibirische Linie, die Baikal-Amurbahn, kam nur langsam vorwärts. Erst 300 Kilometer sollen im Bau sein. 1974 wurde der Bau dieser über 3000 Kilometer langen Linie quer durch Taiga und Sümpfe, durch ein Gelände, wo selbst im Sommer die Erde nur wenige Zentimeter auftaut, den Japanern angeboten. Sie soll zu dem meist vereisten Hafen Sowjetskaja Gawan führen, gegenüber von Sachalin. Vom Bau dieser Bahn hängt es ab, ob die gewaltigen Rohstoffreserven der Region Jakutsk in Ostsibirien nutzbar gemacht werden können. Die Japaner lehnten eine Beteiligung ab (vgl. S. 249).

Sibirien mit seinen immensen ungehobenen Schätzen trägt seit den sechziger Jahren nicht unerheblich zur sowjetischen Produktion bei, so lag 1970 die Stromerzeugung schon bei 100 Mrd. kWh, die Kohleförderung bei 170 Mill. Tonnen, die Eisenerzförderung bei 12 Mill. Tonnen. Gold und Diamanten aus Sibirien verbessern die Zahlungsbilanz der UdSSR erheblich. Rapid ist vor allem die Erdöl- und Erdgasförderung gestiegen.

Dennoch ist Sibirien für lange Zeit kein Aktivposten, weil zu seiner Entwicklung Summen von unvorstellbarer Größe aufgebracht werden müssen. So wurde den Japanern mitgeteilt, im zehnten Fünfjahresplan 1976/81 wolle man 62 Milliarden Dollar für die Entwicklung Sibirens investieren. Damit würde Sibirien – neben dem Amazonasgebiet – zur größten Entwicklungsregion des ausgehenden 20. Jahrhunderts. Die Hoffnung, die Vereinigten Staaten, Japan und die Bundesrepublik würden einen beträchtlichen Teil dieser Entwicklungskosten übernehmen, war unter dem zentralen wirtschaftlichen Gesichtspunkt eines der hauptsächlichen Motive für die von Beschnjew eingeleitete Entspannungspolitik.

Kein Einwanderungsland

Wichtiger noch als die Finanzierung der Entwicklung Sibiriens ist die Frage, woher die Menschen kommen sollen, die dieses gewaltige Ostreich der Sowjetunion bevölkern können.

Russisch-Asien umfaßt etwa zwei Drittel der Landmasse der Sowjetunion. Nach der Volkszählung von 1970 hatte die Sowjetunion 246,3 Millionen Einwohner, davon in Russisch-Asien knapp 70 Millionen. Der größere Teil der Bevölkerung Russisch-Asiens lebt jedoch im Gebiet der Turkvölker im sowjetischen Zentralasien. So haben Kasachstan und Usbekistan zusammen über 25 Millionen Einwohner. Im eigentlichen Sibirien aber, das bis hin zur Fernostprovinz in die Russische Föderation (RSFSR) verwaltungsmäßig eingegliedert ist, lebten 1970 nur 22 Millionen Menschen auf 10,5 Millionen qkm. Auch wenn man die unbewohnbaren arktischen Gebiete, die Tundra, von dieser Landmasse abrechnet, bleibt die Besiedlung dünn.

Das eigentliche Sibirien ist bis zum Pazifik fast ausschließlich von Europäern bewohnt. Die ursprüngliche Bevölkerung, meist in winzige Stämme aufgesplittert, soll kaum mehr eine Million ausmachen. Stößt man in Irkutsk noch häufiger auf mongolische Burjaten, so wird man in Chabarowsk, der Hauptstadt der Fernostprovinz (etwa eine halbe Million Einwohner), Mühe haben, ein mongolisches Gesicht zu finden. Drei Fünftel der Sibirier leben in Städten, von denen schon dreißig mehr als 100 000 Einwohner haben.

Nachdem die unter Stalin nach Sibirien verschickten Sträflinge nicht mehr zur Verfügung standen, entfesselte Chruschtschow eine große Propaganda zur Besiedlung Sibiriens, die durch mannigfache »materielle« Vergünstigungen – höheren Löhnen, mehr Urlaub, Freifahrt bei der Ausreise, Versprechen einer Wohnung – unterbaut wurde. Das erwies sich als ein Fehlschlag. Die Bevölkerung des zur RSFRS gehörenden Sibirien hat in den dreißig Jahren 1940/70 nur um sieben Millionen zugenommen. Zwischen 1960 und 1970 soll sich die Bevölkerung Westsibiriens sogar um eine Million vermindert haben.[34]

Von der Ölstadt Surgut am oberen Ob wird berichtet, daß 1971 69 Prozent der zugewanderten Arbeiter nicht einmal ein Jahr blieben. 90 Prozent der Zugewanderten gingen nach Westrußland zurück, wenn die Arbeitskontrakte abgelaufen waren. Die höheren Kosten für Gebrauchswaren aller Art, die miserablen Wohnungen in den schnell und schlampig erbauten Wohnsilos der sibirischen Großstädte, die Trostlosigkeit der harten langen Winter konnten durch erhöhten Lohn nicht kompensiert werden.

In Ostsibirien fand ein Berichterstatter der Londoner *»Financial Times«* im Herbst 1974 doppelte und oft fast vierfache Löhne vor als im sowjetischen Durchschnitt. Im Aluminiumwerk in Bratsk wurden bis zu 500 Rubel monatlich verdient. In Bratsk gab es jedoch nicht das kleinste Stückchen Fleisch zu kaufen, als der Berichterstatter dort war, und er erfuhr, es sei häufig der Fall, daß über Wochen kein Fleisch geliefert werde. »Erstaunlicherweise«, schrieb er, »hat Sibirien keine Priorität für Konsumwaren, obwohl gut gefüllte Läden ein beträchtlicher Anreiz für Neusiedler wären.«

Gewiß kann man auch heute noch auf europäische Sibirier

treffen, die das etwas freiere Leben im »wilden Osten« preisen. Aber von einer Massenauswanderung nach Sibirien kann nicht die Rede sein. Auch ist Sibirien keine Oase. Die Engpässe und Mängel der Sowjetwirtschaft finden sich genauso in Sibirien, wie Hugo Portisch das eingehend schilderte. Die Arbeitsproduktivität ist sogar noch geringer, weil man aus Angst vor Abwanderung die Arbeiter für Absentismus und Trunkenheit nicht schärfer anzupacken wagt.

1847 hatten die Russen den Amur erreicht. 130 Jahre später ist Sibirien noch immer ein weitgehend menschenleeres Kolonialland, das nur punktförmig besiedelt ist. Wer nur die sibirischen Großstädte gesehen hat, kann leicht einer optischen Täuschung unterliegen. Die Wissenschaftler in Akademgorodok geben sich darüber auch keiner Illusion hin und sinnen darüber nach, ob statt dauernder Besiedlung in unwirtlichem Klima andere Methoden der Ausbeutung der Reichtümer angewandt werden sollten. Statt Menschenkraft Automation in einem bisher noch nicht gekannten Ausmaß: darauf laufen die meisten dieser Pläne hinaus. Das aber würde noch weit mehr Geld verschlingen als die 62 Milliarden Dollar, die im zehnten Fünfjahresplan ab 1976 in Sibirien investiert werden sollen.

Urangst vor China

Die Sorge um die Zukunft Sibiriens ist in den Jahrzehnten nach Stalins Tod zu einem Hauptmotiv der sowjetischen Außenpolitik geworden, das großen Einfluß auf die Politik der Entspannung gegenüber dem Westen hatte.

Auf lange Sicht läßt sich die Lage der riesigen sowjetischen Kolonie in Asien nur mit der Situation Australiens vergleichen. Dieser Kontinent – um etwa ein Drittel kleiner als Sibirien – wird nur von 13 Millionen Menschen europäischer Abstammung bewohnt. Rings um Australien schwillt die asiatische Bevölkerungslawine an. Immer vernehmlicher wird in Südostasien der Ruf, der australische Kontinent müßte seine Pforten den braunen und gelben Rassen öffnen. Ganz ähnlich spüren die Russen die begehrlichen Blicke der Chinesen auf Sibirien gerichtet.

Wenn China um 1990 über eine Milliarde Menschen zählen wird, dürfte Sibirien – bei etwa gleichbleibendem Wachstum wie in den letzten dreißig Jahren – von kaum mehr als 30 Millionen Menschen bewohnt sein, davon der größte Teil im weniger bedrohten Westsibirien. Verspüren die Russen im europäischen Kernland auch wenig Lust, die zusätzlichen Unannehmlichkeiten des harten sibirischen Lebens auf sich zu nehmen, so ist doch die Ausdehnung ihres Reiches bis zum Pazifik ein unverzichtbares Stück russischen Lebensgefühls geworden. Das alte Wort von der »gelben Gefahr« taucht daher in der Sowjetunion wieder auf, verbunden mit der Aufforderung an den Westen, Solidarität mit dem europäischen Vorposten am Amur zu zeigen.[35]

Die Rückgabe der riesigen von China an das Zarenreich abgetretenen Gebiete in Kasachstan und Ostsibirien haben die Chinesen zwar nie ausdrücklich verlangt, aber es war doch ein historischer Wendepunkt, als erstmals im März 1963 die Pekinger »Volkszeitung« das zaristische Rußland auf gleichen Fuß mit den anderen imperialistischen Mächten stellte, die »das alte China gezwungen haben, eine große Zahl von *ungleichen Verträgen* zu unterzeichnen«, bei denen jeweils Gebiete abgetreten werden mußten.[36] Ausdrücklich wurden die Verträge von 1858, 1860 und 1881 genannt, in denen China die Eroberung des Grafen Murajew in Ostsibirien bestätigen und die Küstengebiete bis zum linken Amurufer sowie zwanzig Jahre später auch das fruchtbare Gebiet von Ili der Provinz Sinkiang abtreten mußte. Insgesamt mußte China durch die Verträge von Aigun, Peking und Tschugutschak im Fernen Osten 790 000 qkm und von Westchina 850 000 qkm abtreten. Das entspricht etwa dem dreifachen Staatsgebiet Frankreichs.

Die chinesischen Forderungen auf Grenzberichtigungen wurden stets mit der Bedingung verknüpft, die Sowjetunion solle ausdrücklich bestätigen, ihr ostsibirischer Besitz sei durch »ungleiche Verträge« zustande gekommen. Das konnte Moskau niemals annehmen, weil daraus irgendwann von den Chinesen auch rechtliche Konsequenzen abgeleitet werden könnten. So zwangen die Chinesen ihre Partner in Moskau sich mit dem zaristischen Rußland zu identifizieren – ein kluger Schachzug zur Kompromittierung der sowjetrussischen Spielart des Kommunismus.

Die Angst der Russen vor China ist irrational. Anderthalb Jahrzehnte sind seit dem Ausbruch des Zwists zwischen Peking und Moskau vergangen, der 1960 beim 90. Todestag Lenins in zunächst noch dogmatischen Auseinandersetzungen aller Welt offenbar wurde. Die gegenseitige Polemik hat sich seitdem oft zu höchster Wut oder beißender Ironie gesteigert. Nichts aber hat sich am militärischen Kräfteverhältnis geändert. Die Sowjetunion ist als Militärmacht China weit überlegen. Zwar verfügen die Chinesen seit 1964 ebenfalls über die Atombombe, dafür aber hat Moskau seine sibirische Armee gewaltig verstärkt. Von der Mongolei und den Basen bei Tschita bedrohen schon seit Jahren Mittelstreckenraketen mit einer Reichweite von zwei- bis dreitausend Kilometern ganz Nordchina bis etwa zum Jangtse. Was hat also die Sowjetunion konkret zu befürchten? Jetzt oder in voraussehbarer Zukunft?

Die Angst der Russen vor China sitzt nicht im Kopf, sondern im Bauch. Mag das System, unter dem die Russen heute leben, noch so mechanistisch und einfallslos sein, so haben die Russen doch nicht verlernt, sich als geschichtlich bedingtes Volk zu verstehen, worin sie sich ganz wesentlich von ihren deutschen Nachbarn unterscheiden, die Enttäuschung und Niederlage geschichtsblind gemacht hat.

Unter den Russen lebt die Erinnerung an die Mongolen fort, an Tamerlan, an die Goldene Horde. Die Reitervölker der innerasiatischen Steppe hatten etwas Unwiderstehliches. Nichts davon läßt sich mit den fleißigen Chinesen vergleichen, in der überwiegenden Mehrheit noch immer ackerbauend, auf ihren Saumpfaden mit der Doppellast über der Schulter den Kanälen entlang gehend wie eh und je. Und dennoch: die Massenhaftigkeit dieses tüchtigen Nachbarn, in dessen eng gedrängten Dörfern nicht Wodkaflaschen, sondern Maos Schriften kreisen, hat für die Russen etwas Beängstigendes. *Horror vacui,* wenn sie an das menschenleere Sibirien denken. Können Raketen ein solches Ungleichgewicht auf die Dauer ausgleichen?

Für die Parteielite kommt ein weiteres Unbehagen hinzu. Moskau, das dritte Rom, ist das Haupt der Gegenwelt zum Westen. Daß sich plötzlich ein zweiter Pol aufrichten konnte, mit dem gleichen Anspruch, mit höhnischer und zynischer Überlegenheit, »bis in die Knochen undankbar«, das alles war in der sowjetischen Gedankenwelt nicht vorgesehen. In den langen Briefen, die in den sechziger Jahren zwischen Peking und Moskau gewechselt wurden, waren die Chinesen immer voll beißender Ironie, die Russen hingegen auf sehr umständliche Weise beleidigt, geradezu in der Tiefe ihrer Existenz gekränkt, und daher wütend.

Krieg in Fernost?

Wird die sowjetisch-chinesische Spannung schließlich in einem Krieg unvorstellbaren Ausmaßes enden?

Seit dem Ussuri-Zwischenfall im März 1969 haben die Spekulationen darüber nicht aufgehört und für die Sensationspresse wurde der künftige Fernostkrieg ein beliebtes Thema. Freilich haben auch seriöse Beobachter wie etwa das Londoner Institute for Strategic Studies einen Krieg von den Grenzen Sinkiangs bis zum Amurbogen nie ausgeschlossen, weil die Sowjetunion als der *vorläufig* militärisch Überlegene zu Kurzschlüssen neigen könnte.

Der Fehlschlag bei der Besiedlung Sibiriens seit Chruschtschows Großversuchen Mitte der fünfziger Jahre, verbunden mit Geburtenrückgang in der Sowjetunion, hatte mit großer Wahrscheinlichkeit einige der Sowjetmarschälle zu Befürwortern eines »chirurgischen Eingriffs« gemacht.

Im Sommer 1969 ist die Gefahr akut gewesen. Damals hätte noch ein mittelgroßer Atomschlag genügt, um die atomaren Einrichtungen in Westchina und Sinkiang zu zerstören. Daß er nicht erfolgte, mag – von politischen Erwägungen abgesehen – darauf zurückzuführen sein, daß damals die Rote Armee an der 6500 Kilometer langen Front mit China nur 21 Divisionen stehen hatte gegen 32 chinesische. Im folgenden Jahr wurde die sowjetische Fernost-Armee (Militärdistrikte Trans-Baikal und Fernost) eilends um neun weitere auf 30 Divisionen, und 1972/73 nochmals um 15 Divisionen auf 45 erhöht. Die Chinesen zogen jeweils gleich.[37]

Ob ein sowjetischer »chirurgischer Atomschlag« Mitte der siebziger Jahre noch mit Aussicht auf volle Ausschaltung des chinesischen Atompotentials möglich wäre, ist umstritten.[38] Mit jedem Jahr, das ohne den Ausbruch eines Fernostkrieges vorübergeht, wächst für die Chinesen die Chance, im Falle eines Überraschungsangriffes genügend Sprengköpfe für einen Gegenschlag in Reserve zu haben. Seit dem Frühjahr 1973 verfügen die Chinesen auch über Interkontinentalraketen mit einer Reichweite von mindestens 4500, vielleicht aber bis zu 5600 Kilometern. Ihre Zahl wurde vom Londoner Institut 1974 mit 20 angenommen. Die Zahl der chinesischen Mittelstreckenraketen mit einer Reichweite bis zu knapp 2000 Kilometer wurde auf etwa 50 geschätzt. Bis zum Beginn der achtziger Jahre wird sich Chinas atomare Streitmacht mindestens verdoppelt, vielleicht sogar verdreifacht haben. Damit aber sinkt die Gefahr eines sowjetischen Präventivkrieges.

Die sowjetischen Truppen haben sich seit 1972/73 in dieser Stärke von 45 Divisionen auf lange Dauer eingerichtet, wie ihre Kasernenanlagen, Wohnungen für Familien der Offiziere und Unteroffiziere und die Anlagen entsprechender Exerzierplätze beweisen.

Die Gesamtstärke der sowjetischen Fernostarmee, die Tschou En-lai Besuchern gegenüber auf eine Million Mann bezifferte, wird in westlichen Fachkreisen für weit geringer gehalten. Als sicher sieht die westliche Aufklärung an, daß die Verdoppelung der sowjetischen Divisionen in Fernost durch Neuaufstellung von Divisionen erfolgt ist. Kein Mann ist aus den westlichen Garnisonen der Sowjetunion, aus der DDR, Ungarn, der ČSSR und Westrußland nach dem Fernen Osten abgezogen worden.

Auch wenn ein Krieg im Fernen Osten nicht mehr wahrscheinlich ist, so bleibt doch der *Gegensatz zu China ein Hauptmotiv der sowjetischen Außen- und Verteidigungspolitik.* Dazu gehört in erster Linie die Stärkung der eigenen Stellung in Sibirien selbst. Hier aber steht die einseitige Bevorzugung des militärisch-industriellen Komplexes wiederum hemmend im Wege. Dem Aufbau der zivilen Wirtschaft Sibiriens können nicht so viele Kräfte und finanzielle Mittel zur Verfügung gestellt werden als die gigantischen Pläne erforderten.

Im Kreml versprach man sich doppelten Gewinn von großen

langfristigen Investitionen westlicher Länder und Japans in Sibirien: wirtschaftlich eine Entlastung des eigenen begrenzten Kapitaleinsatzes; politisch eine langfristige Rückendeckung gegen chinesische Expansionsbestrebungen im Fernen Osten, durch die dann auch westliche Interessen berührt würden. Diese große Konzeption Breschnjews ist jedoch – wie die Schwankungen der Verhandlungen mit den Japanern bewiesen – durch das fortbestehende Mißtrauen gegen Ausländer immer wieder durchkreuzt worden.

Der Kreml wollte einerseits gewaltige Kapitalbeteiligungen, andererseits aber möchte er vermeiden, daß ausländische Großkonzerne zu genau in die sowjetischen Karten schauen können. So wurde ausländischen Ingenieurfirmen nur mit äußerstem Widerstreben gestattet, die sowjetischen Angaben über Öl-, Gas-, Erz- und Kohlevorkommen an Ort und Stelle zu überprüfen. Westliche Besucher von Akademgorodok haben daher auch bei Diskussionen mit den dortigen Fachleuten nie ein einheitliches Bild über die tatsächlichen sowjetischen Absichten gewinnen können.

Versuch einer Einkreisung Chinas

Für die Asiaten sind die Russen trotz ihres gewaltigen asiatischen Besitzes Europäer geblieben, und man nimmt es in Asien nicht allzu ernst, wenn bei internationalen asiatischen Veranstaltungen schlitzäugige Usbeken oder Kasachen als Sprecher der Sowjetunion auftreten. Auch Gamal Abdel Nasser durchschaute das potjemkinsche Dorf, als bei einem Besuch in Buchara eilends eine in ein Gottlosen-Museum verwandelte Moschee ihrem ursprünglichen Zweck zurückgegeben worden war. Die Sowjetunion sieht sich jedoch ähnlich wie einst England – solange es noch über Indien herrschte – als asiatische Macht ersten Ranges. Als Kossygin im Januar 1966 im sowjetasiatischen Taschkent als Friedensschlichter zwischen Indien und Pakistan auftrat, zeichnete sich zum ersten Mal die Möglichkeit einer *Pax Sovietica* in Asien ab, bereit zwei Jahrhunderte der *Pax Britannica* abzulösen. Doch war Taschkent nur ein Vorspiel.

Erst als drei Jahre später am Ussuri sowjetische und chinesische Soldaten in Kompaniestärke aufeinander schossen, entstand in Moskau die große Konzeption einer *neuen asiatischen Politik*, die über die tastenden Versuche der Chruschtschow-Periode weit hinausreichte. Nikita Sergejewitsch hatte mit seinem Besuch in Indien Ende 1955 – dem weitere Asienreisen folgen sollten – bereits Gegengewichte zu China zu schaffen versucht. War doch zur Afro-Asiatischen Konferenz in Bandung 1955, auf der Tschou En-lai und Nehru die Hauptrolle spielten, die Sowjetunion nicht als asiatische Macht zugelassen worden. Die Brücke nach Delhi blieb von nun ab eine Hauptlinie der sowjetischen Asienpolitik, aber das allein ergab noch keine Konzeption. Sie ist von Breschnjew erst anderthalb Jahrzehnte später entworfen worden, als festzustehen schien, Peking werde auf unabsehbare Zeit der große Gegenspieler der Sowjetunion in Asien sein. Von nun ab ist die Eindämmung oder wie die Chinesen sagen, die Einkreisung Chinas das wichtigste Ziel der Asienpolitik Moskaus.

Eine riesige Operation, die vom Indischen Ozean bis in den nördlichen Pazifik reichte, wurde von Breschnjew schon drei Monate nach dem Ussuri-Zwischenfall eingeleitet. Es war kein Fanfarenstoß, sondern klang eher harmlos, als Breschnjew im Juni 1969 auf einem internationalen Kongreß der kommunistischen Parteien in Moskau forderte, ein kollektives Sicherheitssystem in Asien zu schaffen – als Gegenstück zur Sicherheitskonferenz für Europa, die damals eines der Hauptziele der Sowjetpolitik war. In allen asiatischen Hauptstädten wurde jedoch die neue Botschaft aus Moskau sofort als der Versuch verstanden, China zu isolieren und die Sowjetunion zum Kernstück einer panasiatischen Gruppierung zu machen. Da man nirgends in Asien Lust verspürte, sich im sowjetisch-chinesischen Konflikt für eine Seite zu exponieren, war das Echo zurückhaltend bis ablehnend.

Für Moskau kam dann die erste große Gelegenheit, als 1971 der alte Konflikt zwischen *Indien und Pakistan* durch den Terror des Regimes Yahya Khans in Ostbengalen und die Flüchtlingsmassen, die er im Gefolge hatte, einem neuen Höhepunkt zutrieb. Obwohl Indien von der Sowjetunion zwischen 1965 und

1970 nach einer schwedischen Schätzung[39] bereits schwere Waffen (Kampfflugzeuge, Raketen, Panzer und Marineeinheiten) im Werte von über 700 Millionen Dollar erhalten hatte, war man in Delhi doch bestrebt, an der von Nehru entworfenen Non-Alignment-Politik festzuhalten. Ein fertiggestellter bündnisähnlicher Freundschaftsvertrag mit der Sowjetunion blieb daher zwei Jahre in der Schublade. Jetzt aber bedurfte Indira Gandhi angesichts der weiterhin propakistanischen Haltung der USA der Rückendeckung. Im August 1971 kam Gromyko zur Vertragsunterzeichnung nach Delhi. Damit war der Weg für Indien frei, den Konflikt notfalls auch auf dem Schlachtfeld auszutragen, ohne ein Eingreifen Chinas oder gar der USA befürchten zu müssen. Es war ein klassischer Rückversicherungsvertrag.

In Moskau sah man in diesem Vertrag mit Indien den ersten Baustein eines von der Sowjetunion dirigierten asiatischen Systems, zumal nach sofortiger Anerkennung Bangladeschs Ministerpräsident Mujib-ur-Rahman schon im März 1972 nach Moskau reiste. Doch gab es bei diesem Besuch des freudig begrüßten Freiheitshelden bereits die erste Enttäuschung. Mujib bestand darauf, daß in die gemeinsame Erklärung die künftige Blockfreiheit Bangladeschs aufgenommen und der Plan eines asiatischen kollektiven Sicherheitssystems nicht erwähnt wurde.

Bei Breschnjews Besuch in Delhi Ende 1973 fehlte im Kommuniqué ebenfalls der von Breschnjew dringend gewünschte Hinweis auf seine asiatischen Sicherheitsziele. Indien, nunmehr von keiner Seite mehr militärisch akut bedroht, begann sich trotz engster Zusammenarbeit mit Moskau, doch einer Festlegung zu entziehen. In Delhi wollte man vermeiden, erneut den Zorn Pekings heraufzubeschwören.

Nicht anders erging es der Sowjetunion in Japan. Nach einem ersten Besuch Gromykos in Tokio 1966 war das sowjetisch-japanische Verhältnis frostig geblieben und die Sowjetpresse erging sich in dauernden Verdächtigungen Japans, bis sich im Januar 1972 der Chef der Sowjetdiplomatie erneut in Tokio ansagte. Die Reise Nixons nach Peking stand unmittelbar vor der Tür. In Japan herrschte tiefe Verstimmung über die USA (vgl. das Japankapitel). Eine Hinwendung Japans zu dem großen chinesischen Nachbarn schien nicht ausgeschlossen. So hielt man es in Moskau für geboten, die bis zum Herbst 1971 angeheizte Polemik gegen Japan einzustellen und den Japanern das gute Beispiel der Ostpolitik Willy Brandts vor Augen zu halten, wie mir einige Monate später mit lächelnder Ironie in Gaimuscho, dem Auswärtigen Amt Tokios, erzählt wurde.

Trotz der Lockrufe mit riesigen Geschäften in Sibirien blieben jedoch die Japaner taub, als Gromyko seine kollektiven asiatischen Pläne zu entwickeln begann. Man war in Tokio bereits zur Bereinigung des Verhältnisses zu Peking entschlossen.

Zu den großen Erfolgen der Westpolitik Breschnjews gibt es vorerst kein Gegenstück in Asien. Dem Versuch einer Einkreisung Chinas durch ein asiatisches Kollektivsystem war kein Erfolg beschieden. Verborgen hinter höflichen Gesten bleibt für die Asiaten die Sowjetunion weiterhin eine vornehmlich europäische Macht, die nicht legitimiert ist, für Asien zu sprechen.

Entspannung und Aufrüstung

Wenn in Moskau das Politbüro tagt, tritt eine Koalition sehr verschiedener und sich oft überkreuzender Interessen zusammen. Wir haben die simple Deutung von »Falken und Tauben« verworfen. Der Vorgang des »*decision making*« ist sehr viel komplizierter und für einen Außenstehenden niemals völlig durchschaubar, weil sich die Konzeptionen oft in einundderselben Person überschneiden. Das war unter Chruschtschow der Fall und hatte sich unter Breschnjew nicht geändert.

Die Widersprüche sind tief im sowjetischen Gesamtsystem verankert. Seit sich schon unter Stalin die weltrevolutionäre Idee verdünnt hat – ohne daß sie völlig aufgegeben wurde –, nahm das machtpolitische *Verhältnis zu den Vereinigten Staaten* den ersten Platz ein.

Dazu sagte Henry Kissinger am Höhepunkt der Nahostkrise: »Die Sowjetunion und wir haben ein einzigartiges Verhältnis. Wir sind gleichzeitig Gegner und Partner bei der Aufrechterhaltung des Friedens.«[40]

Ihm antwortete Breschnjew am nächsten Tag: »Das Verhältnis der Vereinigten Staaten und der Sowjetunion kann nicht wenig dazu beitragen, einen neuen Weltkrieg zu vermeiden und einen *universalen* Frieden zu sichern.«[41]

Die Vorstellung, die beiden Supermächte müßten sich als oberste Schlichter und Garanten des Weltfriedens etablieren, das also, was der französische Außenminister Michel Jobert wenig später als »Konspiration eines amerikanisch-sowjetischen Kondominiums« bezeichnete, taucht immer wieder im sowjetischen Denken auf. Chruschtschow machte Eisenhower in Camp David im Oktober 1959 bereits ähnliche Anträge. Der Atomerklärung Breschnjews und Nixons vom 22. Juni 1973 gingen von den Amerikanern verworfene sowjetische Vertragsentwürfe in gleicher Richtung voraus (vgl. S. 82). Immerhin kam dieser Vertrag den sowjetischen Wünschen schon weit entgegen, auch wenn ihn die Amerikaner nur als einen Beitrag zum Krisenmanagement aufgefaßt wissen wollten.

Diesem Vertrag war während der SALT-Verhandlungen im Juli 1970 ein anderer sowjetischer Vorstoß vorausgegangen, der auf eine gemeinsame Allianz gegen China abzielte. Nach diesem Vorschlag sollten sich die beiden Supermächte verpflichten, gemeinsam gegen »provokative Akte« oder gegen einen Angriff einer anderen Atommacht vorzugehen und den Schuldigen zu bestrafen. Die Sowjetunion wollte jedoch nicht genau erklären, was unter solchen »provokativen Akten« zu verstehen sei. Die Amerikaner wiesen den Vorschlag ab und unterrichteten die NATO und wahrscheinlich auch ein Jahr später die Chinesen über diese sowjetischen Kondominiumideen.[42] Eine Allianz gegen China paßte nicht in Nixons Pläne.

Dem Wunsch nach einem Kondominium der Supermächte lag zu Chruschtschows Zeiten noch die Absicht zugrunde, als völlig gleichberechtigt mit den damals noch überwältigend stärkeren USA auftreten zu können. Als dann in den siebziger Jahren die Sowjets mehr und mehr die Parität erreicht hatten, änderte sich das Motiv. Jetzt sollte nach sowjetischen Vorstellungen ein Kondominium die Amerikaner daran hindern, dem Bestreben der Sowjetführung entgegenzutreten, Schritt um Schritt von der *Parität* zur *Superiorität* vorzustoßen. Ein formell oder auch nur informell etabliertes Kondominium würde, so kalkulierte man in Moskau, die Amerikaner sorgloser machen, wenn die Sowjetunion sich waffentechnische und strategische Vorteile sichern würde.

Diese Spekulation ist nicht ganz so naiv, wie man glauben könnte. Sie rechnete mit jenen einflußreichen Kräften in den USA, die, wie etwa der ehemalige Senator Fulbright, stets bereit waren, dem Kreml die besten und lautersten Absichten zu unterstellen. Über den episodischen Charakter der Taktik hinaus wird es in USA immer Kräfte geben, denen ein Kondominium der Supermächte als die Lösung der ärgerlichen Welträtsel erscheint.

Die Motivationen der sowjetischen Außenpolitik verschlingen sich fast unentwirrbar. Die geringe Arbeitsproduktivität und Rückständigkeit des nichtmilitärischen Sektors der Wirtschaft und dazu noch die besondere Gefahrenlage Sibiriens erfordern eine Politik der *Entspannung* mit dem Westen, einschließlich Japans, die allein die Aufnahme großer langfristiger Kredite möglich macht. Nach dem Fehlschlag aller Wirtschaftsreformen war die oberste Führung davon überzeugt, ohne massive ausländische Hilfe sei eine Modernisierung der Wirtschaft nicht möglich.

Nicht anders verhält es sich mit den großen Angeboten an die Amerikaner und Japaner, sibirisches Erdgas, Holz, Kohle und Erze zu nutzen. Kredite oder langfristige wirtschaftliche Zusammenarbeit setzen Vertrauen voraus, die Aussicht auf eine lange Friedensperiode. Niemand wird Teile seines Energiebedarfs bei einem Partner decken wollen, dessen Absichten unberechenbar und undurchschaubar sind. Dem dienten Breschnjews Entspannungsgesten in Bonn, Washington und Paris und bei Nixons beiden Besuchen in Moskau.

Diesem Werben um Vertrauen steht das Eigengewicht des militärisch-industriellen Komplexes entgegen, in dem der gleiche Breschnjew ebenfalls eine entscheidende Rolle spielt. Von ihm wird eine sich ständig steigernde *Expansion der Rüstung* nicht nur bei den strategischen Waffen, sondern auch auf allen anderen Gebieten betrieben. Allein die Entwicklung von vier neuen Raketensystemen hat 1973/75 ungezählte Milliarden verschlungen. So ist etwa die mit Mehrfachsprengköpfen ausgerüstete

SS-18-Rakete Stück für Stück ein Kostenobjekt von 80–100 Millionen Rubel (wenn sich der »Wert« überhaupt berechnen läßt).

Nicht anders verhält es sich bei den *konventionellen Waffen*, deren Arsenal in Osteuropa (einschließlich DDR) sich seit 1968 teilweise verdoppelt hat[43], wie z. B. die Zahl der sowjetischen Geschütze in Osteuropa. Tausende von hochmodernen Kampfpanzern des neuen Typs T 62 wurden in die DDR, ČSSR und Polen verlegt, die älteren Panzer des Typs 55 jedoch nicht abgezogen, sondern für die Aufstellung neuer Verbände verwendet oder an Ort und Stelle eingemottet.

Im Satellitenbereich und Westrußland unterhielt die Sowjetunion 1975 eine Landstreitmacht von 94 Divisionen (NATO 63 Divisionen, ohne Frankreich). Davon standen 20 Divisionen (darunter zehn Panzerdivisionen) in der DDR, zwei Panzerdivisionen in Polen, vier Divisionen (darunter zwei Panzerdivisionen) in Ungarn und fünf (zwei Panzerdivisionen) in der Tschechoslowakei. In Westrußland standen 63 Divisionen, davon 22 Panzerdivisionen. Diesen 94 Divisionen standen etwa 23 000 Panzer zur Verfügung, davon in der DDR 6000. Das war über ein Drittel mehr als 1958. Um mehr als die Hälfte wurden die taktischen Atomwaffen, sowie die aus dem Nahostkrieg rühmlich bekannten Boden-Luftraketen SAM-6 und die modernsten Jäger vom Typ MIG-25 vermehrt. Etwa die Hälfte der sowjetischen taktischen Luftwaffe ist im westlichen Aufmarschgebiet stationiert.

Es kann nicht die Absicht dieses Buches sein, sich im einzelnen mit dem Stärkeverhältnis NATO–Warschauer Pakt zu befassen. Ausschlaggebend für die politische Beurteilung ist in unserem Zusammenhang, daß mit den Entspannungsbemühungen Breschnjews eine rasante und massive Aufrüstung auf allen Gebieten parallel lief und daß die militärische Konfrontation mit China zu keinerlei Truppen- und Waffenverlagerungen aus Europa nach Fernost geführt hat. Ganz im Gegenteil, die sowjetische Rüstung im Westen wurde ungeheuer gestärkt – in bedrohlicher Weise, bestünde nicht das atomare Gleichgewicht fort. Die sowjetischen Entspannungsbemühungen haben im Westen die vielfache Publizität als diese Aufrüstung, wodurch sich ein verzerrtes Bild der allgemein zugänglichen Fakten ergeben hat.

Etwas mehr Publizität hatten die immensen Anstrengungen der Sowjetunion, den alten Traum Peters des Großen zu erfüllen und aus dem russischen Bären zugleich einen Walfisch zu machen. Im Laufe von nur anderthalb Jahrzehnten ist die *Rote Flotte*, der noch Chruschtschow wenig Bedeutung beimaß, zur zweitstärksten, wenn nicht durch eine mit Höchsttempo gebaute U-Bootwaffe zur stärksten Kriegsflotte der Welt geworden.[44] Die Sowjetunion hat sich dadurch von ihrer bisherigen Abhängigkeit von großen Landstreitkräften befreit. Sie ist auf allen Weltmeeren präsent.

Systematisch haben die sowjetischen Admiräle die ungünstigen, von der Geographie diktierten maritimen Ausgangspositionen (Ostsee und Schwarzes Meer, sowie das meist vereiste Nordmeer bis hin nach Ostasien) durch Vorstöße in die Randmeere – Mittelmeer und Nordsee – auszugleichen versucht.[45] Die großen Ozeane sind zum Operationsraum der Sowjetflotte geworden, deren moderne Einheiten atomgetrieben sind. Auch das letzte Flottenmonopol der USA, die mächtigen Flugzeugträger, wird bereits von der Sowjetunion bestritten, nachdem 1974 die »Kiew« vom Stapel lief und ein weiterer bereits auf Kiel liegt. Im nächsten Jahrzehnt soll jährlich je ein großer sowjetischer Flugzeugträger in Dienst gestellt werden. Auch im Flottenbau ist der Versuch unverkennbar, nach ungefährer Parität mit den USA schließlich Superiorität zu erreichen.

Mächtige Kriegsflotten waren in der Neuzeit entweder zum Schutz der großen Kolonialreiche oder zum Schutz des Handels erbaut worden. Die Sowjetunion besitzt kein überseeisches Kolonialreich und ihr Handel mit Übersee macht kaum ein Prozent ihres Bruttosozialproduktes aus. Beide Motivationen entfallen also. Dem Flottenbau kann daher nur das Verlangen zugrunde liegen, ein Weltimperium zu sein, das in keiner Hinsicht hinter den Vereinigten Staaten zurücksteht. Ein weiteres Motiv dürfte auch hier die Einkreisung Chinas sein, wie das sowjetische Interesse an den von den Engländern verlassenen Anlagen in Singapur zeigte, das dort nicht auf Gegenliebe stieß.

Nach dem Muster des britischen Empire versucht die Sowjetunion ein weltweites Netz von Flottenstützpunkten zu errichten.

In Ägypten, wo dies bereits erreicht war, mußte sie einen Rückschlag hinnehmen. Port Sudan wurde ebenfalls ein unsicherer Posten. Dafür blieben Aden, Somalia, die Insel Sokotra, sowie das sowjetische Interesse für den Hafen Vishakapatnam an der indischen Ostküste, wo Delhi jedoch nur Landerechte eingeräumt hat, und für den großen ehemals britischen Kriegshafen Trincomali in Sri Lanka (Ceylon). Im Werben um die Gunst Frau Bandaranaikes kamen jedoch die Chinesen den Sowjets zuvor. Der Indische Ozean besitzt magische Anziehungskraft für die Rote Flotte. Wir beschäftigen uns damit im Kapitel über Iran. Die großen Ölrouten sind seit 1973 zugleich strategische Lebenslinien geworden.

Der Erwerb von Stützpunkten ist Ende des 20. Jahrhunderts nicht mehr so einfach wie für die Engländer im 19. Jahrhundert. Erfolgreiche Ansätze können schnell wieder verloren gehen, wenn sich die Verhältnisse wandeln wie in Ägypten nach dem Tode Nassers. Für die Sowjetmacht hat eine mächtige Kriegsflotte offensichtlich imperiale Bedeutung.

Was ist »Friedliche Koexistenz«?

Das im Inneren starr gewordene Sowjetreich entwickelt nach außen durch beständige Verstärkung seiner militärischen Macht eine auf weite Ziele gesteckte Dynamik. Das Gegenteil gilt für die andere Supermacht: Die Vereinigten Staaten erleben im Inneren dynamische Wandlungen einer freien Gesellschaft; nach außen unterliegt ihre Machtentfaltung einem Schrumpfungsprozeß, dem sich die Männer an den Schalthebeln mit großer Anstrengung entgegenstemmen müssen. Die Sowjetunion befindet sich im Stadium der Expansion, die USA der Kontraktion. Das gilt nicht nur für die Nixon-Doktrin in Ostasien, sondern auch für Europa, wo die Aufrechterhaltung des amerikanischen NATO-Kontingents von der Regierung Jahr um Jahr mit winzigen Kongreßmehrheiten gegen Senator Manfields Abbauwünsche verteidigt werden mußte.

Nehmen wir an, daß dem sowjetischen Angebot einer Entspannung sowohl der Wunsch zugrunde lag, eine atomare Konfrontation zu vermeiden, wie eine langfristige wirtschaftliche Notlage, vor allem mit dem Blick auf Sibirien, zu verbessern, so bleibt doch die Frage offen, was die sich ständig noch verstärkenden konventionellen Rüstungsanstrengungen für einen Sinn haben – in einer Welt, in der die Sowjetunion von keiner auch nur potentiellen Aggression bedroht ist.

Was heißt friedliche Koexistenz – jenes Stichwort, das Chruschtschow in den fünfziger Jahren ausgab? Hinter dem abgeschliffenen Slogan verbirgt sich für West und Ost etwas qualitativ Verschiedenes: für die Amerikaner bedeutet Entspannung – auch bei realistischer Skepsis – Hoffnung auf einen lange währenden Zustand, auf ein Stück vom »ewigen Frieden«. Von Senator W. V. Roth befragt, inwiefern die Sowjetunion ein dauerndes Interesse an friedlichen Beziehungen zu den USA habe, antwortete Henry Kissinger: »Wir suchen die Sowjetunion zu ermutigen, einen gemäßigten außenpolitischen Kurs zu steuern und Schritt um Schritt zu wirklicher Koexistenz mit den Vereinigten Staaten zu bewegen. Wir versuchen Bande zwischen beiden Staaten zu schaffen, die im Falle einer Krise bremsend wirken ... Wenn sich dieses Verhältnis entwickelt, wird es auf beiden Seiten immer mehr Leute geben, die zusammengearbeitet haben und die gemeinsam mit Projekten befaßt sind, deren Realisierung Zeit braucht. Im Falle einer Krise kann das einen entscheidenden Unterschied ausmachen.«[46]

So die westliche Hoffnung. Für die Sowjetführung besitzt dagegen Entspannung einen anderen Stellenwert. Für sie ist sie nur ein Übergangszustand, ein wichtiges taktisches Mittel für die Sammlung von Kräften und die Schließung empfindlicher Lücken. Das wird auch gar nicht verborgen.

Wenige Wochen nach Nixons erstem Besuch in Moskau wiederholte Breschnjew (am 26. Juni 1972) eine Definition, die schon das April-Plenum des ZK 1968 autoritativ als »drastische Verschärfung des ideologischen Kampfes« – bei gleichzeitiger technischer und wirtschaftlicher Zusammenarbeit – verkündet hatte. Breschnjew drückte das so aus:

»Während wir für die Bekräftigung des Prinzips der friedlichen Koexistenz kämpfen, erkennen wir, daß Erfolge auf diesem wichtigen Gebiet in keiner Weise die Möglichkeiten geben, den ideologischen Kampf abzuschwächen. Im Gegenteil, wir müssen uns darauf vorbereiten, diesen Kampf zu intensivieren. Der Antagonismus zwischen den beiden sozialen Systemen wird noch schärfere Formen annehmen. Wir haben keinen Zweifel über das Ergebnis dieses Kampfes; denn die Wahrheit der Geschichte und die objektiven Gesetze der sozialen Entwicklung sind auf unserer Seite.«

Die Wortwahl *»ideologischer Kampf«* bedarf der Interpretation.[47] In westlichen Ohren mag das so klingen, als wären darunter dogmatische Auseinandersetzungen zwischen marxistischen und liberalen Politprofessoren gemeint, also Stilübungen, die wenig Einfluß auf die reale Politik haben. Das ist ein Mißverständnis sowjetischer Formeln. Im Gegensatz zum taktischen Tagesgeplänkel wird vielmehr unter »ideologischem Kampf« stets der langfristige Machtkampf verstanden, der »nach objektiven Gesetzen« der Sowjetunion, wenn nicht die Weltherrschaft, so doch eine unbestrittene Vorherrschaft bringen muß. Von einem solchen Standpunkt aus kann Entspannung oder friedliche Koexistenz nichts anderes bedeuten als eine *Kampfpause,* die durch objektive Umstände erzwungen wird. Gewiß aber keinen Dauerzustand. Und ganz sicher nicht – im westlichen Sinne – ein Stück vom »ewigen Frieden«.

Daran ändert auch die sowjetische Erkenntnis nichts, daß ein atomarer Krieg Selbstzerstörung bedeuten würde. Die Steigerung der Effizienz und auch der Quantität der atomaren Waffen wird vielmehr als *politisches* Potential angesehen, das die Politik der friedlichen Koexistenz überhaupt erst rechtfertigt. Sie hat keinen Wert an sich, sondern ist ein Mittel zur Ausweitung der bestehenden Machtverhältnisse ohne kriegerische Auseinandersetzung.

Daher erklärt sich auch die scharfe, ja oft wütende Ablehnung der im Westen so beliebten *Konvergenztheorie* durch die Sowjetunion – der Behauptung, die Systeme würden sich allmählich einander angleichen. Es ist kein Wunder, daß die »Brückenbauer« in der Sowjetpublizistik oft auf noch schärfere Ablehnung stoßen als die »Kalten Krieger«. Mit der Konvergenztheorie verbindet sich nach sowjetischer Ansicht die Gefahr des trojanischen Pferdes, das Einschmuggeln westlicher Ideen in der Maske des wohlwollenden Biedermannes, ein illegaler Handel mit Freiheitsidealen, kurzum der Versuch einer Unterwanderung, der strikt unterbunden werden muß.[48]

Die westliche Politpoesie der Konvergenz hat die klaren sowjetischen Definitionen von Entspannung und friedlicher Koexistenz stets ignoriert. Die eingeborene Schwäche des westlichen Liberalismus gegenüber dem Phänomen der Macht hat sich immer wieder erwiesen. Davon profitiert das bürokratische Kollektiv der Sowjetunion.

Die Dialektik der Macht

Aufrüstung und Entspannung sind im Verständnis der Sowjetherrscher ein dialektischer Prozeß, bei dem eines das andere bedingt. Solange das atomare Patt besteht, kann sich Atommacht nur sehr bedingt in politische Macht und politischen Einfluß umsetzen. Darauf hat Raymond Aron schon vor langen Jahren aufmerksam gemacht,[49] und die Sowjets wissen das längst. Es kommt also darauf an, die Ausweitung von Konflikten bis zum atomaren Zusammenstoß zu vermeiden, ohne deshalb gewagte Partien auf dem weltpolitischen Schachbrett zu unterlassen.

Entspannung, so sahen wir, ist im Verständnis der Machthaber im Kreml eine Atempause, die an dem geschichtlich determinierten, dem vorbestimmten Endsieg nichts ändert, die aber dazu benutzt werden muß, ihm näher zu kommen. Das kann auf zweierlei Weise oder aus der Kombination beider geschehen: Entspannung kann dazu dienen rüstungstechnisch die Superiorität zu gewinnen, wenn der Rivale das zuläßt. In dieses Stadium ist die Sowjetunion 1973 eingetreten als sie die Technik der getrennt gelenkten Mehrfachsprengköpfe (MIRV) zu beherrschen gelernt hatte. Ihre Führung mußte jedoch damit rechnen, daß der Rivale auf thermo-nuklearem Gebiet eine Superiorität nicht zuläßt.

Ist die Superiorität nicht auf atomarem Gebiet zu gewinnen, so bleibt als zweite Möglichkeit eine Teil-Superiorität, der Luft-,

Land-, und Seestreitkräfte, die auf die Dauer größeren politischen Einfluß verspricht als die thermo-nukleare Überlegenheit, deren Anwendung immer mit Selbstverstümmelung verbunden bleibt, selbst im günstigsten Fall.

Dieses zweite Ziel ist im letzten Jahrzehnt mit außerordentlicher Konsequenz vom Kreml verfolgt worden. Die Ansammlung militärischer Macht ist nicht auf eine kurzfristige Auseinandersetzung gerichtet, sondern auf den – nach sowjetischer Ansicht voraussehbaren – Zeitpunkt, zu dem jene Kräfte in den Vereinigten Staaten die Überhand gewinnen, die einem massiven Abzug aus Europa das Wort reden. Jede neue Senatsabstimmung mit nur knapper Majorität gegen Mansfield bestätigt im Kreml die Analyse, daß dieser Zeitpunkt kommen muß. Hinzu kommt der Glaube, der Kapitalismus müsse irgendwann in eine Todeskrise geraten.

Die inzwischen erfolgte Aufrüstung muß dann automatisch die Sowjetunion zur Hegemonialmacht in Europa machen, zumal wenn »Planspiele« wie diejenigen Egon Bahrs (vgl. S. 104) schon in Schubläden europäischer Außenministerien liegen. Die Dialektik zwischen Entspannung und Aufrüstung heißt also mit anderen Worten *Sieg ohne Krieg*. Damit eng verbunden bleibt das Ziel, das ungeheure europäische Industriepotential der Sowjetunion in weit höherem, teilweise ausschließlichem Maße dienstbar zu machen, womit auch die säkulare Entscheidung in der sowjetisch-chinesischen Auseinandersetzung gefallen wäre; denn einer um das europäische Potential verstärkten Sowjetunion könnte China auch im 21. Jahrhundert noch nicht gewachsen sein.

Sieg ohne Krieg – das heißt nicht physische Unterwerfung, die unausweichlich die fortbestehende Macht der Vereinigten Staaten auf den Plan rufen und zum großen Krieg führen müßte. Das gerade will Moskau nicht. Ziel ist vielmehr eine allmähliche, zuerst fast subkutane Ausdehnung der Lehre von der beschränkten Souveränität, die wir als *Breschnjew-Doktrin* seit 1968 im Bereich der Satelliten kennen. Zugleich mit der Tschechoslowakei mußten sie alle die Beschränkung ihres außenpolitischen Handelns einräumen. Das ist das Muster.

»Freie« Regierungen wären dann mit der »freien« Presse in einem totalitären Staat zu vergleichen, in deren Redaktionen kein Zensor sitzt, die aber um des Überlebens willen strikte Selbstzensur üben und nichts veröffentlichen, was Ärger schaffen muß. In der Ära Brandt wurde in der Bundesrepublik schon ein freiwilliger Vorschuß auf eine solche Situation geleistet, indem man die wissenschaftliche Osteuropaforschung drastisch einschränkte und die Tätigkeit der Nachrichtendienste in Osteuropa nach der Devise verminderte: was ich nicht weiß, macht mich nicht heiß. Auch Einwirkungen der Bonner Sowjetbotschaft auf die russischen Sendungen der Deutschen Welle gehören in dieses Kapitel.

Die *Dialektik von Entspannung und Aufrüstung* wurde von Breschnjew mit Virtuosität gehandhabt, während Nikita Sergejewitsch Chruschtschow bei seinen ersten Etuden auf diesem Klavier noch ein Stümper blieb. Seine Poltereien verdarben immer wieder das eigene Spiel. Auch jetzt poltert der Kreml zuweilen, aber Zornesausbrüche werden überlegter eingesetzt, unter sorgfältigster Beachtung des großen strategisch-politischen Zieles. Ist man sich doch im Politbüro wohl bewußt, daß Erfolg oder Mißerfolg dieser langfristigen politischen Strategie wesentlich davon abhängt, daß die Regierungen der westlichen Staaten keine Einsicht in diesen dialektischen Prozeß gewinnen.

In den seltenen Fällen, in denen ein Staatsmann des Westens dennoch über dieses Syndrom von Aufrüstung und Entspannung kritisch spricht, gibt es immer das Mittel, ihn als »Reaktionär« und »bösartigen Störenfried der Friedenspolitik« zu diffamieren. Das wirkt fast immer; denn in weiten Teilen Europas und der USA funktioniert bereits die Selbstzensur verängstigter Gemüter, die glauben, sie müßten um den Frieden bangen, wenn Moskau zürnt. Das mußten der amerikanische Verteidigungsminister James Schlesinger ebenso erleben wie sein deutscher Kollege Georg Leber und die Generalsekretäre der NATO.

Wer immer auf die sowjetische Aufrüstung hinweist, »gefährdet den Frieden«. Das klingt nach tagesbedingter Taktik. Dahinter aber steht der größere Plan, über den liberale Politiker wie William Fulbright, Willy Brandt, Harold Wilson oder Senator

Frank Church noch nie ein Wort verloren haben. Die Selbstzensur der Gedanken ist im Westen schon weit fortgeschritten. Durch Verschweigen können aber Gefahren nicht abgewendet werden. Die Sowjetunion wird auch künftig offenes Risiko zu vermeiden suchen. Ihre Führung setzt jedoch auf die wirtschaftlichen und ideologischen Krisen des Westens und hält an dem Glauben fest, der »Kapitalimus« bereite sich seinen eigenen Untergang. Fehlschlüsse auch großen Ausmaßes können sich daraus immer wieder ergeben, vor allem wenn die Ablösung der Kremlführung erfolgt und neue Männer beweisen müssen, aus wie hartem Holz sie geschnitzt sind.

Das fernöstliche Drama

Kapitel VI
PEKINGS GLOBALER ANSPRUCH

Der Eintritt Chinas in die Weltpolitik war eines der großen Ereignisse dieses Jahrhunderts. Gemessen an den beiden Supermächten ist die Volksrepublik China – auch ein Jahrzehnt nach der Explosion ihrer ersten Atombombe – keine globale Macht, die automatisch bei großen internationalen Krisen, wie etwa in Nahost, eine ausschlaggebende Rolle spielen könnte. Dennoch ist China weit mehr als nur ein regionales Machtzentrum in Ostasien.

Der von Peking erhobene globale Anspruch ist besonderer Art. Er beruht auf dem spezifischen Weltbild, das in China in der nachkolonialen Epoche entstanden ist und über eine weite Ausstrahlung verfügt. Noch zwischen den beiden Weltkriegen wäre es undenkbar gewesen, daß der Name eines chinesischen Politikers jedermann in allen Kontinenten bekannt gewesen wäre. So verschwommen die Vorstellungen auch sein mögen, die sich überall in der Welt mit dem Namen Mao Tse-tungs verbinden, so ist China doch im universalen Bewußtsein aus einem fernen Randgebiet zu einem der wichtigsten Zentren des Weltgeschehens geworden.

Das Weltbild der Chinesen ist von den bitteren Erfahrungen geprägt worden, die das ohnmächtige China im 19. und beginnenden 20. Jahrhundert gemacht hat. In kaum einem anderen Land hatte der plötzliche gewaltsame Einbruch des Westens zu einem so scharfen Bruch mit der Vergangenheit geführt. Indien und Japan verarbeiteten das westliche Eindringen in ganz anderer Weise. Auch diese Länder sind uralte Kulturbereiche. Im Gegensatz zu ihnen befand sich China jedoch an einem gewissen Endpunkt einer langen Entwicklung, als die westlichen Eindringlinge an seinen Küsten erschienen.

Der chinesische Kulturbereich hatte sich über Jahrtausende ohne nennenswerte Kontakte mit der außerchinesischen Welt entwickelt.[1] Die gesamte Außenwelt bestand für die Chinesen aus »Barbaren«, die keinen Anteil an der harmonischen Ordnung der allein gültigen Kultur hatten. Für China gab es weder eine Notwendigkeit noch ein Bedürfnis für Außenpolitik, es gab keine chinesischen Diplomaten, die regelmäßig die Welt bereist hätten und der offizielle Name des Hofamtes für die auswärtigen Beziehungen lautete noch bis in die Mitte des 19. Jahrhunderts »Amt zur Regelung der Barbaren«.

Der chinesische Ausdruck für »Reich«, *T'ien-hsia,* bedeutet (das) »unter dem Himmel« (Befindliche). Er bezeichnet die »Kulturwelt«, das Gebiet in der Kultur besteht oder sich ausbreiten kann. »Unter dem Aspekt, daß es nur *eine* Kultur – eben die chinesische – gab, konnte T'ien-hsia mit China in seiner geographischen Ausdehnung zusammenfallen.«[2] Es war weder ein politischer noch auch nur ein geographisch genau umrissener Reichsbegriff, sondern Reich und Kultur waren bis ins vorige Jahrhundert hinein in China so gut wie identisch. Kultur konnte also nur haben, wer »unter dem Himmel« lebte. Jenseits lag der unermeßliche Ozean, lagen die Steppen und Wüsten des Nordens mit ihren gefährlichen Barbarenreitern, lagen die dichten Dschungel des Südens.

Der den Chinesen eingeborene Begriff des einzig gültigen Kulturreiches hat ein Überlegenheitsgefühl geschaffen, das durch den Einbruch des Westens in diese geschlossene Welt nicht etwa verschwand, sondern sich sublimierte – teils in Haß gegen alles Fremde, teils auch in einem Minderwertigkeitskomplex. Die großen Leistungen, die China über Jahrtausende auf fast allen Gebieten der Wissenschaft, der Technik und der Staatsorganisation vollbracht hatte, sie schienen gegenüber dem zweckgerichteten System des Westens entwertet. Eines der ältesten Kulturreiche der Erde mußte sich plötzlich als »rückständig«, jedenfalls gegenüber den westlichen Eroberern als hoffnungslos unterlegen erkennen.

Der *Einbruch des Westens*, der mit dem Opiumkrieg der Engländer (1840/42) in der brutalsten Form begonnen hatte, fiel mit einer tiefen inneren Krise des von den Mandschus (1644–1911) beherrschten Reiches zusammen. Das *konfuzianische Staatssystem*, das zweitausend Jahre hindurch auf der Herrschaft der »Gebildeten«, der Literaten beruhte, die das komplizierte Prüfungssystem in den klassischen Prüfungsfächern bestanden hatten, war in entleerten Formeln und Regeln erstarrt. Es war eine Morallehre, die nie für das ganze Volk, sondern nur für die Oberschicht galt. Sie hatte alle Vorschriften tugendhaften Lebens zu kennen, ohne das etwa verlangt wurde, daß auch nach diesen Vorschriften gelebt werden müsse. Ein System, degeneriert zur Heuchelei, das keinen Schutz mehr gegen die in der zweiten Hälfte des vorigen Jahrhunderts eindringenden westlichen Ideen bieten konnte.

Die Privilegien der Bildungsaristokratie wurden zum Angriffsziel der Studenten. Das tiefe Mißtrauen, das Mao noch in den sechziger und siebziger Jahren gegen die Reste der alten Intelligenzia zeigte, seine Abneigung gegen abstrakte Bildungsformen, sein Versuch, Handarbeit und theoretische Ausbildung unauflöslich miteinander zu verbinden, hat hier seine Wurzeln.

Schon die nationalistische Studentenbewegung des 4. Mai 1919, die große Vorläuferin des Kommunismus, wollte jedoch nicht einfach die morsch gewordene Staatsdoktrin durch abendländische Anschauungen ersetzen. Sie bezog bereits ihre stürmische Kritik am Konfuzianismus auf anti-konfuzianische Werke früherer Epochen[3], nicht anders als die Anti-Konfuzius-Bewegung, die Mao nochmals im Winter 1973/74 entfachte.

Die Chiffre Konfuzius steht schon seit der Jahrhundertwende für eine hierarchische Ordnung, deren Elite auf einem Bildungsmonopol beruhte, das die 90 Prozent der Chinesen, die noch bei Maos Machtübernahme Analphabeten waren, automatisch von jeder politischen Mitbestimmung ausschloß. Daher sah die 4.-Mai-Bewegung im traditionellen konfuzianischen System, das auch nach dem Sturz des Kaiserreiches noch tief verwurzelt war, den eigentlichen Grund für die Schwäche Chinas gegenüber dem westlichen und japanischen Imperialimus, gegen den sie mit nationalistischen Parolen protestierte. Der konfuzianische Paternalismus ließ nach Ansicht der Revolutionäre im Volk ein Gefühl für die Nation überhaupt nicht aufkommen, weil nur die Oberschicht der Gebildeten zählte. Dieses traditionelle System stand daher jeder Modernisierung im Wege.

Das chinesische Trauma

Sun Yat-sen, der glücklose Vater der Revolution von 1911, hat bei seinem kurzfristigen Machtantritt verkündet: »China darf nicht länger die Kolonie aller, oder, richtiger gesagt, noch weniger als eine Kolonie sein.« Dieser schmerzhafte Ausruf umfaßt das ganze Trauma der chinesischen Revolutionäre, das noch heute nachwirkt, auch wenn demnächst die letzten Augenzeugen der Demütigung Chinas dahingegangen sind. »Weniger als eine Kolonie« – das heißt, in Indien und Afrika hatten die imperialistischen Mächte Kolonialverwaltungen eingesetzt, die – wenn auch unter dem Gesichtspunkt ihrer eigenen Interessen – für Ordnung und Entwicklung der eroberten Länder zu sorgen hatten. In China war nicht einmal dieses Minimum garantiert.

Nach der Abtrennung der »Pachtgebiete« und der Hafen-Konzessionen war das Land de facto in Einflußsphären der Großmächte aufgeteilt worden. Sie waren, schon aus gegenseitiger Eifersucht, nicht bereit, irgend welche Verantwortung für China zu übernehmen. In fast allen ehemaligen Kolonien stehen den Sünden und oft auch Verbrechen der Kolonialmächte handgreifliche Leistungen gegenüber, die von der Befreiergeneration, den Nehru, Senghor, Kenyatta und vielen anderen später auch nicht völlig geleugnet wurden. China war die wichtigste Ausnahme; denn hier ist der Imperialismus von vornherein als nackter Handels- und Finanzimperialismus aufgetreten. Ihm haben die ungleichen Verträge von Anfang an gedient, die China aufgezwungen wurden. Dauernden Gebietserwerb in riesigem Ausmaß von 1,6 Millionen Quadratkilometern hat jedoch nur das Zarenreich in Zentralasien und Ostsibirien erlangt (vgl. S. 154).

Die Pachtgebiete, welche die Westmächte und später auch Japan im 19. Jahrhundert mit Gewaltanwendung erwarben, waren nichts anderes als moderne Zwingburgen der totalen wirtschaftlichen Unterwerfung. So war Chinas Maritimer Zolldienst, der den gesamten Außenhandel und dazu noch Zölle auf Straßen und Wasserwegen kontrollierte, einem ausländischen Finanzkonsortium unterstellt, das nur das Vollzugsorgan europäischer Großbanken, vor allem britischer, war. Nach dem Sturz des Kaiserreiches 1911 mußte China für eine Anleihe des Konsortiums neben den Salzsteuern auch die Bergwerke, die Eisenbahnen und die Häfen mit ihren gesamten Einrichtungen verpfänden. Noch nach dem Ersten Weltkrieg kontrollierten britische Interessen 37 Prozent des chinesischen Außenhandels, 38 Prozent der Schiffahrt und 25 Prozent der Eisenbahnen. Franzosen und Belgier teilten sich in den Rest. Erst 1943 haben die europäischen Mächte auf die weitere Erfüllung der ungleichen Verträge verzichtet. Das war nur sechs Jahre vor dem Sieg Mao Tse-tungs.

Dieser schamlosen Ausbeutung stand in China auch nicht die geringste positive Leistung der imperialistischen Mächte gegenüber. Während in Indien, dem Sudan oder Nigerien viele der britischen Beamten Beachtliches geleistet und eine ansehnliche Erbschaft hinterlassen haben, kam China – mit seltenen Ausnahmen – nur mit Europäern in Berührung, die kaum Ahnung und kaum Achtung vor den gewaltigen Kulturleistungen des nunmehr von chaotischen Wirren geschüttelten Landes besaßen.

Einige feinsinnige europäische Gelehrte und eine winzige Minderheit verständnisvoller Missionare besaßen nur ein Federgewicht auf der Waagschale, die sich in chinesischen Augen tief zu Ungunsten des westlichen Wesens geneigt hatte. Auch die überlegene Technik, die die Europäer mitbrachten, blieb im Geruch des »Barbarischen« – das wirkte sich bis heute in Maos Skepsis gegenüber jenen technischen Leistungen aus, die keinen Bezug zum Menschen haben. Wozu braucht man einen Riesenbagger, wenn man zehntausend Schaufelarbeiter ansetzen kann?

Zur bitteren Erfahrung der Chinesen gehörte schließlich das Verhalten der eigenen Kaufleute und Finanziers, die im Schatten der ausländischen Mächte zu großem Reichtum gekommen waren. Diese »Kompradoren«, wie man sie in China nennt, haben als Mittler zwischen chinesischer und europäischer Korruption vor allem in den zehn Jahren der Herrschaft der Kuomintang Tschiang Kai-scheks vor dem Beginn des Krieges mit Japan

(1937) die Ansätze zu einer sauberen Verwaltung wie Termiten ausgehöhlt. Dadurch wurden Chinesen, die mit Ausländern zusammenarbeiteten, hoffnungslos kompromittiert. Eindringlicher als alle Geschichtswerke hat die Schriftstellerin Han Suyin,[4] eine chinesisch-belgische Eurasierin, die düstere Atmosphäre festgehalten, in der um die Jahrhundertwende und später Millionengeschäfte in China abgewickelt wurden, bei denen sich die Taschen der Beamten wie der Vermittler füllten.

Die ausländische Finanzherrschaft über China schuf weitgehend die Motivationen chinesischen Denkens und chinesischer Politik der Gegenwart. Sie sind entstanden überwiegend in diesem Jahrhundert der Wirren nach dem Eingreifen der imperialistischen Mächte und dem Absterben der konfuzianischen Tradition.

Wie die ursprünglich sehr freundliche Aufnahme der Jesuiten am chinesischen Kaiserhofe beweist, war China nicht in allen Epochen fremdenfeindlich und es ist nicht auszuschließen, daß sich nach einigen Generationen das Verhältnis zum Ausland auch wieder anders entwickelt. Vorerst aber wird das Trauma der Demütigung und Ausplünderung nachwirken. In Europa ist dieser große Raubzug längst vergessen, weshalb extreme Reaktionen in China immer wieder Erstaunen hervorrufen. Asiatische Völker haben ein längeres Gedächtnis, zumal wenn sie so geschichtsbewußt sind wie die Chinesen.

Aus diesem fortwirkenden Trauma ist Maos unbändiger Wille zur »*self-reliance*«, dem Vertrauen auf eigene Kraft und Erfindungsgabe, entstanden, die sich einst im chinesischen Universum auf vielen Gebieten so reich entwickelt hatte. Soweit man ausländisches Know-how benötigt, wird man ihm nie einen anderen Platz einräumen als den von technischen Landsknechten. Das Verhalten der Russen, die 1960 über Nacht alle ihre Experten und Ingenieure aus China zurückzogen, hat diese Überzeugung noch vertieft.

Seit der »Öffnung« nach der Kulturrevolution hat China mit den meisten Staaten der Welt diplomatische Beziehungen aufgenommen. Die faktische Berührung der Massen Chinas mit dem Ausland blieb jedoch minimal und die Kenntnisse über die Weltentwicklung überaus beschränkt. Nur eine kleine Zahl hervorragend intelligenter Experten im Außen- und im Handelsministerium ist glänzend über die Weltvorgänge informiert. Auf die innere Entwicklung nehmen sie keinen wesentlichen Einfluß.

Hier gilt das Mao-Wort: »Laßt die Vergangenheit der Gegenwart und ausländische Dinge China dienen«. Es wurde während der Anti-Konfuziuskampagne 1973/74 – wie schon während der Kulturrevolution – endlos wiederholt und zwar mit scharfer Polemik gegen die »Vergötzung ausländischer Ideen und Kulturwerte«[5], worunter sogar die klassische europäische Musik verstanden wurde, deren »Klassencharakter« in langen Artikeln demaskiert wurde.

Liebhaber von Bach, Mozart und Beethoven wurden der »nationalen Kapitulation« angeklagt; dies seien Leute, die es an Wachsamkeit gegen die kulturelle Infiltration des Imperialismus und Sozial-Imperialismus fehlen ließen, »wenn sie sich blind vor der westlichen Musik in die Knie werfen, anstatt unsere schönen nationalen und revolutionären Werke zu feiern.« Diese Polemik gegen die europäische Musik, die ohnehin in China nur kleine Zirkel kennen, war ein Gradmesser dafür, daß die Führung beabsichtigte – mit völlig anderen Vorzeichen – das geschlossene chinesische Universum wiederherzustellen, wie es vor dem Opiumkrieg, kaum berührt von ausländischen Einflüssen, bestanden hatte.

Was will Mao?

Die Formulierung »Wiederherstellung des chinesischen Universums« könnte im heutigen China nur einem Achselzucken begegnen, nachdem doch offensichtlich Maos ganze Willensanstrengung auf das Gegenteil gerichtet ist: der radikalen Veränderung der chinesischen Gesellschaft und der Schaffung eines neuen chinesischen Menschen. Mehr noch: einer Gesellschaft und eines Menschen, der Vorbild, wenn nicht für die ganze, so doch für die Dritte Welt werden soll.

Dieses mystische und zugleich utopische Bild vom *radikal neuen Menschen*, dem innersten Kern des maoistischen Denkens, kann jedoch weder vom chinesischen Raum noch von der chinesischen Vergangenheit gelöst werden, aus der auch Mao die meisten seiner Gedanken und Gleichnisse bezieht, allen voran die ständig wiederholte zweitausend Jahre alte Geschichte vom »Törichten alten Mann«. Darin erzählt Mao, wie sich ein Greis trotz allen Spottes anschickt, einen Berg abzutragen um Ackerland zu gewinnen.[6]

So wie alle fremden Eroberer Chinas im Laufe der Zeit sinisiert, in das chinesische Wesen eingeschmolzen wurden, so ist das auch – in wesentlich kürzerer Zeit – mit den von außen, vom Westen gekommenen Ideen geschehen. Es war Mao selbst, der den Marxismus soweit sinisiert hat, daß heute die Riesenplakate von Marx, Engels, Lenin und Stalin, die bei den Paraden gezeigt werden, nur noch die Bedeutung symbolischer Wahrzeichen haben. Ihr Sinn hat sich verändert.

Das Streben nach der radikal neuen Gesellschaft wird von der urchinesischen Vorstellung überhöht, die Welt befinde sich in einem unaufhörlichen Wandel, so daß auch der Kommunismus niemals Endgültiges erreichen kann, sondern den Kampf immer von neuem beginnen muß.

Die neue Gesellschaft, das ist die schöpferische Produktivität der Massen, die jedem Experten überlegen ist, wenn nur der unbezwingliche menschliche Wille die richtige Entfaltungsmöglichkeit besitzt und keinen Stillstand duldet, sondern dem Naturgesetz der beständigen Wandlung entspricht. Niemand soll Spezialist sein. Daher soll auch der Experte immer wieder Handarbeit leisten und »im Volk aufgehen«.

Permanente Revolution

Wer über die Botschaft Maos meditiert und sie mit der inneren Entwicklung Chinas seit 1949 vergleicht, wird auf viele Widersprüche stoßen, mit denen Mao bis in sein höchstes Alter zu kämpfen hatte. Er wird aber auch die Antriebe verstehen, aus denen sich so seltsame Ereignisse erklären, wie Maos Parole im Sommer 1966: »Bombardiert die Hauptquartiere«, womit die Zentralen der von ihm selbst geschaffenen kommunistischen Partei gemeint waren, oder auch acht Jahre später die zunächst skurril erscheinende erneute Kampfansage gegen den vor 2500 Jahren verstorbenen Konfuzius. Gegen ihn wurde polemisiert, als sei er ein Zeitgenosse. In beiden Fällen war das ein ungeheurer Willensaufwand gegen die Gefahr des Stillstands, der bloßen Beharrung, des Weitermachens in eingefahrenen Gleisen.

Jeder Staat beruht auf einem gewissen Maß an Stabilität, auf der Kontinuität seiner Verwaltung und dem Gefühl einer ausreichenden Sicherheit seiner Menschen. In der chinesischen Gesellschaft sind durch die über zweitausendjährige Tradition der konfuzianischen Lehre die Kräfte der Beharrung und der Konformität besonders stark ausgeprägt.

Als die Kommunisten das durch Jahrzehnte des Krieges und Bürgerkrieges zerrüttete China neu aufzubauen begannen, waren diese uralten Instinkte zwar verschüttet, aber keineswegs erstorben. Wenn man im Ausland nach einigen Jahren von den »roten Mandarinen« zu sprechen begann, so war daran etwas Wahres. Die Staatsbürokratie und die Parteihierarchie war nunmehr wie in der Sowjetunion im kollektiven Monopolbesitz der Macht. Unvermeidlich begann sie sich damit als »Neue Klasse« zu etablieren, mußte doch in den Provinzen eine neue funktionierende Herrschaftsstruktur errichtet werden. Das war vornehmlich das Werk von Maos Stellvertreter Liu Schao-tschi, lange Jahre hindurch der zweite Mann des Reiches.

Für Maos Temperament und Zielsetzung vollzog sich der Prozeß der Verwandlung Chinas viel zu langsam. Schon seit 1942 hatte er durch immer neue Rektifizierungskampagnen das Tempo zu beschleunigen versucht. Nach den überaus blutigen Anfangsjahren, die Millionen das Leben gekostet hatten[7], setzten im großen Stil die berühmten Experimente der Gedankenreform – Gehirnwäsche, verbunden mit Selbstbezichtigungen – ein. Sie brachten keinen durchschlagenden Erfolg. Unermüdlich wollte jedoch Mao, gegen hinhaltenden Widerstand in der obersten Parteispitze, die Umformung Chinas in wenigen Jahren erzwingen. Der überstürzten Kollektivierung der Landwirtschaft und der Bildung der Volkskommunen folgte 1957/58 der »*Große Sprung vorwärts*« mit seinen seltsamen Experimenten, den Stahlöfen in Hinterhöfen und zwölfstündigen Arbeitszeiten, die den Menschen in eine lebende Maschine verwandeln sollten, geschlechtslos und puritanisch. China ächzte einige Monate, dann kam alles zum Stillstand.

Dieser eklatante Mißerfolg, verstärkt noch durch eine entsetzliche Hungersnot, führte zu einem schweren Rückschlag für Mao persönlich. Ende 1958 trat er zu Gunsten Liu Schao-tschis vom Amt des Präsidenten der Volksrepublik China zurück, blieb aber Parteivorsitzender. Es sollte acht Jahre dauern, bis zum Beginn der Kulturrevolution im Frühsommer 1966, bis sich Mao wieder uneingeschränkt im Besitz der Macht befand.

Einer der ältesten Kampfgefährten Maos, der vierschrötige Verteidigungsminister Marschall P'eng Te-huai, hatte sich zum Wortführer der Kritiker an Maos Ungeduld und den überstürzten Maßnahmen in der Landwirtschaft gemacht. Als Oberbefehlshaber der chinesischen Streitkräfte im Koreakrieg besaß er hohes Ansehen im Politbüro. Seine Entlassung als Verteidigungsminister im Herbst 1959 und Ersetzung durch den Mao ergebenen Marschall Lin Piao wurde zum Anlaß jahrelanger unterschwelliger Kämpfe in der höchsten Führungsspitze. Sie löste schließlich die *Kulturrevolution* aus.

In einem allegorischen Theaterstück hatte der Schriftsteller Wu Han die ungerechte Entlassung eines Hofministers durch einen Kaiser dargestellt. Das damals noch kritisch gestimmte Publikum der Intelligenzia Pekings verstand sofort, daß hier in historischem Gewand Mao angeprangert wurde. Wu Han war zugleich Vizebürgermeister von Peking und hatte engste Beziehungen zu Liu Schao-tschi. Die Hauptstadt befand sich in Händen einer mächtigen Gruppe, die zweifellos andere Vorstellungen vom Fortgang der chinesischen Revolution hatte als Mao. Sie vertrat einen gemäßigteren Kurs. So wollte sie z. B. den Bauern wie den Industriearbeitern zur Hebung der Produktion materielle Anreize geben. Das waren Ideen, die Mao scharf ablehnte.

In diesem Winter 1965/66 hatte Mao sein Hauptquartier in Schanghai aufgeschlagen. Von dort kamen alsbald heftige Angriffe auf Wu Hans Theaterstück. Sie steigerten sich von Woche zu Woche und bezogen sich bald auf die ganze führende Gruppe in Peking. Der Kampf der »beiden Linien« war offen entbrannt. Der Widerstand der Parteibürokratie war weit zäher, als man damals im Ausland ahnen konnte. Es ist ungewiß, ob Mao den Kampf gewonnen hätte, wenn er sich nicht die Jugend Chinas zu seinem Bundesgenossen in einer Aktion ohne Beispiel gemacht hätte.

Von der Kulturrevolution zum Militärstaat

Die Kulturrevolution wurde von einer kleinen Gruppe geleitet, in der Maos Frau Tschiang Tsching eine zentrale Rolle spielte. Ausgeführt wurde sie von Millionen Jungen und Mädchen. Während einiger Monate waren sie im Winter 1966/67 die tatsächlichen Machthaber des riesigen chinesischen Reiches. Sie verprügelten und verhafteten zuerst ihre Lehrer und wandten sich dann in Massenaktionen in Peking und allen Provinzen gegen die Parteiführer. Zugleich bildeten sich in den Betrieben spontane Kampforganisationen, deren Komitees die Betriebsleitungen weichen mußten. Schulen und Hochschulen blieben für drei bis vier Jahre geschlossen. In den Betrieben sank die Produktion. Die Armee hatte Befehl, Gewehr bei Fuß zu bleiben und die Aktion der Roten Garden nicht zu hindern.

Aus Originalberichten ehemaliger – später geflohener – Rotgardisten, die als zuverlässig gelten können[8], weiß man inzwischen in allen Einzelheiten über die blutigen Gewaltmaßnahmen Bescheid, mit denen diese entfesselte Jugend gegen alle vorging, die noch wenige Monate vorher die höchste Autorität besaßen. Es herrschte in China für einige Monate völlige Anarchie. Sie steigerte sich noch, weil die Roten Garden in zahlreiche sich bekämpfende Gruppen zerfallen waren, die sich regelrechte Schlachten zu liefern begannen.

Das bestätigte Mao selbst drei Jahre später in einem Gespräch mit Edgar Snow, dem er sagte: »Wenn Ausländer darüber berichteten, China befände sich in allgemeinen Chaos, so haben sie nicht gelogen. Es war wahr. Die Kämpfe zwischen verschiedenen Gruppen begannen mit Speeren, dann mit Gewehren und schließlich wurden sie mit Mörsern ausgetragen.«[9]

Die Episode der Kulturrevolution war eine der riskantesten Unternehmungen in Maos kampferprobtem Leben. Sein Ziel war die Beseitigung der »Neuen Klasse«, über die Liu Schao-tschi als oberster Hierarch absolute Macht ausübte. Der Versuch, diese Parteikader von innen aufzuspalten, war daher wenig erfolgversprechend. Sie direkt durch die Armee zu beseitigen, war möglich, aber gefährlich für Maos eigene Stellung. Gegenüber Tausenden Jugendlichen aber, die in die Parteihäuser und Verwaltungszentren johlend eindrangen, waren die Autoritäten der »Neuen Klasse« machtlos. Verunsichert über die Reaktion in Peking, konnten sie nicht wagen, die Polizei aufzubieten und auf die Eindringlinge zu schießen. So mußten sie sich abführen lassen und sich öffentlich unter demütigenden Umständen und oft auch physischen Quälereien zu Selbstbezichtigungen bereit finden, die sie moralisch vollends vernichteten.

Die Roten Garden glaubten tatsächlich, ihnen sei nun die Macht über China zugefallen. In dem Bericht des Rotgardisten Ken Ling, der mit siebzehn Jahren zeitweise ein Gebiet mit 700 000 Menschen in Südchina beherrscht hatte, findet sich die folgende bezeichnende Stelle:

»Wenn wir riefen: ›Lang lebe der Vorsitzende Mao‹, war uns die eigentliche Bedeutung der Worte nicht mehr bewußt. Warum durften wir nicht rufen: ›Lang leben die Roten Garden‹? Wir glaubten, wir seien die zukünftigen Herren des Landes. Erst nachdem diese Annahme von Mao Tse-tung zerstört worden war, erkannten wir, wenn auch spät, daß Mao uns mehr für seine Zwecke benutzt hatte als wir ihn. Ich sollte meine Genossen nie darüber diskutieren hören, wie man die Gedanken Maos verteidigen könnte. Alles, was ich hörte, waren Überlegungen, wie man unsere Organisation stärken und ihre Gegner schwächen könnte.«[10]

Gewiß waren Maos ganze Sympathien bei den Roten Garden, solange sie ein unverzichtbares Instrument waren, die Hierarchie der »Neuen Klasse« aufzubrechen, die Maos Utopie vom Allzweckmenschen entgegenstand. Als sie diese Aufgabe erfüllt und übererfüllt hatten, befand sich der große Steuermann in der Lage des Zauberlehrlings. Um die entstandene Anarchie zu bändigen und die bedenklich sinkende Produktion wieder in Ordnung zu bringen, blieb ihm nichts übrig, als den Kettenhund loszulassen, der schon ungeduldig bereit stand: die Armee.

Aus dem Juli 1968 ist eine Tondbandaufzeichnung Maos überliefert, die eine Unterhaltung mit Führern der Roten Garden wiedergibt.[11] In diesem glaubwürdigen Dokument sagt er den jungen Leuten: »Ihr habt euch auf den Rücken des Tigers begeben, ihr wollt herunter, aber es fällt euch keine gute Methode ein ... Im ganzen Lande kann man Zehntausende Zentren gründen. Wenn das alles Zentren sind, dann gibt es kein Zentrum mehr. Jeder glaubt für sich, er sei der Erste im Reich. Was für ein Zentrum ist da noch möglich? ... Ihr habt euch von den Massen entfremdet ... Wenn ihr die Schwarze Hand ergreifen wollt, die Schwarze Hand, das bin ich.«

Das war zu einem Zeitpunkt, als schon Hunderttausende Roter Garden von der Armee aus den Städten mit Zwang in weit entfernte Arbeitslager abtransportiert waren. Bis zum Ende der Kulturrevolution sollten ihnen Millionen folgen. Die Wiederherstellung der Ordnung war ein hartes Geschäft. Es ist skrupellos erledigt worden. Und Mao griff zum Schutz der jungen Leute kaum mehr ein; der große Revolutionär hatte sein Ziel mit einem künstlich entfachten Sturm erreicht. Von jetzt ab trat wieder der Staatsmann Mao auf den Plan, der das Reich bewahren mußte.

Die Armee hatte die begeisterten und außer Rand und Band geratenen Jungen und Mädchen mit harter Faust angepackt, obwohl sie selbst im Zentrum der Kulturrevolution stand. Wie erklärt sich dieser Widerspruch?

Der schmächtige und dogmatische *Marschall Lin Piao*, ein Mann mit großem Ehrgeiz, aber ohne jedes Charisma, hatte in den sechs Jahren von seiner Ernennung zum Armeechef (1959) bis zum Ausbruch der Kulturrevolution die Armee als Partei innerhalb der Partei zu einem riesigen revolutionären Kader ausgebaut. Zugleich war er der Förderer des Mao-Kultes. Die Vergöttlichung des »großen Steuermanns« war ein Mittel im Machtkampf um die Führung. Sie schuf die Voraussetzung dafür, daß der Vorsitzende den Kampf gegen Liu Schao-tschi und die Apparatschiks zu gewinnen vermochte, die ihn aus der Tagespolitik fast ganz ausgeschaltet hatten. Mao hat später gegenüber Edgar Snow selbst zugegeben, damals habe die Notwendigkeit für seine fast gottähnliche Verehrung bestanden, die nach dem Sieg der Kulturrevolution nicht mehr so wichtig gewesen sei.

Lin Piao schuf Heldengestalten der Selbstlosigkeit und des Opfermutes wie die »guten Soldaten« Lei Feng und Men-ho, deren Taten in rollenden Propagandawellen gepriesen wurden. »Lernt von der Volksbefreiungsarmee« war die Parole, die ab 1960 ganz China überflutete. Offenbar hatte der bürokratische Parteiapparat, der sich im Vollbesitz der Macht wähnte, die Rolle der Armee in diesen Jahren des steilen Aufstieg Lin Piaos weit unterschätzt.

Als dann der »Kampf der zwei Linien« offen ausbrach und die Chinesen zu ihrem Erstaunen erfuhren, es hätten sich »kapitalistische Holzwürmer« in die Partei eingenistet, voran der »chinesische Chruschtschow« (Liu Schao-tschi), waren die Weichen für die Übernahme der wichtigsten Schlüsselpositionen durch die Armee schon gestellt. Von den Provinzgouverneuren bis in die Schulen, die Universitäten und die Betriebe übernahmen Soldaten die Macht.

Als im April 1969 Lin Piao auf dem IX. Parteikongreß der KP Chinas »endgültig« zum Nachfolger Maos ernannt worden war, unterschied sich China nur noch wenig von einer Militärdiktatur. Noch im Winter 1973/74 – Lin Piao war schon gestürzt – standen in 21 der 29 Provinzen Armeekommandeure an der Spitze der Revolutionskomitees, wie jetzt die Verwaltungszentren hießen. Dabei ist jedoch zu bedenken, daß Partei und Armee von Anfang an in ihren Führungsspitzen identisch gewesen waren. Zum mindesten hatte also eine mit militärischer Macht ausgestattete Parteigruppe die politische Macht übernommen. Mehr und mehr Schlüsselpositionen waren von Offizieren besetzt worden, die aus der einst von Lin Piao geführten IV. Armee der Bürgerkriegszeit stammten.

»Die Macht beruht auf der Mündung des Gewehrs« war ein altes Mao-Wort. Dem stand das andere Wort gegenüber, daß die Armee der Partei zu gehorchen habe. In diesem dialektischen Prozeß gab es nur noch einen Schlichter, nämlich Mao. Dafür hatte die Armee mit ihrer hemmungslosen Vergöttlichung des »Großen Steuermannes« selbst gesorgt.

Die Beseitigung des Militärstaates

Maos Auseinandersetzung mit Lin Piao scheint schon bald nach dem IX. Parteikongreß begonnen zu haben, der im April 1969 die Kulturrevolution abschloß. Wir können in unserem Zusammenhang nicht den Einzelheiten der widersprüchlichen Geschichte von Lin Piaos Sturz und Tod nachgehen, bei der Maos »engster Waffengefährte« schließlich als der Erzverräter dastand, gegen den eine posthume Massenanklage größten Stils entfesselt wurde. Während Lin Piao stets – zusammen mit Tschiang Tsching, der Frau Maos – auf dem linken Flügel der Parteiführung angesiedelt war, wurde er während dieser Kampagne zum Rechtsabweichler umstilisiert, der sich angeblich zum »Kaiser von China« erheben und die konfuzianische Ordnung wiederherstellen wollte. Die mageren Zeugnisse über die stets im Halbdunkel verharrende Persönlichkeit Lin Piaos lassen auf einen ausgeprägten Machtwillen einer eher mittelmäßigen und phantasielosen Intelligenz schließen, die sich wahrscheinlich auch in China niemand als alleinigen Nachfolger Maos hatte vorstellen können.

Gewiß ist nur, daß sich zum Sturz Lin Piaos zwei Kräfte erster Ordnung aus sicherlich sehr verschiedenen Motiven zusammenfanden: Mao selbst und Tschou En-lai, der während der Kulturrevolution nach dem Sturz Lius den dritten Platz in der Hierarchie hinter Mao und Lin eingenommen hatte.

Das Ergebnis der Kulturrevolution, d. h. das Aufbrechen der festen Front des Establishments der Parteifunktionäre, kann Mao nicht befriedigt haben. An die Stelle der alten Parteihierarchie war eine neue, wesentlich vom Militär beherrschte getreten. Unter den 160 Funktionären der obersten Parteigremien befanden sich 1969 über neunzig Offiziere.[12] Mao sah sich von seinem Ideal der unmittelbaren Spontanität »von Millionen Nachfolgern« weiter entfernt denn je. Sein Ideal – die Verbindung von Disziplin mit Selbstinitiative – war abermals unterlaufen worden. Sich dem achtzigsten Lebensjahr nähernd, den Tod vor Augen, sah er auf ein China, dessen Provinzen sich in eine Art Militärkolonien zu verwandeln begannen. Einer der Hauptvorwürfe gegen Lin war später, er habe die »Zeiten der Kriegsherren« wieder aufleben lassen. Tatsächlich waren manche Kommandeure der Militärregionen in Verbindung mit ihrer Doppelstellung in den Revolutionskomitees zu großen Herren geworden, die glauben konnten, Peking sei weit. Kurzum, für Mao tauchte der Alptraum auf, er werde einen Militärstaat, garniert mit Maosprüchen und Maobildern, hinterlassen.

Ob Lin wirklich einen Putsch und die Ermordung Maos geplant hat, wie später in Peking behauptet wurde, ist weniger wichtig als der bereits Monate vor den Ereignissen vom September 1971 gefaßte Entschluß seiner Entmachtung. Für die Fortentwicklung von Maos Ideen einer »radikal neuen Gesellschaft« war er zu einem gefährlichen Störfaktor geworden, um so mehr, als sich Lin zum berufenen Interpreten der Gedanken Maos aufgeschwungen hatte. Der später erhobene Vorwurf der Gedankenfälscherei war nicht völlig unzutreffend; denn Lin konnte als Vertreter der Militärbürokratie den eigentlichen Sinn von Maos permanentem Klassenkampf kaum akzeptieren. Auch nach Maos Tod wird seine Lehre von den verschiedenen Gruppen kontrovers interpretiert werden.

Zum zweiten Mal innerhalb weniger Jahre galt es also für Mao, eine sich verhärtende Führungsstruktur aufzubrechen. Das Schlagwort vom nicht endenden Klassenkampf wandte sich nunmehr gegen die bereits sichtbar gewordenen Fundamente eines künftigen Militärstaats. Die von Mao selbst erzeugte militärähnliche Organisation weiter Bereiche des zivilen Lebens – bei den Kindergärten und Schulen beginnend und der Uniformität der Literatur endend – hatte diese Tendenz kräftig gefördert.

Der Baumeister des neuen China

Tschou En-lais Interessen verbanden sich beim Sturze Lins mit denen Maos aus anderen Motiven. Der Premierminister seit 1949 hatte alle Stürme biegsam wie Bambus überstanden. In den Jahren der blanken Katastrophe nach dem »Großen Sprung« hatte er mit Lius Versuchen sympathisiert, durch materielle Anreize und Lockerung der Zwangsmaßnahmen das Wirtschaftsleben wieder in Gang zu bringen. Originelle Gedanken Tschous zur Gesellschaftsreform sind nie bekannt geworden. Er war mit seinen enormen Talenten immer ein unentbehrlicher Praktiker und zugleich einer der wenigen Köpfe im obersten Führungsgremium, der präzise Vorstellungen von der Welt außerhalb Chinas besaß, die noch auf seine Studienzeit in Frankreich und Deutschland zurückgingen.

Im eigenen Land zeigte Tschou stets ein ungewöhnliches Gespür für kommende Entwicklungen. So hielt er an der Jahreswende 1964/65 eine Rede, die wie eine Blaupause schon alle Elemente der Kulturrevolution enthielt – anderthalb Jahre vor deren Ausbruch –, als noch kein Außenstehender das ganze Ausmaß des Zerwürfnisses zwischen Mao und Liu ahnen konnte.

Lin Piaos Aufstieg kann für Tschou nur ein Grund für tiefe Beunruhigung gewesen sein, persönlich wie sachlich. An dem sich seit 1968 abzeichnenden Militärstaat konnte Tschou als Chef der zivilen Verwaltung kaum Gefallen finden, so eifrig er auch in jenen Jahren das von Lin verbreitete Rote Büchlein zu schwenken pflegte. Mit der Eliminierung Lin Piaos, an welcher der Premierminister wesentlich beteiligt war, wurde nicht nur ein Konkurrent entfernt, sondern ein Unsicherheitsfaktor für die notwendige Reorganisation Chinas nach der Kulturrevolution und die bald wiedergewonnene Stabilität, die Tschous letzte glanzvolle Periode (1969/75) kennzeichnet, bevor sein Stern – nach schwerer Erkrankung – allmählich zu verblassen begann. Tschou En-lai wird in die Geschichte Chinas als einer der großen Reichsverweser eingehen. Ohne seine überragende Intelligenz hätte der Zusammenhalt Chinas kaum verbürgt werden können.

Für Tschou En-lai war die Entfernung Lins auch aus außenpolitischen Gründen zwingend. Es dürfte zutreffen, daß Lin zu den schärfsten Kritikern der »Öffnung« gegenüber den USA gehörte, die Tschou mit Nachdruck betrieb, nachdem Mao diese Wendung gebilligt hatte.

So läßt sich die ganze Periode von 1958/59 bis 1973 mit ihren beiden tiefen Einschnitten – der Kulturrevolution und dem Sturz des Reformkurses Lius und dann der Beseitigung des von Lin aufgebauten Militärstaates – dahin charakterisieren, daß der alternde Mao selbst der wichtigste Faktor im Kampf um seine Nachfolge gewesen ist. Es war zugleich der Kampf um die künftige Gestalt Chinas.

Zweimal hat Mao seine bereits designierten Nachfolger entmachtet, weil er sich von ihnen nicht als Galionsfigur für Ziele gebrauchen lassen wollte, die nicht mit seinen eigenen Vorstellungen von der Transformation der chinesischen Gesellschaft übereinstimmten. Die Vernichtung des traditionellen konfuzianischen Denkens, das Elite und Volk scharf gegeneinander abgrenzt (und in vielfachen Verkleidungen wieder auferstehen kann), stand unablässig im Mittelpunkt seiner Lehre von der spontanen Produktivität der Massen. Daß ihm dabei die neue Klassenstruktur der Sowjetunion als besonders verachtenswertes Beispiel der Verfremdung des revolutionären Impulses erscheinen mußte, ergab eine enge Verschränkung mit der Außenpolitik, der sich Mao seit seinem Abgang als Staatspräsident mit Leidenschaft von der Kommandohöhe der Partei aus widmete. Viele der glänzend stilisierten Briefe an westliche kommunistische Parteien stammten von Mao selbst.[13] Es sind klassische Polemiken darunter, die an Ciceros Reden gegen Catilina erinnern.

Die Kritik an der Sowjetunion, am Revisionismus und »Sozialimperialismus« war vor allem auch ein zentrales Stück chinesischer Innenpolitik, das handgreiflichste Beispiel, wohin der Weg der »Rinderteufel« und »Dämonen« führen muß: zurück in den Kapitalismus und Klassenstaat.

Ursprünge des chinesischen Kommunismus

Mag Maos Vorstellung vom neuen chinesischen Menschen eine romantische Utopie sein, eine Art Titanenkampf mit dem den Chinesen eingeborenen Pragmatismus, so verbinden sich damit auch viele Unterströmungen der chinesischen Geschichte.

Die häufigen, von einem magischen Weltbild beflügelten Bauernrevolutionen, die gegen das Zwangssystem der konfuzianischen Vernunftsreligion rebellierten, waren von den alten taoistischen Volksreligionen getragen. So besaß die Taiping-Revolution Mitte des 19. Jahrhunderts, die das Mandschureich in seinen Grundfesten erschüttert hatte, etwas verworrene christliche, vor allem aber volksreligiöse Wurzeln, die tief im Untergrund der chinesischen Gesellschaft in den Geheimgesellschaften fortwirkten. Mystische messianische Überzeugungen von der Erwählbarkeit der Massen und einem paradiesischen Endzustand blieben unter der Decke des Konfuzianismus lebendig. Wie vor allem Wolfgang Bauer gezeigt hat, sind im irrationalen dörflichen Untergrund Chinas religiöse Utopien nie in dem Maße verdorrt, wie das die konfuzianische Oberfläche erscheinen ließ. »Das Religiöse, ja selbst das Magische ist in China eine Ausdrucksform, die sich fast zwangsläufig mit dem Gedanken der Erneuerung, Mobilität und Revolution verbindet.«[14]

Wenn man die Berichte in der »Peking Review« liest, in denen erzählt wird, wie Nachdenken über Maos Aussprüche ebenso entscheidende Hilfe bei Augenoperationen wie bei der Verbesserung eines Traktors bringt, so stößt man auf die magischen Traditionen der Geheimgesellschaften. Der junge Mao hat ihnen nahegestanden.

»Das Faszinierende am zeitgenössischen China ist diese widersprüchliche Mischung von erstaunlich weit fortgeschrittener, mit bewundernswerter Konsequenz durchgeführte Modernisierung auf technischem Gebiet und einer dem Westen fast atavistisch anmutenden Gläubigkeit, deren Wurzeln auf die in den Geheimgesellschaften überlieferten antikonfuzianischen religiösen Traditionen zurückgehen.«[15]

Orientalische Gesellschaften mit rationalen Herrschaftssystemen sind immer doppelbödig, wie man es auch im modernen Japan wieder erlebte, in dem die buddhistischen Sekten eine so erstaunliche Renaissance erfuhren. Damit steht in engem Zusammenhang Maos Glaube an die Allmacht des menschlichen Willens. Er paart sich mit Verachtung der Maschinenwelt, den mechanischen »Papiertigern«, die der kollektiven Willensanstrengung der Massen niemals gewachsen sein können. Dem entspricht die

Verherrlichung des Guerillakrieges ebenso wie jene romantischen wirtschaftlichen Vorstellungen, die zum »Großen Sprung« führten.

China haben die Katastrophenjahre 1958/61 und dann die Wirren der Kulturrevolution 1966/69 gewaltige und nachwirkende Opfer abverlangt. War doch während der Kulturrevolution die gesamte Jugenderziehung von der Grundschule bis zur Hochschule für etwa vier Jahre völlig unterbrochen. Noch 1974 gab es in ganz China nur 325 000 Studenten. Vor der Kulturrevolution waren es etwa 900 000.[16] Die Skepsis Maos gegen höhere Bildung muß sich in den nächsten Jahrzehnten sehr nachteilig auswirken.

Unter den 20 bis 25 Millionen Menschen, die am Ende der Kulturrevolution aufs Land verschickt wurden, befanden sich Millionen von Schülern und Zehntausende Studenten. Auch nachdem die Hochschulen langsam wieder ihren Betrieb aufgenommen hatten, drang Mao darauf, die eigentliche wissenschaftliche Ausbildung soweit wie möglich abzukürzen. Die Abschaffung des Aufnahmeexamens in die Hochschulen hat nach Ansicht kompetenter Beobachter das Niveau erheblich gesenkt. Erst seit 1970 wurden vorsichtige Gegentendenzen sichtbar, die wieder Wert auf fachliche Ausbildung legten.

Rhythmus der Kraftakte

Radikale Reformen und Perioden der Entspannung haben sich in der Entwicklung Chinas seit 1949 immer wieder abgelöst. Auf die revolutionäre Periode von 1955 bis 1959, in der die Volkskommunen entstanden und der »Große Sprung vorwärts« versucht wurde, folgte die von Liu Schao-tschi geprägte Periode der Auflockerung von 1961 bis 1966. Auf das Chaos der Kulturrevolution folgte die von Tschou En-lai dominierte Periode von 1969 bis 1975, die beim Abschluß dieses Buches noch anhält.

Sie wurde durch die »kleine Kulturrevolution« – die Kampagne gegen Lin Piao und Konfuzius – unterbrochen, bei der 1973/74 zeitweise radikale Kräfte aus Schanghai wieder in den Vordergrund traten. Ihre zweideutigen Parolen richteten sich gegen Tschou und seine »Restauration« selbst. Dem großen Pragmatiker gelang es jedoch, die »Neue Linke« einzudämmen.

Die letzte Etappe des Ringens Maos um die künftige Gestalt Chinas begann mit dem X. Parteitag im August 1973. Zum ersten Mal erschien dort am Tisch des innersten Führungskreises mit dem jungen »Kulturrevolutionär« aus Schanghai, *Wang Hung-wen,* ein völlig neues Gesicht unter den bekannten Greisengestalten. Dieser auch den meisten Chinesen bis dahin unbekannte knapp Vierzigjährige rückte als Nummer drei in die oberste Führungsspitze ein. Von nun ab sah man Wang stets neben Mao sitzen, wenn ausländische Staatsmänner in seine Studierzimmer geladen wurden. Wang gehört zur radikalen Fraktion. Doch blieb der Nachwuchsmann in den ersten beiden Jahren seines steilen Aufstiegs eher eine Symbolfigur. Regieren war noch immer das Geschäft der Alten.

Wenn es 1973/74 nochmals einen Kampf »zweier Linien« gegeben hat, so haben die pragmatischen Kräfte um Tschou En-lai größere Stärke bewiesen als die Kulturrevolutionäre. Auch dafür gab es ein Symbol: der Wiederaufstieg des in der Kulturrevolution unter lauten Verwünschungen »untergegangenen« ehemaligen Generalsekretärs der KP, *Teng Hsiao-ping.* Im April 1973 tauchte er lautlos wieder als Vizepremier auf. Bereits ein Jahr später übernahm er den größten Teil der Aufgaben des Premierministers, als Tschou an einem Herzleiden schwer erkrankte, und im Januar 1975 wurde er vom Volkskongreß als erster Stellvertreter Tschous bestätigt und gleichzeitig in den Lenkungsausschuß des Politbüros berufen, des höchsten und innersten Führungskreises. Kurz darauf wurde er auch noch Generalstabschef der Armee.

Diese sensationelle Rehabilitierung war kein Einzelfall. Bis Ende 1974 konnten die Chinaspezialisten 208 hohe und höchste Funktionäre identifizieren, die während der Kulturrevolution zu Fall gekommen waren und jetzt wieder auf wichtigen Posten standen, darunter auch hohe Offiziere.[17]

Bei der Regierungsumbildung im Januar 1975 kamen fast ausschließlich altbewährte Mitarbeiter Tschous in den Schlüsselpositionen zum Zuge. Die einzige Ausnahme war die Berufung

Tschan Tschung-tschiaos (etwa 55), eines markanten Sprechers der radikalen Gruppe aus Schanghai. Es soll sich bei ihm um einen fähigen Organisator handeln, der sich nicht so radikal gebärdet wie Wang Hung-wen, dem kein Regierungsamt übertragen wurde. Tschans Aufnahme in das Spitzenteam war als Kompromiß zwischen »beiden Linien« zu werten.

Ähnlich wie in der Sowjetunion war auch in China die Parteispitze Mitte der siebziger Jahre ein Club alter Herren. Das 1958 gewählte Politbüro hatte ein Durchschnittsalter von 67 Jahren, das damalige ZK von 64 Jahren.[18] Sechzehn Jahre später wies das Politbüro noch immer ein Durchschnittsalter von 66 Jahren und das Lenkungskomitee sogar von 71 Jahren auf.[19] Im ZK waren 1974 60 Prozent der Mitglieder noch Teilnehmer am langen Marsch von 1935 gewesen. Das Durchschnittsalter des ZK betrug 63 Jahre, Dreiviertel seiner Mitglieder waren über 60 Jahre alt.

Man hatte angenommen, der Volkskongreß werde 1975 eine wesentliche Verjüngung bringen. Sie blieb aus. Neben Teng Hsiaoping (Jahrgang 1904) steht der fast gleichaltrige Li Hsien-nien als oberster Chef des gesamten Wirtschafts-, Finanz- und Planungswesens. Zum Verteidigungsminister wurde das 77jährige Mitglied des Politbüros, Jeh Tschien-jing, ernannt, ebenfalls ein enger Freund Tschou En-lais. Die drei Schlüsselpositionen sind in Händen dieser festgefügten Gruppe, während der Nachwuchs die dritten und vierten Positionen einnimmt.

Ob Mao damit einverstanden war, daß auf dem Volkskongreß vom Januar 1975 die Generationsablösung abermals unterblieb, ist zweifelhaft. Obwohl er gerade in den Tagen, in denen der Volkskongreß versammelt war, Franz Josef Strauß außerhalb Pekings empfing, er also nicht krank war, blieb Mao zum erstenmal einer entscheidenden Tagung fern. Man konnte das als symbolischen Akt dafür auslegen, daß der Sieg der pragmatischen Richtung der alten Herren um Tschou En-lai nicht mit den innersten Wünschen des permanenten Revolutionärs übereinstimmte.

Die Besetzung der Schlüsselpositionen durch die Siebzigjährigen kann jedoch die Generationsablösung nur um wenige Jahre hinausschieben. Und damit auch neue Fraktionskämpfe. Tschou hat die Weichen noch von seinem Krankenzimmer aus so gestellt, daß die Männer seiner Wahl ihn selbst und wohl auch Mao an den Hebeln der Macht überleben können. Bis Ende der siebziger Jahre wird sich herausstellen, wie weit damit das künftige Bild Chinas für eine längere Zeitspanne geprägt ist.

Die im Januar 1975 beschlossene neue Verfassung Chinas legt die Priorität der Partei fest. Damit wollte Tschou – hierin sicherlich in Übereinstimmung mit Mao – einer Entwicklung Chinas zum Militärstaat endgültig einen Riegel vorschieben und eine Wiederholung der Periode Lin Piaos verhindern. Im Politbüro und im ZK wurde die Zahl der militärischen Mitglieder schon 1973 drastisch vermindert. In einer langen und behutsamen Operation hat Tschou die ehrgeizigen Marschälle wieder unter die unmißverständliche Oberhoheit der politischen Zentrale in Peking gebracht.

Chinas eigener Weg

Das chinesische Experiment unterscheidet sich vom sowjetischen und den Anstrengungen vergleichbarer großer Entwicklungsländer wie Indien fundamental. Die westlichen Industrienationen, ihr Lebensstandard und Wohlstand gaben für das China Maos niemals Vergleichspunkte und Gradmesser für die eigene Entwicklung ab. Wie könnte auch für China die motorisierte westliche Gesellschaft einen Bezugspunkt darstellen? Wenn es auch in China gelegentlich Phrasen vom »Einholen« und »Überholen« gegeben hat, so waren sie atypisch und bedeutungslos. Auch die Periode, in der, wenn nicht der Westen, so wenigstens die Sowjetunion ein Vorbild war, »von dem es zu lernen gelte«, betrug kaum ein Jahrzehnt. Faktisch war Maos eigener Weg schon Mitte der fünfziger Jahre erkennbar, was damals bereits tiefe Bestürzung in Moskau hervorrief.

Auch China mußte sich nach 1949 eine eigene Schwerindustrie schaffen. Wie in der Sowjetunion und Indien konnte das Kapital für diese Investitionen nur aus den Überschüssen der Landarbeit aufgebracht werden. Im Gegensatz zum sowjetischen

Vorbild räumte jedoch Mao der Schwerindustrie keine absolute Priorität ein. Zeitweise besaß auch China – vor allem unter den Berufsoffizieren der fünfziger Jahre – seine »Eisenfresser«, die aus rüstungstechnischen Gründen das Sowjetmodell nachahmen wollten. Dem widersprach jedoch Maos Kriegstheorie, in deren Mittelpunkt der Guerillakrieg und nicht der moderne Materialkrieg steht; die Erfahrung also, daß jede Invasionsarmee sich – wie einst die japanische – in den Weiten Chinas verlieren und durch lange Nachschubwege aufzehren muß. Daher blieb der Einfluß der Militärexperten viel geringer als im sowjetischen Politbüro. Selbst in den Jahren, in denen China fast ein Militärstaat war, wurde an Maos Guerillatheorie nicht gerüttelt.[20]

China wurde Atommacht, woran chinesische Wissenschaftler, die in USA ausgebildet worden waren, entscheidenden Anteil hatten. Die chinesische Wirtschaft wurde jedoch bei weitem nicht in Masse auf die Rüstungs- und Kriegsindustrie programmiert wie die sowjetische. Das war ein viel umkämpfter Beschluß. Der Ausgang des Krieges in Vietnam hatte jedoch Maos Theorie bestätigt, daß moderne Materialarmeen die Guerillataktik in weitgehend unerschlossenen Gebieten auf die Dauer unterlegen sind. Noch lange wird China ein Land bleiben, in dem moderne motorisierte Armeen wenig auszurichten vermögen.

Arbeit für jedermann

Man erkannte in Peking schon frühzeitig, daß die Industrialisierung, die mit großem Einsatz vorangetrieben wurde, das Grundproblem niemals lösen könne: die Beschäftigung der Millionenmasse der 80 Prozent Chinesen, die auf dem Lande leben. Der Zuzug der Landbevölkerung in die Städte wurde unterbunden; mehr noch, Millionen wurden zwangsweise von den Städten aufs Land verschickt. Man versuchte also die Slumbildung am Rande der Großstädte, die in allen Entwicklungsländern erfolgt ist, zu verhindern – nur teilweise mit Erfolg. Nicht die Menschen sollen in die Stadt zur Arbeit kommen, sondern umgekehrt, die Arbeit sollte zu den Menschen aufs Land kommen. Dieses Rezept Maos lag schon dem »Großen Sprung vorwärts« zugrunde, scheiterte aber an mangelnder Vorbereitung. Erst in den Jahren nach der Kulturrevolution hat Mao seine Grundauffassung vom chinesischen Entwicklungsprozeß durchgesetzt.

Tragend blieb – vor allem nach den schrecklichen Hungerjahren 1959/61 – die *Landwirtschaft*. Auf sie baut sich heute eine neu geschaffene Kleinindustrie auf, die nicht für einen »Markt«, sondern fast ausschließlich für einen eng begrenzten lokalen Bereich arbeitet, damit aber die überschüssigen Arbeitskräfte auf dem Lande beschäftigt. Ihr steht die Leichtindustrie der Städte zur Seite, die in größeren Einheiten produziert. Damit wurde das Problem der Versorgung der Bevölkerung mit einfachen Konsumwaren in ganz anderer Form als in der Sowjetunion gelöst. Die Volkskommunen, in denen zwischen 20- und 50 000 Menschen zusammengefaßt sind, wurden zu kleinen Autarkiezellen, in denen die unerläßlichen Bedarfsgüter für den unmittelbaren Verbrauch hergestellt werden. Damit war alles auf den Kopf gestellt, was man bisher von Planung in kommunistischen Ländern gehört hatte.

Mitten in der Kulturrevolution hat Mao in seinen 1968 veröffentlichten »Vier Essays über Philosophie« seine Entwicklungsprinzipien noch einmal neu formuliert. Er sagte damals, es müsse sehr wohl eine Gesamtplanung geben, sie dürfte aber kein Vorwand für die Konzentration aller Macht in den Händen der Zentralregierung sein. »Vieles kann lokalen Organisationen oder auch den Massen direkt überlassen bleiben – beide sind durchaus in der Lage, richtige Wege zur Entwicklung zu finden.«

Folgerichtig wurde nach 1969 den Provinzbehörden weitgehende Freiheit eingeräumt, ihr eigenes lokales Wirtschaftssystem zu entwickeln. Durch die Dezentralisierung ist die Initiative auf der unteren Ebene erheblich angeregt worden. Von landwirtschaftlichen Geräten bis zu Gummischuhen und Glühbirnen, von einfachen Textilien bis zu raffinierten Stickereien, die dann von Exportorganisationen gekauft werden, produzieren die Kommunen in einem Wettkampf, der jede oft auch nur kleine Verbesserung zu einer Heldentat macht. Das Prestige, das ein Dorf, eine lokale Fabrik oder, wie in Schanghai, sogar ein gut funktionierendes Kaufhaus erwerben kann, soll weitgehend ersetzen, was in der Marktwirtschaft vermehrter Gewinn und damit auch Erhöhung der Löhne und damit des Lebensstandards bedeutet. Man kann schwerlich voraussagen, ob dies auf die Dauer gelingt.

Eine gewisse Kompensation besteht nur darin, daß der Geldwert absolut stabil ist, daß es keine Inflation gibt und daß im Gegenteil durch die wachsende Produktion der *Kleinindustrie* der Kaufkraftwert des Yuan zunimmt. Diese Kleinindustrie ist als Nebenbeschäftigung für die Zeiten gedacht, in denen weniger für die Landwirtschaft zu tun ist. An die Stelle des individuellen Egoismus der einzelnen Bauernfamilien ist nun aber der kollektive Egoismus der Kommunen getreten, die zu Industrieunternehmen wurden und offenbar auch häufig während der Erntezeit weiter produzieren wollen. Das hat – als ab 1973 dieses System eingespielt war – den Protest des linken Flügels der Partei herausgefordert, der erneut »kapitalistische Abweichungen« zu wittern begann und eine straffe Zentralisierung des Wirtschaftssystems forderte, das den Provinzen und ihren unteren Einheiten weit weniger Bewegungsfreiheit gestatten würde.

Der Gegensatz zwischen politisch-ideologischem Zentralismus und einer weitgehenden Dezentralisierung ist daher zu einem schwierigen Problem der chinesischen Innenpolitik geworden. Einerseits hat die lokale Kleinindustrie verhindert, daß der Überschuß der chinesischen Landbevölkerung beschäftigungslos herumlungert, wie das in so vielen Entwicklungsländern der Fall ist. Andererseits ist ein unübersehbares Geflecht von Produktionsstätten entstanden, die häufig auf primitivstem Niveau arbeiten und eine Gesamtplanung sehr erschweren, zumal die Angaben, die nach oben gegeben werden, oft drastisch gefälscht werden, wie die Parteipresse häufig klagt. So entstehen teilweise doch die gleichen Probleme einer geplanten Wirtschaft, die in der Sowjetunion zu Dauerengpässen geführt haben.

In China sind jedoch die Akzente anders gesetzt. Während der Kulturrevolution kam das Management fast aller größeren Betriebe unter den Beschuß der radikalen Massenorganisationen, was schließlich zu einer Art Mitbestimmung der Belegschaft führte – wobei sich die Wortführer der Betriebsausschüsse auf das Mißtrauen Maos gegen Experten berufen konnten. In den

Jahren der Konsolidierung wurde dem Management wieder größerer Spielraum und mehr Entscheidungsfreiheit gegeben. Aber schon auf dem X. Parteitag 1973 warnte Tschou En-lai die Führungskader: »Eine echter Kommunist muß bereit sein, auf niedrigem wie auf höherem Posten zu arbeiten, und die Prüfung eines mehrfachen Auf und Ab bestehen können.« Und Wang Hung-wen fügte hinzu, die Massen seien berechtigt, eine »revolutionäre Kontrolle« über die Funktionäre der Partei auf allen Ebenen auszuüben. Kritik zu ersticken, sei absolut unzulässig.

Wer sind die Massen?

Sie sind das große Rätsel für alle Menschen aus dem Westen. Auch die besten Chinabeobachter wie Klaus Mehnert, Alain Peyrefitte, Robert Guillain, Harry Hamm und die Legion der amerikanischen »China Watchers« haben es nur intensiv beschreiben, aber nicht eigentlich lösen können. Die stereotypen Antworten, die der fragende Fremde in Fabriken und Volkskommunen, in Hochschulen und Forschungszentren erhält, entsprechen – mit nur geringen Abweichungen – den chinesischen Reportagen, die man in der »Peking Review« jede Woche lesen kann. »Die Lektüre der Werke Mao Tse-tungs hat uns geholfen, die Probleme unserer Kommune – Fabrik – Klinik – Schule – mit der Spontaneität der Massen zu lösen.«

Als in der Provinz Kirin, nördlich von Korea, in kürzester Zeit eine Röhrenfabrik für eine Ölleitung gebaut werden mußte, wurden die Maschinen dafür in örtlichen Fabriken hergestellt. Als sie installiert werden sollten, fehlten Krane. Acht Tonnen schwere Stücke wurden daraufhin mit Menschenkraft und Tragstöcken auf den Schultern der Arbeiter bewegt. »Das alles war möglich, weil man sich auf den revolutionären Enthusiasmus und die kollektive Weisheit der Arbeiter verlassen konnte« – eine typische Schilderung aus der »Peking Review«. Mit den gleichen Worten wurde sie Fremden berichtet, die in diese Fabrik kamen. Daß in Asien Arbeit als nationale Verpflichtung angesehen werden kann, läßt sich (oder ließ sich) auch in Japan beobachten. Ist das aber wirklich das ganze Geheimnis? Ist die Fröhlichkeit echt, die man bei Besuchen von Fabriken und Kommunen häufig erlebt? Oder sind es die angespannten müden Gesichter in den Städten?

Kein Ausländer kann das ergründen. Nur wird man allzu naiver Gäubigkeit mißtrauen müssen – vor allem seitdem wir über die innere, die wahre Geschichte der Kulturrevolution mehr von ehemaligen Teilnehmern wissen. Idealismus gibt es in China sicher in weit höherem Maße als irgendwo im Westen. Aber gerade in der Kulturrevolution zeigte sich, daß die nach entfernten Provinzen verschickten jungen Menschen die erste Gelegenheit benutzten, um spornstreichs nach Hause zu ihren Familien zurückzukehren, von wo sie ein Jahr später wieder zurückgeschickt wurden. Es wird noch viel Zeit vergehen, bis das Rätsel gelöst ist, was diese Massen wirklich denken, wie sie fühlen. Wir können nur sehen, wie sie handeln.

Zentralisierung und Dezentralisierung und die Rolle des Managements – keines dieser Probleme ist bisher wirklich gelöst. In jeder Stabilisierungsperiode steckt daher sofort wieder der Keim neuer Unstabilität. Vielleicht wird es gelingen, künftig die Exzesse zu vermeiden, die China während der Kulturrevolution zeitweise völlig lähmten. Der unvermeidliche Generationswechsel wird jedoch neue emotionelle Entladungen mit sich bringen. Die Koalitionen der China Regierenden werden wahrscheinlich noch schneller wechseln – unter neuen Reibungen mit großen Gefahren für den Unterliegenden. Darin drückt sich der Grundwiderspruch von Maos Theorien deutlich aus: er will einerseits die totale Konformität, wie sie die »Gehirnwäsche« erzeugen sollte, andererseits aber die volle Spontaneität und persönliche Initiative. Bald überwiegt das eine, bald das andere Prinzip. Ein beständiges Wechselbad ist die Folge.

Diese unsicheren Aussichten dürfen jedoch nicht den Blick dafür trüben, daß China auf vielen Gebieten auch komplizierter industrieller Fertigung vom Maschinenbau bis zur Chemie und der Computertechnik große Fortschritte gemacht hat. Bisher war es auch möglich, trotz eines Bevölkerungszuwachses von etwa 15 Millionen im Jahr die Nahrungsmittelproduktion so weit Schritt halten zu lassen, daß die Ernährung gesichert ist. Die Armut Chinas ist durch diese Erfolge noch lange nicht beseitigt, und die Führung warnt immer wieder vor Hoffnungen, die Lebensumstände könnten sich schnell bessern. Die Eindämmung der zentralistischen Bürokratie hat viele Initiativen geweckt. Aber ebenso viele Widersprüche sind durch neue zentralistische Tendenzen geblieben. Sie werden Mao lange überleben, zumal es nach menschlichem Ermessen keinen zweiten Mao geben wird, der Autorität selbst für das unwahrscheinlichste Vorhaben besitzt.

Gegenpol zum »Sozialimperialismus«

Das Ringen zwischen Peking und Moskau erinnert an die europäischen Religionskriege des 17. Jahrhunderts. Weit mehr als bloße Machtpolitik ist hier im Spiel, so wichtig auch der erbitterte Kampf um einzelne Machtpositionen geführt wird. Die Sowjetunion war zunächst das große »Bruderland«, in dem die Kommunisten schon über dreißig Jahre an der Macht waren, als Mao zum Herrscher über China wurde. Zwar hatte Stalin den chinesischen Kommunisten bei ihrem langen Marsch an die Macht in keiner Weise geholfen; im Gegenteil, er hatte Tschiang Kai-schek 1947/48 noch unterstützt, als sogar schon die Amerikaner ihre Hand von ihm abzuziehen begannen. Mao mußte bei seinem denkwürdigen Aufenthalt in Moskau im Winter 1949/50 erleben, daß Stalin härteste Bedingungen für »brüderliche Hilfe« stellte und sogar die chinesischen Häfen Port Arthur und Dairen, die er sich auf der Konferenz von Jalta erlistet hatte, behielt (sie wurden erst 1955 an China zurückgegeben). Aber Mao sah doch, wie seine damaligen Äußerungen beweisen, in Stalin eine Art älteren Bruder, so tief ihn auch sein ganz und gar unbrüderliches Verhalten verletzt haben mußte.

In Chruschtschow sah Mao dagegen von Anfang an einen Opportunisten, der aus der Sowjetunion einen Klassenstaat zu machen begann, in dem die Partei- und Staatsbürokratie die weitesten Vorrechte – politisch wie materiell – genoß. Mit tiefem Erschrecken erkannte Mao schon in den fünfziger Jahren, was eines Tages aus China werden würde, wenn es den Weg der Sowjetunion unbesehen nachahmte. Würde nach seinem Tod der Entstalinisierung auch eine Entmaoisierung folgen? Hatten nicht die Sowjets den Traum von einem neuen »sozialistischen Menschen«, der nur aus Hingabe an das Kollektiv besteht, aufgegeben? War Chruschtschows Gulaschkommunismus nicht schierer Verrat an den ursprünglichen Idealen? Hatte die Sowjetunion nicht bereits dem Klassenkampf aus dem durchsichtigen Grunde entsagt, daß sie selbst von einer allmächtigen, neofeudalen Klasse beherrscht wurde? Sprachen sie deshalb vom »Sozialismus des ganzen Volkes«?

Machtpolitische Erwägungen kamen hinzu. Noch 1957 hatte Chruschtschow den Chinesen versprochen, ihnen zu einer eigenen Atomindustrie zu verhelfen. Zwei Jahre später wurde dieses Versprechen gebrochen, und kurz darauf flog Chruschtschow zu Eisenhower. Bahnte sich hier unter der Etikette »friedliche Koexistenz« ein geheimes Einverständnis der beiden Atommächte gegen China an, das in Abhängigkeit von Moskau gehalten werden sollte? Hatte der antichinesische Eisenhower den Russen freie Hand gegenüber China zugesichert?

Die Spannungen hatten bereits Mitte der fünfziger Jahre begonnen. Im Frühjahr 1960 erfolgte der offene Bruch. Die Sowjetunion zog alle ihre Experten aus China zurück. Hunderte riesiger Projekte, die mit sowjetischer Hilfe begonnen worden waren, blieben unvollendet. Die Chinesen waren später stolz darauf, daß sie diese Investitionsruinen aus eigener Kraft fertigstellen konnten.

Der sowjetisch-chinesische Konflikt ist Mitte der siebziger Jahre seit fast zwanzig Jahren im Gange. Er wurde zu einem zentralen Motiv der Weltpolitik. Die Sowjetunion war bisher nie bereit, den Konflikt unter anderen Bedingungen zu bereinigen als der faktischen Unterwerfung Chinas unter die Vormachtstellung Moskaus. Daher die scharfe Ablehnung der Breschnjew-Doktrin in Peking und die harte Kritik am Einmarsch in die Tschechoslowakei im Jahre 1968. Der Westen hat dieses Ereignis fast vergessen. China nicht.

Für die Außenpolitik Chinas ist die ständige Auseinandersetzung mit Moskau fundamental. Seit dem Ende der sechziger Jahre, seit es nach dem Ussuri-Zwischenfall an einem Haar zu hängen schien, ob die Sowjetunion einen vernichtenden Atomschlag gegen China führen würde, ist das gesamte Handeln Chinas nach außen nur dem einen Gedanken untergeordnet, wie die Macht der Sowjetunion eingedämmt und wie dafür Bundesgenossen gefunden werden können.

Das China Maos glaubt nicht an den Frieden, sondern sieht die künftige Weltentwicklung als eine fortdauernde Kette von Auseinandersetzungen zwischen den Supermächten und den von ihnen beherrschten oder abhängigen Nationen. Das muß nicht unbedingt Krieg bedeuten, aber fortgesetzte Aufstände, die sich teilweise aus dem Kampf um Märkte, aus der kapitalistischen Überproduktion und aus dem Kampf um die knapper werdenden Rohstoffe ergeben. Dabei werden die Supermächte nach chinesischer Ansicht ihre Einflußbereiche zunächst noch ausdehnen. Sie werden sich auf Teilgebieten verständigen, in Wirklichkeit aber erbitterte Rivalen bleiben. Wie Tschou En-lai einmal sagte, zwei Leuten vergleichbar, die zwar in einem Bett liegen, aber völlig verschiedene Träume haben.

Eine echte universale Menschheitszivilisation wird, wie schon Maos Lehrer Li Ta-tschao (gestorben 1927) voraussagte, erst am Ende dieser unablässigen Kämpfe stehen: die große Ordnung, in der die von China ausstrahlenden Ideen vom »neuen Menschen« dann auch universale Bedeutung haben werden. Vorerst aber gilt es, überall auf der Welt den Kampf der Unterdrückten zu fördern, die Supermächte nach Möglichkeit zu isolieren und den Klassenkampf überall auf der Welt voranzutreiben. In Anlehnung an ein Wort des ersten Ming-Kaisers im 14. Jahrhundert drückte das Mao bildhaft aus: Es gilt tiefe Tunnels zu graben, zugleich aber Getreide zu speichern. Die »Tunnels« sollen den Umstürzen überall in der Welt dienen, das Getreide symbolisiert Chinas wachsende innere Macht.

Revolution und Rassenpolitik

Diesen Grundsätzen hat die erste Periode chinesischer Außenpolitik entsprochen, die man heute die romantische nennen kann.

Sie reicht von der Afro-asiatischen Konferenz in Bandung (1955) bis etwa zu Beginn der Kulturrevolution. In diesem Jahrzehnt reiste Tschou häufig ins Ausland, insbesondere 1964/65 zweimal nach Afrika, um die »Revolution voranzutreiben«. China unterstützte überall in Afrika die Befreiungsbewegungen. In der Militärakademie Wuhan wurden Afrikaner für den Guerillakrieg ausgebildet.

Unter Nkrumah hatten die Chinesen in Ghana eine Ausbildungsstätte für subversive Tätigkeit angelegt, die nach dem Sturz des schwarzen Diktators zum Abbruch der diplomatischen Beziehungen führte.[21] Als im Sommer 1965 Tschou En-lai in Tansania erklärt hatte, Afrika sei reif für die Revolution[22], mußte China erhebliche Rückschläge hinnehmen. Präsident Kenyatta fragte erbost, welche Revolution da gemeint sei und verbot Tschou, nach Nairobi zu kommen. In vielen afrikanischen Ländern zeigten sich Widerstände gegen ein weiteres Vordringen der Chinesen. So war die Bilanz dieser ersten Periode direkter Intervention negativ. Alarmnachrichten über die Wirren der Kulturrevolution verminderten das chinesische Prestige noch weiter.

Die zweite, die *realpolitische Periode* der chinesischen Außenpolitik beginnt nach dem Ussuri-Zwischenfall und dem Ende der Kulturrevolution im Frühjahr 1969. Die subversiven Aktivitäten traten in den Hintergrund. Peking war nunmehr bestrebt, mit möglichst vielen Partnern in der ganzen Welt diplomatische und Handelsbeziehungen aufzunehmen, wobei die Vereinigten Staaten und Japan als die wichtigsten pazifischen Mächte den ersten Platz einnahmen, gefolgt von den EG-Ländern, darunter der Bundesrepublik Deutschland an erster Stelle. Über die traditionell guten Beziehungen zu Pakistan wurden Brücken zu Iran geschlagen, um Gegengewichte zum Vordringen der Sowjetunion in den Bereich des Indischen Ozeans zu schaffen. Tschou En-lai, der strategische Kopf dieser weltweiten Operation, vermochte innerhalb weniger Jahre die Wirren der Kulturrevolution vergessen zu machen. China erschien nunmehr als ein stabiles Land, ein zuverlässiger Partner, der gelassen einen nicht mehr abreißenden Strom von Präsidenten und Ministerpräsidenten in Peking empfangen konnte.

Im Mittelpunkt stand das veränderte Verhältnis zu den Vereinigten Staaten, das wir bereits vom Blickpunkt Washingtons aus betrachtet haben. Sobald man in Peking erkannt hatte, daß die USA keinen Expansionskurs mehr in Ostasien betrieben, war der Entschluß nicht allzu schwierig, nunmehr auch eine chinesische Kurskorrektur vorzunehmen, wenn es galt, die Gefahr eines sowjetischen Angriffs mit stillschweigender amerikanischer Billigung auszuschalten. Hinderlich im Wege standen 1971/72 nur zwei Probleme: die Liquidierung des Krieges in Vietnam und das Schutzbündnis der Amerikaner mit dem Regime in Taiwan.

Der Vietnamkrieg befand sich in seiner vorletzten Phase, als Nixon im Februar 1972 nach Peking reiste. Zwar sollte es bis zum Waffenstillstand noch fast ein Jahr dauern, aber den Chinesen war klar, daß die amerikanischen Truppen in absehbarer Zeit abziehen würden. Unter der Oberfläche gab es im Falle Vietnam ein gemeinsames amerikanisch-chinesisches Interesse: Beide Mächte wollten verhindern, daß Nordvietnam schließlich in den Besitz ganz Indochinas gelangen würde.

Die Amerikaner hofften, das Regime in Saigon, für das sie so viele Opfer gebracht hatten, erhalten zu können. Die Chinesen wollten nicht als Ergebnis dieses Krieges ein von Hanoi dirigiertes Großreich an ihrer Südgrenze sehen, das ganz Indochina umfaßte und sich auf Moskau stützen konnte. Schon frühzeitig hatten sie sich daher des Prinzen Sihanouk von Kambodscha, der als dauernder Gast nach Peking übersiedelt war, versichert und später den »Roten Khmer«, den kambodschanischen Kommunisten, ihre Unterstützung geliehen. Beide Mächte sahen in dem Fortbestand der vier Staaten Nord- und Südvietnam, Laos und Kambodscha die für sie günstigste Lösung.

Weit komplizierter war und ist die Frage Taiwan, mit der sich das amerikanisch-chinesische Kommuniqué von Schanghai (27. Februar 1972) ausführlich befaßte. Für Peking ist die Rückgewinnung Taiwans – neben der Konfrontation mit der Sowjetunion – das wichtigste außenpolitische Problem. Hier konnten die Amerikaner den Chinesen nicht helfen. (Vgl. S. 68) Vom chinesischen Standpunkt aus blieb daher das Verhältnis zu den USA ein Torso, aber es behielt großen Wert als entschiedene Bremse gegenüber etwaigen sowjetischen Gewaltaktionen.

Immerhin hatte Tschou bei Nixons Besuch erreicht, daß sich die Amerikaner einer friedlichen Einigung Pekings mit Taiwan nicht widersetzen würden. Unterirdische Fäden sind dazu häufig gesponnen worden – bislang ohne Erfolg. Nach dem Tode Tschiang Kai-scheks (April 1975) ist das Hindernis des persönlichen Prestiges des alten Herren aus dem Wege geräumt.

Taiwan ist politisch fast vollständig isoliert, wirtschaftlich aber ein bedeutender Faktor mit einem Außenhandelsvolumen, das dem des chinesischen Festlandes fast gleichkommt. Die 15 Millionen Chinesen Taiwans haben eine beträchtliche Leistung vollbracht. Dem ansehnlichen Außenhandel entspricht ein ungleich höherer Lebensstandard als auf dem Festland. Die Entwicklungspolitik Taiwans weist gewisse Ähnlichkeiten mit der des Festlandes auf. Haben doch die Taiwan-Chinesen mit großem Erfolg erst ihre Landwirtschaft reformiert und dann die Leichtindustrie vorangetrieben, wobei sie vor allem auf elektronischem Gebiet ungewöhnliche Exporterfolge erzielten. Man wird daher davon auszugehen haben, daß die Bevölkerung Taiwans – ob Eingeborene oder Zugewanderte – das kommunistische System nicht übernehmen wollen. So ergibt sich die Frage, ob sich tragbare Zwischenlösungen finden lassen, die Chinas Souveränität über die Insel sichern, ohne daß sie vollständig gleichgeschaltet werden müßte. Solange die Taiwan-Frage offen ist, können die Beziehungen Pekings zu Washington formal nicht völlig »normal« sein.

Die Normalisierung des Verhältnisses zu *Japan* war die unmittelbare Folge der »Öffnung« gegenüber den USA. Auch hier kam es den Chinesen vor allem darauf an, den Bemühungen der Sowjetunion um Japan zuvorzukommen. Mit dem chinesisch-japanischen Normalisierungsvertrag, den Ministerpräsident Tanaka im Oktober 1972 abschließen konnte, war die Gefahr weitgehend gebannt, daß sich Japan von der Sowjetunion in die Rolle eines antichinesischen Stoßkeils in Asien manövrieren ließe. Eine Gefahr, die angesichts des Mißtrauens der Japaner gegenüber dem sowjetischen Nachbarn nie überschätzt werden durfte. Mao war daher bereit, die alte Feindschaft zu begraben. Inzwischen rückte Japan zum wichtigsten Handelspartner Chinas auf.

Peking und Afrika

Auch in Afrika bekam die chinesische Außenpolitik in ihrer zweiten »realpolitischen« Phase neue Akzente. Sie waren auf Eindämmung des sowjetischen Einflusses im schwarzen Erdteil gerichtet. In Nordafrika konzentrierte sich Tschou auf die Schlüsselländer Ägypten und Algerien. Das Erkalten des ägyptisch-sowjetischen Verhältnisses wurde in Peking lebhaft begrüßt. Algerien gehörte zu den Ländern, die das chinesische Gegengewicht schon früh gesucht haben. Boumedienne ist ein willkommener Besucher in Peking.

In Zentralafrika war das Riesenprojekt der Tamsan-Bahn, die Dar Es Salaam mit dem Kupfergebiet Sambias verbindet, auch durch die Kulturrevolution nicht unterbrochen worden. Etwa fünfzehntausend Ingenieure und Eisenbahnpioniere der Volksbefreiungsarmee hatten binnen nur drei Jahren die ersten 970 Kilometer der Bahn bis Tunduma, der Grenzstation zwischen Tansania und Sambia, bis zum September 1973 vollendet – ein technisches Meisterstück, für das 22 Tunnels und 110 Brücken gebaut werden mußten. Schon 1975 wird die ganze Strecke fertiggestellt.

Seit 1969 kehrten die Chinesen in zahlreiche afrikanische Länder mit sehr effektiven mittelgroßen Projekten zurück, die den russischen und auch den europäischen Vorhaben durch zweckmäßigere Arbeitsmethoden häufig den Rang abliefen. Die an diesen Projekten beschäftigten Chinesen enthielten sich der direkten politischen Propaganda und blieben in abgeschlossenen Lagern konzentriert. Mit dieser Methode gelang es den Chinesen in Afrika, ihr Prestige rapid und ohne Aufsehen so zu heben, daß die Sowjetunion in mehreren Ländern das Nachsehen hatte. Das trifft insbesondere auch auf Zaire (Kongo) zu, wo Präsident Mobutu nach einem Besuch in Peking seit 1972 die gesamte Innen- und Wirtschaftspolitik nach dem chinesischen Muster radikal umzuformen begann.

Erst in einer weiteren Stufe wandte Peking sein Augenmerk intensiver Südostasien zu. Schon in den sechziger Jahren hatten die politischen Strategen Chinas in *Pakistan* einen günstigen Ansatzpunkt gefunden, um etwaigen sowjetischen Einkreisungsversuchen einen Querriegel vorzuschieben. Die Landbrücke vom sowjetischen Kasachstan nach Indien führt über Afghanistan und Pakistan. Es war daher von hohem strategischen und politischen Wert, wenn sie in Pakistan unterbrochen wurde. Das war auch der Grund, warum China die Greueltaten der pakistanischen Armee in Ostpakistan im Jahre 1971 vollständig ignorierte. Das Recht auf Selbstbestimmung der Bengalen interessierte in Peking weit weniger als die Erhaltung dieses wichtigen Querriegels. Ideologische Gesichtspunkte spielten dabei nicht die geringste Rolle. Hier verhielt sich China im klassischen Sinne als Großmacht, die ihre Interessen wahrt. Die Entstehung von Bangladesch paßte nicht in das Konzept Tschou En-lais.

Es lag auf dieser Linie, daß die Chinesen 1972 und 1973 den Beitritt Bangladeschs zu den Vereinten Nationen durch Veto sperrten. Erst als Pakistan 1974 grünes Licht gegeben hatte, wurde das Veto aufgehoben. In Bangladesch selbst unterstützte Peking maoistische Kräfte im Untergrund, in der Hoffnung, das schwache Regime Scheikh Mujib-ur-Rahmans könne von innen unterminiert werden. Erst als Mujib sich seit dem Herbst 1974 der allzu aufdringlichen sowjetischen Patronage zu entziehen begann und gleichzeitig die Vertrauensleute Moskaus in seiner Regierung ausbootete, änderte sich die Haltung der Chinesen. Das geschah in stiller Übereinkunft mit den Amerikanern. Sie hatten ähnlich wie die Chinesen in Bangladesch einen unliebsamen Störfaktor gesehen, ein Land, das sich sowjetischem Einfluß weit öffnete. Mujib warf jedoch das Steuer nach einem Besuch in Washington im Herbst 1974 herum. In kurzer Zeit gab es in Dacca mehr amerikanische Experten als russische. Damit eröffnete sich auch für China eine Chance, in Bangladesch einen weiteren Sperriegel gegen sowjetische Umfassungsversuche aufzubauen. Das untergründige Zusammenspiel Chinas und der USA in

Südostasien wurde hier besonders deutlich. Vorerst blieb jedoch Chinas Politik in Bangladesch noch ambivalent. Während man in Peking begann, Mujib freundlicher zu behandeln, hörte die Unterstützung des maoistischen Untergrunds nicht völlig auf.

Indien bemühte sich seit Anfang der sechziger Jahre um bessere Beziehungen zu Peking und versuchte die Feindschaft, die 1962 zum Krieg mit China geführt hatte, vergessen zu machen. In Peking ging man jedoch auf diese Annäherungsversuche nicht ein. In chinesischen Augen war Indien durch den Freundschaftsvertrag mit der Sowjetunion (August 1971) zu einem Satellitenstaat geworden.

Größer war das Interesse Pekings an den fünf Ländern der ASEAN-Gruppe, an Birma und natürlich an die Staaten Indochinas. Aus vielen Gründen hatte Pekings neue Außenpolitik in Südostasien jedoch mit erheblichen psychologischen Hemmungen zu rechnen.

Bis an die Schwelle des 19. Jahrhunderts hat das chinesische Reich eine nominale Oberherrschaft über die meisten südostasiatischen Länder ausgeübt, die dem Himmelsthron tributpflichtig waren. Fürsten aus dem Süden, die Peking besuchten, hatten sich dem demütigenden Ritual der mehrfachen Prostration (Niederlegung in ganzer Körperlänge) zu unterziehen, wenn sie vom Kaiser in Audienz empfangen wurden. Die Erinnerung daran ist noch heute wach. Das gilt auch für Nordvietnam.

Delikat ist das Problem der Auslandschinesen in Südostasien, die auf etwa zwanzig Millionen geschätzt werden. Ihr Anteil an der Bevölkerung beträgt in Singapur 75 Prozent, in Malaysia 37, in Thailand und den Philippinen je 8 bis 9 und in Indonesien ein Prozent. Für alle ASEAN-Länder ist die Loyalität ihrer rührigen und geschäftstüchtigen Chinesen problematisch, zumal deren Sympathien zwischen Peking und Taiwan geteilt sind. Im Norden Malaysias, Birmas und Thailands haben die Guerillakämpfe nie aufgehört, bei denen Chinesen stets eine Rolle spielten.

In Indonesien wirkt der Schock des von Peking unterstützten kommunistischen Aufstandes vom Herbst 1965 noch nach, der nur um Haaresbreite vereitelt werden konnte. Dieser Aufstand war der Höhepunkt und zugleich die Wende der ersten, auf direkte Revolution gerichteten Phase der chinesischen Außenpolitik. Er hat in Südostasien ein tiefes Mißtrauen erzeugt.

Eine allmähliche Bereinigung dieser Erbschaft war für China erst nach Nixons Besuch in Peking möglich, nachdem der Widerstand der USA gegen eine Normalisierung des Verhältnisses Südostasiens zu Peking aufgegeben wurde. Sieht man von Birma ab, das in einem eigenartigen Sonderverhältnis zu Peking steht, so war das streng antikommunistische Malaysia das erste Land, das neue Wege suchte. Im Mai 1974 nahm Malaysia diplomatische Beziehungen mit China auf, wobei ausdrücklich festgestellt wurde, für die malaysischen Chinesen dürfe es keine doppelte Staatsangehörigkeit geben. Mit dem totalen Sieg *Hanois* in Indochina änderten sich auch für Peking die Gewichte in Südostasien. Dem Beispiel Malaysias folgend lag es nunmehr im Interesse Thailands, der Philippinen, Singapurs und – zögernder – auch Indonesiens sich mit Peking zu arrangieren und gleichzeitig Distanz zu den Vereinigten Staaten zu zeigen. In all diesen Ländern kannte man sehr wohl die Ambivalenz der chinesischen Politik, zumal im Osten Birmas – fast unbemerkt von der Weltöffentlichkeit – 1974/75 große Gebiete unter direkten chinesischen Einfluß geraten waren. In diesen asiatischen Hauptstädten, voran in Bangkok, mußte man jedoch den aggressiven Militärstaat Vietnam, der nunmehr über ein Potential von 42 Millionen Menschen verfügte und amerikanische Waffen im Wert von über einer Milliarde Dollar erbeutet hatte, als noch größere Bedrohung empfinden.

Die asiatischen Nachbarn wußten sehr wohl, daß Peking kein starkes indochinesisches Großreich an seiner Südflanke gewünscht hatte, das von Hanoi aus auch Laos und Kambodscha dominiert (vgl. S. 207). Man kannte das Mißtrauen der Vietnamesen gegenüber China, das weit in die Geschichte zurückreicht und kalkulierte, der sowjetische Einfluß werde in Hanoi überwiegen, nachdem das vietnamesische Politbüro schon seit Jahren trotz scheinbarer Neutralität zwischen Peking und Moskau den Sowjets Vorrang eingeräumt hatte. So begann ein neues subtiles asiatisches Kräftespiel, bei dem die kleineren Staaten hofften, gestützt auf Peking, könnten sie eine drohende Expansion Vietnams noch am besten zügeln.

Die Chinesen haben beim Aufbau ihrer neuen Politik gegenüber den USA, Japan, Westeuropa und auch Südostasien den *Außenhandel* als besondere Verlockung einzusetzen verstanden. Daß ihnen das gelang, gehört zu den irrationalen Merkwürdigkeiten und beruht auf der Faszination eines angeblichen Marktes von 800 Millionen Menschen. In Wirklichkeit ist das vielbesprochene Chinageschäft ein winziger Nebenposten des Welthandels. 1974 betrug die Einfuhr nach China knapp 15 Milliarden DM, das war etwa ein Viertel der Einfuhr Belgiens und weniger, als Dänemark oder Österreich importierten.

Die Bundesrepublik Deutschland, der größte Handelspartner in Europa, exportierte 1973 Waren im Wert von 815 Millionen DM nach China und weitere 600 Millionen DM nach Hongkong, wovon ein Teil nach der Volksrepublik weiterging. (Export nach dem kleinen Taiwan 1973: 587 Mill. DM.) Die deutsche Ausfuhr nach Finnland war mehr als doppelt so hoch. Japan, der größte Handelspartner Chinas, konnte seine Ausfuhr 1973 bis auf 2,7 Milliarden DM erhöhen. Der Anteil des Chinageschäfts an der japanischen Gesamtausfuhr war jedoch noch immer bescheiden.

Gewiß ist für einzelne Firmengruppen das Chinageschäft sehr interessant, vor allem, wenn ganze Anlagen geliefert werden können, wie etwa ein Kaltstahlwerk aus der Bundesrepublik. Das Gesamtvolumen aber hat sich nur zögernd erhöht, zumal die Ausfuhr Chinas eine geringe Bandbreite des Angebots besitzt.

Die »drei Welten«

Die pragmatische Phase der chinesischen Außenpolitik seit 1969 hat den revolutionären Impetus nur dort überdeckt, wo Peking dringend einer Stützung gegenüber der sowjetischen Gefahr bedurfte. Grundsätzlich aber hat sich die Weltsicht Pekings nicht geändert. Das zeigt sich vor allem auf dem Podium der Vereinten Nationen, das China seit dem Herbst 1971 zur Verfügung steht. Dort treten die Chinesen als Wortführer der Dritten Welt auf, als Vorkämpfer gegen den Imperialismus der Supermächte. Teng Hsiao-ping hat im April 1974 vor der UN-Rohstoffkonferenz die chinesische Weltperspektive auf die folgende Formel gebracht:

»Durch das Auftreten des Sozialimperialismus hat das nach dem Zweiten Weltkrieg eine Zeitlang existierende sozialistische Lager aufgehört zu bestehen. Infolge des Gesetzes der ungleichmäßigen Entwicklung des Kapitalismus gerät auch der imperialistische Block im Westen in Auflösung. Es gibt daher heute drei Welten, die sowohl voneinander abhängig sind als auch im Widerspruch zueinander stehen. Die USA und die Sowjetunion bilden die Erste Welt. Die Entwicklungsländer in Asien, Afrika und Lateinamerika bilden die Dritte Welt. Und die entwickelten Länder, die sich zwischen diesen beiden Welten befinden, bilden die Zweite Welt. China ist sowohl ein sozialistisches Land wie ein Entwicklungsland. China gehört zur Dritten Welt.«[23]

Dieses Drei-Welten-Schema ist ein grober Raster, der von der weltpolitischen Strategie Pekings mehr verbirgt, als er enthüllt. In erster Linie geht es um die Kompromittierung der Sowjetunion, die als »sozialimperialistisches« Land auf eine Stufe mit den kapitalistischen USA gestellt wird. Die Zwischenzonen, die man früher in Peking anders definierte, umfassen jetzt zugleich die kapitalistischen Industrieländer Westeuropas, Ozeaniens und dazu Japan, wie auch die osteuropäischen Satelliten Moskaus – sehr unterschiedliche Größen ohne gemeinsamen Nenner.

China selbst aber deklariert sich als »sozialistisches Entwicklungsland«, womit Peking ein Maximum an Bundesgenossen unter der überwältigenden Mehrheit der Menschheit zu gewinnen hofft. Dazu kommt die beständige Versicherung, weder sei China eine Supermacht noch beabsichtige es je eine zu werden. Diese Selbstbescheidung entspricht zwar der tatsächlichen Wirtschaftskraft Chinas der siebziger Jahre. Aber ist sie glaubwürdig? Nur Weltmächte können globale Zielsetzungen, verbunden mit praktikablen Kampfoptionen, aufstellen.[24] Kein europäisches Land vermag das heute. Insofern rechnet sich China eben doch zu den »Großen Drei«.

Den Chinesen ist die Hamlet-Haltung Westeuropas und zuweilen auch der Vereinigten Staaten völlig fremd. In der Konfrontation mit der Sowjetunion haben sie sich angewöhnt, zwischen »primären« und »sekundären« Feinden zu unterscheiden. Dazu Teng Hsiao-ping:

»Obwohl die Sowjetunion sich das Schild des Sozialismus umhängt, ist sie in der Tyrannisierung anderer noch schlimmer als die USA. Ihre Methoden und Taktiken mögen sich ändern, aber der Kern ihrer Politik – das Streben nach Welthegemonie – bleibt gleich ... Die Supermächte können ihrem Untergang nicht entgehen. Diese Verszeile illustriert daher die gegenwärtige Weltlage: ›Nähert sich ein Gewitter vom Berg, pfeift der Wind durch die Burg.‹«

Und an anderer Stelle: »Wenn wir überleben, gewinnen wir: der Feind muß gewinnen, um zu überleben.«[25]

Hinter all diesen entschlossenen und drohenden Worten steht die Furcht der Chinesen vor der militärtechnischen Überlegenheit des Gegners in Sibirien. Sie haben mit ihrer neuen pragmatischen Politik den weiträumig angelegten Versuch unternommen, den etwaigen Angriff des Stärkeren unmöglich zu machen, ehe er auch nur begann. Diese Operation war nicht ohne Erfolg. Seit der Jahreswende 1973/74 konnten westliche Besucher in Peking spüren, daß die Chinesen die Gefahr an ihrer Nordgrenze nicht mehr für besonders akut hielten. Fast beschwörend machten sie die Westeuropäer darauf aufmerksam, sie seien es nunmehr, die in eine gefährliche Situation gerieten. Dazu nochmals Teng Hsiaoping (bei seiner Bankettrede zu Ehren des ehemaligen britischen Premiers Eduard Heath im Mai 1974):

»Gegenwärtig ist Europa der Brennpunkt des Wettstreites der Supermächte. Es ist augenscheinlich, woher die Hauptgefahr für Europa kommt. Jüngste Entwicklungen haben noch deutlicher gezeigt, daß einige Leute öffentlich von Freundschaft sprechen, aber Spione entsenden; daß sie von Sicherheit reden, hinterrücks aber Subversion unternehmen; daß sie das Lied von der Abrüstung singen, in Wirklichkeit aber die Aufrüstung betreiben. Ihre Strategie ist es, im Osten ein Scheinmanöver zu vollführen, im Westen aber den Angriff vorzubereiten. Wir sehen mit Freude, daß die Völker in Westeuropa immer mehr erwachen.«[26]

So hat sich eine merkwürdige Umdrehung der chinesischen Interessen ergeben. An der Aufrechterhaltung einer starken NATO und einer funktionierenden Europäischen Gemeinschaft ist China Mitte der siebziger Jahre ebenso gelegen, wie an der militärischen Präsenz der Amerikaner im Pazifik. Seitdem sie die Amerikaner nicht mehr zu fürchten haben, erscheint ihnen ein Vakuum durch weitere Rückzüge der USA unerwünscht, in das sofort die Sowjetunion eindringen könnte.

In Europa hat China seit dem Besuch des ehemaligen Bundesministers Gerhard Schröder im Sommer 1972 immer unzweideutiger für die Einheit Deutschlands Partei ergriffen. Bei Besuchen des CDU-Parteivorsitzenden Helmut Kohl (1974), und vor allem des CSU-Vorsitzenden F. J. Strauß (1975), versicherten die höchsten chinesischen Parteiführer, sie hielten die Teilung Deutschlands für einen vorübergehenden Zustand. Bei Erklärungen beim Besuch des damaligen Bundesaußenministers Scheel, war die Sprache in Peking etwas zurückhaltender. Strauß war der erste deutsche Politiker, der ostentativ auch von Mao Tsetung empfangen wurde.

Das Eintreten für die Einheit Deutschlands entsprach sowohl dem von den Chinesen prinzipiell vertretenen Grundsatz der Selbstbestimmung, wie dem die chinesische Außenpolitik beherrschenden Streben, Gegenpositionen gegen die Sowjetunion aufzubauen, wo immer sich das anbietet. Gewiß spielt auch eine Rolle, daß die Deutschen in China von jeher große Achtung genossen und seit 1919 – einem entscheidendem Datum für die Entstehung des chinesischen Nationalismus (vgl. S. 177) – nicht mehr zu den imperialistischen Mächten zählten, die China ausbeuteten.

Bleibt die Feindschaft gegenüber Moskau?

Wird unter den Nachfolgern Maos und Tschous die Phase der Realpolitik anhalten? Wird Tschou En-lais seit 1969 so konsequent und mit großem Erfolg eingeschlagene Linie weiterverfolgt werden? Oder wird das Verschwinden der beiden überragenden Männer eine Änderung in der Gegnerschaft zur Sowjetunion nach sich ziehen, wie es das Politbüro in Moskau zu hoffen scheint?

Zu dieser brisanten weltpolitischen Frage gibt es zwei Meinungen im Westen. Nach der einen Schule ist ein Abbau der Feindschaft wahrscheinlich. Sie glaubt nicht, daß im chinesischen Volk ein abgrundtiefer Haß gegen die Russen besteht. In der mittleren Generation gibt es nicht wenige Funktionäre, die vor 1960 zur Ausbildung in der Sowjetunion waren. Diese Schule glaubt, das könne psychologische Bedeutung haben. Ihr zentrales Argument ist jedoch, China könne durch eine veränderte Haltung gegenüber der Sowjetunion die gleiche Mittelstellung im Dreieck der Supermächte erringen, die den USA seit 1971 zufiel. Das brächte Peking Vorteile, wie sie die Chinapolitik Nixons den USA verschafft hat. Gerade die plötzliche Wendung im amerikanisch-chinesischen Verhältnis bewiese, wie unerwartet schnell sich selbst verkrustete Feindschaften auflösen ließen, wenn daran beide Seiten ein Interesse hätten. Neue Männer könnten verlockt sein, auch eine neue Politik zu erproben. Und Moskau werde es nach dem Abtreten Maos und Tschous gewiß nicht an Versuchen fehlen lassen, das zu erleichtern.

Die andere Schule ist dagegen der Meinung, auch nach dem Verschwinden Maos und Tschous werde der Streit zwischen Moskau und Peking weitergehen. Sie hat dafür vier Argumente:

Eine Beendigung des ideologischen Streites zwischen den beiden kommunistischen Zentren ist schwer denkbar, weil China die UdSSR nicht mehr als sozialistisches Land anerkennt. Eine Zurücknahme dieser These wäre für jede Regierung in Peking, die sich auf Mao beruft, kaum möglich.

Die USA haben keine Versprechungen gegenüber China gebrochen. Dagegen haben die Sowjets die Chinesen verraten, als sie 1960 ihre Experten plötzlich abberiefen und die Arbeit an rund 200 Industrieprojekten von einem auf den anderen Tag einstellten.

Die jüngere chinesische Generation ist nach Beobachtungen mancher Chinareisender sowjetfeindlicher als die ältere Generation.

Das vierte Argument dieser Schule ist das schwerwiegendste: Politiker können sich verständigen. Gegenpäpste kaum. Eine Verständigung mit China würde voraussetzen, daß Moskau seinen Anspruch aufgibt, das einzige wahre Weltzentrum des kommunistischen Lagers zu sein. Selbst wenn Moskau keine Unterwerfung verlangte, würde der Kreml doch erwarten, daß die Chinesen im »Lager« wieder mitspielen, was die Anerkennung des sowjetischen Primats bedeuten müßte. Das vierte Argument steht in Parallele zum ersten Argument – von sowjetischer Sicht her.

Es kompliziert sich noch dadurch, daß die Sowjetunion verlangen müßte, daß China alle Gebietsansprüche in Sibirien aufgibt. Diese sind zwar immer nur vage formuliert worden, aber ein Totalverzicht der Chinesen auf die geraubten Gebiete würde den Nachfolgern Maos nicht leichtfallen.

Welche der beiden Schulen wird recht behalten? Das hängt ganz von dem Typus und der »Linie« ab, die künftig China regieren wird.

Die Nachfolge

Mao ist als Symbolfigur und oberster Schlichter unersetzbar. Kein einzelner Mann kann versuchen, einfach in seine Schuhe zu treten. Sie wären immer zu weit. Vielleicht wird nur ein Kollektiv mit rotierendem Vorsitz an seine Stelle treten. Problematisch kann werden, daß der Volkskongreß im Januar 1975 – nach Abschaffung des Amtes des Staatspräsidenten – den Oberbefehl der Streitkräfte dem Parteivorsitzenden übertrug. Wer kann – außer Mao selbst – die sich daraus ergebende Machtfülle ohne heftige innerparteiliche Kämpfe übernehmen? Die Frage des künftigen Vorsitzes der Partei ist völlig offen, falls nicht eine geheime Abrede vorliegt, die von Mao selbst bestimmt wurde.

Anders steht es um die Nachfolge *Tschou En-lais*. Sie ist mit der Erhöhung *Teng Hsiao-pings* geregelt. Dieser brillante Kopf steht Tschou an Wissen und Durchschlagskraft kaum nach. Klein von Statur – man nennt ihn den »pfeffrigen Napoleon« –, hat Teng seit 1926 – bis auf die sieben Jahre seiner inneren Verbannung nach der Kulturrevolution – immer an der vordersten Front der chinesischen KP gestanden. Wie Tschou hat er in Frankreich, danach aber auch noch in Moskau studiert. Solange er am Ruder ist, dürfte man in Moskau wenig Chancen der Annäherung an Peking sehen. Er war Anfang der sechziger Jahre der schärfste Ankläger des sowjetischen Vormachtsanspruches und trat in Bukarest 1962 auch Breschnjew persönlich mit einer sarkastischen Rede entgegen. Die Dogmatiker der chinesischen »Neuen Linken« verabscheut er. Unter seinem Regime wird ihr Weizen nicht blühen.

Im Ausland wenig bekannt, in Peking jedoch eine überragende und mächtige Figur ist der oberste Chef des Wirtschaftssektors, Li Hsien-nien, wie Teng Jahrgang 1904. Er wird seine Rolle als Wirtschaftszar noch einige Jahre spielen können, nachdem die Produktionserfolge nach 1970 die sechziger Jahre weit übertrafen.

Mit Teng und Li Hsien-nien stehen zwei ältere Männer an der Spitze von Staats- und Wirtschaftsverwaltung, die für die ersten Jahre nach dem Erlöschen der beiden großen Sterne für Kontinuität sorgen können.

Alles weitere hängt davon ab, ob Teng und Li Hsien-nien Männer ihres Schlages heranbilden, die kräftig genug sein werden, ihre Linie weiterzuführen, wenn die Generationsablösung erfolgt. Erst zu diesem Zeitpunkt ist die nächste große Auseinandersetzung um die künftige Linie zu erwarten. Auch der radikale Flügel mit Wang Hung-wen an der Spitze wird sich darauf vorbereiten. Weiter vermag niemand zu blicken.

Gewiß ist vorläufig nur, daß das verzweigte Netz internationaler Beziehungen, das Tschou seit 1969 aufbaute, der Wirksamkeit des Faktischen unterliegen wird. China wird sich nicht mehr in die Isolierung zurückziehen, in der es von 1949 bis 1969 lebte. Es wird Macht unter Mächten sein und dabei seine Rolle auch weltweit zu spielen versuchen. Vor allem die Rolle als Sprecher der Dritten und Vierten Welt, aber auch als Partner Japans, Europas und der USA.

Wenden wir den Blick noch einmal zurück auf das ohnmächtige China der ersten Hälfte dieses Jahrhunderts, so ist das geschlossene chinesische Universum unter anderen Vorzeichen wiederhergestellt. Die Aussichten, daß die fleißigen Chinesen unter großen Entbehrungen auch wirtschaftlich ihr großes Potential auszufüllen vermögen, sind bedeutend. Hier ist ein Reich, das nach langen Wirren seinen Untergang bereits abgewendet hat.

Kapitel VII
DAS JAPANISCHE DILEMMA

Wie eine Rakete ist Japan im Laufe des letzten Jahrhunderts in die moderne Welt geschossen. Nirgends sonst in Asien haben sich Östliches und Westliches so unauflöslich miteinander verbunden. Nirgends war auch der Einschnitt einer vernichtenden Katastrophe so tief, nirgends der schon kurz darauf beginnende Wiederaufstieg so erfolgreich. Nirgends stehen aber auch so große Wandlungen bevor. Japans Schicksal ist eines der erregendsten Völkerdramen des zwanzigsten Jahrhunderts.

Mitte der siebziger Jahre ist über die Hälfte der 110 Millionen Japaner nach dem Zweiten Weltkrieg geboren. Werden sich diese jungen Japaner auch künftig in eine Gesellschaft integrieren lassen, die trotz aller äußeren Modernisierung viel tiefer in der Überlieferung verwurzelt ist, als es dem flüchtigen Blick erscheinen mag? Oder wird der phantastische wirtschaftliche Erfolg den Japanern die innere Unsicherheit und Instabilität nicht ersparen, die alle anderen Industrienationen erfaßt hat? Mit dieser Frage war man in Japan beständig konfrontiert. Nach dem zeitweiligen Rückgang des wirtschaftlichen Wachstums wurde sie noch dringender.

Das moderne Japan ist erst drei Generationen alt. Die Großväter der älteren Japaner sind vor der Jahrhundertwende geboren worden, zu der Zeit, als eine Gruppe entschlossener Politiker die Kruste eines noch mittelalterlichen Feudalreiches durchbrach. Diese Männer waren von der Furcht getrieben, auch Japan würde – wie fast das ganze übrige Asien – zu einer Kolonie des technisch überlegenen Westens werden. Dem wollten sie durch beschleunigte Übernahme eben jener westlichen Technik zuvorkommem. So entschlossen sie sich zu all jenen revolutionären Schritten, denen sich das China jener Epoche verweigerte.

Der revolutionäre Prozeß vollzog sich allerdings unter einem Deckmantel. Er wurde als Restauration getarnt – als Restauration der kaiserlichen Macht. Sie hatte seit Jahrhunderten ein Schattendasein geführt. Der Kaiser war auf seine Funktion als Oberpriester der Schintoreligion beschränkt worden und residierte in Kyoto, während die Statthalter aus der Fürstenfamilie des Tokugawa-Clans in Edo, dem heutigen Tokio, die absolute Macht ausübten. Sie hatten Japan über zwei Jahrhunderte von der Außenwelt fast völlig abgeschlossen.

Mit der Vertreibung der Tokugawas durch die Reformer und der Restauration des jungen Kaisers Mutsuhito in Tokio begann 1868 die moderne Geschichte Japans. Der Kaiser nahm später den Ehrentitel Meiji an, nach dem seine lange Regierungszeit benannt wurde. Er bewahrte Erbe und Kontinuität – wie später sein Enkel Hirohito, der heutige Kaiser, dem es durch die Weisheit des Siegers MacArthur vergönnt war, das Symbol für die Einheit Japans zu bleiben.

Nur drei Generationen liegen also zwischen der ausklingenden japanischen »Hohenstaufenzeit« und dem Zeitalter des Computers. Man muß daran erinnern, sollte man sich etwa darüber wundern, daß auch das heutige Japan noch viele Spuren der feudalen Vergangenheit bewahrt hat. Die Architekten des modernen Japan schufen ein völlig neues Haus für das japanische Volk, aber beim Umzug in dieses neue Gebäude, mit seinem Mobiliar aus dem Westen, wurden die Japaner nicht etwa fernöstliche Europäer oder fernwestliche Amerikaner.

Die faszinierende Erfolgsgeschichte Nippons hat im Westen eine Flut von Japan-Büchern hervorgerufen. Ein sensationeller Höhepunkt wurde 1970 mit dem Buch des amerikanischen Futurologen Herman Kahn »The Emerging Japanese Superstate« erreicht, dessen deutsche Übersetzung gar mit dem Untertitel »Zukunftsmodell der neuen Herren der Welt« versehen wurde.[1] Als ich zwei Jahre später Japan zum siebten Mal in der Nachkriegszeit besuchte, konnte man den Namen Herman Kahn den Japanern gegenüber nur noch dann erwähnen, wenn man ärgerlichen Protest hervorrufen wollte. Die Japaner haben das Gefühl für die Verwundbarkeit ihres rohstoffarmen Inselreiches nie verloren.

Vier Schocks für die Japaner

Kurz nachdem Herman Kahn sein Loblied vom kommenden »japanischen Jahrhundert« gesungen hatte, erlebten die Japaner innerhalb weniger Jahre nicht weniger als viermal einen Schock, der ihnen tief in die Glieder fuhr. Jeder dieser Schocks hat Japan wie ein Stein getroffen, der in einen Ameisenhaufen geworfen wurde. Die Rückwirkungen waren nachhaltig und leiteten einen neuen Abschnitt in der japanischen Entwicklung ein: Die Erkenntnis der Grenzen.

Der *erste Schock* war im Juli 1971 die Ankündigung von Nixons bevorstehender Reise nach Peking, von der Japans Ministerpräsident Sato ebenso überrascht wurde wie die übrige Welt. Zwei Jahrzehnte hindurch hatte Japan als treuer Gefolgsmann der amerikanischen Außenpolitik den großen chinesischen Nachbarn boykottiert und beinahe ignoriert. Das hatte zu wachsendem Unbehagen bis tief in die Regierungspartei hinein geführt. Jetzt plötzlich sah man sich in einer ganz entscheidenden Frage vom großen Verbündeten übergangen und nicht mit der geringsten Andeutung vorher ins Vertrauen gezogen. Nicht nur Sato, ganz Japan hatte damit sein Gesicht verloren. Die Japaner fühlten sich gedemütigt. Zwar hielten sie an dem nach schweren inneren Kämpfen 1960 erneuerten Sicherheitsvertrag mit den USA fest, aber Satos Nachfolger Kakuei Tanaka beeilte sich nunmehr, das Verhältnis zu Peking ebenfalls zu bereinigen. Schon ein halbes Jahr nach Nixons Chinareise konnte er in Peking diplomatische Beziehungen herstellen (Oktober 1972). Das bisherige Vertrauensverhältnis zu den Vereinigten Staaten hatte jedoch einen tiefen Bruch erfahren, den die Amerikaner auch durch spätere Reuebezeugungen Henry Kissingers nicht wieder aus der Welt schaffen konnten. Der Stachel saß tief. Japan war als zweitklassige Macht behandelt worden. Drei Jahre später versuchte Präsident Ford den Schaden durch einen Besuch in Tokio zu heilen.

Der *zweite Schock* kam ebenfalls aus Washington – unmittelbar nach dem ersten »Nixon-Schock«. Die Abwertung des Dollars und die gleichzeitige Ankündigung, der japanische Einfuhrüberschuß nach den USA (1972: vier Milliarden Dollar) müsse drastisch abgebaut werden, wirkte bedrohlich. Die Ausfuhr Japans nach den USA machte seit Jahrzehnten ein Drittel der Gesamtausfuhr aus und war einer der Bausteine für Japans Wirtschaftswunder. Nunmehr wurde Japan zweimal zur Aufwertung des Yen gezwungen. Die Einbahnstraße des japanischen Handels nach den USA schien wesentlich enger geworden. Später stellte sich zwar heraus, daß die Yen-Aufwertung Japans Ausfuhr keineswegs so hart getroffen hatte. Aber das Alarmzeichen aus Washington wurde nicht übersehen.

Der *dritte Schock* ist von Japan selbst ausgelöst worden. Mit bedenkenloser Rücksichtslosigkeit hatte sich die japanische Industrie im dichtbesiedelten Raum zwischen Tokio und Osaka/Kobe immer weiter ausgebreitet. Dort lebt rund die Hälfte der über 100 Millionen Japaner auf knapp zwei Prozent der Fläche des Inselreiches. (Ohnehin sind wegen der vielen Gebirge nur 18 Prozent des japanischen Bodens für Ackerbau und Siedlungen geeignet.)

An Warnungen hat es nicht gefehlt. Das Entsetzen aber kam erst mit der Nachricht, daß allein in Osaka täglich *pro Kopf* der Bevölkerung 330 Pfund Gift- und Abfallstoffe durch die Industrie in die Luft gejagt werden. Im Lande hagelte es Proteste gegen neue Industrieplanungen. So war im Winter 1972/73 erstmals ein Stahlkonzern von der empörten Bevölkerung aufgefordert worden, nur dann ein neues Stahlwerk zu errichten, wenn die Luftverschmutzung durch Schwefeldioxyd unter 0,012 ppm (Teile auf die Million) gehalten würde. Mit demütigen Entschuldigungen sagte dies der Stahlkonzern zu, obwohl er die technischen Voraussetzungen dafür noch gar nicht besaß.

Der dritte Schock war der schwerste. Den Japanern dämmerte die Erkenntnis, daß ihr industrielles Wachstum nicht grenzenlos sein kann, daß es vielmehr auf geographische Schranken trifft, die für Industrienationen mit großem Hinterland wie die USA oder die UdSSR so nicht gelten. Zwei Jahrzehnte lang hatte Japan nur dem Wachstum seiner Wirtschaft gedient, das geradezu zum Götzen geworden war. Jetzt setzte eine dramatische Peripetie ein, die sich bald auf das ganze sozial rückständige System der Entwicklung des Landes bezog. *Kogai,* das japanische Wort für Umweltverschmutzung, wurde zum Schlüsselwort nicht nur für die Vergiftung der japanischen Städte, sondern für unzählige soziale Übelstände. Man hatte mit tiefen Verbeugungen darüber hinweggeredet und sich an den Zahlen des wachsenden Sozialprodukts berauscht. Jetzt entdeckte man die Kehrseite der Medaille.

Schon 1972 hat der japanische Reichstag zahlreiche Gesetze gegen die Umweltverschmutzung angenommen und den Industrien Auflagen zur Bekämpfung von »Kogai« gemacht. Wirklich durchgreifende Maßnahmen aber waren das nicht. Im Sommer 1974 entstand abermals eine Panik wegen der chemischen Hexenküche, die die Japaner zusätzlich zur Luftverschmutzung bedroht. Der Minamata-Krankheit (Quecksilber in der Nahrung) folgte die Itai-Itai-Krankheit (Kadmium-Rückstände im Reis) und das Yokkai-chi-Asthma. Die chemische Pandorabüchse erwies sich als unerschöpflich, und die japanischen Zeitungen berichteten, nach wie vor drängen Mengen von giftigen Substanzen in das Grundwasser und damit in die Nahrungsmittel.

Es erwies sich, daß die Muttermilch vieler stillenden Mütter von Giftstoffen durchsetzt war. So blieb Kogai lange nach den ersten Alarmrufen ein zentrales Problem Japans, und die Furcht der Bevölkerung vor dem chemischen Tod wuchs weiter. Die großen Wirtschaftskonzerne, die dafür die Verantwortung trugen, erschienen den Japanern plötzlich nicht mehr als die Heroen des Wiederaufstiegs, und eine Regierung, die sich nur zu halbherzigen Gegenmaßnahmen entschloß, stieß auf wachsende Ablehnung. Das war auch einer der Gründe für den jähen Sturz Premierminister Tanakas (Dezember 1974).

Der *vierte Schock* schließlich ist durch den internationalen Energienotstand im Herbst 1973 ausgelöst worden. Japan benötigt 240 Millionen Tonnen Öl im Jahr. Die Nachricht von der drohenden Ölverknappung löste Panik aus. Die Hausfrauen kauften die Regale der Läden leer, als stehe der Jüngste Tag bevor. Sogar Waschmittel und Toilettenpapier waren wochenlang nicht mehr zu haben. In eine ähnliche Panik verfiel aber auch die Regierung, die Minister in alle Ölländer entsandte. Sie schlossen zum ungünstigsten Zeitpunkt langfristige Verträge zu

Höchstpreisen ab, die man in Tokio schon wenige Monate später bitter bereuen sollte.

Den Öllländern wurden im Winter 1973 von Japan Investitionen in Höhe von zwei Milliarden Dollar versprochen. Im Herbst 1974 aber mußte Japan von Saudi-Arabien eine Milliarde Dollar zur Stärkung seiner Zahlungsbilanz leihen. Die Ölrechnung Japans, die 1972 vier Milliarden Dollar betragen hatte, kletterte 1974 auf fast 19 Milliarden. Das Defizit der Zahlungsbilanz betrug 1974 – hauptsächlich wegen der Ölpreise – 6,84 Milliarden Dollar. Um die Devisenreserven in Höhe von 13,5 Milliarden Dollar zu erhalten, mußten sich die Banken mit 11,6 Milliarden kurzfristig auf dem Eurodollar-Markt verschulden, obwohl es gelang, den Export noch weiter zu steigern. Insgesamt also eine bedrückende Bilanz. Sie wirkte sich auf dem Arbeitsmarkt aus. Zum erstenmal seit vielen Jahren überstieg im Januar 1975 die Zahl der Arbeitslosen eine Million.

Mag der Energienotstand in seiner akuten Form auch etwas abflauen, so war die Panik, mit der Japan reagierte, doch mehr als nur die häufig zu beobachtende Hypochondrie der Japaner. Die überaus kostspielige, aber unaufschiebbare Beseitigung der Umweltverschmutzung, die ebenso dringende Erhöhung der sozialen Leistungen und die hohen Ölkosten: alle drei Elemente zusammen ergaben eine neue nationale Gesamtrechnung. Darauf war Japan nicht vorbereitet. Der Himmel war nicht mehr die Grenze, auch wenn die Exportanstrengungen verdoppelt wurden und das wirtschaftliche Wachstum bis 1980 höher sein dürfte als in den USA und Europa. Die Japaner blieben zuversichtlich, die neuen Probleme bewältigen zu können. Dennoch setzte eine tiefe Krise des japanischen Denkens und der Selbstidentifikation ein, als man sich so überraschend vor neue Probleme gestellt sah.

Man mag einwenden, der Schock, den Japan 1945 nach der Katastrophe der bedingungslosen Kapitulation und Besetzung durch fremde Truppen erfuhr, müßte doch sehr viel größer gewesen sein. Gab es doch in Nippons über zweitausendjähriger Geschichte keinen vergleichbaren Vorgang. Damals waren alle *äußeren* Bedingungen des herkömmlichen japanischen Lebens in Frage gestellt. Die *innere* Gesellschaftsstruktur aber war intakt geblieben, wie die amerikanischen Umerzieher bald zu ihrer Überraschung bemerken mußten. Der Militarismus wurde wie ein Bazillus ausgeschieden. Schon bald aber stellte sich ein neues Gleichgewicht her, das hohe Stabilität verbürgte. Kann sich das in der jüngsten Krise Japans wiederholen? Zur Beantwortung dieser Frage bedarf es eines Blickes auf die gesellschaftlichen Traditionen, denen Japan seinen raschen Wiederaufstieg verdankte.

Die Macht der Tradition

Wer einmal an einem U-Bahn-Ausgang in früher Morgenstunde in Tokio oder Osaka beobachtet hat, wie Tausende von Angestellten, die Männer im grauen Anzug, die Mädchen im blauen Rock und weißer Bluse, aus den Schächten hervorquellen, muß den Eindruck gewonnen haben, Japan habe sich vollständig den Lebensgewohnheiten westlicher Industrienationen angepaßt. Alles, was man erlebt, erscheint auf den ersten Blick zweckmäßig standardisiert. Gibt es da wirklich noch wesentliche Unterschiede zu Hamburg oder Los Angeles?

Folgte man den Wegen dieser vielen tausend Angestellten in ihre Büros, so würde man schon bald auf Besonderheiten stoßen, die das dem Westen so ähnliche äußere Bild korrigieren. Fast alle diese Angestellten treten als junge Männer in eine Firma ein und verbleiben dort bis zu ihrer Pensionierung im 55. oder jetzt im 58. Lebensalter. Die hohe Mobilität der europäischen und amerikanischen Wirtschaft ist den Japanern fremd. Die Soziologin Chie Nakane[2] geht so weit zu behaupten, Wechsel des Arbeitsplatzes werde in Japan als eine Art Beschmutzung des eigenen Lebenslaufes angesehen. Zwar gibt es in jüngster Zeit gewisse Lockerungen, aber sie sind noch lange nicht typisch. Der Durchschnittsjapaner identifiziert sich mit seiner Firma, die dafür auch ihm gegenüber eine im Westen unbekannte Treueverpflichtung eingeht.

Eng mit dieser lebenslänglichen Bindung an eine Firma ist das *Prinzip der Seniorität* verbunden. Ein japanischer Betrieb ist streng hierarchisch aufgebaut. Viele Ränge und Stufen wurden geschaffen, um auch dem Arbeiter im höherem Alter eine Beförderung zu ermöglichen. Sie hängt nicht unbedingt mit der Leistung zusammen; selbst nicht in den höchsten Rängen. Wer es erst einmal zum Subdirektor gebracht hat, kann mit Sicherheit darauf rechnen, daß er in seinen letzten Arbeitsjahren auch noch Direktor werden wird. Von einer Überalterung kann jedoch nicht die Rede sein. Untersuchungen ergaben, daß das Durchschnittsalter der obersten wirtschaftlichen Führungsschicht bei 62 Jahren liegt.[3]

Der Betrieb spielt eine völlig andere Rolle als im Westen. Das wird besonders deutlich an der Rolle der japanischen Gewerkschaften. Es gibt vier gewerkschaftliche Dachverbände mit zusammen etwa 12 Millionen Mitgliedern – rund 35 Prozent der unselbständig Beschäftigten. Bei der jährlichen Frühjahrsoffensive für Lohnerhöhungen können die Dachverbände jedoch nur eine beratende und anfeuernde Rolle spielen. Die Tarifverhandlungen sind den Betriebsgewerkschaften überlassen, von denen es nicht weniger als 48 000 gibt. Nach japanischer Vorstellung vollziehen sich also die Lohnverhandlungen gewissermaßen innerhalb der »Familie«. Und es ist vor allem der Großbetrieb, der seinen Arbeitern und Angestellten zahllose Nebenvergünstigungen gewährt – vom freien Krankenhausaufenthalt bis zum Golfplatz des Betriebes. (Golf ist in Japan dadurch zum Volkssport geworden.) Manche große Firmen zahlten in den siebziger Jahren bis zu acht Monatsgehälter als Bonus. Daher ist das tatsächliche Einkommen eines Japaners sehr schwer zu ermitteln, vor allem, wenn er in leitender Position arbeitet.

Der Kopfsprung der Japaner vom Feudalzeitalter in die moderne Zeit bewirkte, daß nicht, wie in Europa, Klassen eine wichtige Rolle spielen. Horizontale Zusammenschlüsse der Arbeiterschaft, der Angestellten, der freien Berufe haben weit geringere Bedeutung als im Westen. Entscheidend ist die *Gruppe*, zu der man gehört, in der man aufsteigt und der man mit einer Loyalität verpflichtet ist, deren Wurzeln jenseits rein ökonomischer Erwägungen liegen. So konnte der Londoner »Economist« in einem umfassenden Japanbericht feststellen, noch immer sei die japanische Gesellschaft ihrer Struktur nach die am wenigsten geeignete für den Marxismus unter den Industrienationen.[4] Die Erfolge der Kommunisten bei den Wahlen seit 1972 müssen dem nicht unbedingt widersprechen. Trotz der vielen oft stürmischen Demonstrationen haben sich klassenkämpferische Ideen kaum durchgesetzt.[5]

Ich beobachtete eine solche Demonstration, die sich im Hibyia Park gegenüber meinem Hotel abspielte. Protestiert wurde gegen einen neuen Fall von Umweltverschmutzung durch einen Tokioter Betrieb. Jeder Demonstrant gab seinen Namen einer am Parkeingang postierten Polizeiwache an. Dann wickelten sie um ihren Kopf mit Schriftzeichen versehene Bänder und holten aus Koffern Schilde und altmodische Waffen, mit denen rituelle Gesten vollführt wurden, während einige Redner sprachen. Danach packten sie stumm ihre Sachen wieder ein und säuberten den Park von Papierschnitzeln. Nach einer Stunde zogen sie ab.

Nicht immer geht es so geordnet und rituell zu. Aber selbst die wildesten Demonstrationen haben noch kaum nachhaltige Folgen gehabt – ausgenommen die Blockierung des neuen Tokioter Flughafens wegen der Lärmbelästigung. Aber auch hier täuschen oftmals die Fernsehbilder.

Anfang der siebziger Jahre bat ich den Tokioter Professor Wakaizumi, der zur Zeit der schwersten Studentenunruhen Examen gemacht hatte, er solle mir von Lebensläufen ehemaliger extremer Studentenführer berichten, die anders als üblich verlaufen seien. Er konnte diese Fälle an den Fingern einer Hand aufzählen. Nur ganz wenige ehemalige Linksextreme waren jetzt als Gewerkschaftsberater noch immer Rebellen.

Chie Nakane, die sich mit dem gleichen Problem befaßt, sagt dazu: »Es handelt sich ganz einfach um einen Wechsel der Gruppenloyalität. Als Student ist man einer studentischen Gruppe verpflichtet. Als junger Angestellter oder Beamter aber hat man die Gruppe gewechselt und sich in ein völlig anderes Gruppenbezugssystem begeben, dem man nun folgt. Maßgebend ist nunmehr die Autorität der ›sempai‹, der Senioren, auf deren Entschlüsse man nur *innerhalb* der Gruppe einwirken kann. Das heißt Einordnung in die Gruppendisziplin. Individualität ist dabei weniger wichtig.«

Die Neigung zur Gruppe wird besonders deutlich, wenn man Japaner im Ausland beobachtet. In Südostasien, dem Hauptreisegebiet Japans, gibt es viele deftige Witze über diese einer Fähnchen schwenkenden Stewardeß blind folgenden Gruppen, die auch gemeinsam in die Quartiere der leichten Mädchen geführt werden. Japaner assimilieren nie im Ausland die lokalen Sitten. Als Premierminister Tanaka im Januar 1974 in Jakarta auf Demonstrationen wütender indonesischer Studenten traf, war ein Hauptvorwurf, die dort lebenden Japaner hätten sich hochmütig abgesondert und unterhielten jenseits der Geschäftsbeziehungen keinerlei persönliche Kontakte mit den Einheimischen. Daran ist sicherlich richtig, daß sich die Japaner den übrigen Asiaten – mit Ausnahme der Chinesen – weit überlegen fühlen und das oft auch nur schlecht verbergen. Die vertikale Gruppenstruktur der japanischen Gesellschaft hat zu ihrer Introvertiertheit beigetragen – trotz der sprichwörtlichen japanischen Neugier für alles Fremde.

Auch in der Politik spielt die Gruppe und das Senioritätssystem eine ausschlaggebende Rolle. Fast alle japanischen Parteien zerfallen in Faktionen, die heftig miteinander rivalisieren. Die Liberal-demokratische (konservative) Regierungspartei bestand stets aus fünf bis neun Gruppen, deren Kämpfe und Rivalitäten für die japanische Presse viel interessanter sind als der Kampf der Parteien untereinander. Bei den Sozialisten ist es nicht anders.

So setzen sich Traditionen aus der Feudalzeit in neuem Gewande fort. Die Führer der Gruppen innerhalb der Parteien haben gewisse Ähnlichkeiten mit den einstigen Daimyos, den Fürsten und großen Herren der Tokugawa-Zeit. Sie rivalisierten beständig miteinander und wandten dabei die gleichen korrupten Praktiken an, die jetzt bei der Wahl des Parteiführers üblich sind, bei der hohe Summen für den Stimmenkauf aufgewandt werden müssen. Bei Tanakas Sturz erfuhr man, daß er für die Freunde seiner Parteigruppe in zwei Jahren Geschenke in Höhe von 1,5 Millionen Mark aufgebracht hatte.

Das vertikale Gruppensystem hat in der Nachkriegszeit ein hohes Maß von Stabilität verbürgt. Das System war flexibel genung, um westliche Technik ohne die geringsten Skrupel zu übernehmen und – im Gegensatz zur Sowjetunion – voll zu absorbieren. Dabei mußte sich aber die japanische Gesellschaft nicht grundlegend ändern. Chie Nakane formuliert das so:

»Da sich Japans äußere Lebensumstände radikal geändert haben, mußten sich auch Ideen und Verhaltensweisen ändern – genauso wie man die Kleider nach einem kalten Winter im Frühjahr wechselt. Aber solch ein oberflächlicher Wandel, vergleichbar dem Wandel der Mode, hat nicht den geringsten Einfluß auf das Fortbestehen der für Japan grundlegenden persönlichen Beziehungen und der Gruppendynamik ... Eine Revolution von nationalem Ausmaß ist schwer denkbar, weil die bestehenden Gruppen durch hohe Barrieren von einander getrennt sind ... Nur innerhalb der jeweiligen Gruppe fühlt man sich im gleichen Boot.«

Die Kapuzenmänner

Im Bunraku-Theater in Osaka, der Heimat des berühmten Puppentheaters, werden die Puppen von schwarzen Kapuzenmännern geführt, die man tatsächlich schon nach kurzer Zeit bei der Beobachtung des faszinierenden Spiels nicht mehr bemerkt. Die Führungsschicht Japans ist diesen Kapuzenmännern nicht unähnlich. Sie steht auf der Bühne, aber als Persönlichkeiten bleiben die Politiker blaß. Sie sind Exponenten ihrer Gruppe. Japans rasante Wirtschaftserfolge wurden zwischen 1957 und 1973 unter den drei Premierministern Nobusuke Kishi, Hayato Ikeda und Eisaku Sato (dem Halbbruder Kishis) erzielt. Sie waren aus der hohen Bürokratie hervorgegangen. Ihre erfolgreiche Politik trug kaum einen persönlichen Stempel. In erster Linie waren sie die Koordinatoren der engen Zusammenarbeit zwischen der Bürokratie des Staates und dem Management der Wirtschaft, die man als »Japan AG« bezeichnet hat.[6] Die Regierung besaß in diesem engmaschigen System hauptsächlich eine Koordinationsfunktion.

Der Staat hat auf Japans Wirtschaftsentwicklung entscheidenden Einfluß genommen. 1961 stellte Premierminister Ikeda einen

Zehnjahresplan auf. Innerhalb dieses Zeitraums sollte sich Japans Nationalprodukt verdoppeln. Dieses Ziel wurde jedoch schon 1966 erreicht. Zwischen 1965 und 1971 verdreifachte sich dann nochmals das industrielle Wachstum – ein bemerkenswertes Phänomen in der Geschichte der Industrienationen.

Die Planungsbehörde beim Premierminister umriß mit ihrem technischen Geheimagenten Cosmo – einer Kombination verschiedener Computer – die Ziele. Gemeinsam mit der Bank of Japan nahm dann das mächtige Industrie- und Handelsministerium (MITI) Einfluß darauf, in welche Branchen in großem Maße, in welche nur gerade etwas und welche gar nicht mehr durch die Entwicklungsbank investiert wurde. Sie steckte in die Zukunftsindustrien erhebliche Gelder und war auch bereit, Krisenzeiten zu überbrücken. Das führte zum Beispiel dazu, daß die japanische Computerindustrie um 1970 den zweiten Platz nach der amerikanischen erringen konnte – einer der Schlüssel zum Erfolg Japans. Eine statistische Erhebung ergab 1974, daß 62 Prozent der japanischen Maschinenausrüstung nur fünf Jahre und weniger alt war. Das übertrifft die Innovation der USA bei weitem.

Das alles ist nur verständlich, wenn man weiß, daß die Spitzen des MITI wie auch des Finanzministeriums, das über Tausende von hochspezialisierten Ökonomen verfügt, wie auch der Großbanken, das Herzstück der Riesenkonzerne, von einer einheitlichen Schicht besetzt sind. Sie ist gewohnt, sich gegenseitig zu stützen. Hohe Beamte wechseln häufig in die Vorstände der Großkonzerne über, wenn sie – Mitte vierzig – zwanzig Jahre Staatsdienst hinter sich haben. Japan kennt keine scharfen Scheidelinien. Ein Netz kaum durchschaubarer persönlicher Beziehungen verbindet die staatlichen Kommandostellen mit denen der Wirtschaft. Die Manager der Großkonzerne sind in ihren Entscheidungen durchaus frei, sie fügen sich jedoch einem staatlichen Lenkungssystem ein, das nichts mit sozialistischer Wirtschaftsideologie zu tun hat. Die Vorstellung, das japanische Wirtschaftswunder beruhe einfach auf billigen Löhnen, ist ebenso unrichtig wie die allzu lange – zum Schaden vieler europäischer Firmen – geglaubte Behauptung, die Japaner seien ausschließlich Nachahmer. In Wirklichkeit hat Japan für Forschung und Entwicklung seit den sechziger Jahren hohe Summen aufgewandt. Die Zahl der in diesen Bereichen Tätigen soll angeblich dreimal so hoch sein als in Deutschland.[7]

Decision-making unterliegt im unnachahmlichen Geflecht zwischen Bürokratie und Managern einem schwierigen und für den Außenstehenden kaum verständlichen Vorgang des Kosensus, der allgemeinen Zustimmung. Daher sind viele öffentlich ausgetragene Kontroversen oft nur Scheingefechte, wie man sie unnachahmlich im Kabuki-Theater erlebt.

So besteht der Mitsubishi-Konzern, der 1973 mit einem Umsatz von etwa 120 Milliarden Mark fast die Größenordnung des japanischen Staatsbudgets erreichte, aus 44 Einzelgesellschaften – fast jede für sich ein Gigant. Um nur Beispiele zu nennen: Mitsubishi Shoji ist die größte Handelsgesellschaft Japans, über die 10 Prozent des Exports und 13 Prozent des Imports des Landes abgewickelt werden. Nippon Yusen Kaisha besitzt 300 Handelsschiffe. Kishi Bier ist die zweitgrößte Brauerei der Welt. Mitsubishi Heavy Industries baut Schiffe, Maschinen, Flugzeuge und tausend andere Dinge. Es gibt fast nichts, was nicht im Mitsubishi-Reich produziert wird.

Dennoch gibt es keinen Generaldirektor des Gesamtkonzerns. Im Gebäude der Mitsubishi-Bank im Marounichi-Viertel, der City Tokios, tritt vielmehr einmal in der Woche Kinyokai, der Freitags-Club, zusammen, dem sämtliche Firmenchefs angehören, die dem Wahrzeichen der drei Diamanten des Mitsubishi-Konzerns verpflichtet sind. Im Kinyokai fallen dann die Beschlüsse, die Milliarden Yen in Bewegung setzen. Man stimmt niemals ab. Bei Meinungsverschiedenheiten zieht der Präsident der Mitsubishi-Bank als primus inter pares ein Streitobjekt zu weiterem Studium an sich. Aber auch dann fällt kein lautes Wort. Und nur selten wird ein Außenstehender, oder gar die Presse, erfahren, was im Kinyokai verhandelt wurde. So große Vorteile dieses System des Konsensus haben mag, so führt es doch oft auch zu Schwerfälligkeit, die es vor allem Ausländern nicht leicht macht, in Tokio zu definitiven Geschäftsabschlüssen zu gelangen.[8]

Hans Wilhelm Vahlefeld nannte sein gescheites Buch über Japan »Hundert Millionen Außenseiter«.[9] In Japan ist man Außenseiter, wenn man nicht in das feste Gewebe einer Gruppe eingebunden ist, die wiederum in einem oft komplizierten Verhältnis zu anderen Gruppen steht. Man sucht immer den Konsensus. Daher ist auch im Parlament das »Überfahren« der Minderheit durch die Mehrheit verpönt und wird nur im äußersten Fall angewandt. Andererseits stößt der Außenstehende bei diesem System häufig gegen eine Gummiwand, weil es ihm an der nötigen Information gebricht und er nur vage Auskünfte über tatsächliche Entscheidungen bekommen kann. Das war einer der Gründe, weshalb die sozialistische Opposition gegen die Regierung so oft in ein Vakuum hineinstieß und die Schläge nicht landen konnte, die sie austeilen wollte.

Wie stabil wird Japan bleiben?

Was für das Japan der sechziger Jahre galt, ist Mitte der siebziger Jahre nur noch halbwahr. Die vier großen Schocks haben an die Oberfläche gebracht, was hinter der fast blinden Besessenheit für das wirtschaftliche Wachstum schon lange verborgen lag. Nicht nur in populären Magazinen, sondern auch in Reden mancher Manager großer Konzerne tauchte plötzlich ein Wort auf, für das es im herkömmlichen Japan wenig Verwendung gab: *»Streben nach Glück«*. Hatten nicht die buddhistischen Sekten Soka Gakkai und Rissho-koseikai, diese Außenseiter der Leistungsgesellschaft, schon lange Zulauf von Millionen, weil sie vom Glück sprachen, vom Glück auf Erden?

Man muß die Städte Japans kennen, diese Vorstädte, die sich ohne Anfang und Ende ausgedehnt haben, wenn man ermessen will, was solche neuen Worte in Japan bedeuten. Vor dreißig Jahren lebten noch fast die Häfte der Japaner auf dem Lande. 35 Millionen sind inzwischen in die Städte gezogen, angeworben von den Giganten der Industrie. Der Umzug bedeutete meist den Abschied vom herkömmlichen japanischen Leben, das sich inzwischen nur noch reiche Familien leisten können. Für die meisten bleibt ein winziges Appartement, häufig europäisch möbliert. Da ist kein Platz mehr für das Leben auf den Tatami, den Binsenmatten, das für die japanische Kindererziehung so wichtig war, weil die Kinder nicht unter Beinsäulen, sondern auf gleicher Höhe wie die auf dem Boden sitzenden Eltern heranwuchsen. Diese grundlegende Veränderung der Lebensumstände so vieler Millionen Japaner begann sich erst allmählich voll auszuwirken.

Noch immer sind die Japaner sehr bescheiden in ihren Ansprüchen, sind die Gehälter klein – selbst manche der großen Manager können ihr Einkommen kaum mit dem vergleichen, was in Düsseldorf, der Londoner City oder New York bei entsprechenden Positionen bezahlt wird. Aber der Zug zur Konsumgesellschaft und die Einwirkung der Massenmedien wächst. Fast mehr noch als das amerikanische besteht das japanische Fernsehen aus Dauerberieselung mit Reklame. Ein jüngerer Tokioter Professor von internationalem Rang nannte mir das Fernsehen als die bei weitem wirksamste Kraft für die rapide Veränderung des japanischen Wertsystems. Die Melodie kam mir bekannt vor. Aber sie hat in Japan eine andere Bedeutung. Das Fernsehen ist ein beständiger Vermittler von Lebensformen einer anderen Zivilisation, vor allem der amerikanischen. Es setzt unbewußt andere Wertmaßstäbe. Diese fremde Droge läßt sich nicht für alle Zeiten immunisieren.

Wie tief diese Einflüsse bereits gehen, zeigt sich vor allem im Wandel der japanischen Sprache. In Japan sprach man bisher mit Höhergestellten in der Familie, im Betrieb und der Behörde anders als zum Gleichgestellten und wieder anders zum Untergebenen. Lilly Abegg stellte ein sichtliches Abnehmen der Respektsprache gegenüber Höhergestellten fest.[10] Nichts aber war bisher ein prägnanterer Ausdruck für den hierarchischen Aufbau der vertikalen japanischen Gesellschaft als gerade die Sprache, in der sich bei jedem Satz die soziale Stellung mitformulierte.

Viele andere Merkmale, wie etwa die sich ändernde Stellung der Frau, der Drang nach Freizeit und Urlaub, den es bisher nur in ganz geringem Umfang gab, die Einführung der Fünftagewoche, an die noch Mitte der sechziger Jahre kaum jemand dachte, lassen darauf schließen, daß sich unterschwellig tiefe Wandlungen ankündigen. Sie müssen nicht weitere Angleichung an den Westen bedeuten. Im Gegenteil, die japanische Jugend, das heißt die Mehrheit der Japaner, hat für den Schuldkomplex, den Krieg und Katastrophe hinterließen, kein Verständnis mehr und denkt weit nationalistischer als die ältere Generation.[11]

Alle großen Wandlungen, wie etwa die Meiji-Restauration, sind in Japan sehr abrupt erfolgt. Sie kamen im Gegensatz zu China nie durch Aufruhr von unten, sie kamen immer von oben. Genauer gesagt: in der Führungsspitze fanden sich entschlossene Männer, die durchführten, was im sozialen Unterbau längst herangereift war.

Eine solche getarnte Revolution von oben schien sich vorzubereiten, als *Kakuei Tanaka* im Sommer 1972 Premierminister wurde. Schon äußerlich unterschied sich dieser bullige Mann aus dem Volke deutlich von seinen Vorgängern. Er hatte nie zur Aristokratie der Finanzbürokratie gehört, er hatte keine der berühmten Universitäten besucht, er war als Bauunternehmer und »selfmademan« zum Millionär geworden, ehe er sich der Politik zuwandte. Tanaka hatte in seinem Plan »zur Umformung des japanischen Archipels« den Finger auf viele Wunden gelegt und auch den sozialen Nachholbedarf klarer formuliert als seine Vorgänger.

Sein Plan hatte zwei Hauptziele: die Auflösung der unerträglich gewordenen Ballungszentren, in denen pro Kopf der Bevölkerung nur 6,2 qm Wohnraum zur Verfügung stehen und nur ein Fünftel der Riesenstädte kanalisiert ist. In fünf Entwicklungsgebieten wollte er neue Mittelstädte schaffen, die modernen hygienischen Bedingungen entsprechen. Zugleich sollte Japan mit 32 neuen Autobahnen endlich ein ausreichendes Straßennetz erhalten und die berühmte Expreßverbindung Tokio – Osaka, auf der alle zwanzig Minuten ein Intercityzug abbraust, sollte auf ganz Japan ausgedehnt werden. Dazu war der Bau von 9000 Schienenkilometern erforderlich. Ferner sollte die Hauptinsel Honschu mit der viertgrößten Insel Schikoku durch drei Brücken über das Meer verbunden werden, um die Industrialisierung Schikokus zu ermöglichen.

Daneben setzte sich Tanaka für eine neue Altersfürsorge ein. Noch 1973 zahlte die Sozialversicherung nicht mehr Arbeitsfähigen nur 3000 Yen im Monat (30 DM) – gleich als ob das ehemalige System der Großfamilie noch funktionsfähig wäre, in dem für die Alten gesorgt wurde. Zwei Drittel der Japaner lebten aber Mitte der siebziger Jahre auf engstem Raum in Kleinfamilien, so daß Millionen alter Leute bittere Not leiden mußten. Inzwischen sind die Sätze verdreifacht worden – aber sie blieben weiterhin unzureichend.

Zusammen mit den enormen Ausgaben für die Beseitigung der Umweltverschmutzung hätte der Tanaka-Plan so riesige Investitionen erfordert, daß die Kurve des wirtschaftlichen Wachstums Japans künftig völlig anders verlaufen wäre. Allein für den Wohnungsbau wurde ein Betrag von 155 Milliarden Dollar auf fünf Jahre veranschlagt.

Tanaka hatte keine Fortune. Sofort nach der Bekanntgabe seines Planes stiegen die Grundstückspreise in den vorgesehenen neuen Siedlungsgebieten um das Vielfache, ebenso die Baukosten. Die Bodenspekulation machte Milliardengewinne; skrupellose Unternehmer – darunter Geschäftsfreunde Tanakas – kauften riesige Areale zu Höchstpreisen auf. Noch war nicht ausdiskutiert, ob der Einwand der Opposition stichhaltig war, der Tanaka-Plan werde die Umweltverschmutzung aus den Ballungsgebieten bis in den letzten Winkel des Inselreiches tragen, da wurde dieses japanische Traumbuch vorerst unter der *Lawine der Inflation* begraben.

Sie erreichte nach der Ölkrise im Winter 1974/75 fast 30 Prozent – ebenso hoch waren im Frühjahr 1974 die durchschnittlichen Lohnerhöhungen gewesen, die höchsten, die je in einem Jahr ausgehandelt worden waren. Trotzdem sank das Realeinkommen der Arbeiter. Der erste Versuch einer Revolution von oben scheiterte an einem ungeahnten Kostenauftrieb. Tanakas Cosmo-Computer hatte für die siebziger Jahre zwar nicht mehr 13 Prozent, aber doch stetige 10 Prozent weiteren wirtschaftlichen Wachstums berechnet. Ölpreise und Inflation drückten das Wachstum jedoch 1974 auf Null herunter. Japan stand nun vor dem Dilemma aller Industrienationen: neue Investitionen, die der Reformplan in hohem Maße erforderte, konnten nur das Ungeheuer der Inflation noch gefährlicher machen. So wurde der »Bulldozer Kakusan« flügellahm und fiel schließlich unter Anschuldigungen persönlicher Korruption. Sein Abgang von der Bühne war schmählich.

Eine Inflation, die innerhalb von wenigen Jahren die Ersparnisse aufzehrt, mußte das überkommene japanische Gesellschaftssystem an der Wurzel treffen. Bisher sind die Schäden der Konsumgesellschaft durch eine besonders hohe Sparrate teilweise ausgeglichen worden. In den sechziger Jahren wurde durchschnittlich ein Drittel des Bruttosozialprodukts gespart und reinvestiert. Das System der lebenslangen Beschäftigung in einem Betrieb beruhte vor allem darauf, daß beim Beginn des Pensionsalters hohe Abfindungen gezahlt wurden, die auch bei Arbeitern Beträge zwischen 30 000 und 50 000 DM erreichten. Bei einer Inflationsrate von 25 bis 30 Prozent stehen die Hunderttausende, die jährlich aus den Betrieben ausscheiden, bald vor dem Nichts. Das untergräbt die bisherige Stabilität, die die Kapuzenmänner an den Schalthebeln von Staat und Wirtschaft bei ihren Berechnungen als selbstverständlich voraussetzten.

Politische Umschichtung

Die Inflation hat die Folgen der rapiden Urbanisation Japans noch verschärft. Die aus den traditionellen Bindungen des Dorfes und der Großfamilie herausgerissenen Bewohner der endlosen Vorstädte haben keine neuen Wurzeln schlagen können. Als ich mich Anfang der sechziger Jahre mit den neuen soziologischen Problemen der japanischen Riesenstädte zu befassen begann, wurde bald deutlich, daß sich darüber weder die konservative Regierungspartei noch die einem antiquierten dogmatischen Marxismus verschworenen Sozialisten ernsthafte Gedanken gemacht hatten. Die etablierten Parteien waren gegenüber der sich vollziehenden Massenumschichtung ebenso blind wie gegenüber der Umweltverschmutzung.

Die einzigen, die diese Wandlungen frühzeitig spürten, waren die neo-buddhistischen Sekten, voran die *Soka Gakkai,* die in den sechziger Jahren eine Anhängerschaft von zwölf oder mehr Millionen Menschen sammelte – mit kämpferischen und manchmal sehr robusten Methoden, die das Parteien-Establishment und die Intelligenzia mit Abscheu erfüllten. Die Soka Gakkai paßte so wenig in das Klischee vom »areligiösen Japaner«, daß die Oberschicht und vor allem die Politiker dem erstaunlichen Phänomen hilflos gegenüberstanden, zumal die Sekte mit allen Mitteln der Massenbeeinflussung arbeitete und mühelos das riesige Olympiastadion Tokios bei ihren Veranstaltungen füllen konnte. Noch Mitte der sechziger Jahre sagte mir ein sozialistischer Abgeordneter: Soka Gakkai – das ist das Lumpenproletariat. In Taisekichi, dem Haupttempel der Sekte am Fuße des Fujijama, gewann ich jedoch ganz andere Eindrücke. Die zehntausend Pilger, die dort täglich mit Autobussen ankommen, machen einen sehr soliden Eindruck.

Der Erfolg der Sekte beruhte darauf, daß sie versuchte, dem unteren Kleinbürgertum (zu dem in Japan die Arbeiter zählen) in den Großstädten – meist Zugewanderte der ersten Generation – eine geistige Heimat zu bieten und die verlorenen Bindungen durch eine neue kollektive Wärme zu ersetzen. Das ist der Soka Gakkai und ähnlichen Sekten zunächst auch in erstaunlichem Maße gelungen.[12]

Die Mitte der sechziger Jahre von der Soka Gakkai gegründete *Komeito-Partei* wurde bei den Wahlen von 1969 mit 47 Sitzen auf Anhieb zur drittstärksten Parlamentsgruppe. 1972 erlitt sie einen Rückschlag und mußte diesen Platz ihren schärfsten Rivalen, den Kommunisten, räumen. Bei den Oberhauswahlen 1974 war sie jedoch wieder erfolgreich. Mit einem Stimmenanteil von 8,5 Prozent (Unterhauswahlen 1972) und 12,3 Prozent (Oberhauswahlen 1974) erzielte die Komeito einen tiefen Einbruch in jene Schichten, die früher stets die Konservativen (LDP) gewählt hatten. Die tiefgreifenden soziologischen Veränderungen Japans fanden damit auch ihren politischen Ausdruck.

Ganz ähnlich verhält es sich mit den spektakulären Wahlerfolgen der *Kommunisten* in den siebziger Jahren. Sie wenden sich an die gleichen Wählerschichten der Zugewanderten und erreichten bei den Wahlen von 1972 und 1974 je etwas über zehn Prozent der Wählerstimmen und eine Vermehrung ihrer Sitze im Unterhaus von 14 auf 38 und im Oberhaus von 11 auf 20. Gewiß waren 1974 den Kommunisten viele Protest-Stimmen gegen die Inflation zugute gekommen. Ihre Erfolge sind dennoch ein Gradmesser dafür, daß viele Millionen Japaner nicht mehr an die »Japan AG« glauben.

So ist es fraglich geworden, ob die Konservativen ihre dreißigjährige Alleinherrschaft noch lange behaupten können, nachdem ihr Anteil an den Wählerstimmen zwischen 1969 und 1974 von 47,3 auf 42,2 Prozent gesunken ist. Tanaka hatte bei den Oberhauswahlen 1974 diesen Trend mit dem geradezu unglaublichen Aufwand von 140 Millionen DM für Wahlpropaganda aufzuhalten versucht. Aber gerade das haben Millionen von Japanern übel vermerkt. Sein Nachfolger *Takeo Miki* versprach daher auch, er werde mit solchen Wahlpraktiken aufräumen.

Mit Takeo Miki wählte das konservative Establishment nach Tanakas skandalumwitterten Sturz eine Kontrastfigur. Obwohl seit Jahrzehnten in höchsten Partei- und Staatsämtern, war dieser zierliche, immer etwas grämlich blickende Politiker der alten Schule als »Herr Saubermann« ein Außenseiter geblieben. Jetzt benötigte ihn die Regierungspartei als lebenden Beweis dafür, daß die eigenen Reihen von korrupten Gebräuchen gereinigt werden sollten. Schon nach wenigen Monaten zeigte sich der Erfolg wiederhergestellten Vertrauens. Die Inflationsrate sank auf 15 Prozent, nachdem es Miki gelungen war, auch die Lohnerhöhungen zu halbieren. Abermals hatten die Konservativen im richtigen Augenblick einen Mann gefunden, der das Führungskollektiv vertreten konnte.

Die Wahlergebnisse der siebziger Jahre sind mehr als zufällige Schwankungen und Reaktion auf die Inflation. Bei einer repräsentativen Meinungsumfrage bei 10 000 Befragten über vordringliche Wünsche gaben 1973 nur ein Prozent zu erkennen, es ginge ihnen vor allem um eine gute Karriere, sieben Prozent hielten Geldverdienen für das Wichtigste, 45 Prozent aber sprachen sich für bessere Voraussetzungen eines gesunden Familienlebens und für mehr Freizeit aus. Ein Jahrzehnt vorher brachten ähnliche Meinungsumfragen genau umgekehrte Ergebnisse. Die Wertvorstellungen beginnen sich also zu ändern. Die Japaner sind unsicher über den bisherigen Weg geworden und als gute Patrioten sind sie zutiefst beunruhigt. Das spürt man nicht nur in den

Hauptquartieren von Komeito und der Kommunisten. Der Verfasser hörte Ähnliches aus dem Munde der Manager der größten Konzerne bei seinem letzten Besuch in Tokio.

Da es in Japan kaum um Einzelpersonen geht, ist es weniger wichtig, daß Tanakas erster Reformanlauf zu einer persönlichen Niederlage führte. Die neuen Ziele werden schon sichtbar, sie sind weit stärker auf die Selbstverwirklichung des Menschen ausgerichtet, als dies bisher japanischen Überlieferungen entsprach.

Der Massengesellschaft freilich werden die Japaner nicht mehr entrinnen. Das alte Japan war ein Land feinster Intimität. Seine Gärten, seine Pagoden, seine Geräte legten Zeugnis von einer Kultur der Stille ab. Alle diese Plätze der Meditation sind heute von lärmenden Schulklassen und Reisegesellschaften überschwemmt. Das Transistorgeräusch ist allgegenwärtig, wie der Abfall der Touristen. In das alte Japan gibt es kein Zurück.

Das künftige Japan wird weiterhin an der Spitze der Industrienationen liegen und durch den besonders hohen Grad von Innovation wahrscheinlich seine Konkurrenten übertreffen. Es gibt kein krasseres Gegenbeispiel zur Sowjetunion als Japan. Veränderte Wertvorstellungen lassen aber schon jetzt ein anderes Japan entstehen als das so häufig und oft einseitig in den sechziger Jahren geschilderte. Damals schien sich Japan selbst sozial und sogar physisch – durch die Umweltverschmutzung auf engstem Lebensraum – eine Art Erstickungstod bereiten zu wollen. Jetzt steht mehr und mehr die Abwendung solcher Gefahren im Vordergrund.

Ein neues soziales Ethos ist im Entstehen, wozu auch die Außenseiter, die buddhistischen Sekten, beitrugen. Ein rein materiell denkender Typus wie Tanaka mußte scheitern, weil er diesen inneren Wandlungen nicht gerecht werden konnte. Andere aber werden die Reformen mit jener Entschlossenheit weiterführen, die Japaner auszeichnet, wenn sie nach langem Schwanken und großer Unsicherheit ein Problem erst einmal erkannt haben. Das wird kaum die steril gewordene Neue Linke sein, die sich in verbalen Beteuerungen erging, das traditionelle Japan mit Stumpf und Stil ausrotten zu wollen. Es werden vielmehr Impulse sein, die vom jüngeren Management der Industrie ausgehen, das die größte soziale Dynamik im Inselreich besitzt. Sie kann dabei jedoch der Hilfestellung vieler traditioneller Senioren gewiß sein. Tanakas erbitterter Gegenspieler *Takeo Fukuda* (Jahrgang 1905) pflegt zum Beispiel engste Verbindung zu diesen Kreisen. Im Kabinett Miki wurde er die beherrschende Macht im Hintergrund.

Die zögernde Großmacht

Japan ist das Schlüsselland des Fernen Ostens. Das Inselreich liegt genau im Schnittpunkt amerikanischer, chinesischer und sowjetischer Interessen. Von seiner zukünftigen Entwicklung sind alle drei Weltmächte vital betroffen. Das hat die Japaner nach der Katastrophe des Zweiten Weltkriegs zur äußersten Vorsicht veranlaßt. Immer wieder sahen sie, daß schon kleine Ausschläge auf der feinen Skala der japanischen Außenpolitik nervöse Reaktionen bei den Weltmächten hervorriefen.

Die Diplomaten des Gaimuscho, des Auswärtigen Amtes in Tokio, zählen zu den bestinformierten der Welt. Sie fühlten sich jedoch mehr als Beobachter denn als Akteure, weil sie sich unter dem Schutz der mächtigen USA geborgen sahen. Gleichzeitig mit dem Friedensvertrag von San Francisco wurde 1951 der amerikanisch-japanische Sicherheitspakt geschlossen, der dann 1960 nach schweren inneren Kämpfen und Massendemonstrationen der Linken in revidierter Form erneuert wurde. Seit einem Vierteljahrhundert ist dieser Bündnisvertrag mit den USA das Fundament der japanischen Außenpolitik. Zwar sind die Zeiten längst vorbei, in denen die Vereinigten Staaten Japans Protektor waren, aber der schützende atomare Schirm ist weiterhin vorhanden. Er hat den Japanern die Möglichkeit gegeben, durch Jahrzehnte nur ein Minimum für ihre Verteidigung auszugeben – kaum ein Prozent des Bruttosozialprodukts.

Im Schatten des Sicherheitsvertrages mit den USA verstand sich die japanische Außenpolitik in erster Linie als Außen*handels*politik. Sie versuchte mit Beharrlichkeit die Ressentiments in Südostasien abzubauen, die dort die japanische Besatzung während des pazifischen Krieges hinterlassen hatte.

Rückschläge wie die antijapanischen Unruhen in Thailand im Herbst 1972 und in viel bedrohlicherer Form bei Tanakas Besuchen in Bangkok und Jakarta im Januar 1974 wurden daher im Gaimuscho überaus ernst genommen. Kaum waren die Kriegsgreuel in Südostasien einigermaßen vergessen, so sah sich Japan in seinem Nachbarbereich einer neuen Gefahr gegenüber, dem Image des *»häßlichen Japaners«*, des brutalen Geschäftsmannes, der nicht kooperiert, sondern rücksichtslos ausbeutet und sich dabei der überall in Südostasien herrschenden Korruption bedient. Dazu gehört auch das fragwürdige Kapitel der japanischen Entwicklungshilfe. Auch japanische Experten gaben zu, daß sie zum größten Teil nur aus Exportkrediten bestanden hat, mit denen die japanische Ausfuhr kräftig unterstützt wurde.[13]

Da in den fünfziger Jahren das Verhältnis Japans zu seinen beiden mächtigen Nachbarn China und Sowjetunion gespannt blieb, war der Spielraum der japanischen Außenpolitik eng; im Kielwasser des amerikanischen Bundesgenossen zu schwimmen erschien den Diplomaten des Gaimuscho auch nach der Aufnahme Japans in die Vereinten Nationen (1956) als der einzig sichere Kurs.

Die Vereinigten Staaten hatten schon beim Friedensvertrag von San Francisco dafür gesorgt, daß Japan die Regierung Tschiang Kai-scheks in *Taiwan* als das »rechtsmäßige China« anerkannte. In der UNO stimmte seit 1956 Japan regelmäßig mit den USA gegen die Aufnahme der Volksrepublik China. Damit blieb das Tor nach Peking verschlossen. Schon seit den fünfziger Jahren gab es bis weit in die Regierungsparteien hinein scharfe Opposition gegen diese negative China-Politik. Nicht nur japanische Sozialisten, sondern auch konservative Politiker wie Takeo Miki fuhren häufig privat nach Peking, und ein mächtiger Kreis der japanischen Wirtschaft drängte auf Änderung der Chinapolitik, nachdem der Chinahandel trotz des Fehlens diplomatischer Beziehungen zu wachsen begann.

Im Verhältnis zu China schwangen in Japan nach dem Krieg ambivalente Gefühle mit – bei der älteren Generation, und vornehmlich auf der Linken, ein Schuldkomplex wegen Japans langem Krieg gegen China. Bei der jüngeren Generation ein emotionales ostasiatisches Gemeinschaftsgefühl. Seltsamerweise waren es jedoch die japanischen Kommunisten, die sich – erschreckt über die negativen Auswirkungen der chinesischen Kulturrevolution auf ihr eigenes Image – Ende der sechziger Jahre von Peking scharf distanzierten. Abgesehen von den Vereinigten Staaten ist China das einzige Land, dem man in Japan nicht gleichgültig gegenübersteht. Die offizielle Chinapolitik im Fahrwasser der USA war nicht populär. Um so mehr fühlte man sich von Nixon und Kissinger betrogen, als die amerikanische Chinapolitik über Nacht um 180 Grad geändert wurde. War das der Dank dafür, so sagten die Japaner, daß wir gegen unsere Instinkte und Interessen immer getreulich mit den USA gegen die Volksrepublik in der UN gestimmt haben?

Gegenüber der *Sowjetunion* gab es dagegen nirgends in Japan sentimentale Gefühle. Auch die jüngere Generation hat den Dolchstoß der Sowjets am Ende des Zweiten Weltkriegs noch nicht vergessen. Zwar wurden 1956 diplomatische Beziehungen mit Moskau aufgenommen, aber ein Friedensvertrag kam nicht zustande, weil die Japaner die Rückgabe der vier Kurileninseln verlangen, die Stalin 1945 besetzen ließ. Unmittelbar vor der Küste der nördlichen Insel Hokkaido gelegen, werden sie als Pfahl im Fleisch empfunden. Noch im Dezember 1972 erläuterte einer der höchsten Beamten des Gaimuscho die japanische Haltung dem Verfasser gegenüber folgendermaßen:

»Japan ist in einer völlig anderen Lage als die Deutschen. Sie haben den Krieg gegen die Sowjetunion begonnen. Moskau aber hat den Krieg gegen Japan begonnen und uns in den letzten vierzehn Tagen des Krieges noch gewaltige Verluste zugefügt und eine ganze Armee in jahrelange Gefangenschaft geführt. Die Besitznahme der Inseln ist völlig illegal und damit werden wir uns nie abfinden. Als wir diplomatische Beziehungen mit Moskau aufnahmen, erklärte uns Chruschtschow, die Sowjetunion werde uns die Inseln zurückgeben, wenn uns die Amerikaner Okinawa zurückgeben. Er nahm damals wohl an, Okinawa werde nie zurückkehren. Inzwischen haben wir es zurückerhalten, aber Breschnjew kann in dieser Sache nichts tun, selbst wenn er wollte. Er muß auf die Marschälle Rücksicht nehmen. Übereinstimmung im Politbüro heißt immer, daß der am wenigsten Entgegenkommende die Linie bestimmt.«

Weit in die japanische Linke hinein teilt man diese Auffassung. Immer wieder kann man in Tokio hören, die atomaren Raketen in der sowjetischen Fernostprovinz und die beständige Verstärkung der pazifischen Sowjetflotte bedrohen Japan nicht weniger als China.

In den zwanzig Jahren von 1951 bis 1971 hat sich Japans »low profile« in der Außenpolitik bezahlt gemacht. Ohne sonderliches Engagement nach außen konnten die Japaner im Schutze der amerikanischen Weltmacht ein gewaltiges Wirtschaftspotential entwickeln. Der Artikel IX der japanischen Verfassung verbot den Aufbau einer Armee. Mit der Aufstellung der »Selbstverteidigungskräfte« (etwa 240 000 Mann, ausschließlich Freiwillige, davon je etwa 40 000 in Luftwaffe und Flotte) wurde dieses Verbot auf amerikanisches Drängen zwar umgangen, aber die Quantität der Streitkräfte blieb begrenzt. Qualitativ allerdings will man sie seit 1972 auf den höchsten technischen Stand bringen. Für die Ausrüstung ist man kaum mehr auf amerikanische Hilfe angewiesen. Die Verteidigungsausgaben betrugen aber auch 1975 nur ein Prozent des Bruttosozialprodukts.

Japans neue Rolle

Dieses statische und möglichst unsensationelle Bild der japanischen Außenpolitik erfuhr seit dem Nixon-Schock vom Sommer 1971 eine unvermutet dramatische Wendung. Nachdem sich die erste Empörung über das rücksichtslose Vorgehen der Amerikaner gelegt hatte, sahen sich die Japaner vor zwei sehr verschiedenen Problemen: kurzfristig war nunmehr die Bereinigung des Verhältnisses zu China vorrangig. Langfristig mußte die japanische Führung abwägen, wie zuverlässig der amerikanische Bundesgenosse in der ferneren Zukunft sein werde und was das Drängen der Amerikaner bedeute, Japan müsse eine aktivere Rolle in Ostasien übernehmen. Hieß dies, daß der amerikanische, schützende Schirm schrumpfen und schließlich ganz verschwinden werde?

Bei der Lösung der ersten Aufgabe bekamen die Japaner Schützenhilfe von unerwarteter Seite. Unmittelbar vor Nixons Reise nach Peking sagte sich der sowjetische Außenminister Gromyko in Tokio an. Im Gaimuscho wußte man, daß der sowjetische Diplomat andere wichtige Verpflichtungen kurzfristig wegen dieser Reise abgesagt hatte. Gromyko lockte erneut mit einem Friedensvertrag, ohne sich aber in der Kurilenfrage festzulegen und bot den Japanern in konkreterer Form als bisher große Möglichkeiten der Kooperation in Sibirien an. Wenn Gromyko gehofft haben mochte, damit einen raschen Abschluß zwischen Tokio und Peking hintertreiben zu können, so irrte er.

Kaum war im Sommer 1972 Sato als Premierminister durch Tanaka ersetzt, so hörte die antijapanische Polemik in Peking schlagartig auf, und Tschou En-lai drängte darauf, den neuen Mann so bald als möglich zu empfangen. Die Japaner waren auf harte Verhandlungen gefaßt, als Tanaka schon Ende September nach Peking reiste. Statt dessen wurde er mit einem chinesischen Totalverzicht auf Reparationen begrüßt und die Formel, mit der sich Japan in nur zwei Sätzen für die Schäden entschuldigen mußte, die es in China verursacht hatte, fiel sehr mild aus.

Dafür verlangten die Chinesen im Abschlußkommuniqué eine Erklärung gegen jede Hegemonie in Asien, die sich unzweideutig gegen die Sowjetunion richtete. Sie lautete: »Keines der beiden Länder soll in der asiatisch-pazifischen Region Hegemonie anstreben. *Beide Länder widersetzen sich Versuchen jeden anderen Landes, eine solche Hegemonie zu errichten.«* Als im Frühjahr 1975 zwischen Tokio und Peking über den Abschluß eines endgültigen Friedensvertrages verhandelt wurde, bestanden die Chinesen auf Wiederholung der gleichen Formel. Die Sowjetunion protestierte dagegen massiv. Mit Unbehagen sahen sich die Japaner zu einer Stellungnahme im chinesisch-sowjetischen Konflikt gezwungen, der sie immer ausweichen wollten. Man fragte sich in Tokio, wie extensiv das Wort »sich widersetzen« ausgelegt werden könne. Die Chinesen hatten mit Bedacht einen Strich unter die Vergangenheit gemacht. Sie wollten dafür die Unterstützung Japans mit einem Blancoscheck für die Zukunft einhandeln.

Noch einen anderen Preis hatte Japan 1972 bezahlen müssen:

den abrupten Abbruch der Beziehungen zu *Taiwan*. Das fiel den leitenden Männern in Tokio nicht so leicht, wie es nach außen schien. Eine starke Gruppe von 120 Abgeordneten der Regierungspartei hatte sich gegen die Brüskierung eines langjährigen Freundes ausgesprochen und selbst im Gaimuscho versuchte man noch Monate später dem Besucher mit gewundenen Erklärungen schmackhaft zu machen, es sei kein Verrat geübt worden, wie die Taiwan-Chinesen wütend klagten.

Wie groß der Enthusiasmus der Japaner nach der Rückkehr Tanakas aus Peking auch war, so gab es dennoch nicht wenige, die empfanden, Japan habe bei diesem Handel Gesicht verloren, zumal die Amerikaner bei Nixons Besuch in Peking Taiwan nicht fallengelassen hatten. Trotz dieser herben internen Kritik mußte man jetzt konsequent bleiben und Taiwan zum zweitenmal brüskieren. Peking verlangte als Preis für ein Zivilflugabkommen, Japan müßte der Taiwan-Linie CAL den offiziellen Status aberkennen. Taiwan rächte sich umgehend und entzog der japanischen Fluglinie JAL die Landerechte. Sie verlor damit ein Fünftel ihres Einkommens, weil die Linie Tokio – Taipeh besonders profitabel war.

Mao hat bei Tanakas Besuch an die enge Verwandtschaft der beiden großen ostasiatischen Völker erinnert und damit Töne angeschlagen, die dem japanischen Sentiment entgegenkamen. Das Kriegsbeil wurde begraben und Japan wird seinen Anteil am Chinahandel erweitern, so beschränkt er auch für lange Zeit bleiben dürfte. Noch aber ruht im Schoße der Zukunft, ob zwischen Japan und China nicht neue Rivalitäten aufbrechen werden, vor allem wenn das chinesische Industriepotential so gewachsen sein wird, daß China eine größere Rolle auf dem Weltmarkt spielen und vor allem um die asiatischen Märkte konkurrieren kann. Vorerst dürfte Japan jedoch alles unterlassen, was den Zorn Pekings erneut erregen könnte. Das liegt auch im amerikanischen Interesse.

Nach der Bereinigung des Verhältnisses zu Peking stellte sich Japan die Frage, in welchem Umfang die Sicherheitsgarantie der Vereinigten Staaten erhalten bleibt. Nach dem Ende des Krieges in Vietnam betrugen die amerikanischen Streitkräfte in Ostasien noch etwa 160 000 Mann (ohne die bereits zum Abzug designierten Truppen in Thailand). In Japan standen 52 000 Mann, in Korea 40 000, auf den Philippinen 16 000, in Guam 11 000, in Taiwan 5000; dazu kamen 35 000 Mann der VII. Flotte auf 56 Kriegsschiffen und 850 Kampfflugzeuge. Die beiden Divisionen in Korea galten als wichtiger Sicherheitsfaktor für Japan.[14]

In Washington bekräftigte man den Japanern deutlich, nichts werde sich am äußeren Verteidigungsring ändern, der von Japan und Okinawa über die neue Basis auf der Insel Tinian und Guam bis nach den Philippinen verläuft – mit Hawaii als verstärkter Nachschubbasis. Mit dieser Versicherung wollten die Amerikaner vor allem der Versuchung Japans vorbeugen, sich, dem Beispiel Indiens folgend, ebenfalls Atombomben zuzulegen. Bis dahin war die Debatte in Japan über eine etwaige nukleare Bewaffnung negativ verlaufen. Der japanisch-amerikanische Sicherheitsvertrag dürfte jede amerikanische Regierung daran hindern, etwa auch den äußeren Verteidigungsring im Pazifik aufzugeben. Das hat Präsident Ford bei seinem Besuch in Tokio im November 1974 nachdrücklich bestätigt.

Die Gesamtentwicklung im Pazifik wird dennoch Japan dazu zwingen, seine Verteidigung stärker auszubauen, sich weniger ausschließlich auf die Amerikaner zu verlassen und – trotz des Atomsperrvertrages – die nukleare Option offen zu halten. Damit wird Japan auch seine Außenpolitik unabhängiger gestalten, nachdem sich dafür seit 1972 unerwartete Chancen boten.

Dafür spricht auch, daß Kissingers Versuch, Japan auf nichtmilitärischem Gebiet enger an die Atlantische Allianz heranzuführen, am Unverständnis der Europäer gescheitert ist. Zwar pflegen seit dem Beginn der siebziger Jahre Paris, Bonn und London regelmäßig jährliche zweiseitige Konsultationen mit Tokio. Der Vorschlag aber, Japan zu *politischen* Beratungen der Atlantischen Allianz hinzuzuziehen, fand in Europa keine Gegenliebe. Dieser europäische Provinzialismus war kurzsichtig; denn eine solche Kombination würde das westliche Lager weit wirkungsvoller machen. Die allgemeine Unklarheit über die Grenzen der Entspannungspolitik erstickte schon im Keim die Initiative, das japanisch-amerikanisch-europäische Verhältnis so zu gestalten, wie es dem globalen Zeitalter entsprechen würde.

Damit aber steht Japan seinem schwierigsten außenpolitischen Problem allein gegenüber: *dem Verhältnis zum mächtigen sowjetischen Nachbarn.* In Moskau hat man sich Japan gegenüber eine Taktik des Wechselbades ausgedacht. Jahrelang wurde, nach einem mißglückten Annäherungsversuch Mitte der sechziger Jahre, der japanische »Neo-Imperialismus« in der sowjetischen Presse angeklagt und die Japaner beschimpft, bis dann, wie oben erwähnt, Gromyko mit huldvollem Lächeln in Tokio erschien. Als das erwünschte Ziel nicht erreicht wurde – Einbeziehung Japans in ein sowjetisches Kollektivsystem in Asien zur Einkreisung Chinas –, wurde der japanische Außenminister Ohira bei einem Besuch in Moskau frostig empfangen, und nicht anders erging es Premier Tanaka ein Jahr später im Herbst 1973. Das alte Problem der Rückgabe der Kurileninseln schien unlösbar. Auch der Außenminister der Regierung Miki, Kiichi Miyazawa, mußte im Januar 1975 ohne jedes Zugeständnis in der Kurilenfrage wieder aus Moskau abreisen.

Die Sowjets wußten sehr wohl, daß sich in Tokio die China-Lobby der Industrie mit der Rußland-Lobby stritt, die unter der Führung des Öl-Industriellen Hiroki Imazato mit Milliardenbeträgen in das Sibiriengeschäft einsteigen wollte. Als ich ihn Ende 1972 in Tokio besuchte, ließ er sich eine Sibirienkarte reichen und malte darauf mit dem Rotstift Kreise und Linien, als sei das just schon sein eigenes Imperium. Im Mittelpunkt dieser Pläne stand damals noch der Bau einer viertausend Kilometer langen Pipeline, die das Tjumen-Erdölgebiet in Westsibirien über Irkutsk mit dem pazifischen Hafen Nachodka verbinden sollte. Es lag auf der Hand, daß die Chinesen Japan eine Beteiligung an diesem Projekt bös angekreidet hätten. Die Mobilität der sowjetischen Fernost-Armee wäre wesentlich erhöht worden. Das Projekt hatte hohe strategische Bedeutung.

Das Wechselbad ging jedoch weiter. Nach dem Beginn der Ölkrise zeigten die Japaner gesteigertes Interesse an sowjetischem Öl. Jetzt aber ließen die Russen das Pipeline-Projekt plötzlich fallen, bei dem sie den Japanern eine Jahreslieferung von 40 bis 50 Millionen Tonnen Öl versprochen hatten. Statt dessen wollten sie Japan, wie im Abschnitt über Sibirien schon erwähnt, am

Bau einer zweiten transsibirischen Bahn interessieren. Über sie hätte ebenfalls Öl aus dem westsibirischen Tjumen-Gebiet transportiert werden können. Diese Bahn muß durch Gebiete führen, die im Winter –40 bis –50 Grad aufweisen, während sie im Sommer versumpft sind. Die Japaner lehnten daher diesen Vorschlag nach kurzer Überlegung dankend ab.

Die Sowjetunion hatte ihre Kreditwünsche an Japan dauernd erhöht. Für die Pipeline entlang der chinesischen Grenze erwarteten sie zwei Milliarden Dollar. Die zweite transsibirische Bahn hätte ein japanisches Engagement von drei bis vier Milliarden Dollar erfordert. Im Sommer 1974 beliefen sich die sowjetischen Wünsche auf insgesamt sieben Milliarden Dollar. Sie stiegen in dem Maße, in dem der amerikanische Kongreß Schwierigkeiten für Milliardenkredite zu machen begann. Bis Anfang 1975 konnten sich jedoch die Japaner nur zu Verpflichtungen in Höhe von 1,1 Milliarden Dollar entschließen. Zusagen machten sie für Projekte der Holzindustrie und den Ausbau zweier Häfen in der Fernostprovinz. Konkret stand nur noch ein Projekt der Ölprospektierung im Küstengebiet der Insel Sachalin auf dem Programm.

Zu einem größeren Risiko in Sibirien sind die Japaner nur bereit, wenn sich auch die Amerikaner an den sowjetischen Projekten beteiligen. Das gilt vor allem für die Erdgasvorkommen von Jakutsk, für deren Erforschung Japaner und Amerikaner entsprechend einem Ende 1974 geschlossenen Abkommen je 100 Millionen Dollar aufwenden wollen, falls auch die Sowjets 400 Millionen bereitstellen. Jedes größere Engagement in Sibirien wird Japan unter dem Gesichtspunkt betrachten, was Peking dazu sagt. Ein kompliziertes Spiel mit drei Kugeln erscheint den vorsichtigen Rechnern im Gaimuscho als reichlich gewagt, auch wenn die großen Firmen auf Regierungsgarantien für das Sibiriengeschäft drängen.

Die innere und die äußere Lage Japans korrespondierten Mitte der siebziger Jahre schlecht miteinander. Im Inneren waren die Japaner dabei, das »*economic animal*« (man kann diesen amerikanischen Ausdruck nicht ohne Mißverständnis übersetzen) zu überwinden. Dazu zwingt die Umweltkrise die Japaner wie kein anderes Volk. Die japanische Neigung zur Introversion wird dadurch noch verstärkt.

Die neuen außenpolitischen Chancen, die sich Japan fast gleichzeitig eröffneten, konnten kaum in größerem Umfang genutzt werden. Jede der drei Weltmächte hat von ihrem Standpunkt aus ein erhöhtes Interesse an Japan gewonnen. Vom Blickpunkt Tokios aus heben sich aber diese Bestrebungen bis zu einem gewissen Grade gegenseitig auf. Man fühlt sich daher isolierter als in den Jahrzehnten, in denen Japan fast allein auf die Freundschaft der USA angewiesen war. Auch wenn der Nixon-Schock von 1971 überwunden ist, bleibt das Verhältnis zu Washington von nachwirkendem Mißtrauen nicht unberührt.

Für die Japaner ist Kissingers Entspannungspolitik mit Moskau ambivalent und wird mit Unbehagen beobachtet. Man fürchtet in Tokio neue Überraschungen, die den Interessen Japans schaden könnten. Alle diese Momente tragen dazu bei, den japanischen Nationalismus neu zu entfachen, auch wenn dabei die ehemalige (und kaum mehr vorhandene) Militärkaste keine Rolle mehr spielt.

Die Amerikaner haben zwei Jahrzehnte hindurch Japan gegenüber eine weise, wenn auch manchmal zu paternalistische Rolle gespielt. Es kann sich in der Zukunft als tragisch erweisen, daß sie diese Rolle in den siebziger Jahren nicht mehr durchzuhalten vermochten, auch wenn erstmals ein amerikanischer Präsident japanischen Boden betreten hat. Es gibt Chancen, die unwiederbringlich sind. Eine davon war es, den Japanern das Gefühl zu nehmen, sie seien eine isolierte Nation.

Man spricht in Japan gelegentlich von einer »Äquidistanz« des Inselreiches zur Sowjetunion und China. Man darf das als eine Schutzbehauptung ansehen. Gegenüber China sprechen Emotionen mit, und eine große politische Gestalt wie Tschou En-lai hat auf die Japaner Eindruck gemacht. Die Beziehungen zur Sowjetunion spielen sich auf einer wesentlich anderen Ebene ab. Abgesehen von Geschäftsinteressen wünschen die Japaner jenes Mindestmaß normaler Beziehungen, das offene Feindschaft verhindert. Ein Land wie Brasilien lockt jedoch die Japaner weit mehr als Sibirien, dessen Erschließung immer mit Bedingungen verknüpft sein wird, die nur geringe Bewegungsfreit erlauben.

Das gleiche gilt für Europa. Japan hat Europa erst in den siebziger Jahren als Partner entdeckt. Dabei folgt, wie immer in der japanischen Politik, ein erweitertes Interesse dem Handel. Von 1968 bis 1973 stieg der Anteil Europas an Japans Export von 12,7 auf 17,4 Prozent, während Amerikas Anteil von 34,2 auf 25,6 Prozent fiel. Mögen diese Zahlen noch nicht viel bedeuten, so werden sie doch in Japan als ein Zeichen dafür gewertet, daß sich das Inselreich aus allzu großer Abhängigkeit von den USA zu lösen beginnt. In Lateinamerika und Europa sehen die Japaner Chancen für Partnerschaften, die weniger belastet sind als das Verhältnis zu Südostasien. So kann sich die künftige Weltrolle Japans weit über das Regionale hinaus voraussichtlich universaler entfalten, als das noch vor wenigen Jahren vorauszusehen war.

Es wird kein »japanisches Jahrhundert« geben, in dem das fernöstliche Inselreich die Spitzenposition aller Weltmächte einnehmen könnte. Das wird schon Japans extreme Rohstoffabhängigkeit verhindern. Aber Japan hat wohl begründete Aussicht, die stabilisierende Macht zwischen den Supermächten in Ostasien zu werden – eine Rolle, die globalen Einfluß mit sich bringt. Der Pazifische Ozean ist im letzten halben Jahrhundert zu einem der großen Entscheidungsräume der Zukunft geworden. Darin nimmt Japan eine Mittelstellung ein, deren Bedeutung in den nächsten Jahrzehnten noch erheblich wachsen wird.

Weltprovinzen

Kapitel VIII
DER INDISCHE SUBKONTINENT
Drei flackernde Sterne

Ein Fünftel der Menschheit lebt auf dem indischen Subkontinent. In den achtziger Jahren werden in den drei Staaten Indien, Pakistan und Bangladesch über eine Milliarde Menschen ernährt und behaust werden müssen. Ein Problem kaum vorstellbaren Ausmaßes; denn der größte Teil dieser unübersehbaren Menschenmasse konnte Mitte der siebziger Jahre kaum das Existenzminimum verdienen.

Der Subkontinent hat seit dem Ende der britischen Herrschaft für seine Modernisierung Erhebliches geleistet. Ganze Industrien wurden aus dem Boden gestampft, und auch in der Landwirtschaft hat in einigen Gebieten die »Grüne Revolution« durch riesige Bewässerungsarbeiten und ertragreicheres Saatgut Überschüsse gebracht. Insgesamt aber ist der Subkontinent noch immer von den Launen der Natur abhängig. Ein schlechter Monsun oder Überschwemmungen nach zu reichlichem Regen bringen die Gefahr von Hungerkatastrophen. Die Bewahrung der nackten Existenz ist nur mit großer Mühe zu sichern.

In den fünfziger Jahren sagte Nehru einmal zum Verfasser, zwar habe Indien eine uralte Kultur und Geschichte, aber die Indische Union sei eine junges Gebilde, das sich seine Tradition erst schaffen müsse. Dieses Wort des indischen Staatsgründers gilt auch für Pakistan und erst recht für das nachgeborene Bangladesch. Tatsächlich hat es in Indiens dreitausend Jahre alter Geschichte nie eine Reichseinheit gegeben, die den heutigen Grenzen entsprochen hätte.

In Indien werden zwölf, in Pakistan vier Hauptsprachen gesprochen. Nur Bangladesch ist wenigstens ein einheitliches Sprachgebiet. Die kleine Führungsschicht ist in Indien und Pakistan auf das Englische als Verständigungsmittel angewiesen.

Kaum ein Inder beherrscht alle Hauptsprachen seines Landes. Ich habe erlebt, wie Nehru in Südindien vor Hunderttausenden sprach, die bei einer Wahlversammlung zu seinen Füßen saßen. Er mußte sich des Englischen bedienen, das nur wenige seiner Zuhörer verstanden. Dennoch wirkte er durch die Macht und den Zauber seiner Persönlichkeit und erweckte stürmische Begeisterung. Aber wie vielen Menschen ist eine solche Fähigkeit gegeben?

Indien und Pakistan sind seit 1947, dem Jahr der Unabhängigkeit, sehr verschiedene Wege gegangen. In Pakistan gab es keine Kontinuität. Die Schaffung einer neuen Tradition auf religiöser Basis erwies sich als überaus schwierig. In Indien hat dagegen die Nehru-Familie dem jungen Staatswesen unverkennbar ihren Stempel aufgedrückt.

Die Nehru-Familie

Indira Gandhi regiert 1975 bereits im zehnten Jahr. Vor ihr war ihr Vater siebzehn Jahre lang Premierminister. Zwischen Vater und Tochter lag nur die kurze Zeitspanne, da der früh verstorbene Lal Bahadur Schastri die Zügel führte. Drei Jahrzehnte sind in der Geschichte eines so uralten Landes nur wie ein Augenblick. Dennoch ist unter den Nehrus ein Fundament für die Bewahrung der Einheit des riesigen Landes gelegt worden, das sich an innerer Vielfalt nur mit Europa vergleichen läßt. Dazu brachten die Nehrus besondere Voraussetzungen mit.

Die Nehrus entstammen als Kaschmirbrahmanen der höchsten Kaste; einer Geistesaristokratie, die in Indien von großer Bedeutung ist. Ihnen gegenüber waren die meisten Maharadscha-Familien nur späte Emporkömmlinge. Zugleich stand aber Nehru über dem Zwiespalt der Religionen der Hindus und Moslems, der, gefördert von der britischen Politik, die letzten Jahrzehnte vor der Unabhängigkeit beherrschte. Nehru verkörperte in seiner Person den säkularen Staat. Auch in der Kongreßpartei, der Trägerin der Befreiungsbewegung, gab es nur wenige Hindus und Moslems, von denen man das sagen konnte. Von Anfang an stand die Nehru-Familie in der vordersten Front der Unabhängigkeitsbewegung. Nachdem Mahatma Gandhi 1916 aus Südafrika nach Indien gekommen war, wurde Nehrus Vater einer seiner ersten Mitarbeiter. Nehru saß später zwölf Jahre in britischen Gefängnissen. In den letzten Jahren vor der Unabhängigkeit war er bis ins letzte indische Dorf fast so bekannt wie Gandhi selbst. Das übertrug sich später auf seine Tochter. Keiner ihrer Konkurrenten besaß auch annähernd die Popularität, die ihr als Mitarbeiterin ihres Vaters zugefallen war.

Nehru ist häufig als ein durch den Westen, vor allem die britischen Sozialisten, geprägter agnostischer Intellektueller beschrieben worden. Daran ist richtig, daß ihn mit manchen bedeutenden Geistern aus dem Westen mehr verband als mit indischen Erzkonservativen, die ihn oft langweilten. Er wollte jedoch kein westliches Indien schaffen, sondern ein dem Westen gleichwertiges, das Wissenschaft und Technik zu gebrauchen versteht. Er wollte Indien aus langer Erstarrung lösen. Dazu war ihm die Auffrischung mit westlichem Geist sehr recht. Aber doch nur, um zur Renaissance eines gereinigten Indien zu führen, wie sie Mahatma Gandhi vorbereitet hatte. Als er 1964 starb, war die erste Wegstrecke zurückgelegt. Aber er wußte, daß dieser Weg durch eine Dschungellandschaft führt, deren wucherndes Geschlinge die Bahn immer wieder bedroht. Seine letzten Jahre waren von der Niederlage der indischen Armee im Himalaja überschattet, mit der die Chinesen Nehrus Prestige tief getroffen hatten. Zu diesem Zweck war der Angriff erfolgt.

Nehru sprühte vor Geist und Charme, wenn es einem Besucher gelungen war, inneren Kontakt mit ihm zu gewinnen, sonst konnte er verschlossen und einsilbig sein. Seine Tochter Indira wirkt dagegen spröde. Sie könnte heute in Indien fast allmächtig sein, wenn sie ihre Macht voll gebrauchte. Aber lange Zeit hatte sie Schwierigkeiten, ihre Meinung entschieden klarzumachen. Erst Jahre nach ihrer Amtsübernahme lernte man sie in Delhi als eine Frau kennen, die zu harten Entscheidungen befähigt ist.

Wenn man ihr Arbeitszimmer im Parlamentsgebäude betreten hat und dann hinter einem wuchtigen Tisch, bedeckt mit Aktenbergen, diese feingliedrige, zierliche Frau erblickt, noch eingesponnen in ihre Gedanken, so spürt man sofort die ungeheure

Last, die sie trägt. Ich kannte sie schon, als sie noch Nehrus Haus führte. Damals sprach sie noch gern über ihre eigenen Verhältnisse und Interessen. Jetzt ist die Zeit knapper bemessen und sie breitet nur noch ihre Sorgen über ihr Volk vor dem Besucher aus. Indira hat in diesen zehn Jahren viele Schlachten gewonnen. Niemand kommt in Indien ihrem natürlichen Instinkt für die taktische Ausnutzung von Chancen auch nur annähernd gleich. Aber die größte Schlacht ihres Lebens, der Kampf gegen die Armut, geht in unverminderter Schärfe weiter, und ein Sieg scheint noch weit in der Ferne zu liegen.

Nehru und noch mehr Indira sind Pragmatiker, ideologischen Schemata abgeneigt. Nehrus Sozialismus entsprang zwar ursprünglich der britischen Fabian-Schule, aber was er dann später als »*socialist pattern of society*« verkündete, war ein durchaus indisches Gewächs, nie klar definiert, eher auf Vorlieben und starken Abneigungen begründet. Tief im Innern verachtete der Brahmane die Marwarikaste der Händler, auch wenn manche von ihnen, wie der Birla-Klan, bedeutende Industriekomplexe aufgebaut hatten, die zur wirtschaftlichen Unabhängigkeit Indiens viel beitrugen.

Nehru hatte von den Engländern eine gute Infrastruktur übernommen, so etwa eine funktionierende Verwaltung und ein ausgedehntes Schienennetz – das größte Asiens. Der Wirtschaftsaufbau Indiens entsprach dennoch nicht den Bedürfnissen des Volkes, sondern denen der Kolonialherren, die ein Monopol für die Einfuhr von Maschinen und Stahl besaßen. In Nehrus Amtszeit hat sich das grundlegend geändert. Bei seinem Tode produzierte Indien seinen eigenen Stahl, fertigte es eine große Zahl von Maschinen selbst, war die Elektrifizierung des Landes ein großes Stück vorangekommen, waren zahlreiche, teilweise riesige Staudämme für die Bewässerung gebaut, liefen indische Lastwagen vom Band, besaß Indien auch schon die Anfänge einer eigenen Waffen- und Flugzeugindustrie. Im Jahrzehnt Indira Gandhis verbreiterte sich die industrielle Basis vor allem auf dem Gebiete der Petrochemie, der Atomwirtschaft und der Elektroindustrie. 1975 sandte Indien seinen ersten Satelliten in den Weltraum.

Bürokratie als Hemmschuh

Die fortbestehende Armut der Massen Indiens verdeckt oft den Blick für eine ziemlich unbekannte Realität. Indien ist eines der industriell fortgeschrittensten Länder Asiens und blieb beim Aufbau seiner Industrie auch nicht wesentlich hinter China zurück. Die Größenordnungen des indischen Außenhandels entsprachen 1972/73 denjenigen Chinas.

Daß diese unbestreitbaren Erfolge begrenzte Wirkungen hatten, lag an der indischen Krankheit – an einer umständlichen, in Trägheit und Routine erstickten Bürokratie, dem Herd aller Korruption. 1972 machten von den 62 größten staatlichen Gesellschaften nicht weniger als 38 Defizite. Bei manchen dieser Monstergebilde erreichten sie fast 100 Millionen Rupien. Die Schuld lag meist bei einem inkompetenten Management der Staatskonzerne, das auch fähige Werksleiter zur Verzweiflung trieb. Diese Unfähigkeit des Managements an der Spitze führte dazu, daß Kapazitäten modernster Betriebe nur schlecht genutzt wurden. Eine Reihe dieser Betriebe hätte unschwer Gewinne erwirtschaften können, wären sie nicht in die ständigen Engpässe eines schwerfälligen Planungsmechanismus geraten. Erst 1975 hat Indien in P. N. Haksar einen Planungschef erhalten, der nicht von vorgefaßten Doktrinen ausgeht, sondern von der Einsicht, daß die Landwirtschaft noch für eine lange Zeitspanne das wichtigste Objekt der Planung sein muß und daß wirtschaftliches *Wachstum* keine abstrakte Größe ist, sondern in richtigem Verhältnis zur *Verteilung* des Sozialprodukts stehen muß.

Das ist eines der indischen Paradoxe: der Mythos von der Überlegenheit des staatlichen Managements in der Wirtschaft blieb trotz all dieser Fehlleistungen unerschüttert. Noch immer wird die weitere Ausdehnung des staatlichen Sektors als ein Allheilmittel angesehen, wird die private Initiative immer weiter eingeschnürt. Das entspringt weniger ideologischer Festlegung, als einem komplizierten Verhältnis des indischen Geistes zur Realität. Ideen führen in diesem alten Kulturvolk ein abstraktes Eigenleben, das mit der Wirklichkeit nicht viel zu tun zu haben braucht. Nicht nur am Anfang, auch am Ende steht in Indien oft das Wort, und das Wort allein. Der Schaffende, dem die erheblichen Aufbauerfolge zu verdanken sind, wird weniger geschätzt als der abstrakt Denkende, der vorherrschende Typus im Yojana Bhavan in Delhi, dem Wasserkopf der indischen Planungsbehörde.

Das Monopol der Kongreßpartei

Indien nannte sich mit Stolz die größte Demokratie der Erde. Fünfmal ist seit der Unabhängigkeit das indische Volk zur Wahl des Bundesparlaments aufgefordert worden. Die Wahlen waren so frei wie in den westlichen Demokratien. Neben der Kongreßpartei, der Hauptträgerin des indischen Unabhängigkeitskampfes, konnten sich etwa sechs größere Parteigruppierungen um die Gunst des Wählers bemühen. Keine von ihnen hatte aber je eine Chance, eine Alternative zur Kongreßpartei zu werden, weil alle Oppositionsparteien nur regional begrenzte Anhängerschaften haben. So ist die orthodoxe Hindupartei Jan Sangh nur in Nordindien vertreten. Die Linkskommunisten konnten nur in Westbengalen und Kerala im äußersten Süden Abgeordnete durchbringen. Auch die liberale Rechtspartei Swatantra und die Rechtskommunisten haben nur wenige Hochburgen und sind in vielen Bundesländern nicht einmal mit einem Abgeordneten vertreten.

Die Kongreßpartei erreichte mehrfach eine Zweidrittelmehrheit, und selbst im Jahre 1967, in dem sie schwere Einbußen hinnehmen mußte, blieb sie noch immer im Besitz der absoluten Mehrheit. Ähnlich wie in Japan sind daher alle großen Entscheidungen innerhalb der Regierungspartei ausgefochten worden, die zu Nehrus Zeiten einer breiten Koalition zwischen mehr konservativen und mehr sozialistisch ausgerichteten Kräften glich. Der Parteiführer hatte als Premierminister jedoch von Anfang an eine sehr viel stärkere Stellung als in Japan.

Nehrus Autorität war so groß, daß sich innerparteiliche Opposition gegen ihn nur versteckt, ja verschämt regen konnte. Indira Gandhi hat eine ähnlich unbestrittene Stellung erst erworben, als sie im dritten Jahr ihrer Amtsführung als Premierminister in einer gewagten Operation mit bemerkenswertem taktischem Geschick den rechten Flügel der Kongreßpartei zur Abspaltung zwang. Die alten Konservativen verschwanden damit aus dem Spektrum der indischen Politik. Seitdem regierte auch Frau Gandhi mit absoluter Autorität, insbesondere nachdem ihr das Volk bei den Wahlen von 1971 die verlorengegangene Zweidrittelmehrheit im Bundesparlament wiedergab.

Trotz dieser Erfolge ist die Kongreßpartei ein problematisches, amorphes Gebilde geblieben. In den Bundesländern ist die Politik der Chefminister noch immer weitgehend von den Kastenbindungen der einzelnen Landschaften abhängig. Interessengruppen, die wichtig bei den Wahlen sind, wie etwa das Großbauerntum, konnten dringend notwendige Vorhaben wie die Landreform über Jahrzehnte blockieren und sogar erreichen, daß auch dort, wo die Landwirtschaft gute Erträge abwirft, keine Steuern von den Bauern erhoben wurden. Eine oft zum Himmel schreiende Korruption hat in fast allen Teilen Indiens immer wieder zu schweren Unruhen geführt.

Der große Elan, der Indien während des Befreiungskampfes durchpulste, ist Geschichte. Der verzweifelte Versuch, ihn zur Erringung der wirtschaftlichen Freiheit wiederzubeleben, wollte Indira Ghandi nicht gelingen. Über die Hemmungen, die ihren Reformen entgegenstehen, hat sie sich selbst in einem Interview freimütig geäußert:

»Bei einer Kabinettsbildung muß man eine Wahl treffen. Man ist aber nicht völlig frei, sondern muß die verschiedenen Regionen Indiens, die Kasten und vieles andere berücksichtigen. Wieviel Macht man immer hat, man kommt daran nicht vorbei ... In Indien ist alles, was man macht, sogleich von riesigem Ausmaß. Der Umfang der Probleme ergibt bei jeder Aktion so viele Rückwirkungen, daß man versuchen muß, sie schon in Betracht zu ziehen, ehe man handelt ... Wir müssen noch immer mit einem Verhalten und mit Sitten rechnen, die weitgehend durch die Tradition bestimmt sind.«[1]

Dazu nur ein Beispiel: Das Jahr 1972 brachte durch einen schlechten Monsun in West- und Mittelindien einen steilen Abfall der Getreideproduktion. Das Gespenst der Hungersnot, das man schon durch die Grüne Revolution – den Anbau weit ertragreicherer Sorten – gebannt hoffte, wurde abermals akut. Die Reis- und Getreidepreise stiegen, und die Händler wie auch die Bauern hielten mit dem Verkauf in der Erwartung noch höherer Preise zurück. Daraufhin wurde im Frühjahr 1973 der Weizengroßhandel verstaatlicht, und es wurden Höchstpreise festgesetzt. Die Folge war erst recht katastrophal. Es gab natürlich keinen Apparat zur Überwachung von 550 000 Dörfern. Die Ablieferung sank auf einen Tiefststand. Der größte Teil des Weizens ging zu hohen Preisen auf den schwarzen Markt, und die *Faire-price*-Läden in den Großstädten hatten schließlich nur noch leere Regale. Überall kam es zu Unruhen. Schließlich blieb im Frühjahr 1974 nichts anderes übrig, als die Verstaatlichung des Großhandels wieder aufzuheben, um die Versorgung sicherzustellen. Der Fehlschlag dieses Experiments war vorausschaubar. Dennoch wurde es unternommen, weil sozialistische Dogmatiker in der Kongreßpartei nicht geneigt waren, die wahren Lebensbedingungen Indiens zur Kenntnis zu nehmen.

Planung der Armut

Noch immer leben achtzig Prozent der etwa 600 Millionen Inder auf dem Land. Der größte Teil der 13 Millionen, die jährlich hinzukommen, wird in den Dörfern geboren und muß dort anderthalb Jahrzehnte später beschäftigt werden. Daß dies immer weniger möglich ist, wurde zu Indiens gefährlichstem Problem. Die Dörfer bieten nicht mehr genug Arbeit und wer in die Städte abwandert, landet meist in den Slums.

Die Priorität der ersten Fünfjahrpläne lag – wesentlich angeregt vom sowjetischen Vorbild – auf dem Aufbau der Schwerindustrie. Dagegen war nichts einzuwenden; denn ein so großes Land mußte zweifellos Stahl und Maschinen selbst erzeugen. Trotzdem war die relative Vernachlässigung der Landwirtschaft bis in die sechziger Jahre hinein ein schwerer Fehler. Der Mechanismus der Entwicklung, wie man ihn sich am grünen Tisch vorstellte, funktionierte nicht. Man hatte geglaubt, nach dem Aufbau der Schwerindustrie werde eine Initialzündung entstehen, die mehr und mehr überschüssige Arbeitskraft in immer neue Industrien aufsaugen würde. Tatsächlich ist auch eine ansehnliche Konsumindustrie entstanden. Die geringe Kaufkraft auf dem Lande – zumal bei je nach dem Monsun schwankenden Ernteerträgen – setzte aber dem Verbrauch, trotz unersättlichen Bedarfs, engste Grenzen. Dazu führte ein rigoroses Steuersystem zu einer Parallelwirtschaft mit schwarzem Geld. Es folgte eine inflationäre Aufblähung. 1974 stieg die Inflationsrate auf 30 Prozent. Durch scharfe Deflationsmaßnahmen gelang es jedoch, sie bis zum Frühjahr 1975 auf etwa 10 Prozent zu senken.

Hinzu kam, daß der moderne Sektor der indischen Wirtschaft – wie in hochindustrialisierten Ländern – mit arbeitssparenden Maschinen produzieren wollte. Eine für Entwicklungsländer mit rapider Bevölkerungsvermehrung geeignete Technologie ist nur sehr fragmentarisch geschaffen worden. Das chinesische Beispiel, das sich hier aufdrängt, beruht auf einem gesellschaftlichen Zwangssystem, das den Grundprinzipien der indischen Demokratie widersprechen würde. Geeignete Aushilfen, die auf größerer Freiwilligkeit beruhen würden, wie etwa ein produktiver Arbeitsdienst für Jugendliche, wurden nicht versucht.

In Indien gibt es ein doppeltes Wirtschaftssystem. Nur etwa die Hälfte der Bevölkerung ist in die Geldwirtschaft einbezogen. Die Konsumindustrie produziert nur für diese Hälfte oder gar nur für ein Drittel der Inder. Der Verbrauch des größeren Teiles der Bevölkerung ist so gering, daß er kaum zu Buch schlägt.

Die Weltbank schätzt für 1974 das indische Durchschnittseinkommen auf jährlich 110 Dollar.[2] Das ist jedoch, wie statistische Durchschnitte so häufig, irreführend. Das Monatseinkommen von 250 Millionen Indern lag 1974 unter zwanzig Rupien (sieben Mark; umgerechnet auf Preise von 1960/61). 1970 lebten auf dem Lande etwa vierzig Prozent der Bevölkerung von einer halben Rupie am Tag. Aber auch ein Fünftel der Stadtbevölkerung verdiente monatlich nur fünfzehn Rupien.[3]

Finanzminister Chavan schätzte bei seiner Budgetrede 1974 die Zahl der Arbeitslosen mit höherer Schulbildung oder Universitätsexamen auf 3,3 Millionen. Das ist das wohl schwierigste Problem aller indischen Plagen. Die Unruhen, die wellenförmig das Land durchziehen, gehen vor allem von der Studentenschaft aus. Sie ist auf 3,5 Millionen in über neunzig Hochschulen angewachsen. Die Qualität der Ausbildung sank mit der Aufblähung der Quantität. Die wissenschaftliche Elite Indiens bringt Spitzenleistungen hervor. In der Atomindustrie sind ausschließlich Inder beschäftigt, die höchsten wissenschaftlichen Standard haben. Das gilt auch für andere Spezialindustrien. Die breite Masse der Diplomierten aber wird nicht zu praktischer Leistung trainiert. Die arbeitslosen Gebildeten und Halbgebildeten stellen ein revolutionäres Reservoir ohne klar formulierte Ziele dar.

Die Räder dieser doppelten Wirtschaft könnten nur ineinandergreifen, wenn das Einkommen der Landbevölkerung stetig wachsen würde, so daß ein Mindestkonsum möglich würde, der wiederum mehr Menschen Arbeit verschaffte. Dazu gehörte vor allem eine durchgreifende Landreform, die bisher an politischen Barrieren scheiterte, und – nicht weniger wichtig – eine arbeitsintensive Technologie, die nach der Errichtung einer angemessenen industriellen Grundausrüstung wesentlich neue Wege beschreitet.

Die Verminderung der Arbeitslosigkeit ist das vordringlichste Problem. Wie groß sie wirklich ist, weiß niemand. Die Zahl der Arbeitstage der auf dem Lande Beschäftigten sinkt ständig. Das Problem der Unterbeschäftigung ist genauso drängend wie volle Arbeitslosigkeit. Die Erkenntnis, daß sozialisierte Armut keinen Wohlstand ergibt, setzt sich jedoch schwer durch.

Die Unternehmer sind in Indien in Verruf. Man wirft ihnen ständige Umgehung der Gesetze vor. Viele dieser Vorwürfe dürften richtig sein. Ein System übertriebener und beständig wechselnder Kontrollen zwingt aber den Unternehmer geradezu, ständig nach Schlupflöchern zu suchen. Könnte er frei arbeiten, so verschwänden viele Übelstände von selbst. Die Praxis einer gemischten Wirtschaft hat zur Schizophrenie geführt. Damit zu brechen, würde großen Mut und mehr als nur taktisches Geschick erfordern. Die Hoffnung ist gering, daß die Führungsgruppe der Kongreßpartei einsieht, daß nur die Lockerung eines sterilen Kontrollsystems Besserung versprechen würde.

Die feindlichen Brüder

Die Engländer hatten den indischen Subkontinent mit Pulverfässern vollgestellt, ehe sie 1947 das Land verließen. Nach langem Finassieren und tiefsinnigem Nachdenken ist es ihnen schließlich gelungen, in vergrößertem Maßstab ein neues Muster des Balkans herzustellen. Die Gründung des Staates Pakistan war das letzte Meisterstück des Teile und Herrsche des britischen Löwen.

Die Teilung Britisch-Indiens wurde mit religiösen Motiven begründet. Die Moslems sollten nicht länger von der Hindumehrheit beherrscht werden. Zu diesem Zweck schuf man ein Staatsgebilde aus zwei rund zweitausend Kilometer voneinander entfernten Teilen, deren Bewohner einander so gut kannten wie die Sizilianer und die Norweger. In Indien aber ließ man trotzdem eine Moslemminderheit zurück, die inzwischen auf etwa 70 Millionen angewachsen ist – mehr Moslems als im jetzigen (West-) Pakistan leben und nach Indonesien und Bangladesch die drittgrößte Moslemgemeinschaft der mohammedanischen Welt. Diese in Indien zurückgebliebenen Moslems stellten 1974 zum zweiten Mal den Präsidenten Indiens. Sie haben ihre schwierigen Probleme, aber ihre Gleichberechtigung mit der Hindumehrheit ist unbestritten. Nicht religiöse, sondern machtpolitische Erwägungen haben zur Gründung Pakistans geführt.

Die Geschichte dieses Staates ist völlig anders verlaufen als die indische. Pakistan hatte das Unglück, daß der Staatsgründer Mohammed Ali Jinnah schon 1948 starb und daß kurz darauf der zweitwichtigste und sehr fähige Politiker Liaqat Ali Khan ermordet wurde. Zehn Jahre trieb das junge Staatswesen führerlos dahin, geleitet von ständig wechselnden Kabinetten, angefüllt mit Zank zwischen den Bengalen im Osten und den Panjabi und Pathanen im Westen. 1958 vertrieb dann ein biederer, entschlossener General, ein typisches Produkt der britischen Militärakademie Sandhurst, der stolze Pathan *Ayub Khan* die zerstrittenen Politiker, machte sich zum Diktator und erfand später in der »*basic democracy*« einen originellen Bastard der Demokratie, demzufolge 200 000 Wahlmänner ein Parlament zu wählen hatten.

Die zehnjährige Regierungszeit Ayub Khans brachte eine gewisse Konsolidierung und auch einen wirtschaftlichen Aufschwung. Er kam zwar meist den zwanzig reichsten Familien in Karachi und Lahore zugute. Die Lage der Bauern änderte sich nur wenig. Aber – gemessen an dem vorhergehenden chaotischen Jahrzehnt –, gab es erhebliche Verbesserungen. Beklagenswert aber blieb das Verhältnis zwischen den beiden so weit entfernten Staatshälften. Obwohl Ostpakistan mit (1971) rund 72 Millionen die Bevölkerungsmehrheit stellte, kamen etwa Zweidrittel aller Investitionen einschließlich der ausländischen Entwicklungshilfe dem westlichen Landesteil (61 Millionen) zugute. Die Bengalen fühlten sich nicht nur vernachlässigt, sondern unterdrückt. Dumpfer Haß sammelte sich an.

Ayub Khan hat sein unrühmliches Ende selbst herbeigeführt. Ein Jahr nach Nehrus Tod glaubte er, die seit 1947 mit Indien strittige Frage über die Zugehörigkeit Kaschmirs mit Waffengewalt lösen zu können. Der erwartete schnelle Sieg über die Inder blieb jedoch im Herbst 1965 aus. Nach schweren Panzerschlachten endete der Krieg unter dem Druck der Großmächte unentschieden, jedoch eher zugunsten Indiens. In Taschkent mußte sich dann Ayub gemeinsam mit dem indischen Premier Schastri dem Schiedsspruch des sowjetischen Premierministers Kossygin beugen, der nicht geneigt war, auf die pakistanischen Forderungen in Kaschmir Rücksicht zu nehmen.[4]

Schastri, ein sensibler, aber charakterfester Politiker, erlag noch in Taschkent einem Herzschlag. Auch für Ayub bedeutete Taschkent den Anfang vom Ende. Sein Prestige hatte schwer gelitten, und sein eigener Außenminister *Ali Zulfikar Bhutto* begann nunmehr giftige Pfeile auf seinen bisherigen Meister zu schießen. Im Herbst 1968 kam es in ganz Pakistan zu Massendemonstrationen und im März 1969 mußte Ayub das Präsidentenamt an den Generalstabschef *Yahya Khan* abtreten, der bald schon der Totengräber des zweiteiligen Pakistan werden sollte.

Yahya, ein bulliger, dem Trunk ergebener Militär, erwies sich zunächst einsichtig. Zum erstenmal in der Geschichte Pakistans ließ er allgemeine Wahlen abhalten. Sie brachten im Dezember 1970 jedoch ein Ergebnis, das dem monströsen Staatsgebilde kaum mehr eine Chance ließ. Im Westen ging Bhuttos inzwischen gegründete Volkspartei als relativer Sieger hervor. Ost-Bengalen aber wählte fast einstimmig die Awami-Liga des erst eben aus der Haft entlassenen Volksführers *Scheikh Mujib-ur-Rahman.* In einem gemeinsamen Parlament wäre die Awami-Liga die stärkste Partei gewesen, und Scheikh Mujib hätte nach demokratischen Spielregeln Ministerpräsident des Gesamtstaates werden müssen. Mujib war daran jedoch nicht interessiert. Er forderte eine fast vollständige Autonomie für Ostpakistan – eine Lösung, mit der sich die Panjabi und Pathanen des Westens niemals einverstanden erklären konnten. Bhutto, nicht bereit, im Gesamtstaat die zweite Geige zu spielen, verschärfte den Konflikt, bis es schließlich im März 1971 zum endgültigen Bruch kam.

Mujib wurde erneut verhaftet und nach Westpakistan gebracht. In der gleichen Nacht begann die westpakistanische Armee mit einem beispiellosen Morden in Ostpakistan, das sich unter grauenhaften Umständen das ganze Jahr hindurch fortsetzen sollte. Hunderttausende, mit großer Wahrscheinlichkeit mehr als eine Million Männer, Frauen und Kinder, wurden in einem der schlimmsten Massaker der modernen Geschichte geschlachtet wie Vieh, geschändet und gequält. Eine Massenflucht nach Indien setzte ein. Bis zum Spätherbst waren zehn Millionen nach dem indischen Westbengalen geflohen – mit nichts als dem, was sie auf dem Leibe trugen. Damit aber war der Massenmord in Bengalen zu einem internationalen Problem geworden.

Das Blutbad in Ostbengalen hatte die Hohlheit des Anspruchs erwiesen, das Fundament Pakistans sei der Islam. Es waren hellhäutige Moslems, die braune Moslems töteten und drangsalierten. Auch in Westpakistan hatte die orthodoxe islamische Geistlichkeit im Jahrzehnt des Regimes Ayub Khans stark an Einfluß verloren. In seinen Erinnerungen setzte sich der General kritisch mit theokratischen Ansprüchen auseinander.[5] Die Ereignisse in Ostbengalen hatten rassische Vorurteile an die Oberfläche gebracht. Die Pathanen und Panjabis verachteten die dunkelhäutigen Bengalen, deren kulturelle Tradition sie nicht verstanden. (West-)Pakistan neigt seiner geistigen und soziologischen Struktur nach zum Mittleren Osten. Ostbengalen ist dagegen ein

Grenzgebiet zum Fernen Osten, der als Kultursphäre mit dem benachbarten buddhistischen Birma beginnt. So endete das 1947 geschaffene künstliche Staatsgebilde in einem mörderischen Zusammenprall zweier Kulturen, die der Islam nicht aneinander zu binden vermochte.

Weltpolitische Verknüpfung

Den wachsenden Flüchtlingsstrom vor Augen, sah sich Indira Gandhi im Sommer 1971 gezwungen, die außenpolitischen Prinzipien Indiens zu überprüfen. China stand ohne Skrupel auf seiten Pakistans. In Washington übte man sich in halbherziger Vermittlung, schwieg aber zu dem Morden in Ostpakistan beharrlich, obwohl die amerikanische Presse fortlaufend haarsträubende Berichte von ihren Reportern an Ort und Stelle veröffentlichte. Auch Moskau hatte sich Monate hindurch eher zweideutig verhalten. In Delhi gewann ich schon im Mai 1971 nach einer Unterhaltung mit Frau Gandhi den Eindruck, eine weittragende Wendung stehe bevor. Damals hatte der Flüchtlingsstrom gerade die vierte Million überschritten. Mit der Versorgung dieser Elenden war Indien weit überfordert. Die internationale Hilfe blieb – trotz großer Anstrengungen des Roten Kreuzes – unzureichend.

Im August trat dann die Wendung ein. Der sowjetische Außenminister Gromyko erschien in Delhi zur Unterzeichnung eines Freundschaftspaktes, der einem Bündnisvertrag sehr ähnlich sah. Zum mindesten war es ein Rückversicherungsvertrag für den Kriegsfall. Die Inder haben später immer hartnäckig geleugnet, der Vertrag mit Moskau habe das Ende der blockfreien Politik (*non-alignment*) bedeutet, die Nehru zum Fundament der indischen Außenpolitik gemacht hatte. Man wies darauf hin, auch Nehru habe einer amerikanischen Luftbrücke zugestimmt, die 1962 Waffen nach Indien brachte, als die Chinesen die indischen Divisionen im Himalaja vernichtend zu schlagen begannen. Dennoch habe das nicht zu einem indisch-amerikanischen Bündnis geführt.

Der Rückversicherungsvertrag mit Moskau ließ sich jedoch kaum mit jener Episode vergleichen. Schon im Sommer 1971 dürfte es für Indira festgestanden haben, daß das ostbengalische Problem nur mit Krieg zu lösen sei, falls die Amerikaner nicht bereit waren, Yahya Khan zur Raison und zur schleunigen Beendigung des Mordens, sowie zur Freilassung Scheikh Mujibs zu bringen. Dafür waren die Aussichten gering. Krieg aber konnte Indien nur wagen, wenn China neutralisiert war und weitgehende Sicherheit bestand, daß es nicht an Pakistans Seite eingreifen würde. Das mußte mit dem Preis einer weiteren Hinwendung nach Moskau bezahlt werden.

Yahya Khan war töricht genug, Anfang Dezember 1971 selbst den Krieg durch Bomben auf indische Flugplätze zu eröffnen. Knapp drei Wochen später war die gesamte pakistanische Armee in Ostbengalen vernichtet. Über 90 000 Mann mit allen Generälen wanderten in indische Gefangenschaft. Es war eine fast klassische militärische Operation. Die Pässe nach Tibet waren bereits tief verschneit. Die Entsendung des amerikanischen Flugzeugträgers »Enterprise« in den Golf von Bengalen hatte sich als nutzlose Geste erwiesen. Sie brachte den USA nur Haß von indischer Seite ein. Kissinger spielte in dieser Affäre eine unklare Rolle und schien über Motive und Tragweite des Konfliktes nur aus zweiter Hand unterrichtet zu sein.

Der Krieg auf dem Subkontinent hatte in keiner Phase die Gefahr eines Zusammenstoßes der Supermächte heraufbeschworen. Indien ist stark genug, um auf dem Subkontinent die erste Rolle zu spielen, aber es hat keine Ambitionen auf eine Weltmachtposition. Indira Gandhi hatte in der Affäre mit Pakistan ihre Karten glänzend gespielt, mit dem Effekt, daß Indien mit dem neuen Staate Bangladesch im Osten einen – mit Einschränkungen – freundlichen, jedenfalls einen ungefährlichen Nachbarn besitzt.

Das auf seinen Westteil beschränkte Pakistan wird zwar für lange Zeit ein störrischer und unbequemer Nachbar bleiben, aber soweit sind die Machtverhältnisse geklärt, daß ein neuer Krieg mit Pakistan für unwahrscheinlich gelten darf. Damit ist auch das Kaschmirproblem endgültig im Sinne Indiens entschieden. Die drei Staaten des Subkontinents sehen nach außen einer friedlicheren Zukunft entgegen, wenn auch Spannungen bleiben.

Mit Bangladesch ist ein neues Armenhaus geschaffen worden. Die Bengali sind voll übersprudelnder Phantasie, begabt in allen Künsten, zu hoher Leidenschaft fähig. Rationale Bereiche wie Wirtschaft und Verwaltung sind dagegen nicht ihr Metier. Auch Scheikh Mujib, der einzige integre Mann mit Autorität in Dacca, hat seine Aktivität in den ersten Jahren seiner Ministerpräsidentschaft verzettelt. Die Lage dieses 75-Millionen-Volkes wurde immer verzweifelter, wozu eine überstürzte Sozialisierung der gesamten Wirtschaft beitrug. Korruption breitet sich in der Awami-Liga aus, und die Nachwirkungen der Schrecken des Jahres 1971 waren fortdauernde Gewalttaten bengalischer Gruppen untereinander. Die Extremisten, die vorher das indische Westbengalen terrorisiert hatten, wechselten nach Bangladesch über. China unterstützte maoistische Untergrundgruppen, in der Hoffnung, das gequälte Land werde bald wie eine reife Frucht vom Baum fallen.

Im Januar 1975 machte sich schließlich Scheikh Mujib nach Annahme einer Präsidialverfassung zum Diktator. Das geschah zu einem Zeitpunkt, als die Kommunisten sowohl der Moskau- wie der Peking-Richtung mit einem Putsch gedroht hatten. Mujib wollte dagegen sein Land enger an den Westen heranführen, da er in den USA die einzige Macht erkannt hatte, die allenfalls helfen könnte. Wie er seine diktatorialen Vollmachten nutzen wird, ließ sich beim Abschluß dieses Buches noch nicht voraussehen.

Das benachbarte indische *Westbengalen* hatte sich über Jahre unter einer von Kommunisten beherrschten Volksfrontregierung in einem chaotischen Zustand befunden. Es galt für kaum mehr regierbar. Nach Indira Gandhis spektakulärem Wahlsieg bei den Provinzwahlen von 1972 hatte sich das erheblich gebessert. Die Kongreßpartei kam wieder zur Macht. Aber beide Bengalen, das indische und Bangladesch, gehören zu den Regionen großer Unsicherheit, in denen die Regierbarkeit immer wieder in Frage gestellt wird. Damit befassen wir uns in weiterem Zusammenhang im letzten Kapitel.

In *Ali Zulfikar Bhutto* hat Pakistan einen hochtalentierten, wenn auch ungewöhnlich kontroversen Politiker an der Spitze. Bhutto legt kaum Wert darauf, wie Mujib-ur-Rahman in Bangladesch, als charismatischer Führer zu gelten. Sohn eines Diwan (Ministerpräsidenten) an einem Maharadschahof, persönlich überaus vermögend, zögerte er dennoch keinen Augenblick, seiner Volkspartei ein modisches, sozialistisches Gewand anzulegen. Seine ersten Aktionen als Präsident – Auge in Auge mit der Katastrophe seines Landes – richteten sich gegen die berüchtigten zwanzig reichen Familien, die die Privatwirtschaft Pakistans kontrollierten. Die meisten dieser Maßnahmen wurden später abgeschwächt oder zurückgenommen.

Bhutto vermochte das Militär, das Pakistan so lange regiert hatte, politisch zu entmachten und zugleich moralisch dadurch aufzurichten, daß es ihm schließlich gelang, nicht nur die Kriegsgefangenen nach Hause zu bringen, sondern auch zu verhindern, daß Scheikh Mujib gegen 195 gefangene Generäle und Offiziere Kriegsverbrecherprozesse durchführte.

Gestützt auf China und den Iran vermochte es Bhutto, dem verkleinerten Pakistan einen noch immer wichtigen Platz in Asien zu sichern. Das war zugleich eine Option gegen die Expansion des sowjetischen Einflusses, den Bhutto vor allem auch aus innenpolitischen Gründen zu fürchten hatte. Auch das verkleinerte Pakistan ist von Autonomiebewegungen seiner Bergstämme im Norden und Westen bedroht. Zwar sah Bhuttos neue, 1973 in Kraft gesetzte Verfassung (die ihn zum Ministerpräsidenten machte), die Aufgliederung Pakistans in vier Provinzen mit gewissen Eigenrechten vor. Die Autonomiewünsche der Pathanen in der Nordwestprovinz und der Stämme Baluchistans im Westen gingen jedoch weit über diese Verfassungsbestimmungen hinaus, zumal Bhutto mit Hilfe ihm ergebener Generäle das Land weiterhin zentralistisch zu führen versuchte.

Nachdem im Sommer 1973 König Zahir von Afghanistan durch seinen Schwager, Mohammad Daud Khan, gestürzt worden war, sah sich Bhutto mit einem Gegenspieler konfrontiert, dessen Vergangenheit nichts Gutes für Pakistan verhieß. Daud war in den fünfziger Jahren zehn Jahre lang Ministerpräsident und hatte eine heftige Propaganda für die Vereinigung aller Pathanen in einem »Paschtunistan« entfacht. Dabei fand er bei der Sowjetunion starke Rückendeckung. In Moskau sah man damals in Pakistan nur einen Vasallen der Amerikaner, der durch Abspaltung seines von Pathanen bewohnten gebirgigen Nordens bedroht werden konnte. Auch in Baluchistan hat es von jeher sowjetische Agenten gegeben. Die südliche Grenze dieser einsamen und spärlich besiedelten Provinz ist der Indische Ozean. Für Afghanistan in seiner innerasiatischen Abgeschlossenheit war es immer ein verlockendes Ziel, dort am Weltmeer Fuß zu fassen. Noch mehr für die Sowjetunion, die auch in Mittelasien den Ozean aus strategischen Gründen erreichen möchte.

Diese Verstrickung Pakistans in die Probleme Innerasiens ließen es Bhutto ratsam erscheinen, die Erbfeindschaft zu Indien allmählich etwas abzubauen, nachdem er sich überzeugt hatte, daß Delhi die Existenz Pakistans nicht in Frage stellte. So ließ auch die wütende Reaktion Bhuttos auf die indische Atomexplosion im Mai 1974 schon nach wenigen Monaten nach. Der Prozeß einer allmählichen Annäherung blieb jedoch schwierig. Gerade weil Bhutto in seiner Jugend wie andere Inder der reichsten Oberschicht im Highlife des damaligen Bombay aufwuchs, in den indischen Clubs aus und ein ging, mit indischen Mädchen flirtete, mit indischen Freunden die Nächte zum Tag gemacht hatte, sind die Ressentiments eines Mannes besonders groß, der nirgends der zweite sein wollte. Auf dem Subkontinent aber kann Pakistan nicht der erste sein. Schließlich hat Bhutto auch erleben müssen, daß Peking in der Stunde der Not sich auf freundliche Gesten beschränkte. Die chinesische Karte, die Bhutto schon als Außenminister Ayub Khans ins Spiel brachte, war nur in Zeiten des Friedens von Wert. Auch das war eine bittere Lektion. Mit diesen Enttäuschungen mag zusammenhängen, daß Bhutto sich in seiner Innenpolitik zu verhärten begann. Die Pressefreiheit wurde zusehends wieder eingeengt und seine wichtigsten inneren Gegenspieler wurden verhaftet, voran Wali Khan, der sprachgewaltige Führer der Pathanen.

Delhis neue Wege

Durch Jahrzehnte war die indische Außenpolitik auf Pakistan fixiert. Auch das Verhältnis zu den Großmächten brach sich immer im Prisma dieses latenten Konflikts. Selbst geringfügige Waffenlieferungen der Amerikaner oder der Sowjets nach Pakistan brachten die Glocken in Delhi zum Schwingen. Das hat sich seit der Auflösung des ehemaligen Pakistan zu ändern begonnen. Man gewann neue Perspektiven.

Der Draht nach Moskau ist noch immer lebenswichtig, und für Delhi blieb auch jetzt eine enge Verbindung zur Sowjetunion die Grundkomponente der Außenpolitik. Aber man wachte aufmerksamer darüber, nicht in ein Vasallenverhältnis zu geraten. Als Breschnjew im Dezember 1973 Indien besuchte, war Indira Gandhi nicht geneigt, auf seine Sicherheitspläne für Asien einzugehen. Die alten Vorstellungen des *non-alignment* wurden wiederbelebt. Das Beispiel der pragmatischen Politik Ägyptens wurde mit Interesse beobachtet. In ein Engagement, das die Entfremdung zu China noch verstärken würde, wollte man sich keinesfalls treiben lassen.

Die *Chinesen* hatten seit Jahren jeden Annäherungsversuch Delhis kühl übergangen. Der indisch-chinesische Krieg von 1962 liegt schon weit zurück, und seit Mitte der sechziger Jahre hat es kaum noch akute Spannungen an der langen gemeinsamen Grenze gegeben. Peking sah jedoch im indisch-sowjetischen Freundschaftsvertrag von 1971 eine Art Assoziierung Indiens an das sowjetische Imperium. Die Reaktion darauf konnte nicht unerwartet kommen. So blieb Indien der einzige asiatische Staat (abgesehen von den Sonderfällen Süd-Korea und Süd-Vietnam), der in Peking mit herablassender Nichtachtung behandelt wurde. Dem könnte Indien nur durch Lockerung der Beziehungen zu Moskau abhelfen, was nicht seinem Interesse entspricht. Im Frühjahr 1975 entsandte Peking erstmals einen amtierenden Minister nach Delhi. Ob sich damit eine Wendung ankündigte, blieb Spekulation.

Dagegen gelang den Indern, die lange erkaltete Verbindung zum *Iran* wieder zu aktivieren, nachdem der Schah keine Bedrohung seines pakistanischen Verbündeten durch Indien mehr befürchtete. Die Ölkrise, die Indien besonders hart getroffen hatte, stand dabei Pate. Zur Aufrechterhaltung seiner Öleinfuhren hätte Indien 1974 zwei Drittel seiner Devisenerlöse aufwenden müssen. Da die Ölproduzenten den Entwicklungsländern grundsätzlich keine Preisnachlässe gaben, suchte man nach anderen Auswegen. Mit Iran und Irak kam es zu bedeutsamen Abmachungen.

Auch Öl auf Kredit muß irgendwann bezahlt werden. Der Schah wollte die Inder dazu langfristig in die Lage versetzen, indem er einen Kredit von 300 Millionen Dollar für den Ausbau südindischer Eisenerzgruben und einen weiteren Kredit von 70 Millionen Dollar für den Ausbau der indischen Aluminiumindustrie zur Verfügung stellte. Für den Transport des Erzes und des Aluminiums nach dem Iran wurde eine indisch-iranische Schiffahrtsgesellschaft gegründet. Damit bahnte sich erstmals zwischen zwei asiatischen Ländern, die sich beide im Zwischenstadium zur Hochindustrialisierung befinden, eine enge Kooperation an. Der Spitzenreiter der Dritten Welt trat in eine Funktion ein, die bisher ausschließlich den Industriestaaten des Westens und Japan vorbehalten war. Diese Verbindung zum Iran konnte nicht ohne Auswirkungen auf die Gesamtpolitik Indiens bleiben. Sie gehörte zum Konzept einer vorsichtigen Emanzipation von einer zu einseitigen Bindung an die Sowjetunion.

Das Verhältnis zu den *Vereinigten Staaten,* die zwei Jahrzehnte hindurch Indiens bei weitem wichtigster Geldgeber gewesen waren, hatte während und nach dem Krieg mit Pakistan einen Tiefpunkt erreicht. Auch nachdem ein bitterer Briefwechsel zwischen Washington und Delhi beendet war, gab es noch peinliche Nachwirkungen. Hinter jeder lokalen Unruhe in Indien wurden CIA-Agenten vermutet. Ein Besuch Kissingers in Delhi führte Ende 1974 zu keiner wesentlichen Entspannung, insbesondere nachdem Washington das seit 1965 verhängte Waffenembargo gegenüber dem Subkontinent aufhob, wodurch nach indischer Meinung Pakistan erneut begünstigt wurde.

Das indisch-amerikanische Verhältnis ist vielen Schwankungen unterlegen. Amerikaner und Inder sind ihrem Wesen nach

Antipoden. Der vergebliche Versuch von John Foster Dulles, Indien in sein weltüberspannendes Bündnissystem einzubeziehen, ist in Delhi nie vergessen worden. Nehru war damals entrüstet über dieses Ansinnen. Unter Kennedy kam es zu einer kurzen Blüte der Freundschaft. Ein Besuch Nehrus – er war damals schon alt und gebeugt – war dann jedoch eher für Kennedy enttäuschend, wie seine Biographen behaupten.[6] Frau Gandhi schließlich hat gegenüber der amerikanischen Politik stets große Reserven gehabt und dafür die Kanadier um so mehr gepflegt. So wird voraussichtlich eine kühle Distanz bleiben und die Zeiten der engen Kooperation, in der ganze Weizenflotten zur Rettung Indiens vor Hungersnot über die Ozeane fuhren, gehören der Vergangenheit an. Dabei sollte nicht vergessen werden, wie viele Amerikaner – so etwa die Experten der Ford-Stiftung – ausgezeichnete und oft auch aufopfernde Arbeit für Indien geleistet haben. Jenseits des eigentlichen Regierungsgeschäfts gibt es zahlreiche Bande zwischen beiden Völkern – vielleicht ein Kapital für künftige Jahrzehnte.

Fragen an die Zukunft

Der Subkontinent ist befriedet, wenn auch nach sehr schmerzlichen Erfahrungen. In allen drei Ländern aber stieg in den siebziger Jahren die innere Unrast. Rebellionen sind fast immer irgendwo zu verzeichnen. Das ungeheure Problem, wie die Wirtschaft des Subkontinents mit der Bevölkerungsvermehrung Schritt halten soll, wird immer bedrohlicher. Bei meinen häufigen Besuchen auf dem Subkontinent drängte sich zunehmend die Frage auf, wie die Führungsschichten der Zukunft beschaffen sein müssen, vor denen sich noch gewaltigere Probleme auftürmen werden als die derzeitigen. Die Qualität des Nachwuchses wird darüber entscheiden.

Die Unzufriedenheit der Massen hat in Indien noch nicht zur Bildung neuer revolutionärer Eliten geführt, die dem »organisierten Chaos« mit frischen Ideen entgegenzutreten vermöchten. Doch gibt es eine Ausnahme. Im Bundesland Bihar, einem der rückständigsten Indiens, trat seit 1974 ein Mann auf, der zum erstenmal Indira Gandhi mit großer persönlicher Autorität in die Schranken fordern konnte: *Jaya Prakasch Narayan*. Dieser Greis (geboren 1902) gehörte zu den ältesten Mitkämpfern Mahatma Gandhis und der Kongreßpartei. Er löste sich in den fünfziger Jahren von der Politik, um sich ganz der indischen Landschenkungsbewegung des Heiligen Vinoba Bhave zu widmen. Seine persönliche Integrität brachte ihm hohes Ansehen im ganzen Lande ein.

Als in Bihar ein korruptes Landeskabinett das andere ablöste und sich die Studenten gegen die politische Manipulation aufzulehnen begannen, trat er mit der Forderung nach Neuwahlen entschlossen an ihre Seite. In kürzester Zeit hatte Narayan einen Zulauf, wie ihn im letzten Jahrzehnt nur Frau Gandhi mobilisieren konnte. In der Landeshauptstadt Patna kamen mehrmals eine halbe Million Menschen zusammen, um Narayan zu hören. Damit entstand jenseits der Parteien urplötzlich eine gewaltige Bewegung, die stürmisch die Beseitigung der Korruption forderte. Die Bewegung griff bald auf ganz Nordindien über, und die gesamte nichtkommunistische Opposition versuchte davon zu profitieren. Von dieser elementaren Eruption fühlten sich sowohl die Kongreßpartei wie auch die Kommunisten bedroht.

Narayan ist eine typisch indische Erscheinung. Er hat keine persönlichen politischen Ambitionen und möchte nicht an die Stelle Indira Gandhis treten. Als ich ihn im Frühjahr 1975 in Delhi sprach, erschien er mir als einer jener großen Gurus, die nach schweren Kämpfen und Leiden eine Kraft ausstrahlen, die über die Niederungen des politischen Tageskampfes weit hinausreicht. Sein politisches Programm ist vage, und es blieb unklar, mit welchen Formen er die parlamentarische Demokratie ersetzen möchte. Sein Nahziel ist die Ersetzung des Mehrheitswahlrechts, das die Kongreßpartei in der Tat sehr begünstigt hat. Wie Mahatma Gandhi verfügt er über demagogische Fähigkeiten, die darauf gerichtet sind, die Verkrustungen des politischen Establishments aufzubrechen, um eine glaubwürdige Führung zu schaffen.

Narayan mag nur ein Vorläufer neuer politischer Formen sein. Das gewaltige Echo, das dieser strenge Anwalt für eine Läuterung der politischen Sitten Indiens fand, läßt vermuten, daß sich neben der bisher allmächtigen Kongreßpartei andere Bewegungen zusammenfinden, die von ursprünglichem Elan getragen werden. Auch in Indien kündigt sich eine politische Generationsablösung an und es kommen Kräfte herauf, die von der einstigen britischen Erbschaft kaum mehr berührt sind.

Ob die parlamentarische Demokratie in ihrer bisherigen Form in Indien erhalten bleibt, wurde zweifelhaft, nachdem Frau Gandhi im Sommer 1975 mit einer Notverordnung die Grundrechte der Verfassung außer Kraft gesetzt und etwa tausend Führer der Oppositionsparteien, darunter auch den »Guru« Jayaprakasch Narayan, verhaftet hatte. Anlaß war im Juni der Spruch eines Gerichts in Allahabad, das Frau Gandhi »korrupter Wahlpraktiken« für schuldig befunden hatte und sie daher für sechs Jahre aus dem politischen Leben ausschließen wollte. Die Tatbestände, auf die sich das Gericht bezog, waren so geringfügig, daß sie einen so harten Spruch niemals rechtfertigen konnten. Der Opposition diente er jedoch zur stürmischen Verstärkung ihrer Propaganda gegen Frau Gandhi. Ihr Gegenschlag, die Verhaftung der wichtigsten nichtkommunistischen Oppositionsführer, sowie die Einschränkung der Pressefreiheit, schien die Befürchtungen ihrer Gegner zu bestätigen, daß auch Indien nicht mehr die große demokratische Ausnahme der Dritten Welt bleibt. Das Land war bisher vor autoritärer Willkür geschützt. Die Überreaktion Indira Gandhis auf die Angriffe der Opposition drohte das Erbe ihres Vaters zu vernichten, die Einhaltung der Prinzipien des Rechtsstaats in einem asiatischen Land.

Wesentlich ist, daß sich, trotz der vielen Sprachen und Kasten, eine *allindische Führungsschicht* herausgebildet hat, die nicht nur regional denkt. Die Gefahr, Indien könne auseinanderbrechen, ist daher so gut wie gebannt. Eine bisher unpolitische, aber sehr selbstbewußte Armee ist ein stark integrierender Faktor im Hintergrund. Ob der Armee auch politisch eine Rolle zufallen wird, nachdem Frau Gandhi die demokratischen Spielregeln verlassen hat, war langfristig nicht mehr auszuschließen.

Für Pakistan ist nach der Loslösung Ostbengalens die Selbstidentifizierung leichter geworden. Man bedarf nicht mehr der religiösen Verkleidung der Staatsidee. Als im Sommer 1972 die Führer Indiens und Pakistans den ersten Schlußstrich unter ihre lange Feindschaft zu setzen versuchten, legten sie besonderen Wert darauf, daß dies ohne Vermittlung der Großmächte geschähe. Der Subkontinent ist nur noch in geringem Maße ein lockendes Ziel der Rivalität der Supermächte. Seine Eigenständigkeit ist von außen kaum bedroht.

Aus solcher Perspektive ist in den letzten dreißig Jahren trotz aller Mißstände ein Fundament geschaffen worden. Seine Dauerhaftigkeit hängt davon ab, wie die Staaten des Subkontinents neue Lösungen für ihre drängenden sozialen Probleme finden. Auch auf dem Subkontinent hat die Inflation der letzten Jahre den kleinen Rest von Sicherheit hinweggeschwemmt, den der einzelne in den Jahren des Aufschwungs besaß, die dem Ende der Kolonialherrschaft folgten. Die Gefahr heißt vorerst nicht Revolution, sondern Erosion der Autorität.

In Ländern dieser Struktur und Größe ist ohne überzeugende Autorität nicht auszukommen. Das war das eigentliche Problem der indischen Demokratie. Jahrzehnte hindurch war die Vereinbarkeit von Freiheit und Autorität der Stolz und die Stärke der indischen Führungsschicht. Ob das angesichts wachsender Not so bleiben wird, ist eine Frage an die Zukunft, die Indiens beste Köpfe mit tiefer Besorgnis stellen. Pakistan, das freiheitliche Traditionen kaum entwickelt hat, ist von dieser Problematik weniger berührt. Unterschwellig besteht sie auch dort.

Hunger und Elend mögen auf dem Subkontient noch so bedrückend erscheinen: ihre allmähliche Beseitigung hängt davon ab, ob die drei Länder des Subkontinents *regierbar* bleiben. Wenn hunderte Millionen Bauern mehr leisten müssen, so setzt das Vertrauen in eine Regierung voraus, die energisch genug und auch einfallsreich genug ist, eine gerechte Verteilung durchzusetzen. Der Subkontinent besitzt ein großes wirtschaftliches Potential. Seine Nutzung hängt hauptsächlich von der politischen Gestaltung ab. Sie ist der Kern aller indischen Probleme. Die Alternative lautet: Erstickung durch eine wuchernde orientalische Bürokratie der Öffnung aller Aufstiegschancen für die Leistungswilligen. Das Testament Nehrus ist noch nicht erfüllt.

Kapitel IX
IRAN – DIE WACHT AM GOLF

Den äußersten Süden Teherans betritt nur selten der Fuß eines Fremden. In endlosen Zeilen brauner Lehmhäuser haben sich dort die Viertel der Armen in die Halbwüste des iranischen Hochlandes ausgedehnt. In den Rinnsalen offener Kanäle durchquerte das Wasser von den Quellen des Elbursgebirges schon die ganze Stadt, an dem die Frauen des Proletariats ihre Wäsche waschen. In diesen namenlosen, holprigen Straßen lebt mehr als ein Drittel der Einwohner der iranischen Metropolis, die der vierten Million entgegenstrebt. Diese Stadt der krassen Gegensätze besitzt zwar keine Kanalisation, aber sie will mit französischer Hilfe eine Untergrundbahn bauen.

Wer von den Slums im Süden Teherans die Stadt nach Norden durchstreift, bis hinauf in die lichten Wälder des Villenviertels von Schemiran, mit seinen üppigen Beeten und Springbrunnen hinter hohen Hecken und Mauern, erlebt die Soziologie Teherans wie ein aufgeschlagenes Bilderbuch. An die eintönigen Vorstädte schließen die Wohnviertel des Mittelstandes an, es folgt der Bazar und die hochmoderne City mit Bankpalästen, betriebsamen, im Neonlicht glitzernden Kaufhäusern und den mächtigen Burgen der Ministerien. Das ist das Teheran der breiten Avenuen, von Autos verstopft wie die Champs-Élysées, der Kern der reichsten Stadt des Mittleren Ostens. Weiter nach Norden, auf den Hügeln, stößt man auf die glatten Fassaden der internationalen Hotels und das großzügige Campus der Universität. Eine zauberhafte Gartenlandschaft tut sich auf, bewässert von den hellen Wassern des Darband. Dort schließlich, fast am Fuße des Gebirges, liegt inmitten von Blumenrabatten der Sa'adabad-Palast, die Sommerresidenz des Schahhanschah.

Der Schah

Wer ist der Mann, der diesen Palast bewohnt? Ist er der verehrte Vater der Perser oder ein rücksichtsloser Diktator?

Ehe ich Mitte der fünfziger Jahre vom Schah zum erstenmal in einer Privataudienz im Sa'adabad-Palast empfangen worden war, hatte ich – aus nicht allzuferner Umgebung – einen Korb voll widersprechender Urteile sammeln können. Diese Dynastie ist jung und stieg von unten auf. Persien ist alt und die Gesellschaft Teherans ist ein Vexierbild, das oft in seltsamem Kontrast zur Wirklichkeit steht. Die Künstlichkeit der steifen Hofettikette verschleiert dazu noch das Bild dieses Mannes. Hat man ihm gegenüber Platz genommen, so wird die Konvention bald bedeutungslos. Es gibt wenig Staatsmänner, die sich so offen äußern. Auf wen müßte der Schah auch Rücksicht nehmen? Man sagt ihm nach, er sei einer der wenigen, die im Weißen Haus ebenso wie im Kreml ungeschminkt ihre Meinung sagen und sofort zur Sache kommen.

Das scheint glaubhaft; denn ich nahm den Eindruck von einem stahlharten Pragmatiker mit, einem bis ins kleinste Detail informiertem Staatsmann, einem unermüdlichen Arbeiter. Er nannte mir damals die Namen von etwa einem Dutzend des ersten Schubs deutscher Entwicklungshelfer in Iran und qualifizierte jeden einzelnen, wie ich später feststellen konnte, mit einem zutreffenden Adjektiv. Damals war Iran noch ein tief verschuldetes, von feudalen Großgrundbesitzern beherrschtes und ausgebeutetes Land, die von ihren Bauern mit Kniefall und Handkuß begrüßt wurden. Der Schah hatte seine schwerste innenpolitische Krise mit dem Ministerpräsidenten Mossadegh, »dem Derwisch im Pyjama«, schon hinter sich, aber die offene Verachtung, mit der er von der traditionellen Feudalklasse sprach, ließ neue schwere Kämpfe ahnen.

Die »weiße Revolution«

In den Salons der Villen in Schemiran überbot man sich mit halbgeflüsterten zynischen Witzen. Die Luft war geschwängert mit Hofintrigen, und die ausländischen Korrespondenten in Teheran malten hinter die Zukunft des Schahs große Fragezeichen.

Erst dreißig Jahre waren vergangen, seit der aus dem Mannschaftsstand hervorgegangene Kosakenoberst Reza Khan die degenerierte Kadjarendynastie abgesetzt und sich selbst zum Schah erhoben hatte (1925). Bis zu seiner Machtergreifung war Persien in eine russische und britische Einflußsphäre aufgeteilt – ein hilfloses Protektorat der beiden Großmächte, im Inneren von selbstherrlichen Stammesfürsten beherrscht.

Der Vater des heutigen Schah hatte die Grundlagen für ein einiges Reich gelegt, den britischen Einfluß gebrochen, den sowjetischen mit Hilfe von Ratgebern aus Deutschland, der Schweiz und Schweden sowie aus den USA eingedämmt. Die Konturen eines neuen persischen Staatswesens wurden sichtbar, aber im Gegensatz zu den gleichzeitigen Reformen Kemal Atatürks blieben die mächtigen Familienklans aus der Kadjarenzeit unangetastet, nur die Stammesfürsten mußten sich unterwerfen.

Durch Jahrhunderte hatten die Feudalherren durch Ämterkauf an einer korrupten Verwaltung verdient und von den Einkünften riesiger Ländereien gelebt. Geprägt von einer pseudofranzösischen Kultur beugten sie sich zwar der Macht der neuen Dynastie, aber hinter vorgehaltener Hand sahen sie in den Pahlavis doch nur Emporkömmlinge. Zu degeneriert, um Widerstand zu leisten, zu egoistisch und habgierig, um das Reformwerk des jungen Schah zu unterstützen, der nach der Absetzung seines Vaters durch die Alliierten (1941) mit zweiundzwanzig Jahren den Thron bestiegen hatte, war diese traditionelle Oberschicht zu einem schweren Ballast für jeden Fortschritt geworden.

Noch Ende der fünfziger Jahre glaubte in Teheran niemand an die Reformen des Schah, der im Gegensatz zur bärbeißigen Soldatenfigur seines Vaters eher einen intellektuellen Zuschnitt zu haben schien. Im Ausland galt er infolge seiner verschiedenen Ehen lange nur als modäner Playboy, als ein orientalischer Potentat, über den das Rad der Geschichte hinwegrollen würde. Um so größer war die Verblüffung der Feudalschicht, als 1962 die Gesetze der Agrarreform wie Donnerschläge auf sie niederprasselten, nachdem der Schah zunächst über 200 000 Hektar

Kronland zur Aufteilung freigegeben hatte. Die Agrarreform wurde in neun Jahren bis 1971 in zwei Phasen durchgeführt, in denen das Gebiet von über 50 000 Dörfern und 19 000 Großfarmen neu verteilt wurde. Über drei Millionen Bauernfamilien mit mehr als 15 Millionen Köpfen wurden durch die Reform begünstigt – etwa die Hälfte der Bevölkerung Irans.

Einer Landreform stand in Iran ein besonderes technisches Hindernis entgegen. Im größten Teil des wüstenhaft trockenen Landes sind die Bauern von einem unterirdischen Bewässerungssystem (qanat) abhängig, dessen kostspielige Einrichtung und Unterhaltung nur einem reichen Manne möglich war. Wo immer man durch Iran fährt, sieht man die geraden Reihen der Erdhügel, in denen sich die Qanat-Löcher befinden, von denen aus die unterirdischen Kanäle vom Schlamm gereinigt werden. Das Wasser stand den Bauern kostenlos zur Verfügung. Dafür mußten sie seit Jahrhunderten etwa drei Fünftel ihrer Ernte dem meist abwesenden Großgrundbesitzer abliefern.

Die Leibeigenschaft der persischen Bauern blieb durch diese besondere Wirtschaftsform länger aufrechterhalten, als es sonst wohl der Fall gewesen wäre. Mußte doch mit der Agrarreform die Bildung von Genossenschaften Hand in Hand gehen, die das Bewässerungssystem übernehmen konnten. Die Landwirtschaft ist auch jetzt noch die Achillesferse Irans. Noch immer müssen Lebensmittel für eine Milliarde Dollar jährlich eingeführt werden.

Der wütende Widerstand der Großgrundbesitzer gegen die Agrarreform konnte sich im autoritär regierten Iran nicht offen äußern; dennoch waren die sechziger Jahre eine Periode erheblicher Unstabilität. War es doch der Feudalschicht gelungen, die islamische Geistlichkeit auf ihre Seite zu ziehen, die behauptete, die Reform lasse sich nicht mit dem Koran in Einklang bringen. Auch die Geistlichkeit verfügte über riesigen Landbesitz. Zu Unruhen kam es, als sich die äußerste Linke, die sich ihrer besten Propagandaparolen beraubt sah, untergründig mit den Reaktionären verband. Die Kabinette wechselten häufig. Teheran wurde immer wieder von wilden Demonstrationen erschüttert, wobei die Studenten, die auf die Straße gingen, die verborgenen Drahtzieher – eben die in ihrer Existenz bedrohte Feudalschicht – meist gar nicht erkennen konnten.

Das setzte sich sogar bis zu den Berliner Demonstrationen gegen den Schah im Juni 1967 fort. Die damaligen deutschen APO-Studenten, die gegen den Schah demonstrierten, hatten keine Ahnung, daß die persischen Studenten, die sie aufgewiegelt und um Hilfe gebeten hatten, zum Teil Söhne der gerade erst entmachteten Feudalschicht waren. Dieser Auftakt der studentischen Linksbewegung in Deutschland trägt daher eine ironischkomische Note, die später nur wenige einzugestehen wagten.

Wie bei jeder Agrarreform ging die Produktivität zurück, und bei der Bildung der Genossenschaften stellte sich der Analphabetismus als vorerst kaum überwindbare Barriere gegen schnellen landwirtschaftlichen Fortschritt heraus. Noch 1955 waren nur 18 Prozent der Gesamtbevölkerung schreibkundig, und nur ein Drittel der Kinder im Schulalter erhielt Unterricht. 20 Jahre später war knapp die Hälfte der Bevölkerung schreibkundig. Mitte der siebziger Jahre gingen in der Stadt 70 Prozent, auf dem Lande 50 Prozent der Kinder in die Schule. Aber noch immer fehlten 30 000 Lehrer. Sie können nur begrenzt durch das *Erziehungskorps* ersetzt werden, das, 1966 gegründet, Schulabsolventen vom Militärdienst befreit, wenn sie als Lehrer in die Dörfer gehen. Mit diesen jungen Leuten wurde vor allem auch die Erwachsenenbildung gefördert. So haben in den siebziger Jahren zahlreiche Erwachsene Lesen und Schreiben wenigstens rudimentär erlernt.

Die Agrarreform, in einem knappen Jahrzehnt durchgepeitscht, war sicherlich, wie viele Kritiker sagten, überstürzt. Die notwendigen flankierenden Maßnahmen konnten nicht Schritt halten, und Fälle von Korruption waren häufig. Zwar wurden viele neue Staudämme gebaut, aber es fehlte an Seitenkanälen in einem Lande, das zu 85 Prozent seine Landwirtschaft nur mit künstlicher Bewässerung betreiben kann. Auch im reichen Iran gibt es noch immer Unterernährung auf dem Lande, gibt es kümmerliche Dörfer, die der neue Milliardensegen noch nicht erreichte.

Das vom Schah befohlene Tempo der Reformen entsprang

seiner Einsicht, die in den Untergrund verbannte kommunistische Tudeh-Partei könne nur durch eine unwiderrufliche Transformation der persischen Gesellschaft unschädlich gemacht werden. Die Majlis, das Parlament, war bis in die Mitte der sechziger Jahre von der Feudalschicht beherrt. Sie haßte den Schah, während ihre Söhne und Töchter westliche Moden nachäfften und von Demokratie und Sozialismus schwärmten – unter der Voraussetzung, daß die Einkünfte der Väter aus den Dörfern erhalten blieben, die Teherans jungem *jet set* ein extravagantes Leben erlaubte.

An die Stelle der Feudalschicht sind inzwischen die Neureichen getreten, die von dem gewaltigen wirtschaftlichen Aufschwung Irans profitierten, der längst schon vor der Erhöhung des Ölpreises eingesetzt hatte. Anfang der siebziger Jahre stieg das Nationaleinkommen jährlich um 10 Prozent, mit den Öldollars erreichte es 1974 gar eine Steigerung um 40 Prozent. An diesem phantastischen Aufschwung nahm jedoch nur ein Zehntel der Gesamtbevölkerung teil, und der Weg war noch weit, bis die untersten 30 Prozent der Einkommenspyramide erfaßt sein werden, die nur einen Anteil von acht Prozent am Sozialprodukt haben. Meist sind sie Bauern oder Nomaden.

Jedes autoritäre System hat Schattenseiten. Auch Iran ist davon nicht ausgenommen. Die Geheimpolizei Savak ist mit ihrem ausgedehnten Spitzelsystem und durch oft willkürliche Verhaftungen gefürchtet. Wer in Iran einer verbotenen Organisation angehört oder einer als staatsfeindlich geltenden Ideologie Vorschub leistet, riskiert eine Gefängnisstrafe von drei bis zehn Jahren, wenn nicht – wie in einigen 100 Fällen – den Tod. Mit drakonischen Strafen ist es gelungen, Untergrundbewegungen einzudämmen, die durch die gegenüber dem autoritären System mißmutige Studentenschaft genährt wurden.[1] Überfüllte Gefängnisse blieben die Kehrseite eines enormen wirtschaftlichen Aufschwungs, der den jungen Menschen alle Chancen bietet, nur nicht die der Meinungsfreiheit.

So unerfreulich das ist, so ist dennoch nicht zu bestreiten, daß die Intelligenzia Teherans, die sich über Mangel an Demokratie beklagt, so durchgreifende Reformen nie zustande gebracht hätte wie der Schah sie durchgeführt hat. Dazu war sie selbst zu sehr der Nutznießer des Feudalsystems. Die naive progressistische westliche Publizistik hat diese Zusammenhänge selten durchschaut. Ihre Kritik wurde erst leiser, als der Schah seit Mitte der sechziger Jahre nach mehreren Besuchen in Moskau das Verstummen der sowjetischen Agitatoren erreichen konnte. Es war allerdings nur ein Stellungswechsel. Die Zentrale der persischen kommunistischen Partei wurde nach Ost-Berlin verlegt, und der Radiosender der Tudeh steht seitdem in Sofia.

In den siebziger Jahren hat sich die Herrschaft des Schahs stabilisiert und ihm einen *außenpolitischen Spielraum* geschaffen, von dem noch ein Jahrzehnt vorher in Teheran niemand zu träumen gewagt hätte. Dennoch gibt es eine Einschränkung, wenn man über die Zukunft Irans nachdenkt. Die wachsende Stärke Irans hat eine empfindliche Schwäche: Das politische System ist völlig auf die autokratische Spitze ausgerichtet – je mehr der Schah an innerer Autorität gewann, um so mehr. Noch steht Reza Pahlevi (Jahrgang 1919) in einem Lebensalter, das ihm den weiteren Ausbau der Reformen und der wachsenden Machtstellung Irans in Westasien vergönnen kann, wenn er von Krankheit oder einem Attentat verschont bleibt (zwei Anschläge hat er unverletzt überstanden). Aber das persönliche Regime enthält das Risiko, daß Fortschritt und Stabilität mit dem Schicksal eines einzigen Mannes verbunden und die Chancen gering bleiben, daß sich das ändern könnte.

Insoweit ist Iran mit dem Spanien Francos zu vergleichen – mit dem Unterschied, daß der Schah zur Stabilisierung eine weit längere Zeitspanne benötigte, weil seine Reformen mit ungleich größeren Schwierigkeiten zu kämpfen hatten, als sie Franco nach der allgemeinen Erschöpfung im Bürgerkrieg vorfand, die ihm einen stetigen Aufbau ermöglichte.

Auf dem Weg zur regionalen Großmacht

Iran gehörte in den fünfziger und sechziger Jahren wie Pakistan und die Türkei zur Klientel der Vereinigten Staaten, die im CENTO-Pakt verankert war. Die schematische Einordnung in die Fronten des Kalten Krieges hat der Schah jedoch in den sechziger Jahren durchbrochen, indem er die Spannungen zur Sowjetunion abbaute und die amerikanische Hilfe teilweise durch sowjetische ergänzte. In Moskau hatte man den Kampf des Schahs gegen die Feudalschichten aufmerksam verfolgt. Ohne daß die Unterstützung für die in den Untergrund verbannte Tudeh-Partei aufgegeben wurde, begann vor allem Kossygin der »weißen Revolution« öffentlich Beifall zu spenden und eine komplizierte Operation zur Herauslösung Irans aus dem westlichen Bündnissystem einzuleiten, auf die der Schah vorsichtig reagierte.

Er sah in der veränderten Taktik des Ostblocks eine Chance, die Eigenständigkeit Irans zu stärken. Das Beispiel der unabhängigen Politik de Gaulles war in jenen Jahren auch im Mittleren Osten von Bedeutung, obwohl der Schah nicht daran dachte, sich über gelegentliche Plänkeleien hinaus in einen offenen Konflikt mit den Vereinigten Staaten treiben zu lassen. Immerhin war Ende der sechziger Jahre der bemerkenswerte Zustand eingetreten, daß der Schah bei Besuchen in westlichen Hauptstädten mit peinlichen Demonstrationen rechnen mußte, während man ihn in Moskau und Prag mit ausgesuchter Höflichkeit empfing.

Drei Ereignisse haben dann in den siebziger Jahren die ersten tastenden Schritte Irans zur regionalen Großmacht zu einer geschlossenen Konzeption werden lassen:

Der Zerschlagung Pakistans durch die indische Armee mit sowjetischer Rückendeckung war im April 1972 ein *Bündnisvertrag zwischen dem Irak und der Sowjetunion* gefolgt, der den Irak in hohem Maße in die sowjetische Einflußsphäre einbezog. Der Irak aber befand sich schon seit Jahrzehnten in offener Konfrontation mit Iran, die sich am umstrittenen Grenzverlauf des Schatt-el-Arab, des Zusammenflusses von Euphrat und Tigris, entzündet hatte. Der Irak bedrohte ferner das benachbarte Emirat Kuwait und damit auch die kleineren Fürstentümer am Golf.

Den Streitigkeiten mit dem Irak begegnete der Schah durch Unterstützung des Kurdenaufstandes nahe dem Grenzgebiet Irans, bis sich das Baathregime in Bagdad im April 1975 dazu bereitfand, die Fahrrinne im Schatt-el-Arab als Grenze anzuerkennen.

Als Gegenleistung gab Iran die Unterstützung der Kurden und ihres kampferprobten Anführers Barzani auf. Hintergedanke dieses unerwarteten Handels war in Teheran, durch ein Arrangement mit dem Irak die Kräfte in Bagdad zu stützen, die sich nach ägyptischem Vorbild der allzuengen sowjetischen Umarmung entziehen wollten. Muß doch Iran den fortbestehenden Drang der Sowjetunion an den Golf befürchten. Er ist durchaus real, seitdem die Sowjetunion auf irakischem Boden die Flottenbasis Umm Qasr hart an der Grenze von Kuweit erbaut hat: einer der Gründe, die den Schah veranlaßt hatten, wieder stärkere Anlehnung bei den Vereinigten Staaten zu suchen.

Schon vorher hatte der Schah seine Unabhängigkeit deutlich durch eine *neue Erdölpolitik* demonstriert, die Iran die volle Verfügung über sein schwarzes Gold garantieren sollte. Die 1954 mit den westlichen Erdölgesellschaften geschlossenen Verträge wären 1979 ausgelaufen. Der Schah kündigte – ohne direkte Vertragsverletzung – vorzeitig und ließ die Gesellschaften wissen, ihre Verträge würden nicht verlängert. Als die Gesellschaften zu Verhandlungen bereit waren, benutzte der Schah die Gelegenheit, um die gesamte Erdölindustrie einschließlich der großen Raffinerien in Abadan und Mashsha zu nationalisieren und auf die staatliche National Iranian Oil Comp. (NIOC) zu übertragen, die gleichzeitig Mittelpunkt der gesamten iranischen Entwicklungspolitik werden sollte.

Seit dem 31. Juli 1973 waren die westlichen Ölgesellschaften nur noch Käufer iranischen Öls. Ihre Monopolstellung als Produzenten war beendet.

Gleichzeitig behielt sich Iran das Recht vor, einen gewissen Teil seiner Ölförderung selbst zu vermarkten. Den Ölgesellschaften blieb nichts anderes übrig, als sich den iranischen Bedingungen zu fügen, zumal sie noch immer eine ansehnliche Partnerschaft für ihren Verteilungsapparat übrigbehielten. Was Mossadegh einst zu einem verfrühten Zeitpunkt und mit falschen Mitteln angestrebt hatte, war Wirklichkeit geworden. Der größte Reichtum Irans befand sich nunmehr in seiner ausschließlichen eigenen Verfügung.

Das dritte und wichtigste Ereignis war seit dem Herbst 1973

die Erhöhung des *Ölpreises,* die Iran zu einem reichen Lande machte. Hatten die Öleinnahmen 1972 noch 2,4 Milliarden Dollar und 1973 etwa fünf Milliarden betragen, so stiegen sie 1974 auf 21 bis 23 Milliarden. Der Schah wurde zum hartnäckigen Verteidiger eines hohen Ölpreises. Die Ölreserven Irans werden angeblich bei gleichbleibender Produktion Ende der neunziger Jahre erschöpft sein. Der Schah will die Voraussetzungen dafür schaffen, daß sein Land auch dann seine Bedeutung behält und eine moderne Regionalmacht im Mittleren Osten bleibt. Die 32 Millionen Perser werden sich dann auf etwa 45 Millionen vermehrt haben. Ihnen will der Schah die Grundlagen einer Industrienation schaffen.

Industrialisierung und Bildungsengpaß

Dafür ist ein gewaltiges Investitionsprogramm entworfen worden. Der Fünfjahresplan 1973/78 sah ursprünglich Investitionen in Höhe von 36 Milliarden Dollar vor. Sie wurden auf 68 Milliarden erhöht. In wenigen Jahren soll Iran auf allen Gebieten der Schwerindustrie zur führenden Macht des Mittleren Ostens werden. Neben dem schlecht funktionierenden Stahlwerk bei Isfahan, das die Sowjets erbauten und für das sie 286 Millionen Dollar Entwicklungshilfe gegeben haben, sollen mit amerikanischer und deutscher Technik neue Stahlwerke entstehen. Sie sollen die Stahlproduktion von derzeit einer halben Million t bis 1985 auf 15 Millionen t bringen. Raffinerien und petrochemische Werke, sowie zehn Atomkraftwerke sollen mit amerikanischer, französischer, deutscher und japanischer Hilfe gebaut werden. Für die Untergrundbahn in Teheran wurden die Franzosen verpflichtet. Kurzum, Iran wird in den kommenden Jahrzehnten zu einem der bedeutendsten Investitionsländer der Erde werden.

Das Riesenmaß dieser Pläne übersteigt jedoch die menschliche Kapazität des Landes bei weitem. Wenn der Fünfjahresplan bis 1978 2,1 Millionen neue Arbeitsplätze schaffen soll, so stehen bis dahin kaum mehr als 1,4 Millionen dafür qualifizierte Perser zur Verfügung.[2] Iran müßte in wenigen Jahren etwa 400 000 ausgebildete Fachkräfte anstellen können, wenn alle diese Industrieprojekte auch wirklich funktionieren und nicht Investitionsruinen werden sollen. Der Rückgriff auf ausländische Ausbilder, Techniker und Ärzte, mit dem sich die Regierung behelfen will, kann kaum einen so großen Umfang annehmen, daß ganze Werke praktisch nur von Ausländern betrieben werden. 1974 soll es in Iran nur vier Atomingenieure gegeben haben, während man zehn große Reaktoren plante. Für ein angemessenes Gesundheitswesen fehlten 22 000 Ärzte.

Ein weiteres Problem bildete die *Bürokratie,* eine der schwerfälligsten und korruptesten in Asien. Große ausländische Firmen, die schon seit Jahren in Iran arbeiteten, haben die Barrieren der Bürokratie durch endlose Verschleppung und damit Kostensteigerungen ihrer Vorhaben zu spüren bekommen. Ohne Schmiergelder ist wenig zu erreichen.

Mit dem hereinbrechenden Milliardensegen schwand in Iran der Sinn für Realität. Man wollte nicht mehr daran denken, daß sich das persische Volk erst in jüngster Zeit aus noch mittelalterlichen Verhältnissen zu lösen begann und daß die Reserven an Ausgebildeten sich nicht in wenigen Jahren verdoppeln und verdreifachen. In den etwa 40 000 Persern, die nach vollendetem Studium im Ausland blieben, gäbe es zwar eine ansehnliche Ersatzmannschaft für fremde Experten. Sie aber wollen sich nicht unter das Regiment des Geheimdienstes zwingen lassen. Das ist ein Preis, der für die Unterdrückung nicht nur der Untergrundbewegungen, sondern der Meinungsfreiheit schlechthin bezahlt werden muß. So ist es unvermeidlich, daß im nächsten Jahrzehnt Industrie, Armee, voran die Luftwaffe, und die Sozialdienste in hartem Konkurrenzkampf um jeden ausgebildeten Perser stehen werden.

Fast über Nacht ist Iran zu einer ansehnlichen Finanzmacht geworden, die auch große Summen im Ausland zu investieren vermag. So vergab der Schah 1974 1,2 Milliarden Dollar als Anleihe an das notleidende Großbritannien und stellte auch Frankreich und Italien Kredite in Aussicht. An den deutschen Kruppwerken beteiligte sich Iran mit etwa 300 Millionen DM und erhielt dafür 25,2 Prozent der Anteile und einen Sitz im Aufsichtsrat.[3] Gedacht ist hier vor allem an gemeinsame Unternehmungen in Drittländern. Kurz darauf erwarb der Iran einen Anteil an einer Tochtergesellschaft der Panam. Ägypten erhielt eine Anleihe für den Ausbau des Suezkanals und den Wiederaufbau von Port Said. Mit Indien wurden große Investitionen in die Erz- und Aluminiumindustrie verabredet. Im Gegensatz zu den arabischen Ölmilliardären war der Schah um langfristige produktive Anlagen bemüht. Beteiligung an den großen Hilfsfonds der Weltbank und anderen Organisationen wurden in Teheran bereitwilliger als in anderen Ölländern zugesagt. Iran rückte damit in eine neue Kategorie weltpolitischer Potenz auf.

Sicherung der Seewege

Zugleich stand der Schah aber auch neuen Gefahren gegenüber. Die unstabilen Staaten am Persischen Golf forderten zur Subversion und Intervention geradezu heraus. Für den Schah trat daher die Notwendigkeit der Sicherung der Seewege des Ölexports gebieterisch in den Vordergrund.

Das Nahziel mußte die Sicherung des Persischen Golfs selbst sein, der durch die enge Straße von Hormuz mit dem Indischen Ozean verbunden ist. Dem diente die Besetzung zweier kleiner, der Meerenge vorgelagerter Inseln und ein Angebot an alle Golf-Anrainerstaaten, einen wechselseitigen Beistandspakt zu schließen.[4] Im November 1972 hatte der Schah bereits weiterausgreifende Ziele verkündet:

»Als Folge neuer strategischer Bedingungen müssen Irans Sicherheitsgrenzen in den Indischen Ozean vorgeschoben werden.«[5]

Schon der Name des Persischen Golfs zeigt das schwierige Problem für Iran; denn die Araber nennen diesen schmalen Meeresarm Arabischer Golf und sind bitterböse auf jeden, der den herkömmlichen Namen gebraucht. Der Golf, ob »arabisch« oder »persisch«, war seit dem Ende des 18. Jahrhunderts unbestritten englisches Einflußgebiet, und zwar auf beiden Seiten der glühend heißen und feuchten Küsten, da ein Schah 1763 den Engländern weitgehende Rechte im Golfgebiet hatte einräumen müssen. Die britischen Golfleute waren ähnlich wie der einstige

Sudan Civil Service ein Menschenschlag für sich. Sie hielten in einem schrecklichen Klima mit geringen Kräften eine der entscheidenden Schlüsselstellungen auf dem Weg nach Indien. Als Großbritannien sich entschloß, 1971 sollte die Wacht am Golf endgültig aufgegeben werden, gab es heftige Kämpfe im Unterhaus. Noch einmal flammte die Erinnerung an einstige Empire-Größe auf, vermischt mit dem Ehrgefühl für die Einlösung eines verpfändeten Wortes. Hatte doch Großbritannien nach dem Kriege feierlich den Schutz der neun kleinen Scheikhtümer an der einstigen Piratenküste übernommen.

Dieser Schutz schien notwendiger denn je. Kuwait sah sich von alten irakischen Ansprüchen bedroht. Abu Dhabi, Qatar, Bahrain – sie waren durch Öl zu gewaltigem Reichtum gekommen. Diese hilflosen Kleinstaaten mußten zwangsläufig begehrliche Blicke auf sich lenken – nicht zum wenigsten auch radikale Subversion, die gleichzeitig vom Irak und der Volksrepublik Südjemen (Aden) in das Golfgebiet eindrang, vor allem nach Oman, dem der Schah auch militärisch zu Hilfe kam.

Die allgegenwärtigen Palästinenser, die allein in Kuwait 150 000 meist hochintelligente Neubürger stellen, bilden ein neues Problem der Unsicherheit. Sie haben dort, wie in allen kleinen Golfstaaten, die wichtigsten Schlüsselpositionen der Verwaltung besetzt und kontrollieren einen großen Teil des Handels. So hat sich hinter den romantischen traditionellen Fürstenhöfen der Scheichs und Emire eine neue Wirklichkeit aufgebaut, die in Teheran tiefe Besorgnis erwecken mußte. Könnte der Schah im Golf eine Entwicklung zulassen, wie sie sich nach dem Abzug der Engländer in Aden ereignete, das in die Hände einer radikalen Minorität fiel? Würde Iran, das nie den Persischen Golf wirklich beherrscht hat, unter Vorwänden aufs andere, aufs westliche Ufer übergreifen? »Die sowjetische Flotte«, so bemerkte der Schah, »fuhr in den Golf mit 17 000-Tonnen-Kreuzern ein, während die Amerikaner in Bahrain nur drei kleine Schiffe stationiert haben.«[6] Man wird im Notfall mit entschlossenen Aktionen des Schahs zu rechnen haben.

Die Sperrung des Golfs für die Großmächte, sprich die Sowjetflotte, ist das Nahziel Irans. Es ist nicht leicht erreichbar, weil die Araber an der Westküste sich zurückhaltend gegenüber iranischen Angeboten verhielten. Iran, ein muslimisches, aber schiitisches Land, ist von den sunnitischen Arabern immer mit Mißtrauen betrachtet worden – weit über die Todfeindschaft des Irak hinaus. Die ehemaligen britischen Vertragsstaaten an der Piratenküste haben sich daher auch lieber pakistanische Ingenieure und Piloten verpflichtet als persische. Saudi-Arabien sah sich zu eigener Aufrüstung durch Kauf modernster amerikanischer Waffen veranlaßt.

Spannungsraum Indischer Ozean

Während der Schah gutnachbarliche Beziehungen zur Sowjetunion pflegt, rüstet Iran auf wie kaum ein anderes Land in der Welt. Zwischen 1974 und 1978 sollen zwölf Milliarden Dollar in die Rüstung gesteckt werden. Der Schah spricht offen über seine Motive. Gegenüber C. L. Sulzberger von der »New York Times« machte er sich darüber lustig, daß die Amerikaner geglaubt hätten, sie könnten mit zwei Luftlandedivisionen den Weltpolizisten spielen.[7] Er befürchtete, der Indische Ozean werde in wenigen Jahren der brisanteste Schauplatz der Rivalität der Supermächte werden. »Dann aber«, so sagte er, »wird von den Anrainerstaaten nur derjenige zählen, der selbst stark ist.«

Daß die Golfzone, in der sich annähernd drei Viertel der bekannten Ölreserven der Welt befinden, ein Gebiet hoher Gefährdung ist, war schon vor dem Jom-Kippur-Krieg bekannt. Dennoch – die Drohung mit dem Ölboykott und die Ermunterung, die die Araber dabei von der Sowjetunion erfuhren, hat die Frage der Sicherheit der Öllieferungen dramatisiert – und zwar vielleicht auf Jahrzehnte hinaus. Die Verlockung, den Ölhahn von See her bei einer Krise abzusperren, beibt für die Sowjets latent. Nach der Meinung des Schahs können an diesen Risiken Entspannungsbeteuerungen wenig ändern.

Der Schah geht stillschweigend davon aus, daß die Vereinigten Staaten im Indischen Ozean vor allem deshalb präsent bleiben müssen, weil seine Gewässer die idealste Operationsbasis der Poseidon-U-Boote sind, dem Kernstück der nuklearen Vergeltungswaffe der USA. So gern er aus dem Golf ein mare nostrum seiner Anrainer machen möchte, so wenig ist er geneigt, der sowjetisch-indischen Forderung nach Neutralisierung des Indischen Ozeans zu folgen. Dies würde einseitig zum Vorteil der sowjetischen Seite ausschlagen. Daran ändern Erklärungen nichts, die der Schah bei Besuchen in Moskau abzugeben pflegt. In Teheran hofft man, daß die britisch-amerikanische Luft- und Seebasis auf dem zentral gelegenen Korallenriff Diego Garcia ausgebaut wird, auch wenn der Senat Ende 1974 die dafür nötigen Mittel nicht bewilligen wollte. Erst dann ist eine regelmäßige Präsenz der amerikanischen Streitkräfte im Indischen Ozean gegeben, die die Ölroute nach Japan und dem Westen zu sichern vermag.

Acht Jahre war der Suezkanal blockiert. Erst nach seiner Wiedereröffnung war die Sowjetflotte nicht mehr gezwungen, entweder den langen Umweg um das Kap zu machen oder von Wladiwostok aus zu operieren, wenn sie den Indischen Ozean erreichen will. »Die Rote Flotte ist auf der globalen Bühne die dramatischste Manifestation der sowjetischen Entschlossenheit, ihre Präsenz überall fühlbar zu machen«, schrieb »Time« im Januar 1972. Es läßt sich voraussehen, daß dies nirgends zutreffender sein wird als im Indik, der durch die Öltanker zu einem »Meer der Entscheidung« werden könnte.

So jedenfalls sieht man die Zukunft in Teheran und richtet die eigene Aufrüstung entsprechend ein – als Sicherung des Golfs zuerst, und als Ergänzung künftiger amerikanischer Flottenpräsenz in zweiter Linie.

Die Flotte Irans ist vorläufig klein, aber ausreichend für Risiken, die sich im Golf selbst ergeben könnten.[8] In Friedenszeiten ist die Überwachung der Seerouten der wichtigste Aspekt der Manöver auf hoher See. Dementsprechend steht die Luftwaffe bei der Aufrüstung Irans an erster Stelle. Jedoch werden auch der Armee bis 1976 rund achthundert britische Chieftain-Panzer zur Verfügung stehen – mehr als in England selbst in Dienst gestellt sind.

Iran ist der größte Waffenkäufer der USA geworden. Bis 1980 will der Schah mit 840 Kampfflugzeugen die zweitgrößte Luftwaffe der freien Welt besitzen. 1975 verfügte Iran bereits über rund 250 Kampfflugzeuge, darunter mehr als hundert Phantoms. 80 weitere waren für 1,5 Milliarden Dollar in Auftrag gegeben. Dazu kommt eine riesige Helikopter-Flotte, die mit 500 Stück amerikanische Ausmaße erreichen soll. Mit diesem Programm wird Iran die bei weitem stärkste Luftmacht im Mittleren Osten und in der Lage sein, den Indischen Ozean durch Aufklärungsflüge bis in die Gewässer von Bombay und südlich bis weit über den zehnten Breitengrad zu überwachen. Ein Vertrag mit Mauritius und ständige Kontakte zur Flotte Südafrikas gehören bereits zur Routine.

Das mag kriegerisch klingen, es dürfte jedoch schwerfallen, Iran aggressive Absichten zu unterstellen. Der Schah hat seit 1972 in seinen Interviews keine Geheimniskrämerei getrieben, sondern sehr realistisch begründet, weshalb Iran aufrüsten müsse. So erklärte er der »New York Times«, von Pakten halte er, nach den Erfahrungen Pakistans, herzlich wenig. Auch sähe sein Bündnis mit den USA keine automatischen Verpflichtungen vor, so daß die Herren in Washington allein darüber bestimmen könnten, was eine »kommunistische Bedrohung« sei und was nicht. Unter solchen Umständen werde man nur Hilfe erwarten können, wenn man sich selbst helfen könne.[9]

Der Anspruch Irans, die stärkste Macht im Mittleren Osten zu werden, mußte vor allem in *Indien* Besorgnis erwecken, weil man in Delhi befürchtete, das enge Verhältnis Irans zu Pakistan könnte dort erneut Neigungen zu einem Revanchekrieg erwecken, so aussichtslos ein solches Unternehmen auch wäre. Ähnlich wie der Schah schon in den sechziger Jahren einen modus vivendi mit der Sowjetunion herzustellen verstand, der Moskau, wenn auch widerwillig, dazu zwang, die Aufrüstung Irans ohne sonderliche Polemik hinzunehmen, konnte der Schah auch in Delhi klarmachen, daß er nicht in starrem Blockdenken befangen sei. Die im indischen Kapitel erwähnte Annäherung an Delhi entsprach einer politischen Strategie des regionalen Gleichgewichts, das Indien dazu verhelfen soll, sich aus zu einseitiger Abhängigkeit von der Sowjetunion etwas zu lösen. Und zwar mit Methoden, die wiederum in Moskau nicht als offener Affront angesehen werden können. Das Gegenstück dazu sind gute Beziehungen zu Ägypten. Der Schah unterstützte Sadat in seinem Bestreben, sich von Moskau unabhängig zu machen.

Die außenpolitischen Motive des Schahs ordnen sich unter zwei Hauptgedanken: seine größte Sorge ist die Sicherheit der Golfregion gegen extremistische Unterwanderung oder offene Aggression von seiten des Irak. Seine zweite Sorge gilt der langfristigen Sicherung des Ölexports über die Routen des Indischen Ozeans.

Noch ist die Rivalität der Supermächte im Indischen Ozean mehr potentiell als real, aber in Teheran befürchtet man, daß sich das ändern könnte. Die Region des Mittleren Ostens ist geradezu gespickt mit lokalen Konfliktstoffen, die durch Subversionen der verschiedensten Art virulent werden können.

Der Schah dürfte bezweifeln, daß die Vereinigten Staaten zum Eingreifen bereit sind, solange nicht ihre ureigensten Interessen berührt werden. Er befürchtet eine Salamitaktik, die über lange Zeiträume hinweg die Verteidigung der westlichen *und* iranischen Ölinteressen immer schwieriger machen könnte – dazu rechnet auch die Ungewißheit, wie lange Saudi-Arabien noch zu den gemäßigten arabischen Staaten gehören wird. Nach dem Mord an König Feisal gibt es in Riad keine auch nur annähernd gleich starke Autorität mehr. Um so mehr bedarf Iran zur Sicherung seiner Position als Ordnungsmacht am Golf des westlichen Knowhow, um das man in Teheran nicht mehr länger betteln muß, das man sich kaufen kann.

In Europa ist die Bedeutung des Irans für die eigene Sicherheit spät erkannt worden. Das hat sich erst seit dem Energienotstand geändert, als man sah, daß Iran der einzige große Öllieferant des Mittleren Ostens ist, der nicht direkt in den Konflikt um Palästina verwickelt war. Der kühle Rechner im Palast von Sa'adabad hat nicht ohne Ironie die plötzliche Wallfahrt der Europäer nach Teheran zur Kenntnis genommen. Man sagt ihm nach, daß er nichts vergißt, aber handfeste Interessen sind auch für den Schah zwingender als böse Erinnerungen.

Kapitel X
DIE WIEDERKEHR DER ARABER

Der Konflikt im Nahen Osten ist dreidimensional. An der Oberfläche liegen die Probleme der künftigen Grenzen Israels. Eine Schicht tiefer der Kampf um das Erdöl und die Energieversorgung der westlichen Welt. Die Grundschicht aber hat wenig mit vordergründigen Tagesfragen zu tun. Sie entstand durch die tiefen Verwandlungen, welche die arabische Welt in den letzten Jahrzehnten durchgemacht hat. Aus jahrhundertelanger Erstarrung ist sie zu neuer Dynamik erwacht.

Das unbestreitbare Lebensrecht Israels stößt mit jeder dieser drei Dimensionen zusammen. Die *Grenzfrage* ist unauflöslich mit der Sicherheit Israels verknüpft. Nur in gesicherten Grenzen kann dieser kleine Staat ohne ständige Erschütterungen überleben. Die Israeli bestreiten, daß dies in den Grenzen, die vor dem Sechstage-Krieg von 1967 bestanden, möglich sei. Sie verlangen an einigen Stellen Revisionen dieser Grenzen. Die Araber hingegen bestehen auf der Entschließung 242 der Vereinten Nationen von 1967, die den totalen Rückzug auf die alten Grenzen verlangt.

Seit die Araber im Herbst 1973 ihre territorialen Forderungen mit der Drohung eines *Erdölboykotts* gegen einzelne westliche Staaten, darunter die USA, verbanden, ist das Palästina-Problem mit der Energieversorgung der westlichen Welt verknüpft. Zwar ist es fraglich, ob der Boykott wirklich durchgeführt wurde, weil die Operationen der internationalen Ölgesellschaften 1973/74 undurchsichtig blieben. Aber die Drohung mit der Ölwaffe bleibt latent, solange das Palästinaproblem nicht wirklich entschärft ist. Die Rückwirkungen auf die Europäer und Amerikaner waren seit dem Herbst 1973 spektakulär. So erkannten die neun EWG-Staaten im November 1973 erstmalig an, daß die Palästinenser ein Lebensrecht besitzen, ohne freilich zu definieren, was das bedeuten soll.

Die Verquickung der Ölfrage mit den Grenzen Israels hat die Großmächte noch tiefer in das Nahost-Problem verwickelt. Die Vereinigten Staaten wurden zu einem Engagement im Nahen Osten gezwungen, das sich von früheren Bemühungen wesentlich unterschied. Sie mußten jetzt versuchen, nicht nur Israel, sondern auch den Arabern gerecht zu werden. Die Sowjetunion bemühte sich, die arabische Ölwaffe für ihre eigenen Zwecke auszunutzen. So riet Moskau den Arabern im Frühjahr 1974 ab, den Ölboykott wieder aufzuheben. Das waren wichtige Positionen, in denen sich die Rivalität der Supermächte ausdrückte.

Israels Stärke beruht, um mit Martin Heidegger zu sprechen, auf seiner Faktizität. Der jüdische Staat ist weit über die vage Formulierung der Balfour-Deklaration (1917) hinaus zu einer Realität geworden. Der britische Außenminister Arthur Balfour versprach den Juden nur ein »Nationalheim« in Palästina, worunter man sich Verschiedenartiges vorstellen konnte. Israel hingegen, wie es 1948 entstand, besitzt alle Attribute eines Staates, auch wenn derzeit seine Grenzen nicht endgültig festgelegt sind. Erst die Pogrome in Osteuropa und dann in viel größerem Maße die Judenvernichtung Hitlers haben der zionistischen Idee eine Rechtfertigung gegeben, die sie zu Zeiten ihres Schöpfers Theodor Herzl noch nicht in solchem Umfang besaß.

Aus einem spätromantischen Zweig der Epoche des Nationalismus wurde eine anerkannte Notwendigkeit – schon deshalb, weil es nach wie vor Millionen Juden, vor allem in Osteuropa, gab, die als Minorität unterdrückt wurden und nur Hoffnung auf Freiheit haben konnten, wenn ihnen die Tore Israels offenstanden. Drei siegreiche Kriege haben diese Faktizität bekräftigt, und eine große Aufbauleistung auf engstem Raum hat sie unterbaut. Der junge Staat wurde von einer Welle der Sympathie der gesamten westlichen Welt getragen. Er wurde von seinen Glaubensgenossen, vor allem aber auch von den Vereinigten Staaten kräftig unterstützt. Auch die Wiedergutmachungszahlungen, die Adenauer und Ben Gurion verabredeten, trugen zur Stärkung Israels bei.

Dennoch hatte das junge Staatswesen einen *Geburtsfehler*, über den man lange Zeit hinwegzusehen versuchte, der sich aber mehr und mehr zu einem Krebsgeschwür auswuchs. Israel ist nicht in einem leeren Raum entstanden, sondern im alten Siedlungsgebiet der palästinensischen Araber, von denen nur ein kleiner Teil im Lande blieb und zwar mit dem Stigma des Staatsbürgers zweiter Klasse. Die Mehrheit floh, lebte in Lagern oder zerstreute sich in alle Ecken der arabischen Welt. Diese Palästinaflüchtlinge haben sich inzwischen beträchtlich vermehrt. Die Gesamtzahl der Palästinenser beträgt Mitte der siebziger Jahre etwas über drei Millionen – ebensoviel wie die Einwohner Israels.

Das zwanzigste Jahrhundert hat viele Vertreibungen und immer neue Flüchtlingsmassen gesehen, die, unter welchen Schwierigkeiten immer, auf anderem Boden schließlich assimiliert wurden. In Israel glaubte man, so werde es auch mit den Palästinensern geschehen, zumal die umliegenden arabischen Länder wie Syrien und Jordanien reichlich Raum zu bieten schienen. Das hat sich jedoch als Fehlrechnung erwiesen. Die Palästinenser pochten auf ihr Heimatrecht und wurden dabei von allen Arabern unterstützt. Israel und seine Freunde unterschätzten die erst in diesem Jahrhundert voll entfaltete neue Dynamik der arabischen Welt, der dritten Dimension des Palästina-Problems.

Emotionale Strömungen müssen im politischen Kalkül ebenso wichtig genommen werden wie rationale Erwägungen. Daß die Gefühlswelt der Araber, insbesondere nach deren dreifacher Niederlage, für eine quantité négligeable gehalten wurde, war einer jener Fehler, die der augenblicklich Stärkere leicht begeht. Man erinnere sich nur an die Folgen ähnlichen Mißverhaltens der Europäer gegenüber den Chinesen. Ohne Verständnis der dritten Dimension des Nahost-Konflikts kann man seine tieferen Wurzeln kaum erkennen.

Neuformierung des arabischen Geistes

Die Reiseberichte des 19. Jahrhunderts schildern die großen Zentren der arabischen Welt wie Fez und Tunis, Kairo, Damaskus und Bagdad als tief vom Okzident unterschieden. In ihnen herrschte eine geschlossene Lebensform, doch befand sich – nach diesen Berichten – eine einst blühende Kultur in einem Dämmerschlaf. Die kreativen Epochen der Araber waren längst Vergangenheit. Die einstigen geistigen und kulturellen Zentren waren erstarrt und verödet. Der Islam war in scholastischer Dogmatik degeneriert, vor allem in den arabischen Gebieten unter der Herrschaft des Osmanischen Reiches.

Die Versteinerung der arabischen Welt war ein sich über Jahrhunderte erstreckender Prozeß. Schon der große arabische Philosoph und Historiker Ibn Khaldun hat im 14. Jahrhundert am raffinierten Hofe von Granada mit tiefer Melancholie davon gesprochen, die Araber hätten den Impuls verloren, der jede Gemeinschaft von der Stammesfamilie bis zu den großen Reichen zusammenhält. Er nannte diesen Impuls »*asabija*«, was unsere Orientalisten etwa mit Gemeinsinn übersetzen, mit dem Impetus einer Gemeinschaft.

Erst im 19. Jahrhundert erfolgte der Zusammenprall des Islam mit der westlichen Moderne, der zur bedeutsamsten Berührung der beiden Kulturen seit den Kreuzzügen werden sollte. Waren im Mittelalter die Araber dem Abendland auf vielen Wissensgebieten voraus, so geriet der Islam mit der Ausbreitung der westlichen Zivilisation in Bedrängnis. Mit Ausnahme der wahabitischen Kerngebiete der arabischen Halbinsel gab es am Ende des Ersten Weltkrieges nach der Auflösung des Osmanischen Reiches kaum noch ein arabisches Land, das nicht der Expansion der Engländer und Franzosen, der Italiener und Spanier anheimgefallen wäre.

Das bedeutete für die arabische Kultur eine Herausforderung auf Leben und Tod. Die Gefahr lag tiefer als der äußere Verlust der Freiheit. Der Islam ist zugleich Religion und Lebensform, die den ganzen Menschen, seine Wertvorstellungen und Verhaltensweisen umfaßt. Würde das noch Bestand haben können, wenn die Araber ohne eifrige Übernahme der westlichen Zivilisation an eine Gegenwehr gar nicht denken konnten?

Hier liegen die Ursprünge der neuen arabischen Dynamik. Den vielfältigen Befreiungskämpfen der Araber nach dem Zweiten Weltkrieg von Marokko über Ägypten bis nach Syrien und dem Irak ging eine geistige Erneuerung voraus, die den Islam aus scholastischer, buchstabengläubiger Erstarrung zu lösen begann. Es waren der wortgewaltige Lehrer an der tausendjährigen Al-Azhar-Moschee, Mohammed Abdu (†1905), und andere, welche die Lehren des Koran mit modernem wissenschaftlichem Denken vereinbar machten. Die Schüler ihrer Schüler wirken noch heute in Kairo.

Nur so war es möglich, daß der aus dem Westen gekommene Nationalismus im Islam zu etwas Eigenständigem umgeformt werden konnte, was nicht nur Kopie des Westens und der Ideen der Französischen Revolution war. Selbst die linksextremen Zirkel in den arabischen Hauptstädten konnten sich diesem Zusammenhang nicht entziehen. Wenn von »arabischem Sozialismus« gesprochen wird, so ist damit – sei es in Syrien, sei es in Ägypten oder Algerien – immer eine Gesellschaftsform gemeint, die sich in ihrem Wesen von der kommunistischen Doktrin abhebt. Die Definitionen sind meist unscharf und die Nuancen wechseln. Das Grundbild aber bleibt: die Araber gehen ihren eigenen Weg.

Als Anwar el-Sadat noch Parlamentspräsident war, hatte er bei einem Besuch in Moskau 1961 eine denkwürdige Auseinandersetzung mit Chruschtschow. Der sowjetische Parteivorsitzende hielt ihm mit üblichem Temperament vor, Ägypten habe sich zwar gegen den Imperialismus erhoben, aber das genüge nicht. Wer A gesagt habe, müsse auch B sagen, d. h. sich zur marxistischen Doktrin bekennen. Sadat antwortete darauf, die Doktrin des Klassenkampfes sei arabischem Denken fremd, und der Sozialismus der Araber unterscheide sich vom sowjetischen schon dadurch, daß eine sozialistische Gesellschaftsordnung in seinem Lande nur innerhalb der Vorschriften des Koran möglich sei. Der sowjetische Atheismus sei den Arabern wesensfremd. »Wir sind davon überzeugt, daß geistige Faktoren existieren, wie die Religion, die neben der unbestreitbar bestehenden Grundlage der der materiellen Entwicklung ihre Wirkungen ausüben«, sagte Sadat zu Chruschtschow.[1]

Das war eine unverblümte Absage an den historischen Materialismus. Nicht anders hat sich auch der algerische Präsident Houari Boumedienne, der als linker Flügelmann der Araber galt, gegenüber Infiltrationsversuchen marxistischer Doktrinäre verhalten. In Moskau verkannte man die Motivation der neuen arabischen Dynamik ebenso wie im Westen und mußte dafür teures Lehrgeld bezahlen. Die Annahme, eine antiwestliche Grundströmung unter den Arabern müsse automatisch ihre Öffnung zum Marxismus bedeuten, war ein Irrtum.

Was aber ist diese arabische Dynamik? Mit der Reform des Islam, der Lösung aus der Versteinerung, ist »asabija« wiedererstanden, also eine Erweckung arabischen Gemeinsinns, ésprit du corps, das Gefühl und der Impuls für eine gemeinsame Aufgabe.

Diese Dynamik hat sich in dem weiten Bereich zwischen Rabat und Bagdad sehr differenziert. Immer hat es in der arabischen Geschichte viele Zentren gegeben. Auch das Kalifat wechselte zwischen Dynastien und ihren Hauptstädten. Nichts spricht dafür, daß es in voraussehbarer Zukunft ein arabisches Einheitsreich geben könnte. Alle Vereinigungsbestrebungen, wie zwischen Syrien und Ägypten, Ägypten und Libyen, Libyen und Tunesien oder früher zwischen Syrien und dem Irak, sind schnell wieder zerbrochen oder erst gar nicht zustande gekommen.

Gerade das Scheitern dieser Unionspläne mußte den Blick dafür trüben, daß trotzdem auf dem Fundament des Islam unter den Arabern eine neue gemeinsame Selbstidentifikation entstanden ist, die die eingedrungene westliche Zivilisation neutralisiert und ungefährlicher für die Substanz der arabischen Völker gemacht hat. Wer nur die Intrigen und Rivalitäten zwischen den verschiedenen arabischen Zentren sieht, verharrt an der Oberfläche der Tagespolitik. Auf Konferenzen der Arabischen Liga wird Kuhhandel getrieben, wie wir ihn auch aus Brüssel bis zum Überdruß kennen. Keines dieser arabischen Zentren aber kann sich der gemeinsamen Grundströmung wirklich entziehen. Nur wer das beachtet, kann erfolgreiche Politik mit arabischen Ländern treiben.

Die Könige und Progressiven

Zu Nassers Lebzeiten wurden die arabischen Länder häufig in »progressive« und »reaktionäre« eingeteilt. Daran ist richtig, daß die Monarchien in den Augen der städtischen arabischen Intelligenzia Relikte einer vergangenen Epoche sind. Seit den fünfziger Jahren stürzten die Dynastien in Ägypten, dem Irak, Tunesien und Libyen. In Marokko entging König Hassan mehrfach nur knapp einem Anschlag, und in Jordanien wäre König Hussein von seinen palästinensischen Bürgern und deren Guerillas 1970 bei dem blutigen Aufstand in Amman hinweggefegt worden, hätte er sich nicht auf die Wüstensöhne seiner Armee stützen können. Für sie gab es nichts zu verehren außer Allah, den Propheten und den König. Das gilt heute noch für Saudi-Arabien. Dort wäre aber die Monarchie, die sich noch auf festen Stammestraditionen aufbaut, wahrscheinlich von jungen Offzieren beseitigt worden, hätte nicht Feisal seinen Bruder, den unfähigen König Saud (1953–1964) abgesetzt.

Feisal verkörperte noch einmal die königliche Gewalt in alter wahabitischer Strenge. Ob das einem seiner Brüder oder Söhne nochmals gelingen kann, ist fraglich. An das Schicksal der saudischen Dynastie sind auch die Emire und Scheikhs an der Ostküste der arabischen Halbinsel gebunden, in deren kleinen Ländern die palästinensische Intelligenzia eine bedeutende Rolle spielt.

Aufs Ganze gesehen, ist die Epoche der Dynastien in den Ländern arabischer Zunge nur noch ein Relikt, das wenig Zukunft besitzt. Die arabischen Revolutionen sind von Offiziersgruppen getragen worden, die meist dem unteren Mittelstand entstammen, den unterprivilegierten Schichten, in denen sich islamische Tradition und progressives Denken amalgamierte. Boumedienne, Nasser, Sadat, auch der Beduinensohn Kaddafi in Libyen, die ständig wechselnden Offiziersgruppen in Syrien und dem Irak – sie alle gehören in diese Kategorie. Nirgends konnte sich nach dem Sturz der Monarchien eine Demokratie im westlichen Sinne durchsetzen. Nur im Libanon existiert sie dem Namen nach – zum Schutze des prekären Gleichgewichts zwischen Christen und Moslems, das sich darin manifestiert, daß der Staatspräsident stets ein Christ, der Ministerpräsident ein Moslem sein muß. Hinter der Fassade des libanesischen Parlaments sind die einflußreichen Familienklans der verschiedenen Gemeinschaften aufgebaut, die in Wirklichkeit dem Präsidenten das

Regieren überlassen und nur darüber wachen, daß seine Entscheidungen ihre Interessen nicht verletzen.[2] Der kleine Libanon ist daher ein überaus kompliziertes Gemeinwesen.

In den meisten arabischen Ländern waren die Offiziersgruppen, die sich mit Militärputschen durchsetzten, die einzigen geschlossenen und ausgebildeten Kader des Landes. Sie ersetzten Parteien, die, wie der ägyptische Wafd, als Vertretung der Notablen entstanden waren und rücksichtslos die Interessen der privilegierten Landbesitzer wahrnahmen. Meist war die Periode des reinen Offiziersregimes nur kurz. Von dem Klub der »Freien Offiziere«, der 1952 König Faruk und die Paschas vertrieb, hatten sich schon in Nassers letzten Jahren die meisten verbraucht. Sadat gehört zwar noch zu den Männern der ersten Stunde, aber seine wichtigsten Mitarbeiter sind Technokraten. Die Armee ist in Ägypten längst wieder ein von der Regierung deutlich geschiedener Kader, über den der Präsident sorgsam wachen muß, wenn er nicht unangenehme Überraschungen erleben will.

Nicht anders verhält es sich in Algerien. Boumedienne stützt sich zwar nach wie vor auf die Armee. Seine wichtigsten Mitarbeiter aber sind inzwischen erstaunlich junge Männer, die mit Ende Zwanzig oder Anfang Dreißig die Spitzenpositionen der zahlreichen Staatsgesellschaften besetzt haben. Für eine Nation, in der die Hälfte der Bevölkerung unter 19 Jahre alt ist, mag das nicht überraschend sein. Als die Franzosen 1962 aus Algerien abrückten, waren 75 Prozent der Algerier Analphabeten, und es gab kaum ausgebildete Ingenieure und Techniker. So mußten in aller Eile die Schüler der sechs guten Lyzeen, die es im Lande gab, für die wichtigsten Schlüsselstellungen herangebildet werden.

Während in Ägypten und Algerien die Armee sich mit neuen Kräften zu umgeben verstand, wie unerfahren sie, vor allem in Algerien, auch sein mochten, ist es in Syrien und dem Irak dem Offizierskorps nicht gelungen, zum Kern einer neuen Elite zu werden. Die blutigen Fehden innerhalb der Baathpartei Syriens führten zu langer Stagnation, da die jeweils herrschende Gruppe fast ausschließlich damit beschäftigt war, sich an der Macht zu halten.

Die bezeichnendste Episode für diesen Zustand ereignete sich 1967 im Sechstagekrieg, in dem die syrische Elitedivision nicht von Damaskus an die nahe gelegene Front auf den Golanhöhen geworfen werden konnte, weil die Machthaber einen Putsch befürchteten. Syrien ist zwar die Wiege panarabischer Träume, aber auch für die anderen arabischen Länder ein unberechenbarer Faktor mit kaum durchsichtigen Machtverhältnissen. Präsident Assad gehört der Minderheit der Aluiten an, was seine Stellung kompliziert.

Im *Irak* haben zwanzig Jahre hindurch – seit der Ermordung des jungen König Feisal – blutige Bruderkämpfe zwischen wechselnden Offiziersgruppen stattgefunden, die das ölreiche Land für lange Perioden zum Schauplatz eines oft unbeschreiblichen Terrors machten. Hinzu kam der immer wieder aufflammende Aufstand der Kurden und die Konfrontation mit Iran. Der Einfluß des Irak auf die übrige arabische Welt war daher begrenzt. Er verminderte sich noch seit Anfang der siebziger Jahre die Sowjetunion die herrschende Baath-Gruppe in Bagdad fest an sich zu ketten wußte, wodurch in der traditionell antikommunistischen Armee tiefe Ressentiments entstanden.

Die wechselnden Baath-Regime haben jedoch – fast unbemerkt – eine tiefgreifende Umschichtung bewirkt. Die städtische Oberschicht und die Intelligenzia gehörten überwiegend der islamischen Schia-Sekte an, die auch im benachbarten Iran überwiegt. Sie ist im letzten Jahrzehnt durch die in den Unterschichten und den bäuerlichen Fellachen vorherrschende Sunna-Sekte verdrängt worden. Damit ist ein wesentlich anderer soziologischer Typus in die Führungspositionen eingedrungen, der den Charakter des Landes nachhaltig verändert.

So bietet die arabische Welt ein buntes, verwirrendes Mosaik ungleicher Kräfte. Von Marokko bis zum Irak verzeichnet die Geschichte der letzten zwanzig Jahre eine Kette von Konspirationen, geglückten und verhinderten Putschen. In Syrien und im Irak mordeten sich die verschiedenen Gruppen der Baathpartei in der Armee gegenseitig. In Jordanien hat der Aufstand der palästinensischen Guerillas im September 1970 Tausenden das Leben gekostet. In Marokko beantwortet König Hassan Konspirationen mit Massenexekutionen, während der libysche Diktator Muammar el-Kaddafi offen jede Rebellion gegen König Hassan unterstützte und insgeheim auch das Leben Anwar el Sadats bedrohte, seit sich der Unionsplan mit Ägypten im Wüstensande verlor.

Nicht weniger uneinheitlich ist das Bild der arabischen Welt auf wirtschaftlich-sozialem Felde. In Kuwait, dem Libanon, Tunesien und Marokko herrscht in gewissen Grenzen wirtschaftliche Freiheit. In Ägypten hat Anwar el-Sadat die Monopole der Staatsbetriebe aufgelockert und dem privaten Sektor zunehmend größeren Spielraum gegeben. Ähnlich hat auch Syriens Präsident Hafis al-Assad die Zwangswirtschaft seiner Vorgänger seit 1971 Schritt um Schritt gelockert. In Algerien betreiben dagegen die Staatsgesellschaften die Industrialisierung als Monopol und lassen ausländische Firmen nur als Gemeinschaftsunternehmen *(joint ventures)* zu. Dazu kommt der tiefe Interessengegensatz der ölproduzierenden und der armen arabischen Länder.

Während die dünne Besiedlung des riesigen Raumes Saudi-Arabiens (4 bis 8 Millionen Einwohner) einer Industrialisierung enge Grenzen setzt, so daß nur Bruchteile der Öleinnahmen von 28 Milliarden Dollar (1974) im Lande selbst verwendet werden konnten, wird der Bevölkerungsdruck im Nildelta zu einem bedrückenden Problem. Mit 35 Millionen Einwohnern Mitte der siebziger Jahre hatte sich die Bevölkerung in dreieinhalb Jahrzehnten mehr als verdoppelt. Das gewaltige Werk des Assuandamms konnte keine Erntereserven schaffen, sondern nur dazu beitragen, das Nahrungsmitteldefizit in Grenzen zu halten. So haben sich die Arbeitstage der Fellachen durch den Überfluß an Arbeitskräften dramatisch von 180 auf 100 im Jahr in drei Jahrzehnten reduziert. Aber auch in Algerien waren trotz des Ölreichtums 1974 von einer Gesamtbevölkerung von knapp 16 Millionen rund zwei Millionen Männer arbeitslos oder unterbeschäftigt. Von einem Ausgleich dieser krassen Unterschiede innerhalb der arabischen Welt kann kaum die Rede sein.

Der Zwang zum Überleben

Die Rastlosigkeit der arabischen Intelligenzia und die Frustration der Politiker nahmen ständig zu, nachdem man sich so vielen ungelösten und kurzfristig auch unlösbaren Problemen gegenübersah. Die arabische Dynamik hat sich seit dem ersten Wendepunkt, dem Staatsstreich der ägyptischen Offiziere gegen König Faruk, ständig gesteigert. Man flüchtete sich in Illusionen, so vor allem in den Traum vom arabischen Einheitsreich, der Nasser dazu dienen sollte, über die unbefriedigende Gegenwart hinwegzutrösten.

Viele der Staatsstreiche und der Brudermorde entsprangen der illusionären Vorstellung, es bedürfte nur neuer Männer und schon würde alles besser. Die Terrorakte der palästinensischen Guerillas, die Flugzeugentführungen, die Morde in Khartum, Kairo, München und Tunis wurden die krassesten Symptome eines manisch sektiererhaften Utopismus, der abscheuliche Verbrechen für Heldentaten ansieht. Ausgeführt wurden diese Gewaltakte von in Lagern aufgewachsenen jungen Männern und Frauen, die auf die moderne Welt gewissermaßen nur durch ein Schlüsselloch sahen, total abgeblendet nicht nur von der Wirklichkeit, sondern auch von jeder rationalen Erwägung, was ihrer eigenen Sache schadet oder nützt.

Der Terrorismus wurde für die arabische Welt zu einem moralischen Problem erster Ordnung, weil die *Auseinandersetzung mit Israel zu einem irrationalen Bindeglied aller Araber* geworden ist, nicht nur der unmittelbar betroffenen Palästinenser, Ägypter und Syrer. Gewiß, für Irak und Marokko, für den Sudan und Tunesien ist Israel weit entfernt und keine reale Bedrohung. Aber die Niederlage im Sechstagekrieg von 1967 hat bis in die entferntesten arabischen Winkel den Minderwertigkeitskomplex genährt, die Araber seien noch immer kein gleichwertiger Faktor auf der Weltbühne.

Die Eroberung *Jerusalems* durch Israel fügte ein neues schwerwiegendes Problem hinzu: Jerusalem ist nicht nur die heilige Stadt der Juden und Christen, die Al-Aksa-Moschee und der Felsendom unmittelbar über der Klagemauer sind – nach

Mekka und Medina – auch die drittheiligste Stätte des Islam. Von dort soll sich Mohammed auf geflügeltem Roß in den Himmel geschwungen haben. Es war daher kein leeres Wort, wenn König Feisal von Saudi-Arabien erklärte, es sei sein höchster Wunsch, vor seinem Tode die heiligen Stätten Jerusalems betreten zu können, ohne fremdes Gebiet zu berühren.

Überleben – das hieß daher für die Araber nicht nur die wirtschaftlichen und sozialen Probleme zu lösen, sondern die Ehre wiederherzustellen, die man verloren zu haben glaubte. Das erklärt die Ambivalenz gegenüber dem Terrorismus auch unter den gemäßigten Arabern, die selbst die Terroristen zu fürchten haben. Das erklärt auch die vordergründigen Schlagworte gegen den Imperialismus und wirtschaftlichen Neo-Imperialismus, die sich besonders gegen die Vereinigten Staaten als Protektor Israels wandten. Mit dem Nationalismus der arabischen Welt verband sich vor allem in der jüngeren Generation sozialer Radikalismus. Die arabische Selbstidentifikation begann sich immer weiter links von der Mitte anzusiedeln. So war die Lage bei Nassers plötzlichem Tod im September 1970, nachdem er in übermenschlicher Anstrengung nach dem Massenmorden von Amman einen Waffenstillstand zwischen König Hussein und dem PLO-Führer Jassir Arafat herbeigeführt hatte.

Die Grenzen der Sowjetmacht

Auch außenpolitisch hatte sich bis zu Nassers Tod das Kräfteverhältnis im östlichen Mittelmeer entscheidend verändert. Ägypten war nicht mehr weit von dem Status eines sowjetischen Protektorats entfernt. Die Häfen Alexandria und Marsa Matruch waren zu festen Stützpunkten der sowjetischen Eskadra im Mittelmeer geworden. Auch der syrische Hafen Latakia stand der Eskadra zur Verfügung. Der Verlust fast der gesamten ägyptischen Luftwaffe und großer Teile der Panzerwaffe hatten Nasser seit 1967 völlig von den Sowjets abhängig gemacht. Sie waren als einzige bereit, die Verluste zu ersetzen. Waffenlieferungen in Höhe von drei Milliarden Dollar[3] gingen innerhalb dreier Jahre von der Sowjetunion nach Ägypten.

Da 1968/69 die israelische Luftwaffe ständig den ägyptischen Luftraum kontrollierte und sogar bis nach Oberägypten vordrang, hatte sich die Sowjetunion bereit erklärt, ihre modernsten Abwehrgeräte SAM-6 und SAM-9 an die Suezfront zu bringen und auch im ägyptischen Hinterland zu stationieren. Dafür aber mußte Ägypten nicht nur seine Baumwollernte verpfänden, sondern gestatten, daß fast 20 000 sowjetische Offiziere, Soldaten und Berater nach Ägypten kamen. Ihre Übungsplätze waren exterritorial. Selbst ägyptische Generale hatten zu ihnen nur mit Sondererlaubnis Zutritt. Der Sowjetbotschafter war zum Prokonsul Ägyptens geworden. Der sowjetische Geheimdienst spielte die gleiche Rolle wie einst der britische Secret Service.

Der Einfluß der Vereinigten Staaten war im Nahen Osten auf einen Tiefpunkt gesunken. Zwar hatte Außenminister William Rogers nach langen Mühen noch kurz vor Nassers Tod einen Waffenstillstand an der Suezfront vermittelt, aber dieser Erfolg mußte gegenüber der allmächtigen Präsenz der Sowjetunion in Ägypten geringfügig erscheinen. Die arabische Niederlage von 1967, die auch das sowjetische Prestige angeschlagen hatte, schien für Moskau nachträglich zu einem guten Geschäft geworden zu sein. Schon zur Zeit vor Nassers Tod war aller Welt klar, daß die Sowjets kein Interesse an einem vierten Nahostkrieg hatten. Sie lieferten Abwehrwaffen, verweigerten aber den Ägyptern und Syrern Angriffswaffen, vor allem das Kampfflugzeug MIG-23, das den modernsten amerikanischen Typen in israelischer Hand gewachsen war. Die Dosierung der Waffenlieferung entsprach genau dem politischen Kalkül:

Die Sowjetunion wollte unter allen Umständen einen nochmaligen Prestigeverlust durch einen weiteren israelischen Sieg vermeiden und den Zustand *»Nicht Krieg, nicht Frieden«* so lange wie möglich im Nahen Osten aufrechterhalten, der den sowjetischen Interessen am besten diente.

Er würde, so schätzte man in Moskau, die Araber in Abhängigkeit halten und gleichzeitig die innere Unruhe so weit steigern, daß die äußerste Linke in Ägypten und Syrien schließlich die Machtposition erreichen konnte, weil sich die Vertreter eines gemäßigten Kurses abnutzen und zerreiben mußten. Diese Rechnung wäre wahrscheinlich aufgegangen, wenn Moskaus Vertrauensmann, der Vizepräsident *Ali Sabri,* Nachfolger Nassers geworden wäre. Statt dessen fiel die Wahl auf *Anwar el-Sadat,* ebenfalls Vizepräsident, jedoch eher ein Außenseiter an den Schalthebeln der Macht zu Nassers Zeiten.

Bei einem längeren Aufenthalt in Kairo im Winter 1952/53 habe ich Sadat – ein halbes Jahr nach dem Sturz König Faruks – kennengelernt und in den folgenden Jahren immer wieder besucht. Mit ihm ließ sich freimütiger reden als mit anderen »Freien Offizieren«. Sadat war niemals so doppelbödig wie Nasser, bei dem man auch nach einem längeren Gespräch nicht wußte, woran man war. Schon in jenen frühen Zeiten nach dem Umsturz in Ägypten unterschied sich Sadat von seinen Kameraden vor allem durch seine unverkennbare Bodenständigkeit. Um ihn war noch der Geruch des ägyptischen Dorfes, dem er entstammte; Geradheit, aber auch bäuerlicher Mutterwitz und Schlauheit, die sich wesentlich von der Dialektik des redegewandten ägyptischen Großstädters abhebt. Ein Mann von eher einfachem Zuschnitt, kräftig, ein tief religiöser Moslem, aber ohne die pathetischen Gebärden, mit denen sich der Libyer Kaddafi beim Gebet fotografieren läßt. Unter der ersten Mannschaft Nassers war er nicht der brillanteste, aber charaktervollste. Sein tiefbrauner Teint deutete auf seine sudanische Mutter hin. Er pflegte zu scherzen, er verkörpere somit das ganze Niltal.

Bevor Sadat am 6. Oktober 1973 den Krieg gegen Israel begann, der im ersten Anlauf zur Eroberung der Ostseite des Suezkanals führen sollte, hatte er zwei schwere Krisen zu überstehen. Schon bei seiner Wahl zum Präsidenten war zu vermuten, daß sich Nassers Erben Diadochenkämpfe liefern würden. Und es war vorauszusehen, daß dabei der ehemalige Ministerpräsident Ali Sabri eine wichtige Rolle spielen mußte. Als Abkömmling einer Paschafamilie, raffiniert in seinem Denken und Auftreten, geschult in allen orientalischen Künsten der Intrige und des Wortspiels, war er auch persönlich der geborene Gegenspieler des Bauernsohnes Sadat. Es ist schwer zu ergründen, wie weit die Verschwörung reichte, die im Mai 1971, acht Monate nach Sadats Amtsübernahme, zur Verhaftung und späteren Verurteilung Ali Sabris, zahlreicher Minister und Spitzenfunktionäre der Einheitspartei führte. Erst nach diesem Ereignis hatte Sadat innenpolitisch freie Hand.

Die zweite Krise war noch spektakulärer. Kurz nach der Verhaftung Sabris hatte Sadat einen Freundschaftsvertrag mit der Sowjetunion unterzeichnen müssen, der ihm von dem unangemeldet herbeigeeilten sowjetischen Staatspräsidenten Podgorny ähnlich aufgezwungen wurde wie 1939 dem tschechischen Präsidenten Hacha die Unterzeichnung der Protektoratsurkunde. Aber Sadat war kein Hacha. Im Juli 1972 kündigte er die mit der Sowjetunion bestehenden Militärverträge und verlangte den sofortigen Abzug des gesamten sowjetischen Militärpersonals einschließlich der Marineeinheiten in den ägyptischen Häfen. Die sowjetischen Flugplätze auf ägyptischem Boden, die der Überwachung der VI. Flotte gedient hatten, wurden geschlossen.

Es war ein einzigartiger Akt in der gesamten Nachkriegsgeschichte. Zum ersten Mal war auch den Russen an unerwarteter Stelle widerfahren, was die Amerikaner schon mehrfach, zuletzt in Libyen, hatten hinnehmen müssen. Es zeigten sich die Grenzen der sowjetischen Macht außerhalb ihres Festlandgürtels. Sadat hatte richtig kalkuliert. In Moskau konnte man nicht daran denken, ihm das Schicksal Dubčeks zu bereiten. Begründet hat er diesen kühnen Schritt damit, die sowjetischen Berater seien zu nichts mehr nütze, da ihm die Sowjetunion die dringend erbetenen Angriffswaffen vorenthalten habe. In Wirklichkeit wollte er den sowjetischen Staat im Staat beseitigen.

Die Trennung von der sowjetischen Schutzmacht glich einem Spiel auf dem hohen Seil ohne Netz. Sadat, der immer soviel vom unvermeidlichen Kampf gesprochen hatte, wenn die Diplomatie keine Lösung bringe, schien mit diesem Schritt endgültig auf jede kriegerische Lösung verzichtet zu haben. Das war auch die Meinung der Israeli, die erst wenige Stunden vor dem Beginn des Angriffs auf den Suezkanal am hellichten Tage der Gefahr inne wurden und eine der unwahrscheinlichsten und gewagtesten Operationen der neueren Kriegsgeschichte nicht mehr parieren konnten. Der »Panzergraben« des Suezkanals mit seinen starken Befestigungen auf der Ostseite, der Bar-Lev-Linie, hatte bei allen Fachleuten als unüberwindlich gegolten. Durch eine brillante israelische Gegenaktion auf der Westseite des Kanals ist später der Erfolg der Ägypter wieder in Frage gestellt worden und der Waffenstillstand, den Kissinger und Breschnjew in Moskau ausgehandelt hatten, kam im letzten Augenblick, ehe sich das Kriegsglück wieder wandte.

Entscheidend für Sadat und – mit Ausnahme Kaddafis – für alle Araber war jedoch, daß mit der Operation am Kanal die langjährige Schmach getilgt war und die Israeli den Nimbus der Unbesiegbarkeit verloren hatten.

Sadats Kriegsziel war von vornherein begrenzt. Er wollte den Kanal erobern und damit sowohl die Großmächte wie die Israeli zwingen, unter neuen Voraussetzungen über einen endgültigen Frieden, das heißt die Räumung der besetzten Gebiete zu verhandeln. »Seit dem Februar 1971«, so sagt er später in einem Interview mit Gisela Bonn, »wollte ich wirklich klarmachen, daß ich den Frieden wünschte. Als mich niemand hören wollte, sagte ich, gut, dann muß ich eben kämpfen, und ich begann den Krieg, weil ich den Frieden brauche.«[4]

Vertauschte Rollen der Supermächte

Der Oktoberkrieg 1973 und seine unmittelbaren Folgen sind voller Paradoxien. Die gleichen Amerikaner, die den bedrängten Israeli in letzter Stunde mit einer Waffen-Luftbrücke zu Hilfe kamen, mußten später den schon in Gang befindlichen Vormarsch israelischer Truppen auf Kairo stoppen. Sie mußten verhindern, daß Israel aus einer Niederlage einen Sieg machen konnte.

Und es waren die gleichen Sowjets, die Sadat aus Ägypten herausgeworfen hatte, die sich für die Ägypter einsetzen mußten, als sich das Kriegsglück zu wenden schien. Die Sowjets mußten so handeln, obwohl sie nicht in ihre frühere Vormachtstellung im Nahen Osten und besonders in Ägypten zurückkehren konnten. Für beide Großmächte war es oft schwierig, die eigenen Interessen genau abzugrenzen. Paradox war es jedenfalls, daß der Oktoberkrieg dazu führte, daß die Amerikaner trotz ihrer Unterstützung Israels plötzlich wieder eine Stellung im Nahen Osten einnahmen, die an die Zeiten ihres größten Einflusses Mitte der fünfziger Jahre erinnerte. Aber würde dieses Comeback dauerhaft sein?

Sadat, dem die Amerikaner das hauptsächlich verdankten, war von der Erwägung ausgegangen, nach einem einigermaßen glücklich verlaufenen Krieg könnten ihm die Sowjets bei weiteren Schritten zum Frieden wenig helfen, weil sie keinen Hebel in Israel besaßen, über den allein die Amerikaner verfügten. Es war die große Frage, wie weit dieser Hebel reichen würde, auch wenn begründete Aussicht bestand, daß unter dem Einfluß Sadats eines der Haupthindernisse auf der arabischen Seite ausgeräumt würde: die Anerkennung Israels nach einem Rückzug auf seine früheren Grenzen. Aber würde das je erreichbar sein? Auch der diplomatische Erfolg Kissingers bei der Entflechtung der Truppen auf dem Sinai und den Golanhöhen war im Frühjahr 1974 nur eine Etappe. Niemand konnte ausschließen, daß der Pendelschlag wieder zu Gunsten der Sowjetunion gehen würde, wenn erneut ein Zustand »Nicht Krieg, nicht Frieden« eintreten sollte.

Die Kernfrage

Israel braucht den Frieden wie ihn die Araber brauchen. Es gehört zu den tragischen Zügen des nahöstlichen Konflikts, daß die Israeli in den Jahren nach dem Sechstagekrieg ihre Position der Stärke nicht dazu genutzt hatten, zu einem tragbaren Arrangement zu kommen. Das hätte sich vielleicht erreichen lassen, wenn die israelische Führung weniger um die eine oder andere Position auf der Landkarte besorgt gewesen, wenn sie vielmehr bereit gewesen wäre, sich mit dem eigentlichen Unruheherd zu befassen: dem *Schicksal der Palästinenser*. Diese drei Millionen sind der Dauerbrenner, der den Nahostkonflikt immer wieder aufkochen läßt.

Solange keine Lösung gefunden ist, die den Palästinensern ein Mindestmaß von Anerkennung zubilligt, wird Israel aus dem Zustand der Belagerung nicht herauskommen, aus einem unnormalen Leben unter ständiger Bedrohung und nicht endendem

Alarmzustand. Gerechnet auf den Kopf der Bevölkerung hat Israel die höchsten Verteidigungsausgaben aller Staaten der Welt. 42 Prozent seines Staatsbudgets wurden 1974/75 für die Verteidigung aufgewendet. 1974 mußte der Wehrdienst nochmals verlängert werden. Die ohnehin schwer belastete Wirtschaft verlor dadurch notwendige Arbeitskräfte. Die junge Generation Israels hat nach dem Jom-Kippur-Krieg den Wunsch dringlicher gemacht, die Staatsführung müsse flexibler reagieren. Das führte zwar zur Auswechslung der Regierungs-Mannschaft, aber nicht zu einer neuen Politik.

Die Palästinenser kennt man im Westen als die Terroristen schlechthin, und niemand wird übersehen, welche Verbrechen aus ihren Reihen begangen wurden. Die Kehrseite der Medaille ist weniger bekannt: Die Araber Palästinas sind ein hochentwickelter Zweig der arabischen Völkerfamilie. Sie haben das in der Diaspora durch viele glänzende Leistungen unter Beweis gestellt. Schon seit langem gab es unter den Palästina-Arabern die geringste Zahl von Analphabeten im gesamtarabischen Bereich und die relativ größte Zahl von Gebildeten.

Der PLO-Chef Jassir Arafat behauptete, 1975 gäbe es 86 000 palästinensische Studenten auf arabischen, europäischen und amerikanischen Hochschulen und 22 000 ausgebildete palästinensische Ingenieure. Das Schulwesen in vielen arabischen Ländern ist von palästinensischen Lehrern aufgebaut worden, die den Kindern zugleich Haß gegen Israel einimpfen konnten. Vor der Vertreibung waren die Palästinenser, vor allem im Küstengebiet, ziemlich wohlhabend. Auch ihre materielle Kultur lag über dem arabischen Durchschnitt. Dies alles mag die unerbittliche Kampfstimmung erklären, welche die Palästinenser beseelt. Es handelt sich um ein hochbegabtes Volk, dessen Milieu dem Westen angenäherter war als das der übrigen Araber.

Lange war unklar, wer die legitime Vertretung der Palästinenser beanspruchen konnte: *König Hussein* von Jordanien, in dessen Land Hunderttausende Palästinaflüchtlinge wohnten und dessen Kabinett zur Hälfte aus Palästinensern bestand, oder *Jassir Arafat*, der Chef der Befreiungsorganisation. König Hussein war seit dem unglücklichen Krieg von 1967 stets verständigungsbereit gewesen. Nasser hatte ihn damals unter trügerischen Voraussetzungen zur Teilnahme am Krieg gezwungen – mit dem Ergebnis, daß der König die Hälfte seines Reiches, einschließlich der Altstadt Jerusalems, verlor. Seitdem war Hussein nur noch nominell Mitglied der Arabischen Liga und gab deutlich zu erkennen, er sei zu einem Kompromiß mit Israel bereit, falls ihm die Gebiete westlich des Jordans, die sogenannte West Bank, zurückgegeben würden. Dort leben etwa 650 000 Araber unter israelischer Oberhoheit.

Israel nutzte diese Chance nicht, die noch bis zum Sommer 1974 die Möglichkeit in sich barg, der PLO den Alleinvertretungsanspruch zu entreißen. Nachdem Hussein keinen Schritt weitergekommen war, geschah das Unvermeidliche. Auf einer Gipfelkonferenz der arabischen Staaten in Rabat wurde im Oktober 1974 Arafat als der alleinige Wahrer der palästinensischen Interessen anerkannt. Wenige Wochen später wurde er von der Vollversammlung der UN wie ein Staatsoberhaupt empfangen. Das Programm, das er vor der Vollversammlung entwickelte, lief auf die Auflösung Israels hinaus. Zwar billigte er den Israeli ein Heimatrecht in Palästina zu, aber nur in einem neuen Palästinastaat, der in den Grenzen des früheren britischen Protektorats Israeli und Araber gemeinsam umfassen würde. Die Israeli wären darin in der Minderheit – eine für Israel unannehmbare Konzeption. König Hussein war von nun ab ausgeschaltet. Die Israeli hatten den Zeitpunkt verpaßt, zu dem sie mit amerikanischer Vermittlung den Palästinensern eine Lösung hätten anbieten können, die auch für Ägypten tragbar gewesen wäre.

Es war verständlich, daß die Israeli die Sicherheit ihres Landes als das Hauptproblem ansahen. Das Dilemma war jedoch, daß sie sich selbst die Möglichkeiten eines unbeschwerten Lebens verbauten, solange sie jede Lösung unter dem Gesichtspunkt *maximaler* Sicherheit beurteilten. Dann nämlich gab es überhaupt keine Lösung, und das konnte nur heißen, Unsicherheit auf unabsehbare Zeit. Wie lange aber kann ein kleines Land einen Belagerungszustand aushalten, der die junge israelische Generation in die künstliche Situation versetzt, in einem Lande zu leben, dessen Nachbarn sie nicht kennt, deren große Zentren wie Damaskus und Kairo sie nie betreten darf. Ein solcher Zustand der Introversion kann für Jahre, aber kaum für Jahrzehnte durchgehalten werden. Die psychische Seite des Nahostkonflikts ist nicht weniger wichtig als die territoriale und die militärische.

Ähnliches gilt für die Araber. Die Möglichkeit einer Anerkennung Israels durch die arabischen Staaten war durch Jahrzehnte ein striktes Tabu. Nach dem Siebentagekrieg von 1967 begann sich die Sowjetunion von den extremen Parolen der totalen Vernichtung Israels abzuwenden. Dem mußte Nasser zögernd und mit unklaren Aussagen folgen. Mit Sadat hatte ein Mann die Bühne betreten, der in erster Linie die ägyptischen Interessen im Auge hatte. Aber auch er konnte sich nicht auf einen Sonderfrieden einlassen, der das Lebensrecht der Palästinenser und die Ansprüche Syriens auf sein besetztes Gebiet nicht berücksichtigte.

So besaß die Vermittlung Henry Kissingers nur einen minimalen Spielraum. Seine Taktik der kleinen Schritte stieß auf unvereinbare Prinzipien und verbrauchte sich daher, je länger das Tauziehen um verhältnismäßig geringfügige Positionen dauerte. Auch der Meisterdiplomat stieß an die Grenzen der Supermacht. So scheiterte im Frühjahr 1975 ein neuer Anlauf von Kissingers Pendeldiplomatie an der Unnachgiebigkeit Israels. Aber auch dieser bittere Rückschlag konnte Ford und Kissinger nicht von weiteren Vermittlungsbemühungen abhalten.

Im Nahen Osten stellte sich heraus, daß die von den Übergroßen abhängigen Klienten trotz ihrer Schwäche nicht einfach Marionetten sind, die aus der Ferne gelenkt werden können; ihre Schwäche wird in merkwürdiger Verschränkung zu einer Stärke. Der Protektor kann den Klienten selbst dann nicht fallenlassen, wenn dieser die Supermacht durch Unnachgiebigkeit in die ärgste Verlegenheit bringt. Das haben die Ägypter mit der Sowjetunion, das hat aber auch Israel mit den Vereinigten Staaten praktiziert. Den Israeli stand dabei zusätzlich das Mittel zur Verfügung, daß sie auf die amerikanische Innenpolitik durch ihre Freunde in den USA einzuwirken vermochten. Sie setzten sich daher zum Ziel, erst einmal ohne wesentliche Zugeständnisse das Wahljahr 1976 zu erreichen, in dem kein verstärkter Druck aus Washington zu befürchten ist.

Das sowjetische Ziel – die Rückführung der Verhandlungen an den runden Tisch in Genf – war ähnlich negativ. Eine langdauernde Konferenz ohne Aussicht auf konkrete Ergebnisse würde der Sowjetunion die Möglichkeit ständiger Einwirkung im Nahen Osten geben und den Zustand »Nicht Krieg, nicht Frieden«, den Moskau für seine Interessen am geeignetsten hält, weiterschleppen. Die Alternative – ein weiterer Krieg im Nahen Osten – schwebte als Schreckgespenst über der düsteren Szene der verhärteten Fronten. Da sowohl Araber wie Israeli seit 1974 über Raketen mittlerer Reichweite verfügten, verband sich mit dieser Aussicht die Ungewißheit, ob bei einer weiteren militärischen Runde nicht Kairo und Alexandria, Haifa und Tel Aviv, Damaskus und der Südlibanon in die Kriegszone einbezogen würden. Die Gefahr, die Supermächte könnten bei einer weniger begrenzten Kriegsführung schließlich doch in den Strudel gezogen werden, ist niemals ganz auszuschließen. Der Nahe Osten bleibt daher das Feld des größten Risikos, zumal wenn sich mit einem neuen Krieg ein Erdölboykott verbinden sollte. Dieser Gefahr zu begegnen, heißt mehr als eine regionale Tragödie abzuwenden.

Kehren wir zur arabischen Perspektive zurück: von der Lösung der Palästinafrage hängt für die Araber weit mehr ab als die Lösung territorialer Probleme und ein für die Palästinenser erträglicher Kompromiß. Der Fortgang des Konflikts wird wesentlich Einfluß darauf haben, ob sich im arabischen Raum die Realisten vom Schlage Sadats oder die radikalen Utopisten durchsetzen. Ein romantischer, zur Gewalt neigender Visionär wie der libysche Staatschef Kaddafi würde für die jüngere arabische Generation an Attraktion wesentlich verlieren, wenn sich seine pathetische Heldenpose nicht mehr auf Palästina beziehen könnte.

Ein gemäßigter Politiker wie Anwar el-Sadat hat andererseits nur geringe Chancen, die brennenden sozialen Probleme seines Landes umfassend anpacken zu können, solange er gezwungen ist, einen großen Teil des Sozialprodukts in die Rüstung zu stecken. Nach einer Äußerung Sadats mußte Ägypten vor dem Oktoberkrieg 1973 täglich 14 Millionen Dollar für Rüstung und Armee aufwenden.

Diese Belastung dürfte kaum geringer geworden sein, auch wenn Saudi-Arabien und Kuwait sich an Ägyptens Rüstungslast beteiligen. Einer der Gründe, weshalb Sadat selbst unter ungünstigen Vorzeichen an der amerikanischen Vermittlung festhalten wollte und in »dear Henry« Vertrauen setzte, waren die drängenden Wirtschaftsprobleme des Nillandes und seiner unruhigen Jugend. Durch die Wiedereröffnung des Suezkanals wird Ägypten einen erheblichen Devisenzufluß erhalten, der große Investitionen möglich macht. Die ausgreifenden Pläne für den Ausbau der Kanalzone, die in den Schubladen des Wiederaufbauministers liegen, können erst verwirklicht werden, wenn im Sinai keine Kriegsgefahr mehr droht. Wird sie nicht abgewendet, so ist eine neue Radikalisierung der Araber fast unvermeidlich.

Die Wiederkehr der Araber auf die Weltbühne war ein fundamentales Ereignis, aber wir kennen erst sein Anfangsstadium. Die Südküste des Mittelmeeres war durch Jahrhunderte ein Brachland; ein Freilichtmuseum vieler Schichten verfallener Kulturen. Inzwischen ist die Umgestaltung dieser Länder schnell fortgeschritten. Wer sich nach Algier oder Kairo, ja sogar in das entfernte Khartum begibt, hört den Widerhall der erregten Diskussionen junger Leute über die Zukunft Arabiens. Dem temperierten Nordländer mag diese Leidenschaft befremdlich erscheinen. Er wird jedoch bemerken, wie viele Veränderungen bereits stattgefunden haben. Das Tempo, in dem das geschieht, wirft täglich neue Fragen auf. Eine Renaissance – das ist ein ganzes Zeitalter.

Die Wiederkehr der Araber auf der Weltbühne und die fast gleichzeitige Errichtung des Judenstaates bergen noch für Jahrzehnte Gefahren unkontrollierbarer Explosionen. Das aber ist eine Frage an die Verantwortung der Großmächte. Mit wachsender Gefahr steigt zugleich der Zwang zur Kooperation der Großmächte für die Erhaltung des Friedens, wie auch deren Rivalität. Das macht den Nahen Osten zur Zone des größten weltpolitischen Risikos.

Kapitel XI
SÜDAFRIKA – WANDLUNG ODER KATASTROPHE

Hoch über den üppig blühenden Gärten Pretorias liegt breit hingelagert das von einem englischen Architekten erbaute Union Building, das Zentralministerium der Südafrikanischen Republik. Das massige Gebäude ist ein Erinnerungsposten an das einstige britische Empire; es gleicht in allen Einzelheiten dem auf einem Hügel über Delhi liegenden Staatssekretariat.

Während sich aber ein Besucher des indischen Premierministers schon an der Pforte auszuweisen hat und seine Identität genau geprüft wird, gab es im Union Building in Pretoria weder einen Polizisten noch ein Empfangsbüro. Nicht die geringste Sicherungsmaßnahme hielt man in diesem Staat für nötig, von dem so oft behauptet wurde, schon übermorgen werde er durch eine gewaltige Explosion erschüttert werden. Der Besucher irrte allein durch die weitläufigen Gänge, vorbei an vergilbten Porträts ehemaliger Minister, bis er schließlich das Vorzimmer des Premierministers fand und auf die Minute pünktlich in den großen, dunkel getäfelten Raum geführt wurde, in dem ihm Johannes Balthasar Vorster gemessen entgegentrat.

Der Premierminister ist eine typische Burengestalt, kräftig und gedrungen; der feste Blick bleibt während der ganzen Unterhaltung unverwandt auf den Besucher gerichtet. Schon die Einleitung war bezeichnend für den Mann. Vorster fragte mich, warum sich eigentlich die ganze Welt so sehr für Südafrika interessiere. Und er schnitt mir beinahe das Wort ab, indem er bemerkte, alle diese interessierten Leute hätten ja auch ihr eigenes Rezept zur Lösung der Probleme seines Landes. Immerhin wüßten die Südafrikaner noch am besten, was für sie paßt. Das klang aggressiv, war aber eher als vorsorgliche Verteidigung gemeint. Die Wagenburg, in der sich einst die Buren auf ihren Trecks verschanzten, kommt häufig zum Vorschein, wenn man mit ihren Nachfahren spricht.

Diese Unterhaltung fand zu einem Zeitpunkt statt, als sich die südafrikanische Regierung noch in der Sicherheit wiegte, ihr stehe für die Lösung der schwierigen Probleme des Landes unbeschränkte Zeit zur Verfügung. Als ich Vorster zum Beispiel fragte, wie er sich die Zukunft der zweieinhalb Millionen Mischlinge vorstelle, die doch offensichtlich nicht in das Konzept der Apartheid hineinpaßten, weil es für sie kein »Heimatland« geben könne, antwortete er, er könne nicht voraussehen, wohin der Weg der Mischlinge endgültig führen werde. Das sei eine Frage an die nächste Generation, für die er bisher keine Antwort habe.

Inzwischen hat sich die Lage Südafrikas völlig verändert. Angola und Mozambique bildeten zusammen mit dem kleinen Malawi und Rhodesien riesige Pufferzonen gegenüber dem schwarzen Afrika. Der Guerillakrieg spielte sich weit entfernt im Busch ab, und die Südafrikaner hielten es für ausgeschlossen, daß Portugal aufgeben könne. *Der Staatsstreich in Lissabon im April 1974 war daher ein dramatisches Ereignis für Südafrika.* Ein sich über Tausende Kilometer nach Norden dehnender Schutzwall wurde fast über Nacht abgebaut.

Die südafrikanische Regierung begriff sofort, daß sie an dieser Entwicklung nichts zu ändern vermochte und daß es sinnlos, ja gefährlich für sie wäre, zugunsten der Weißen in Mozambique, Angola und schließlich auch in Rhodesien zu intervenieren. Vorster schlug den umgekehrten Weg ein und versuchte sich mit den neuen Machthabern – zunächst in Mozambique – zu arrangieren und auch durch Verbindung mit Sambia zu verhindern, daß die Grenze im Norden früher oder später zu einer heißen Frontlinie werden würde. Nicht Abschließung, sondern Öffnung nach Schwarzafrika beherrschte nunmehr die südafrikanische Außenpolitik.

Nicht daß an der Nordgrenze ein konventioneller Krieg zu erwarten wäre. Die südafrikanische Armee mit 110 000 Mann weißen Soldaten und Reservisten, die bis zu 16 Monate dienen, mit 1200 Panzern, einer Luftwaffe, wie sie kein schwarzafrikanischer Staat besitzt, mit eigener Rüstungsindustrie, die nicht nur Geschütze und Feuerwaffen, sondern auch moderne Raketen herzustellen vermag, diese Armee ist mit Abstand die schlagkräftigste Streitmacht südlich der Sahara. Selbst wenn sich die schwarzen

Staaten zusammentun würden, was unwahrscheinlich ist, wären sie den Südafrikanern kaum gewachsen. Nicht der offene Kampf ist die Gefahr, sondern ein Einsickern von Guerillas, gezielte Sabotage, der voraussehbare Versuch, die Rassenspannungen auszunutzen und den wirtschaftlichen Giganten des südlichen Afrika von innen zu lähmen.

In Pretoria sagten die Weißen bisher mit Recht, in London und New York seien weit mehr Bomben explodiert als in Südafrika, wo es bisher so gut wie keine Sabotagefälle gab. Selbst blutige Zusammenstöße zwischen Schwarzen und der Polizei haben sich in größerem Ausmaß seit der Unabhängigkeit Südafrikas nur zweimal ereignet: 1960 in Sharpeville (67 Tote) und 1973 in Carletonville (elf Tote). In beiden Fällen war die Polizei durch streikende Arbeiter in die Enge getrieben worden. Es waren isolierte Ereignisse, wie schon der Abstand von dreizehn Jahren zeigt.

Bedrohte Schlüsselstellung

Zwischen Atlantik und dem Indischen Ozean gelegen, gehört Südafrika zu den empfindlichsten Entscheidungsräumen der heutigen Welt. Eine Katastrophe im bedeutendsten Industrieland Afrikas würde Folgen haben, die weit über das Schicksal der vier Millionen Weißen hinaus Europa und alle Großmächte berühren müßte. Verglichen mit Südafrika war das drei Jahrzehnte hindurch umkämpfte Vietnam ein entlegenes Randgebiet. Um das Kap der Guten Hoffnung fahren jährlich beinahe 30 000 Schiffe. Auch nach der Öffnung des Suezkanals werden die großen Tanker, die Öl nach Europa bringen (1973 240 Millionen Tonnen), das Kap umfahren.

Der Indische Ozean ist in den siebziger Jahren immer mehr in das Blickfeld der Supermächte gerückt, und alles spricht dafür, daß die Sowjetflotte dort ihre Aktivität verstärken wird. Sowohl für den Indischen Ozean wie für den Südatlantik nimmt Südafrika eine Schlüsselposition der See- und Luftstrategie ein. Darüber hinaus ist Südafrika einer der wichtigsten Rohstofflieferanten der westlichen Welt. Und schließlich: Eine Katastrophe in Südafrika, unter der die schwarze Bevölkerung nicht weniger als die weiße zu leiden hätte, müßte die globalen Rassenspannungen gefährlich verstärken.

Noch sind dies Gefahren der Zukunft, aber zugleich mit dem Ende der portugiesischen Kolonien war der Guerillakrieg den Südafrikanern schon bedenklich in *Rhodesien* nahegerückt. Für Südafrika war diese seit 1965 abtrünnige britische Kolonie zwar vorerst auch noch ein Pufferraum, aber ein sehr unbequemer. Dort stehen nur 273 000 Weiße fast sechs Millionen Schwarzen gegenüber. Die weißen Südafrikaner, vor allem die Buren, blicken auf eine dreihundertjährige Geschichte zurück. Ihre Vorfahren haben ein kaum besiedeltes Land in Besitz genommen. Die weißen Südafrikaner haben daher einen unbestreitbaren Anspruch, sich Afrikaner zu nennen. Sie sind »Eingeborene«. Rhodesien ist dagegen erst in diesem Jahrhundert von Weißen besiedelt worden. Die Eroberungen des großen Abenteurers Cecil Rhodes, des letzten der Empire Builders, wurden erst 1923 zur britischen Kolonie. Die Buren lassen sich daher ungern mit den rhodesischen Siedlern auf eine Stufe stellen.

Dementsprechend handelte Premierminister Vorster. Als er sah, daß er nach der großen Wendung in Portugal Ballast abwerfen mußte, beschloß er das auf Kosten des rhodesischen Premierministers Ian Smith zu tun und gleichzeitig den langen Streit mit den Vereinten Nationen um Südwestafrika zu beenden, solange er selbst bestimmen konnte, *wie* das geschehen sollte.

Vorster entzog seinem Kollegen in Salisbury, der Hauptstadt *Rhodesiens,* die bisher gewährte Rückendeckung und vergewisserte sich gleichzeitig der Unterstützung von Kenneth Kaunda, des Präsidenten von Sambia, mit dem er seit langem einen untergründigen Kontakt hergestellt hatte. So sah sich Smith im November 1974 gezwungen, die Führer der beiden miteinander rivalisierenden schwarzen Parteien Rhodesiens, J. Nkomo und N. Sithole, nach langjähriger Gefangenschaft freizulassen und ihnen die Möglichkeit zu geben, in Lusaka, der Hauptstadt Sambias, gemeinsam mit Bischof Muzorewa, dem Führer des nicht verbotenen African National Council, ihre Streitigkeiten beizulegen.

Smith entsandte zwei hohe weiße Beamte zu diesem Treffen in

Lusaka. Das Ergebnis war, daß im Laufe des Jahres 1975 Verfassungsberatungen zwischen Schwarz und Weiß in Rhodesien beginnen sollen, die nach einer Übergangszeit zum Ende der weißen Vorherrschaft führen müssen. Ob das gelingt, steht dahin. Die beiden schwarzen Parteien sind tödlich miteinander verfeindet, und der Guerillakrieg im Norden Rhodesiens, der nach dem Treffen in Lusaka beendet werden sollte, ging auf kleiner Flamme weiter. Gewiß ist nur, daß Südafrika die Weißen Rhodesiens ihrem Schicksal überläßt und auch keine Polizeikräfte mehr zur Bekämpfung der Guerillas stellt.

In *Südwestafrika,* das von den Vereinten Nationen Namibia getauft wurde, verfolgte Vorster einen Plan, der dieses 824 000 qkm große, nur von etwa 800 000 Menschen besiedelte Land nicht einer einheitlichen schwarzen Regierung unterstellt, wie dies die von Emigranten geleitete South West African People's Organisation (SWAPO) mit Unterstützung der Vereinten Nationen fordert. Er will dem Owambostamm im Norden, der über die Hälfte der Gesamtbevölkerung zählt, die Möglichkeit geben, einen eigenen Staat zu bilden oder sich an das benachbarte Angola anzuschließen, wo ebenfalls Owambos leben. Einen weiteren Staat sollen die Hereros erhalten, deren Chief Clemens Kapuuo den Vereinten Nationen mitteilte, sein Stamm wolle sich nicht von den Owambos majorisieren lassen. In einem dritten Staat schließlich sollen die 90 000 Weißen Südwestafrikas die Vorherrschaft behalten. Bei ihnen würde die Hauptstadt Windhuk verbleiben. Da sich im Januar 1975 55 Prozent der Owambo-Bevölkerung für einen eigenen Staat entschied, obwohl SWAPO zum Wahlboykott aufgerufen hatte, hat Vorster gute Aussichten, seinen Teilungsplan durchzusetzen, die Verantwortung für Südwestafrika loszuwerden und dennoch den Vereinten Nationen ein Schnippchen zu schlagen.

Mit *Mozambique* glaubt Pretoria auch langfristig zusammenarbeiten zu können, falls sich nach dem endgültigen Abzug der Portugiesen die Frelimo-Bewegung an der Macht halten kann, hinter der nur ein Teil der schwarzen Stämme steht. Mozambique ist ein armes Land. 150 000 Wanderarbeiter sind in den Minen Südafrikas beschäftigt. Die Hälfte der Deviseneinnahmen Mozambiques kommen aus Südafrika. Die Frelimo-Mitglieder der Übergangsregierung stimmten daher zu, daß noch 1975 das mächtige und einst so heiß – und sinnlos – umstrittenen Kraftwerk Cabora Bassa seine Stromlieferungen nach Südafrika aufnimmt.

Weit unübersichtlicher ist das künftige Schicksal des reichen *Angola.* Auch dort lagen drei schwarze Befreiungsbewegungen in heftigem Streit miteinander und konnten nur unter Schwierigkeiten von den Portugiesen auf eine Linie gebracht werden. Die portugiesischen Militärsozialisten unterstützten den kommunistischen Mischling Neto, während der Diktator des Kongo, Mobutu, die bei weitem stärkere Guerillagruppe FNLA favorisiert, die von seinem Schwager Holden Roberto geleitet wird. Eine dritte Gruppe – Unita – tritt offen für die Zusammenarbeit mit den 500 000 Weißen ein, von denen allerdings viele das Land verließen. Da Angola wegen seiner Bodenschätze und seines Öls auch für die Supermächte interessant ist, werden die Kämpfe unter den schwarzen Gruppen von außen beeinflußt. Für Südafrika verbinden sich mit der Zukunft Angolas viele Faktoren der Unsicherheit.

Der Gigant auf dem Schwarzen Kontinent

Johannesburg ist eines der großen Weltzentren, die wie Sidney und São Paulo, dem amerikanischen Beispiel nacheiferten, und sich mit ihren Wolkenkratzerschluchten zum Verwechseln gleichen. Mit noch nicht zwei Millionen Einwohnern ist Johannesburg nicht Afrikas größte Stadt – Kairo am anderen Ende des Kontinents zählt viermal so viel Einwohner –, aber Johannesburg ist sicherlich die reichste Stadt Afrikas. Nirgends sonst auf dem Schwarzen Kontinent gibt es eine City mit so vielen Banken und Konzernhäusern, nirgends fühlt man sich so wenig in Afrika, zumal des Nachts, wenn die meisten Neger die Innenstadt verlassen haben. Südafrika ist allen Vergleichsmaßstäben mit dem übrigen Kontinent davongeeilt. Auch die von Natur gemächlichen Buren haben sich dem weltstädtischen Tempo anpassen müssen. Time is money in der City von Johannesburg. Man spürt das Vibrieren.

Südafrika ist das einzige hochentwickelte Land Afrikas. Waren es ursprünglich die Goldminen und später das Erz, das den Reichtum des Landes ausmachte, so ist daneben längst eine differenzierte Industrie getreten, welche die meisten modernen Branchen umfaßt. In den siebziger Jahren trug die Industrie schon fast zu einem Viertel zum Nationalprodukt bei, das sich zwischen 1960 und 1972 verdoppelte. Es stieg von 27,7 Milliarden DM auf 53 Milliarden (zu Preisen von 1963). Dafür ein Gradmesser: etwa die Hälfte aller Telefone des afrikanischen Kontinents stehen in Südafrika. Noch wichtiger: 90 Prozent aller in Afrika arbeitenden Computer sind in Südafrika installiert. Die Fischindustrie ist die größte der südlichen Hemisphäre. Und auch die Landwirtschaft hat sich so modernisiert, daß Südafrika, genauer seine weißen Farmer, 20 Prozent der Agrarproduktion des Kontinents hervorbringen. Die Bantubauern sind daran kaum beteiligt.

Südafrika ist eines der wenigen Industrieländer der Erde, das durch die Ölpreiserhöhung und den Boykott der arabischen Öl-länder nicht erschüttert werden konnte. Da sich die Kraftwerke meist auf die reichlich vorhandene Kohle stützen, da Südafrika schon frühzeitig das in Deutschland aufgegebene Kohleverflüssigungsverfahren weiterentwickelte und 1975 ein neues großes Werk baut, müssen nur 20 Prozent des Energiebedarfs durch Öl gedeckt werden. Es kommt hauptsächlich aus dem Iran.

Indirekt hat Südafrika erheblich von der Erhöhung des Ölpreises profitiert. Die weltweite Inflation wurde angeheizt und damit eine Flucht in das Gold hervorgerufen, an der sich vor allem die großen Ölproduzenten Arabiens beteiligten. Der Goldpreis stieg und stieg und damit auch die Einnahmen Südafrikas bei gleichbleibender Produktion. Bei einem Durchschnittspreis von 160 Dollar für die Feinunze Gold (Anfang 1975 bereits 200 Dollar) erreichte die südafrikanische Goldproduktion 1974 einen Wert von etwa 10 bis 12 Milliarden DM. Das waren über 50 Prozent mehr als 1973. Die arabischen Ölländer, die große Teile dieser Goldproduktion kauften, glichen damit für Südafrika die Erhöhung des Ölpreises um ein Vielfaches aus. Die Inflationsrate lag im Herbst 1974 durch die Verteuerung der Importe bei 12 Prozent.

Aber es ist nicht das Gold allein, das Südafrikas Wirtschaft so stark macht. Neben 70 Prozent der bekannten Goldreserven der Erde verfügt Südafrika auch über 70 Prozent der Platinreserven, über drei Viertel der Chrom-, und ein Drittel der Uranreserven, dazu kommen Diamanten, Kohle und Eisenerz in vorerst unerschöpflichen Lagern. Kurzum, die südafrikanische Industrie, vor allem auch die weit fortgeschrittene Atomindustrie, steht auf einer festen heimischen Basis, die viel umfassender ist, als wir hier skizzieren können. So stieg denn auch das Wachstum des Sozialprodukts in den siebziger Jahren (zu Preisen von 1963) immer über 5 Prozent jährlich, und betrug 1974, dem ersten weltwirtschaftlichen Krisenjahr, 6,5 Prozent.

Die weiße Minderheit Südafrikas ist kleiner als die Bevölkerung von Paris. Die Gunst der Verhältnisse nutzend, hat sie aus dem Bauernland des Ohm Krüger ein hochmodernes Land gemacht, das wirtschaftlich bereits zu den Spitzenreitern der Welt zählt. Gewiß gehörte zur Gunst der Verhältnisse auch das niedrige afrikanische Lohnniveau. Es lag zwar über den Durchschnittslöhnen des schwarzen Afrika, sonst wären nicht Jahr um Jahr über eine Million Wanderarbeiter nach Südafrika gezogen, aber im Weltmaßstab war es niedrig, zu niedrig. Erst seit dem Frühjahr 1973, nach dem großen Streik der Schwarzen in Durban, begannen sich die Löhne zu heben und teilweise zu verdoppeln. Die langjährige Ausnutzung der schwarzen Arbeitskraft erklärt jedoch das südafrikanische Phänomen keineswegs allein.

Buren und Engländer

Zu den ersten Eindrücken, die man in Südafrika empfängt, gehört die fortbestehende *burisch-englische Spannung* innerhalb der weißen Minderheit. Die Buren, ursprünglich ein reines Bauernvolk, sahen die angelsächsische Initiative, die von den großen Minengesellschaften ausging, mit Mißtrauen. Als 1948 der Prediger Malan die burische Vorherrschaft, die sich auf 60 Prozent der Weißen stützt, endgültig etablierte und die von den Buren getragene Nationalpartei zur dauernden Regierungspartei machte, wurde erst der Keim für den rasanten Aufstieg Südafrikas gelegt.

Von nun an versuchten die Buren, die sich gegenüber den weit gewandteren und welterfahreneren Englischstämmigen als Provinzler fühlten, in immer breiterer Front in die Wirtschaft einzudringen. Sie war um 1950 noch ein angelsächsisches Monopol. Die zweiten und dritten Söhne und Töchter der kleinen Burenfarmer zogen in die Stadt. Die Chancen waren für tüchtige Leute außerordentlich. In Johannesburg und Kapstadt bilden die Buren heute schon unter den Weißen die Mehrheit. Nur in Durban sind die Englischsprechenden noch stärker.

Der Staat befand sich jetzt ausschließlich in burischen Händen und stützte das städtische Burentum durch eine eigene Entwicklungsgesellschaft, so daß immer mehr Buren zu Unternehmern werden konnten. Neben dem weltbekannten Tabakkönig Rupert gibt es inzwischen hunderte Burenunternehmer, die Mitte der siebziger Jahre bereits über ein Drittel des in Südafrika investierten einheimischen Kapitals besaßen. Dieses burisch-angelsächsische Konkurrenzverhältnis mußte angesichts der Gesamtlage der Weißen in Südafrika auf den ersten Blick wie vernagelte Torheit erscheinen. Tatsächlich aber war es ein großer Ansporn.

Dies ist sofort erkennbar, wenn man mit Buren der städtischen Oberschicht spricht. Sie vergleichen die burisch-calvinistische Leistung ständig mit der angelsächsischen. Obwohl im Besitz der Staatsmacht, fühlten sich die Buren noch lange als Unterlegene, die sich mit allen Kräften anstrengen müssen, um mithalten zu können. Man behauptet, um Malan habe es eine Art Geheimbund gegeben, den man die Zwölf Apostel nannte. Wenn es so etwas gab, so war es kein Geheimbund zur Niederhaltung der Schwarzen; denn diese waren in den fünfziger Jahren noch kein drängendes Problem. Es war ein Geheimbund zur Festigung der burischen Vorherrschaft, noch mit der Befreiungsmentalität der Kolonialzeit behaftet. Daraus ist ein vitaler Elan hervorgegangen, der die Verwandlung des Bauernvolkes puritanischer Herkunft beschleunigte. Inzwischen sind die Buren etabliert und die Angelsachsen, wirtschaftlich noch immer die stärkeren, haben sich damit abgefunden. Jetzt aber stehen beide vor den Barrieren, die sie zum Schutze ihres internen Wettkampfes aufbauten, den Barrieren der Apartheid, die alles zunichte machen könnten, was mit großem Fleiß von den Weißen aufgebaut wurde. Daß sie in eine Sackgasse geraten sind, dämmert den weißen Südafrikanern erst seit wenigen Jahren. Die Zeit der Scheinformeln lief ab.

Verligte und Verkrampte

Im südafrikanischen Parlament und der englischsprachigen Presse wird das äußerst kostspielige Experiment der Apartheid oft mit ätzender Kritik bedacht. Es wurde von Premierminister H. F. Verwoerd (1958–1966) erdacht und durchgesetzt.

Südafrika ist weder eine Demokratie, da die Schwarzen und Farbigen kein Wahlrecht zum Parlament besitzen. Noch ist es eine Diktatur, da innerhalb der weißen Minderheit volle Rede- und Pressefreiheit besteht. (Die seit Herbst 1973 von Vorster erhobene Forderung auf Einschränkung der Pressefreiheit durch Selbstzensur blieb bisher ohne Folgen.) In Südafrika herrscht keine politische Kirchhofruhe. Im Gegenteil, ich habe wenige Länder kennengelernt, in denen die politische Diskussion so allgegenwärtig ist wie dort.

Quer durch die beiden großen Parteien hindurch spielt sich die Auseinandersetzung unter den Weißen zwischen den *Verligten,* den für politische Wandlung Eintretenden und den *Verkrampten,* den Reaktionären, ab. Die oppositionelle United Party (41 Sitze), die zwar von den Buren geführt, aber meist von Englischsprachigen gewählt wird, ist durch diesen Gegensatz bis an den Rand der Spaltung geraten. Aber auch in der burischen Nationalpartei (124 Sitze) bestehen die gleichen Flügel. Nur die kleine Gruppe der Progressiven (sieben Sitze), die durch die redegewandte Abgeordnete *Helen Suzman* weltbekannt wurde, besteht ausschließlich aus Verligten.[1]

Grob gesprochen neigt die Oberschicht der Weißen mehr den Verligten zu, während die Mittel- und Unterschichten die Masse der Verkrampten stellen. Da bei den Wahlen nach dem letzten weißen Wähler geschielt werden muß, befinden sich die Verkrampten in starker Position.

Als die Rassengesetze in den fünfziger Jahren ausgearbeitet wurden, saß vor allem den weißen Gewerkschaften der Schreck der großen Wirtschaftskrise der dreißiger Jahre noch in den Gliedern. Absolute Sicherung des Arbeitsplatzes war daher einer der Schlachtrufe, mit der die Nationalpartei ihre Mehrheit fest um sich zu scharen wußte. Von dem ans Phantastische grenzenden Aufschwung dieses Landes hatte man damals noch nicht einmal geträumt. Obwohl sich Südafrika in einem permanenten Wirtschaftsboom befindet, hat man die Mentalität des ehemaligen »armen Weißen« künstlich konserviert und ihm viele Berufe vorbehalten. Mit dieser »Job Reservation« wurden zahlreiche Sinekuren, vor allem in der Bahn- und Postverwaltung, geschaffen, die nicht mehr zeitgemäß sind. Sie behindern den sozialen Aufstieg der Farbigen und gleichzeitig den Aktionsradius der »verligten« Weißen. Dadurch ist zwischen wirtschaftlicher und politischer Entwicklung ein Verzögerungseffekt eingetreten. Die Verligten haben in den siebziger Jahren nach einer Untersuchung der soziologischen Fakultät der Universität Stellenbosch bereits die Mehrheit unter der weißen Bevölkerung. Bei den Wahlen aber wirkt sich das nicht aus.

Jüngere burische Politiker wie Innenminister *Connie Mulder*, einem denkbaren Nachfolger Vorsters, stehen innerlich den Verligten nahe, in ihrem politischen Handeln aber müssen sie auf die verkrampten Wähler Rücksicht nehmen. Diesen »Schwellenpolitikern« ist es seit 1972 gelungen, einige ärgerliche Wahrzeichen der »kleinen Apartheid« zu beseitigen, wie die zahlreichen Schilder an Schaltern und Parkbänken »Whites only«. Doch waren das nur kosmetische Korrekturen, die nicht einmal konsequent durchgeführt wurden.

Das System der Apartheid

In Südafrika lebten 1975 4 Millionen Weiße, 17 Millionen Bantus, 2,5 Millionen Mischlinge und 680 000 Inder. Das Verhältnis von Weiß zu Farbig war früher eins zu vier, jetzt beträgt es bereits eins zu sechs. Infolge der weit schnelleren Vermehrung der Farbigen (3,3 Prozent bei den Bantus und 3,8 Prozent bei den Mischlingen) wird sich das Verhältnis für die Weißen in den nächsten Jahrzehnten immer ungünstiger gestalten. Um das Jahr

2000 dürften in Südafrika etwa 7 Millionen Weiße, 32 Millionen Bantus, 6 Millionen Mischlinge und über eine Million Inder leben.

Dieser für die Weißen bedrohlichen Entwicklung sucht die Gesetzgebung der »getrennten Entwicklung« durch eine Teilung des Landes zu steuern. Die acht größeren Bantustämme sollen unabhängige Staaten bilden, die den Vereinten Nationen beitreten sollen. Nur die Währungseinheit soll dann noch das »Commonwealth of South Africa« umschließen.

Das erste »Heimatland« der Bantus entstand schon 1963 in der Transkei, an der Küste zwischen Natal und der Kapprovinz. Die Transkei ist etwa so groß wie Dänemark und zählt drei Millionen Einwohner. Sie ist das einzige Heimatland mit einem geschlossenen Gebiet. Ihrer vollen Unabhängigkeit stand seit 1972 nur noch entgegen, daß ihre Einwohner mit den bisherigen Grenzen der Transkei nicht einverstanden waren.

In den siebziger Jahren folgte die Vorbereitung für die Unabhängigkeit weiterer sieben Stammesgebiete, darunter 1973 KwaZulu, das mit vier Millionen des Zulu-Stammes das volkreichste Heimatland sein würde. Fast die Hälfte der Zulu-Männer arbeitet jedoch in »weißen« Gebieten. Die anderen projektierten Heimatländer würden zwischen 1,7 Millionen (Tswana) und unter einer halben Million (Swazi, Venda) Einwohner zählen, also Liliputstaaten sein. Insgesamt sind für die Heimatländer nur knapp 15 Prozent des südafrikanischen Territoriums vorgesehen.

Die Durchführung der Apartheids-Theorie erwies sich als überaus kostspielig. Für die Entwicklung der Bantugebiete brachten die Weißen in den sechziger Jahren vier Milliarden DM auf, die Bantus selbst nur 216 Millionen. Allein im Etat 1971 waren 780 Millionen DM für die Heimatländer vorgesehen, die selbst nur 38 Millionen beisteuern konnten. Zum Etat der Transkei von 130 Millionen DM mußte Pretoria 100 Millionen zuzahlen. Selbst das am weitesten entwickelte Heimatland ist also, auf sich gestellt, nicht lebensfähig. Für Landumlegungen wurde – zur Entschädigung weißer Siedler – 1972 eine zusätzliche Milliarde vorgesehen. Sie soll auf ein Jahrzehnt verteilt werden. Dennoch ist es fraglich, ob diese riesigen Ausgaben sich je politisch verzinsen werden; denn das ganze Konzept der Heimatländer ist totgeboren, solange die am Rande der »weißen« Städte lebenden Bantus dort kein Heimatrecht haben.

Im Netz der Widersprüche

Zu Ohm Krüger gehört Onkel Tom, der gehorsame Neger aus dem Bilderbuch. Ohm Krüger steht als Denkmal in Pretoria. Onkel Tom lebt noch, aber für die Schwarzen Südafrikas ist er nicht mehr typisch. Als Konzeption kam die Apartheid fünfzig Jahre zu spät.

Die Gründe, weshalb die projektierten Heimatländer nicht lebensfähig werden können, und das Rassenproblem Südafrikas niemals lösen, sind vielfältig:

Erstens: Von den siebzehn Millionen Bantus leben in den Heimatländern nur sieben bis acht Millionen. Die anderen, etwa neun Millionen, befinden sich im weißen Gebiet, und zwar mehrere Millionen fest angesiedelt, wenn auch ohne Bürgerrecht. Diese »Gastarbeiter« sind das schwierigste Problem der schwarzen Südafrikas.

Noch 1969 erklärte der »verkrampte« Vorsitzende der Bantu Affairs Commission, van L. Froneman, vor dem Parlament, 3,8 Millionen »überflüssige« Schwarze sollten aus den Städten in die Heimatländer umgesiedelt werden.[2] Die Industrie protestierte nicht einmal. Sie lachten den guten Mann einfach aus. Mittlerweile ist der Mangel an Arbeitskräften durch den südafrikanischen Boom derart akut geworden, daß man die Heimatländer nach Arbeitern auskämmt und die Job Reservation für Weiße völlig durchlöchert wurde.

Die südafrikanische Regierung hat für die schwarzen Arbeitskräfte, die dauernd im weißen Gebiet leben, etwas getan, was selten anerkannt wurde. Sie hat die Slums radikal beseitigt. Noch Anfang der fünfziger Jahre zogen sich um Johannesburg Slumstädte wie Sophiatown, in denen himmelschreiende Zustände herrschten. Brutalste Prostitution und Terror schwarzer Gangsterbosse waren üblich. Nicht anders war es in Cato Minor bei Durban.

Alle diese Slums sind verschwunden. An ihre Stelle ist bei Johannesburg die schwarze Riesenstadt Soweto getreten, mit über einer Million Einwohner die fünftgrößte Stadt Afrikas. Wer das übrige Afrika nicht kennt, wird erschrocken sein, wenn er die unendlichen Zeilen kleiner Einfamilienhäuser erblickt, die sich dort in monotonen Straßen in unübersehbare Weiten dehnen. Nicht anders sehen die Städte aus, die bei Durban an die Stelle der Slums getreten sind. Wer jedoch Ibadan in Nigerien gesehen hat – Afrikas viertgrößte Stadt – wird weniger schockiert sein. Dort herrscht die gleiche Monotonie, und auch in Nairobi sehen die Vorstädte ähnlich aus, obwohl die Metropole Ostafrikas einen charakteristischen kolonialen Kern und eine moderne Neustadt besitzt. Alle diese gleichförmigen Städte sind nicht organisch gewachsen, sondern so billig wie möglich »erstellt«. Sie sind die Folge der Übervölkerung des flachen Landes und des unbezähmbaren Dranges der Afrikaner in die Stadt.

Dennoch unterscheidet sich Soweto von ähnlichen Städten im schwarzen Afrika grundlegend. *Niemand darf hier Grundbesitz erwerben.* Jedermann wohnt zur Miete. Auch für den Stadtteil Dube gilt dies, in dem sich hübsche Villen befinden und sogar schwarze Millionäre wohnen. Im Mai 1975 erfolgte entsprechend der neuen Situation eine erste Auflockerung: den Schwarzen in weißen Gebieten wurde zugestanden, daß sie einen Mietvertrag auf dreißig Jahre abschließen können.

Das calvinistische Gewissen erlaubt keine Slums, es zwang zum Bau einigermaßen menschenwürdiger Behausungen, wie auch eines hochmodernen Krankenhauses bei Soweto, in dem die Bantus fast kostenlos behandelt, verpflegt und operiert werden. Dem gleichen Gewissen macht es jedoch nichts aus, daß auch Familien, die schon 18 Jahre in Soweto wohnen, dort kein Wohnrecht hatten. Fast die Hälfte der in Soweto geborenen Kinder sind unehelich. Erst seit 1973 dürfen Wanderarbeiter ihre Familien mit ins weiße Gebiet bringen. Die Beschleunigung der sozialen Atomisierung der Afrikaner ist der schwerwiegendste moralische Vorwurf, den man den burischen Puritanern machen muß. Die Niederländische Reformierte Kirche der Buren kennt nur einen weißen Christus, der Christus als guter Hirte ist ihr fremd.

Formal unterstehen die Einwohner Sowetos nicht nur dem schwarzen Bürgermeister ihrer Stadt und eine Etage höher dem Bantuministerium. Eigentlich zuständig für sie bleiben die Chiefs der »Heimatländer«, die – meist tausend Kilometer entfernt – wenig Ahnung von diesen Großstädten haben. So überschneiden sich künstliche juristische Konstruktionen, wie überhaupt der burische Gesetzesperfektionismus selbst den deutschen übertrifft.

Der urbanisierte Afrikaner wird nicht in seinem »Heimatland« gebraucht, sondern in den Zentren der Industrie. Der eiserne Zwang der Erfordernisse der Wirtschaft hat daher die künstliche Konstruktion der Heimatländer bereits überrollt. Jedermann in Südafrika weiß das. Nur in Pretoria wagte man es nicht, sich selbst den Irrtum einzugestehen. Die Regierung war daher zu beständigen Ausreden und Notlügen gezwungen.

Zweitens: Bis auf die Transkei sind alle Heimatländer zerstückelte Gebiete, wahre Fleckerlteppiche. So besteht KwaZulu aus 29 oft weit auseinander liegenden Parzellen. Der wohlmeinende langjährige Commissioner des Zulugebietes, ein hervorragender burischer Verwaltungsmann, sagte mir dazu resigniert, es sei fast ausgeschlossen, das Zulugebiet auch nur halbwegs zu arrondieren. Zwischen den Zuluparzellen liegen riesige Areale der Zuckerindustrie, deren Aufkauf solche Unsummen verschlänge, daß Pretoria das Geld nicht aufbringen könnte, selbst wenn es wollte. Ähnliche Probleme bestehen bei fast allen Heimatländern. Sie können keine geschlossenen Territorien werden. Das macht eine »unabhängige« Verwaltung unmöglich.

Drittens: In den Heimatländern gibt es so gut wie keine Industrie. Weiße können dort keinen Grund und Boden erwerben. Kurzfristige Investitionen sind erlaubt, aber wen verlockt das schon? So verfiel man auf den Ausweg, Grenzindustrien in der Nähe der Heimatländer zu schaffen. Das hieß aber, daß man die Männer und Frauen, die dort arbeiten, erneut zu »Gastarbeitern« machte. In einem solchen »Grenzbetrieb« eines großen deutschen Werkes hörte ich, welche Verrenkungen die Betriebsleitung machen muß, wenn sie die schwarzen Arbeiter zu höheren Dienstleistungen heranzieht, die ihnen eigentlich verboten sind. Natürlich geschieht es dennoch.[3]

Viertens: Aberdutzende weiße Agronomen haben sich bemüht, die Landwirtschaft in den Heimatländern zu modernisieren. Sie sind trotz selbstlosen und eifrigen Einsatzes gescheitert.

Als ich die Transkei kreuz und quer bereiste, fiel mir das sarkastische Wort eines Engländers aus Durban ein, der gesagt hatte: in der Transkei arbeiten überbeschäftigte weiße Beamte dafür, daß Pretoria riesige Summen aufwendet, damit die schwarzen Frauen noch mehr arbeiten müssen und die Männer noch fauler sein dürfen oder noch häufiger zu ihren Geliebten nach Johannesburg fahren können.

Kein Chosamann ist bereit, auf dem Feld zu arbeiten. Das widerspräche althergebrachten Stammesgebräuchen. Mit Feldarbeit würde er sich in seinem Dorfe so lächerlich machen wie ein Europäer, der in seinem Büro Pullover strickte. So werden an Mais nach wie vor nur etwa sechs Doppelzentner auf den Hektar geerntet, während die weißen Farmer in Transvaal auf schlechteren Böden bis zum Sechsfachen einbringen.

Die Transkei ist ein leicht welliges, sanftes Hügelland mit ausgedehnten Wiesenflächen. Der Besucher wird schnell erkennen, wie hoffnungslos überweidet die Wiesen sind. Breite gelbe Erosionsrinnen schneiden wie häßliche Wunden in das Grünland. Der Grund für diesen beklagenswerten Zustand hängt wiederum eng mit alten Stammessitten zusammen.

Die Frau, die die Feldarbeit verrichtet, darf mit dem Ochsen nichts zu schaffen haben. Das Pflügen ist daher des Mannes Sache. Die Ochsen symbolisieren für die Chosa die Geister der Ahnen, denen sich nur der Mann nähern darf. Viel Vieh zu haben, auch wenn es kümmerlich ist, bedeutet sowohl Ehrung der Ahnen wie die Vermehrung des Ansehens und des sozialen Status. Auch die Ehefrauen werden mit Vieh gekauft. Lobola, der in Ochsen zu erlegende Brautpreis, ist ein wichtiges Statussymbol. (In den schwarzen Vorstädten wird Lobola meist mit Geld abgegolten.)

Wie also soll man einer Chosafamilie beibringen, daß es weit besser wäre, weniger, aber gut genährtes und ertragreiches Vieh zu haben? Noch immer gibt es in der Transkei etwa doppelt soviel Vieh als wirtschaftlich vertretbar wäre. Daher die Überweidung und die sich daraus ergebende Erosion.

Diese tief in uralten Stammesgebräuchen verwurzelte Einstellung der Chosas zu ihrem Vieh hat auf unerwarteten Gebieten komplexe Rückwirkungen. So etwa auf das *Schulsystem*. Die Ausgaben für Erziehung machen den größten Etatposten der Transkei aus. Der Staat unterhält etwa 1600 Schulen. In die erste Volksschulklasse gingen Ende der sechziger Jahre 103 283 Schüler. In die zweite Volksschulklasse jedoch nur noch 66 183 und in die vierte Volksschulklasse gar nur noch weniger als die Hälfte: 47 584 Schüler.

Die Eltern nehmen ihre Kinder nach dem ersten oder zweiten Schuljahr wieder nach Hause, weil man sie als Viehhüter benötigt. Nur widerwillig gesteht man den Kindern Schulbesuch zu – ein Problem, das übrigens in ganz Afrika besteht. Absolute Zahlen über den Schulbesuch in Afrika besagen daher nicht viel, weil die Zahl der Schüler, die eine normal lange Ausbildung erhalten, minimal ist.

Ein schwarzer Chef wird geboren

Seit 1960 ist den Bantus jegliche politische Betätigung untersagt. Ihre Vereinigungen und auch ihre Gewerkschaften wurden aufgelöst. In den Bantustans, den Heimatländern, sollte nur Onkel Tom in Gestalt traditioneller Häuptlinge das Wort haben. Das funktionierte ein gutes Jahrzehnt hindurch wie gewünscht. Chefminister Kaizer Mantanzima in der Transkei entsprach den Vorstellungen Pretorias.

Mitte der siebziger Jahre trat ein sichtbarer Wandel ein. 1973 war *Gathsa Buthelezi* aus der alten Königsfamilie der Zulus Chefminister im Zulu-Heimatland geworden. Akademisch gebildet, Historiker von Fach, weitgereist und mit guten Verbindungen in den USA, hatte dieser etwa vierzig Jahre alte temperamentvolle schwarze Prinz die Konzeption der Bantustans lange scharf abgelehnt. Als er sich dennoch zum Chefminister wählen ließ, sagte er: »Wir tun nichts anderes als die verbotenen afrikanischen Befreiungsbewegungen, aber wir bedienen uns anderer Methoden. So sicher wie der Mond am Himmel steht, werden wir uns durch Einigkeit befreien. Mit Macht und Gott auf unserer Seite werden wir siegen.«[4]

Solche Worte aus dem Munde eines Schwarzen waren in Südafrika seit Jahrzehnten nicht mehr gehört worden. Sie fielen auf einer Konferenz der Chefminister der Bantustans in Umtata, der Hauptstadt der Transkei, im November 1973. Schon die Tatsache dieser Konferenz war für Pretoria unangenehm; denn die Chefminister, die sich erstmals gemeinsam trafen, beschlossen nach der Unabhängigkeit ihrer Heimatländer eine Föderation zu bilden. Das war genau das Gegenteil der »Nationen«-Theorie Pretorias. Buthelezi war die treibende Kraft, gefolgt vom Chef des Tswana-Heimatlandes, L. Mangope. Jetzt, nachdem den Bantus plötzlich ein kraftvoller Chef erwachsen war, schwenkten auch die ehemaligen Onkel Toms wie der Transkei-Chef Mantanzima auf die kühnere Linie ein.

Pretoria war noch ein Jahr vorher gegen schwarze Studenten der Bantu-Universität Turfloop in Transvaal und deren weiße Kommilitonen in Kapstadt eingeschritten – mit allen Mitteln des Polizeistaates –, obwohl sie längst nicht so offene Worte wie Buthelezi gewagt hatten. Die schwarzen Chefminister aber, die schon als halb unabhängig angesehen werden, sind Pretorias eigene Schöpfung. Ginge man gegen sie mit den üblichen Polizeimethoden vor, so wäre die gesamte Konzeption der Bantustans kompromittiert. So dürfen sie sprechen.

Im März 1974 – noch vor dem Umsturz in Lissabon – sah sich daher Premier Vorster gezwungen, die acht Chefminister zum erstenmal gemeinsam zu empfangen und in einem achtstündigen Gespräch ihre Forderungen entgegenzunehmen. Sie alle verlangten die Abrundung und Erweiterung ihrer Gebiete. Auch hier war Buthelezi der Wortführer. Er sprach mit großer Offenheit, aber doch immer im Rahmen eines Dialogs – eine Methode, die er auch in Nairobi und anderen afrikanischen Hauptstädten verteidigt hatte, in denen man die Chefminister der Bantustans nur als Marionetten ansehen wollte. Vorster mußte diesen Dialog im Januar 1975 fortsetzen. Er konnte sich auch nicht mehr der Forderung entziehen, daß das heikelste aller südafrikanischen Themen mit den schwarzen Chefministern besprochen werden mußte: das Schicksal der neun Millionen Bantus in den weißen Gebieten. Buthelezi forderte für sie das volle Bürgerrecht.

Mischlinge und Inder: die Außenseiter

In Kapstadt hört man häufig, das Problem der 2,5 Millionen Mischlinge sei explosiver als das der Bantus. Es sprenge die Theorie der »getrennten Entwicklung«, weil man den Mischlingen kein eigenes Territorium anbieten könne, das später einmal unabhängig werden könnte. Das gleiche gilt für die Inder.

Die Gruppe der Mischlinge ist schon vor Jahrhunderten durch die Verbindung holländischer und später auch britischer Siedler mit Hottentottentöchtern entstanden. Heute gibt es unter ihnen jede Farbschattierung von fast weiß über Milchkaffee bis fast schwarz. Die weitläufigen Wohngebiete der Mischlinge in den Vororten Kapstadts entsprechen dem Muster der großen Bantuvorstädte bei Johannesburg.

Vor einigen Jahren erhielten die Mischlinge ihre eigene Universität mit 2000 Studenten. Unweit von dieser schönen Anlage besitzen sie ein funkelnagelneues Parlamentsgebäude. Ich erlebte eine Parlamentsdebatte, ganz nach britischer Art mit einem dunkelfarbigen Speaker mit weißer Perücke als Vorsitzendem und mit sich konfrontierenden Regierungs- und Oppositionsbänken.

Wer aber regiert hier eigentlich und wer opponiert? Das Parlament besteht teils aus gewählten, teils aus ernannten Abgeordneten und nennt sich Coloured Representative Council. Dem Parlament steht eine Exekutive der Mischlinge gegenüber, also eine Art von Ministern, denen die Regierung einen eigenen Etat in Höhe von 335 Millionen DM (1973/74) zur Verfügung gestellt hat, den sie nach eigenen Vorschlägen für Erziehung, soziale Aufgaben aller Art, Pensionen und Ausbau der Mischlingsviertel verwenden können.

Das heißt aber keineswegs, daß die Mischlinge nun auch über ihr künftiges Schicksal selbst entscheiden könnten. Wäre dies der Fall, so würden sie ohne Zweifel sogleich alle Sonderbestimmungen aufheben, denen sie unterliegen. Das Parlament ist also vorerst nur ein Ventil. Es gibt den Mischlingen eine legale Möglichkeit, alle ihre Beschwerden und Wünsche an die breitere Öffentlichkeit zu bringen.

Der Oppositionsführer Leon sagte mir mit beißender Schärfe,

ich solle zur Kenntnis nehmen, daß die Mischlinge in Wirklichkeit gar kein Zusammengehörigkeitsgefühl besäßen, das sich mit demjenigen der Bantustämme auch nur irgend vergleichen ließe. Weil sie nicht ins System paßten, so meinte er, wolle man ihnen mit Überredung und sanfter Gewalt ein Gruppengefühl einflößen, während sie in Wirklichkeit doch nichts anderes wollten als Gleichberechtigung mit den Weißen.

Darum allein geht es für sie. In der Industrie und der Wirtschaft erhalten die Mischlinge die gleichen Löhne und Gehälter wie ihre weißen Kollegen. Wenn sie als Regierungsangestellte arbeiten, sind sie dagegen diskriminiert und müssen sich mit einem geringeren Einkommen zufriedengeben.

Der Großteil der *Inder* Südafrikas ist zwischen 1860 und 1911 als Plantagenarbeiter in die Zuckerrohrgebiete von Natal importiert worden. Da sich schon frühzeitig zwischen den in Natal lebenden Zulus und den indischen Einwanderern heftige Spannungen ergaben, wurde die Einwanderung aus Asien bereits 1911 gestoppt. Spätere Versuche der damaligen südafrikanischen Dominionregierung, die Inder wieder in ihre Heimat abzuschieben, scheiterten schon in den zwanziger Jahren. Erst seit 1961 besitzen die Inder die endgültige Gewißheit, daß sie Bürger Südafrikas bleiben können. Im Gegensatz zu den Hunderttausenden ihrer Landsleute in Ostafrika sind sie also durch gewaltsame Austreibung nicht mehr bedroht. Seitdem investieren sie auch erheblich in Geschäfte und Industrie.

Das soziale Niveau der indischen Volksgruppe in Natal hat sich in den letzten Jahrzehnten beträchtlich gehoben. Auf den Plantagen arbeiten längst keine Inder mehr. Sie sind heute entweder Industriearbeiter in Durban oder üben mittelständische Berufe aus. Wie überall in Afrika spielen sie eine große Rolle im Kleinhandel. In der Umgebung der Grey Street von Durban stößt man auf echt indisches Basarleben. Unvergessen aber sind bei den Indern die Unruhen des Jahres 1949, bei denen die Bantus ganze indische Stadtviertel anzündeten. Seitdem sucht die indische Gemeinschaft sich ähnlich wie die Mischlinge zu assimilieren, stößt aber auch heute noch auf ähnliche Barrieren wie Mahatma Gandhi, der bis 1916 als Rechtsanwalt in Durban für die Interessen der Inder kämpfte.

Mehr noch als die Mischlinge lebt die indische Volksgruppe in einem Zwischenbereich. Materiell unterliegt sie kaum Beschränkungen, doch werden Inder auch in qualifizierten Positionen als Regierungsangestellte noch immer schlechter bezahlt als Weiße, wofür es nicht die geringste Rechtfertigung gibt. Der berüchtigte *Immorality Act,* der intimen Verkehr zwischen Weißen und Farbigen unter Strafe stellt, gilt auch für die Inder.

Ich habe in Südafrika kaum irgend jemand getroffen, der den Immorality Act gutgeheißen oder gar zu verteidigen gewagt hätte. Auch der Justiz ist dieses Gesetz suspekt. Sie behilft sich damit, daß sie durchgängig Bewährungsfrist einräumt. Häufig wird in Südafrika gefragt, wie man wohl ein so dummes Gesetz wieder loswerden könne. Die naheliegende Antwort, es bedürfe nur einer Anordnung des Innenministers an die Polizeibehörden, entsprechende Denunziationen nicht mehr zu beachten, erweckt immer Erstaunen.

Im Gegensatz zu den Mischlingen haben die Inder vorläufig nur einen Indian Council, dessen Vertreter von der Regierung ernannt werden. Die Zusammensetzung dieses Rates ist innerhalb der indischen Gemeinschaft deshalb heftig umstritten, weil die Behörden als Wortführer der Inder hauptsächlich Vertreter einiger schwerreicher indischer Familien gewählt haben, die schon aus geschäftlichen Gründen bei der Vertretung der Rechte der Inder vorsichtig zu Werke gehen. Hier wird aus dem Rassenproblem ein Klassenproblem.

Einer Einschmelzung der Inder könnten bei weitschauender Politik kaum große Schwierigkeiten entgegenstehen, zumal die Inder Südafrikas den Kontakt mit der alten Heimat mehr und mehr verloren haben.

Weder die Mischlinge noch die Inder kann man als im strengen Sinne unterdrückte Gruppen ansehen. Ihnen kommen die zwingenden Notwendigkeiten der wirtschaftlichen Situation und des Arbeitskräftemangels entgegen. Beide Gruppen empfinden jedoch bitter, daß man ihnen offiziell eine Gleichberechtigung versagt, die inoffiziell schon weitgehend zugestanden ist.

Das Dilemma der Weißen

Wieviel Zeit bleibt Südafrika, um aus der Sackgasse wieder herauszufinden, in die sich die Buren mit der Scheinlösung der Bantustans und der »getrennten Entwicklung« selbst manövriert haben? Der Zusammenbruch der portugiesischen Bastionen in Afrika hat die Perspektive grundlegend verändert. Ohne freiwillige Mitwirkung der schwarzen und farbigen Bevölkerung können die weißen Südafrikaner den inneren Frieden auf die Dauer nicht sichern. Männer wie der Zuluchef Buthelezi wären zu einer solchen Mitwirkung bereit – vorausgesetzt, die Diskriminierung aller Nicht-Weißen würde aufgehoben. Auch die Führer der Bantus wollen – von vorläufig noch sehr kleinen Gruppen abgesehen – keinen von außen geschürten Bürgerkrieg, der den Wohlstand des Landes vernichten und den Bantus die Aufstiegschance nehmen würde.

Die Zeitspanne aber ist kurz, in der die Weichen dafür gestellt werden müßten, daß die voraussehbare Katastrophe nicht eintritt. Es gibt in Südafrika viele Gedanken und Pläne für ihre Abwendung. Dabei erhebt sich die grundsätzliche Frage, ob das Land zwischen Schwarz und Weiß, in welcher Form immer, geteilt werden soll oder ob man zu föderativen Lösungen kommen müßte. Für die Weißen, die in der Minderheit sind, bietet die klassische Demokratie – one man, one vote – keine Lösung. Aber in ganz Afrika gibt es keinen einzigen Staat, der noch die europäische Demokratie nachahmen würde. Selbst liberale Politiker wie Senghor oder Kenyatta mußten andere Wege gehen. Man sollte daher nicht utopische Forderungen an Südafrika stellen, die nicht den Voraussetzungen des Kontinents entsprechen.

Unter den vielen Plänen, die in Südafrika diskutiert werden, sei hier ein typisches Programm eines »verligten« Buren angeführt, das in vielen Variationen erörtert wird. *S. P. Cilliers,* Soziologe der Universität Stellenbosch, geht davon aus, daß den sieben bis acht Millionen Afrikanern in den Bantustans die Unabhängigkeit gewährt wird, daß sie eine Föderation untereinander bilden und mit der restlichen Republik in einer Währungsunion verbunden bleiben. Im Mittelpunkt seines Programms steht die neuralgische Frage, was mit den neun Millionen Bantus geschehen soll, die in den weißen Gebieten leben. Von ihrer Arbeit sind Industrie und Bergbau, aber auch die Landwirtschaft der weißen Farmer abhängig.

Cilliers Vorschlag geht dahin, diese neun Millionen Bantus, von denen über die Hälfte in Städten lebt, sowie die Mischlinge, die Inder und die weiße Bevölkerung müßten ohne Rücksicht auf die Hautfarbe eine *»Common Society«* bilden. Darin soll jedermann das volle Bürgerrecht besitzen. Nach Ausgliederung der Bantustaaten würden in dieser Common Society etwas über 15 Millionen Menschen leben. Den neun Millionen Bantus würden etwa sieben Millionen Nicht-Bantus gegenüberstehen. Er setzt also die Integration der Mischlinge und Inder in die weiße Gesellschaft voraus, die von diesen Gruppen gewünscht wird. Darin sieht Cilliers »eine vernünftige Chance des Überlebens und der Stabilität«.

Dieses und ähnliche Programme versuchen der bisherigen Alternative – Rassentrennung oder Integration der Rassen – eine dritte Möglichkeit entgegenzustellen. Die von Cilliers vorgeschlagene *Common Society* sollte ein gemeinsames Zivilisationsbewußtsein haben, was jedoch nicht mit biologischer Assimilisation gleichzusetzen sei. Es wird also nicht die brasilianische Lösung der Rassenmischung vorgeschlagen, sondern eine politische Angleichung aller in Südafrika wohnenden Gruppen. Dieser Plan stammt aus dem Jahr 1971. Schon damals konnte das »verkrampte« Establishment nicht verhindern, daß die jüngere Generation nach neuen Gedanken und Plänen suchte, um die Welt der Künstlichkeit zu durchstoßen, mit der die Buren eine Alleinherrschaft auf unendliche Zeit zu sichern glaubten. Inzwischen wurde alles dringlicher.

Welche Lösungen immer man finden könnte, ganz gewiß würden sie nicht durch auswärtige Unterstützung eines terroristischen Untergrundes gefördert werden, wie naive Europäer zu glauben scheinen. Damit fördert man eine drohende Katastrophe nicht weniger wie jene südafrikanischen Weißen, die noch glauben, mit der Polizei allein ließe sich alles regeln.

Wie wenig das zutrifft, zeigte sich Anfang 1973 in Durban. Dort waren zum erstenmal zehntausende Schwarze der öffentlichen Betriebe und Teilen der Privatindustrie in Streik getreten, womit sie gegen die Gesetze verstießen. Die Polizei griff jedoch nicht ein, und die Lohnforderungen wurden weitgehend durchgesetzt. Seitdem hat ein großer Teil der südafrikanischen Industrie die Löhne freiwillig erhöht – noch immer nicht auf ein Niveau, das dem Ansteigen der Profite, vor allem im Bergbau, entspräche. Niemand kann jedoch eine Entwicklung bremsen, bei der die Schwarzen und Farbigen stärker am allgemeinen Aufschwung beteiligt werden. Das sind immerhin konkrete Ansätze dafür, daß eine Common Society nicht Utopie zu bleiben brauchte.

Die weißen Südafrikaner werden sich daran gewöhnen müssen, daß die Farbigen nicht nur dazu bestimmt sind, für Zeit und Ewigkeit ausschließlich untergeordnete Dienste zu verrichten. Schon jetzt hat die wirtschaftliche Entwicklung dazu geführt, daß in den Städten ein immer breiter werdender Mittelstand der Schwarzen und Mischlinge herangewachsen ist. An der Universität Stellenbosch sagten mir die Professoren, das Land müsse sich darauf einrichten, daß es in absehbarer Zeit mehr farbige Studenten geben wird als weiße.

Ein maßgebender Beamter des Magistrats in Johannesburg, der oft erbittert für die Rechte der Bewohner Sowetos mit Pretoria gekämpft hatte, äußerte sich noch präziser:

»Es geht vor allem um die Erziehung unserer weißen Bevölkerung, die nur allmählich versteht, welche gewaltigen Veränderungen sich in den städtischen Schichten der Schwarzen vollziehen. Noch vor einem Jahrzehnt hat es weder einen schwarzen Mittelstand, noch Akademiker, noch gar eine materiell wohlsituierte schwarze Oberschicht gegeben. Ein Teil der weißen Bevölkerung will noch heute die Augen vor den Konsequenzen dieser Entwicklung verschließen. Wer aber beständig mit dieser sich verwandelnden schwarzen Gesellschaft zu tun hat, weiß, wie dynamisch die Probleme sind.«

»Er weiß aber auch, daß es noch lange dauern wird, bis die Spitzen unserer schwarzen Bevölkerung in dem höchst komplizierten Mechanismus unserer modernen Wirtschaft Tätigkeiten von weittragender Verantwortung ausüben können. Sehen Sie hinüber nach Sambia! Dort hat man zwar die Kupfergruben zu 51 Prozent verstaatlicht, aber am Management hat das nicht das geringste geändert. Es wird noch lange in den gleichen Händen bleiben, wenn die Gruben funktionieren sollen. Im Kongo war es nicht anders. Selbst in Sambia muß man also zwischen Schlagworten und Wirklichkeit unterscheiden.«

Die calvinistische Kirche hat in Südafrika eine Atmosphäre der Selbstgerechtigkeit erzeugt, die den weißen Bevölkerungsteil daran hinderte, die Entwicklung der Bantus, der Farbigen und Inder realistisch zu sehen. Auf der anderen Seite gibt es gerade in den schwarzen Gebieten eine überzeugende und aufopfernde Tätigkeit zahlloser weißer Beamter, Ärzte, Agronomen und Entwicklungshelfer, von der in der Weltpresse nie die Rede ist. Unter diesen Südafrikanern sind die patriarchalischen Leitbilder längst nicht mehr gültig. Sie wissen, daß der Auflösungsprozeß die schwarzen Stammesgesellschaften voll erfaßt hat. Er muß weitergehen, weil die männlichen Arbeitskräfte nicht in ihren Heimatländern, sondern nur in der Industrie Arbeit finden können. Damit ist dauernde Entfremdung vom traditionellen Leben unvermeidlich. So ist bei Schwarz und Weiß unter der Decke eine neue Gesellschaft entstanden. Der politische Überbau aber blieb starr.

Dafür haben die weißen Südafrikaner bisher keine Lösung gefunden. Da diese Südafrikaner Weiße sind, ist das Maß der Verantwortung, mit dem sie gemessen werden, anders als im schwarzen Afrika. Die Forderungen, die man an sie stellt, sind ungleich größer. Das ist das Dilemma der Weißen in Südafrika. Nur sie selbst können es lösen und eine Katastrophe abwenden.

Kapitel XII
BRASILIEN – BRÜCKE ZUM 21. JAHRHUNDERT

Wie eine Fata morgana tauchten die Hochhäuser Brasilias nach zweistündigem Flug von Rio aus einer kargen, baumlosen Hochebene auf. Seit wir auf halbem Wege die Millionenstadt Belo Horizonte überflogen hatten, konnte ich keine einzige Siedlung mehr ausmachen, bis die Hauptstadt Brasilia in Sicht kam. Später hörte ich, über Hunderte von Kilometern gebe es im Umkreis Brasilias nicht einen einzigen Ort, zu dem sich ein Wochenendausflug lohne.

Hat man soeben die überschäumende warmherzige Lebensfreude Rios erfahren, muß diese Metropole inmitten einer endlosen Einöde um so merkwürdiger erscheinen. Auch noch in ferner Zukunft wird das Riesenreich Brasilien von einer Hauptstadt aus regiert werden, die feindlich jeder Zerstreuung und abwehrend gegen den vitalen Lebensgenuß bleiben wird, dem sich die Brasilianer, ob arm, ob reich, hingeben wie kaum ein anderes Volk.

Das Unwiderrufliche ist geschehen, was Präsident Juscelino Kubitschek (1956–1960) mit geradezu manischer Besessenheit betrieb: Das üppig-lässige Rio ist entthront, und damit haben seit anderthalb Jahrzehnten die Konturen Brasiliens als einer Großmacht der Zukunft Gestalt gewonnen. Brasilia war die steingewordene Absage an die bisherige brasilianische Geschichte, an die lange Epoche einer Kolonisation nur am Küstenstreifen, in dem 80 Prozent der 100 Millionen Brasilianer leben. Brasilia ist zum Symbol der nationalen Emanzipation geworden.

Auch lange nach seiner Einweihung ist Brasilia eine Stadt geblieben, in der man nur Pflichten erfüllen, arbeiten und schlafen kann. Eine ganz und gar frauenfeindliche Stadt, mit ihren Superquadras, den riesigen Betonblöcken, in denen man gleichförmig, wenn auch, was die Größe der Wohnungen angeht, in streng geordneter Hierarchie lebt. In jedem Superquadra, das aus sechzehn großen Apartmenthäusern besteht, gibt es die gleiche Ladenstraße mit dem Metzger, dem Obsthändler, dem Friseur, aber bisher keine Boutiquen. Vergebens suchen die zierlichen Brasilianerinnen, die mit ihren Vätern und Männern aus Rio und São Paulo hierher verbannt wurden, nach hübschen Schuhen und nach den modischen Lädchen von Copacabana.

Fast menschenleer dehnt sich die berühmt gewordene Prachtstraße in der sengenden Sonne, umsäumt von Oscar Niemeyers kapriziösen Bauten; einsam auch die wie eine exotische Blume aus der Erde sprossende Kathedrale. Die beiden Türme des Parlamentsgebäudes, das einer ohnmächtigen Versammlung dient, begrenzen den »Platz der drei Gewalten«. Das ist freilich kein Platz, der Mittelpunkt einer pulsierenden Großstadt sein könnte, sondern eine zugige Fläche, auf der man sich vollends verloren vorkommt – unter Supermaßen, die keinen Bezug auf menschliches Leben zu haben scheinen. Ist das vorweggenommenes 21. Jahrhundert? Die Frauen Brasilias sagen, dies sei eher »a cidade dos eternos desencontros«, die Stadt, in der man sich immer verfehlt.[1]

In Brasilien gibt es fast immer eine doppelte Wirklichkeit. Im Bundesdistrikt Brasilia lebten 1975 etwa 900 000 Menschen, davon aber nur 500 000 in der von Lucio Costa geplanten und Oscar Niemeyer erbauten Verwaltungsstadt, dem Plano Piloto. Fast 400 000 Menschen sind zusätzlich aus dem ganzen Land in die neue Hauptstadt gezogen, mit Sack und Pack, Kindern und Großmüttern. Viele ursprünglich als Bauarbeiter. Im Plano Piloto, wo Wohnungen nur nach Stand und Funktion zu haben sind, ließ man sie nicht zu. So haben sich zwanzig Kilometer und mehr von der Hauptstadt entfernt ungeplante Satellitenstädte entwickelt. Zwei von ihnen sollen schon 100 000 Einwohner zählen. Es sind Favelas – Slums –, erfüllt von buntem, quirlendem brasilianischen Leben, mit Scharen nackter Kinder. Eine andere Welt, aus der mit Omnibussen täglich 80 000 Menschen nach Brasilia fahren, um dort als Putzfrauen, Handwerker, Pförtner einige Cruzeiros zu verdienen. Von diesem anderen Brasilia ist nirgends die Rede, und doch wird es, so gibt man im Planungsamt zu, schon in wenigen Jahren die doppelte oder gar dreifache Einwohnerzahl der eigentlichen Hauptstadt haben. Was immer in Brasilien am Reißbrett entworfen wird, kämpft gegen wucherndes Leben, das jedem Kommando spottet.

Die Bewohner der strengen Kernstadt Brasilia fliehen, sooft das nur möglich ist. Aber die Stadt zwingt sie längst zur ständigen Rückkehr und damit zu einer Konzentration auf das, was Brasilien werden möchte. Kubitschek, der das genial geahnt hat, ist seit 1964 ein totgeschwiegener, ein fast verfemter Mann, an den nur noch ein mächtiges plastisches Relief am Parlamentsgebäude erinnert. Der Bau dieser Hauptstadt in der Steppe hat damals Brasilien fast an den Rand des Ruins gebracht. Dennoch wird die Geschichte Kubitscheks Werk und das, was in der neuen Stadt später geschah, als ein Ganzes sehen: Brasilien auf der Suche nach seiner künftigen Gestalt.

Mosaik in grellen Farben

Aber welche Gestalt hat Brasilien? Seine Fläche ist zweieinhalbmal so groß wie die Indiens. Sie bedeckt fast die Hälfte des südamerikanischen Kontinents, und jeder zweite Südamerikaner ist Brasilianer. Bis in die Gegenwart sind die Disparitäten zwischen den verschiedenen Regionen Brasiliens so tief, daß man bei einer Reise von Süd nach Nord in völlig verschiedene Kultursphären gelangt. Hätte nicht die portugiesische Sprache und Tradition eine scharfe Abgrenzung zum spanisch sprechenden Südamerika geschaffen, so wären diese so verschiedenartigen Regionen Brasiliens zu selbständigen Staaten geworden. Das einigende Band der gemeinsamen Kultur war stärker; denn mit Gewalt hätte ein so riesiges Reich nicht zusammengehalten werden können.

Gewalt, die in Lateinamerika in vielfältigen Formen der Abhängigkeit und des Terrors immer gegenwärtig ist, gibt es auch in Brasilien. Die Esquadrão da Morte, eine Bande ehemaliger Polizisten, die Justiz auf eigene Faust übt, soll seit dem Beginn der sechziger Jahre in São Paulo 2000 Morde verübt haben. Ebenso mordeten die Stadtguerillas, und in den Gefängnissen wurde gefoltert. Dennoch sind diese Exzesse, für die es viele Parallelen in Lateinamerika gibt, nicht die Regel – wie so lange in Kolumbien und neuerdings im Chile beider Couleurs –, sondern Ausnahme.

Die tiefe Melancholie, auf die man in den Andenstaaten trifft, ist dem Brasilianer fremd. Man kann die Favelas, die Blechhütten am Rande der brasilianischen Millionenstädte, als grausige Elendsviertel beschreiben. Ich habe in allen Teilen der Welt Slums in ihrer tiefen Traurigkeit gesehen. Nur in den Favelas gab es Lachen. Der stampfende Rhythmus des Samba, den die Welt nur von der Karnevals-Touristik in Rio kennt, ist das ganze Jahr über allgegenwärtig. Der Machismo, die überbetonte Männlichkeit im spanischen Lateinamerika, kann nicht in einem Klima gedeihen, in dem die Frauen ein Selbstbewußtsein besitzen, das Brasiliens vitales Klima geschaffen hat. Auch wenn die Neger trotz aller Rassenvermischung die Unterschicht blieben, haben sie Brasilien mit ihrem Stil geimpft. Ähnliches erlebte ich nur in Ghana. In Accra vermag sich auf die Dauer keine waffenstrotzende Diktatur zu halten, wenn ihr die Mamies, die Marktfrauen, die Gefolgschaft versagen.

Das portugiesische Erbe mit seiner afrikanischen Beimischung hat Brasiliens Gestalt geprägt. Sie hebt sich scharf ab von den indianisch durchbluteten Andenstaaten, deren einstige spanische exklusive Oberschicht die Balance nicht mehr zu halten vermag. Aber sie ist auch anders als das »europäische« Argentinien mit seiner tiefen Frustration, die sich zur Selbstzerfleischung steigerte, je mehr den Argentiniern die einstige Vormachtstellung auf dem Kontinent entglitt. Brasilien war immer eine große Verheißung der Zukunft – im Kontrast zu einer lässig dämmrigen Gegenwart. Inzwischen aber ist ein Stück dieser Verheißung Wirklichkeit geworden. Der einst ohnmächtige Riese hat begonnen die Glieder zu regen.

Die Militärregierung, die Brasiliens Geschicke seit 1964 in Händen hält, sah sich mit zwei gewaltigen Problemen konfrontiert: Die Inflation hatte unter den beiden extravaganten Präsidenten Quadros und Goulart, die Kubitschek 1961 ablösten, annähernd 100 Prozent erreicht. Die Wirtschaft war völlig gelähmt.

Aufstände flammten überall auf. Die zentrale Staatsautorität, die der Diktator Getulio Vargas in einem Vierteljahrhundert geschaffen hatte*, befand sich in rapidem Zerfall. Der kommunistische Untergrund – eine winzige Minorität – trat offen hervor.

Das zweite Problem reichte tiefer: Noch immer war Brasilien nicht viel mehr als ein geographisch-kultureller Begriff. Der *Nordosten* – der weitausladende Buckel Südamerikas – war schon lange zu einem schrecklichen Armenhaus geworden, in dem 30 Millionen Brasilianer fast abgeschnitten von den neuen Zentren des Landes dahinvegetierten. Hier hatte mit der Gründung der großen Zuckerplantagen die Geschichte Brasiliens im 16. Jahrhundert begonnen. Die große Zuckerperiode war längst Geschichte, aber noch immer lebte der Nordosten im Stile einer degenerierten Feudalzeit fort. Die Nachkommen der drei Millionen Negersklaven, die dem verfallenden einstigen Kulturzentrum Bahia das Gepräge geben, hatten sich zwar weit nach dem Süden ausgebreitet. Aber der Nordosten blieb noch immer die Heimat für die Masse der Schwarzen.

Vargas, ein Gaucho aus dem Süden, war ähnlich wie etwa später Perón in Argentinien der Sozialreformer für die neuen industriellen Unterschichten. Sie lebten in den schnell aufblühenden Zentren Mittelbrasiliens noch in den dreißiger Jahren in frühkapitalistischer Bedrängnis. Vargas Kampf galt der Ausbeutung durch fremdes und brasilianisches Kapital. Die Integration des gewaltigen brasilianischen Raumes lag jenseits seiner Möglichkeiten. Dazu hatte Kubitschek den ersten Ansatz gewagt, nicht nur mit der Gründung Brasilias, sondern auch indem er eine Staatsorganisation (SUDENE) schuf, die dem dahinsiechenden Nordosten mit der Errichtung einer eigenen Industrie Hilfe bringen sollte. Am insularen Dasein des Nordostens vermochte das wenig zu ändern, solange ihn weder Straßen noch Eisenbahnen mit den neuen Zentren um São Paulo verbanden.

Noch weniger konnte von einer Integration des fast menschenleeren *Interior* die Rede sein. Die mittelwestlichen Steppengebiete der Provinzen Matto Grosso und Goia umfassen 22 Prozent des Staatsgebietes. Dort wohnt nur fünf Prozent der Gesamtbe-

* Vargas war Präsident von 1930–1945 und dann wieder von 1950 bis zu seinem Selbstmord 1954.

völkerung. In den Amazonasstaaten mit 42 Prozent des Staatsgebietes leben gar nur vier Prozent der Bevölkerung. 64 Prozent Brasiliens waren also von einem knappen Zehntel der Bevölkerung besiedelt – in Wirklichkeit ein gewaltiges Kolonialgebiet, das Gegenstück zu Sibirien, nur noch weit weniger erschlossen.

So schlug das fortschrittliche Herz Brasiliens nur in den drei großen agrarischen Provinzen des *Südens* und im neuen Industriegebiet an der Ostküste. Die drei *südlichen,* fast ausschließlich europäisch besiedelten Provinzen Rio Grande do Sul, Santa Catarina und Paraná haben 17 Prozent der Gesamtbevölkerung. Hier leben auch die Nachkommen von einer dreiviertel Million Deutschen. Der Süden ist teilweise noch das Land der Gauchos, eng verwandt mit ihren Brüdern in Uruguay und Argentinien. Daneben liegt dort eines der besten Agrargebiete Südamerikas, und schließlich hat sich auch im äußersten Süden schon eine rege Konsumindustrie entwickelt. Wenn Brasilien in den siebziger Jahren ein großer Schuhexporteur werden konnte, so ist das vornehmlich der von Brasiliendeutschen aufgebauten Schuhindustrie von Novo Hamburgo zu verdanken.

Das rasant moderne Brasilien aber finden wir nicht im Süden mit seiner noch immer gemächlicheren Gangart, für die das hektische Leben in der Millionenstadt Porto Alegro noch lange nicht typisch ist. In dem Dreieck *Rio – São Paulo – Belo Horizonte* leben 42 Prozent der Brasilianer, davon etwa die Hälfte in den drei Millionenstädten.

Als die Militärregierung die Macht übernahm, war in diesem Kern des neuen Brasilien bereits ein beachtliches Potential erwachsen. Schon war aus dem Staate São Paulo, dem größten Kaffeegebiet der Welt, ein Industriestaat geworden, in dem 1965 nicht weniger als 44 Prozent aller Industrieprodukte Brasiliens erzeugt wurden. Und hier war es auch, wo die Technokraten des Offiziersregimes ihre große Chance sahen. Wenn Brasilien bis Mitte der siebziger Jahre eine Entwicklung nehmen konnte, die so atemberaubend war wie die japanische, so bezog sich das fast allein auf dieses Herzstück an der mittleren Ostküste. Es wurde zu einer Zugmaschine, die alles übrige hinter sich herschleppen mußte, was zu Brasilien gehört.

Die Ritter von São Jão

Die Macht ist den Offizieren im März 1964 ohne Blutvergießen zugefallen. Das Parteienregime hatte sich ähnlich aufgezehrt wie in Frankreich vor der Rückkehr de Gaulles. Äußerlich war dieser militärische Staatsstreich ein Vorgang, wie er sich Dutzende Male in Lateinamerika vollzogen hatte. In Wirklichkeit wurde jedoch damals ein neues Kapitel der lateinamerikanischen Geschichte begonnen, das sich vier Jahre später in Peru fortsetzen sollte.

Zum ersten Mal war in jenen Märztagen 1964 eine Gruppe von Offizieren an die Macht gekommen, die sich durch Jahre hindurch systematisch auf ihre Aufgabe vorbereitet hatte und die eine ziemlich genaue Vorstellung davon besaß, was nunmehr zu geschehen habe und welche Prioritäten zu setzen seien. Ähnlich war es später in Peru. Die Kriegsschulen von São Jão am Fuße des Zuckerhuts in Rio und von Lima waren die Pflanzschulen dieser ersten technokratischen Militärregime Lateinamerikas, die nicht mehr mit den Caudillos alten Stils zu verwechseln waren.

Der Caudillo, der traditionelle General, pflegte mit pathetischen Phrasen die Macht an sich zu reißen, um dann als Statthalter der landbesitzenden Oligarchie zu regieren. Alfredo Stroessner in Paraguay, auch General Banzer in Bolivien sind späte Beispiele der klassischen Caudillos. In der Nachkriegszeit sind mehr als 30 000 südamerikanische Offiziere, darunter Tausende Brasilianer, auf nordamerikanischen Kriegsschulen ausgebildet worden. Das ging nicht spurlos an ihnen vorüber.[2] Sie wurden zu Technokraten mit großem professionellem Ehrgeiz, vor allem aber mit einem erweiterten Horizont. Es war unvermeidlich, daß sie die sozialen Probleme ihrer Länder erkennen und in ihren Aufgabenbereich eingliedern mußten.

Dennoch waren nur in Brasilien und Peru die Offiziere auf eine mehr als nur formale Machtausübung gerüstet. Das hängt mit der soziologischen Zusammensetzung des Offizierskorps in beiden Ländern zusammen. Auch in Argentinien und Chile hatten die Offiziere in den letzten Jahrzehnten eine ähnliche technokratische Ausbildung genossen. Trotzdem ist in Argentinien das

Offiziersregime an seinem Mangel an Ideen gescheitert und mußte schließlich seinem Erzfeind Perón weichen, dessen baldiger Tod noch seinem Mythos diente. In Chile hat die Mißwirtschaft des später von unwissenden Ideologen heilig gesprochenen Allende das zögernde Militär zum Eingreifen veranlaßt, als das Land schon fast im Chaos versunken war.[3] Ähnlich wie die argentinischen, so zeigten sich auch die chilenischen Offiziere hilflos gegenüber den wirtschaftlichen und sozialen Problemen ihres Landes und mußten sich nur auf die Bajonette verlassen.

In beiden Ländern hat es eine ähnlich systematische Schulung wie auf den Militärakademien von Rio und Lima nicht gegeben. Das Offizierskorps Argentiniens und Chiles stellt eine geschlossene Kaste dar, soziologisch eng der traditionellen Oligarchie zugehörig. Etwa ein Drittel der höheren Offiziere Argentiniens stammt aus Offiziersfamilien, die wiederum mit dem Großgrundbesitz verschwägert waren.[4] Daher war auch das argentinische Offizierskorps der geborene Gegenspieler des Justizialismus Peróns, der dem Popularismus im »Nuovo Estado« Vargas eng verwandt war. Ähnlich liegt es in Chile. Auch dort ist das Offizierskorps eine traditionelle Kaste, beschränkt in Horizont und geistigen Mitteln, wie sich nach dem Putsch vom September 1973 bald erschreckend zeigen sollte.

In Brasilien und Peru war dagegen das Offizierskorps nie sozial abgekapselt. In beiden Ländern bot der Offiziersberuf hervorragende Aufstiegschancen für den kleinen Mittelstand, der seine Söhne gut versorgt sah, wenn sie sich für die Laufbahn des Berufsoffiziers entschieden. Die höchsten Ränge waren solchen Aufsteigern erreichbar. Das beste Beispiel dafür ist der Stuttgarter Lehrer August Wilhelm Geisel, der um die Jahrhundertwende mittellos nach Brasilien auswanderte und dort die deutsche Pastorentochter Lydia Beckmann heiratete, mit der er vier Söhne hatte. Drei von ihnen schickte er auf die Offiziersschule. Alle drei brachten es bis zum General. Orlando Geisel wurde Kriegsminister, und Ernesto Geisel (Jahrgang 1908) wurde Chef des Militärkabinetts, als General Castello Branco nach dem Umsturz von 1964 Präsident geworden war. 1974 wurde er selbst Präsident Brasiliens.

Weder in Argentinien noch in Chile wären solche Karrieren von Söhnen des kleinen Mittelstandes denkbar gewesen. Sie sind im Falle der Brüder Geisel noch dadurch bemerkenswert, daß sie alle, erzogen in einem strengen puritanisch-schwäbischen Vaterhaus, praktizierende Lutheraner sind. Noch vor einem Jahrzehnt wäre es unvorstellbar gewesen, daß an die Spitze der größten Tochter der katholischen Kirche ein Protestant treten könnte. Die Unbefangenheit, mit der dies geschah, weist auf den erweiterten Horizont hin, den sich die Offiziere auf der brasilianischen »Sorbonne« aneigneten, wie die Scuola Superiór de la Guerra genannt wird. War doch Geisels Wahl zum Präsidenten von der Zustimmung der Spitzen des Offizierskorps abhängig, die fast ausnahmslos aus der Kriegsschule hervorgegangen sind.

Die brasilianische Kriegsschule ist zwar schon in den zwanziger Jahren entstanden. Ihre politische Bedeutung gewann sie jedoch erst nach dem Zweiten Weltkrieg, vornehmlich durch das Wirken eines weit über den Offiziersberuf hinausblickenden Mannes, des *Generals Golbery* (Jahrgang 1911). Dieser universal gebildete politische Publizist übernahm Anfang der fünfziger Jahre die Leitung der Kriegsschule und stellte einen Lehrplan auf, der neben den herkömmlichen Kriegswissenschaften Nationalökonomie, Verwaltungslehre, kurz politische Wissenschaften im weitesten Sinne umfaßte. Im Mittelpunkt stand seine eigene Lehre über die geopolitische Rolle Brasiliens[5], ein Werk in der Nachfolge der Theorie der Seemächte des Amerikaners Mahan, der Geopolitik des Schweden Kjellén und der strategischen Konzeption des Briten Liddel Hart.

Zum erstenmal wurde in Golberys Schriften die innere Integration Brasiliens im großen weltpolitischen Zusammenhang gesehen. In jeder weltgeschichtlichen Epoche sah er einen »dominanten Antagonismus«, und er wies seinem Vaterland eine Reserveposition von immenser Bedeutung für den gesamten Westen zu. Golberys Schriften hatten sogar auf die skeptische und dem Regime feindliche Intellegenzia Brasiliens bedeutenden Einfluß.[6]

Seine Theorien waren dem höheren Offizierskorps geläufig, als es 1964 die Macht ergriff. Ein Kern von etwa 500 Absolventen der Kriegsschule fühlte sich als eine Art Orden: darauf eingeschworen, durch energische Entwicklung des Landes und Einbeziehung der bisherigen Elendsgebiete in den Strom des brasilianischen Lebens die Grundlagen für eine Weltmacht zu schaffen.

Als pensionierter General – er war nun Manager bei Dow Chemical do Brasil – blieb Golbery ein Jahrzehnt lang die Graue Eminenz des Militärregimes, der überlegene Kopf hinter den Kulissen. Präsident Geisel berief ihn jedoch 1974 an die vorderste Front. Er ernannte Golbery zum Chef seines Zivilkabinetts, eine Stellung, die dem Amt des Ministerpräsidenten in demokratischen Staaten entspricht. Damit wurde er auch offiziell zum zweitwichtigsten Mann im Staat.

Auf Golbery ging auch zurück, daß die Kurse der Kriegsschule auf Zivilisten ausgedehnt wurden. Man holte dazu Männer aus Wirtschaft und Verwaltung, jüngere Dozenten, Städtebauer, Agronomen und Direktoren pädagogischer Hochschulen. Unter den 310 jeweils zu einem einjährigen Kurs Einberufenen sind jetzt die Hälfte Zivilisten. Eine Vereinigung der Kriegsschulabsolventen hält auch in der Provinz Seminare ab. Die Ergebnisse werden in Memoranden dem gesamten Offizierskorps zugänglich gemacht. Bei aller Verschiedenheit der Systeme gibt es gewisse Parallelen zur Volksbefreiungsarmee Chinas.

Das Militärregime zog erstklassige Fachleute zur Mitarbeit heran. Auf den Wirtschaftsminister Oliveira Campos, dem die Senkung der Inflationsrate um die Hälfte zu verdanken war, folgte mit Finanzminister Delfim Neto während der Amtszeit des Generalpräsidenten Medici (1969/74), ein Mann von ungewöhnlichem Temperament, der gemeinsam mit Planungsminister Veloso und Industrieminister Pratini de Moraes die Szene in Brasilia so beherrschte, daß manche Besucher – zu Unrecht – vergessen konnten, daß die letzte Entscheidung beim Präsidenten und damit den Spitzen des Offiziersklubs blieb.

Das letzte Wirtschaftswunder

Die Offiziere *Perus* schlugen einen nationalistischen Wirtschaftskurs mit staatssozialistischer Tendenz ein, der nach einigen Jahren neue Krisen hervorbrachte. Das Militär in *Brasilia* ging den umgekehrten Weg. Unter dem Einfluß der jungen, in Harvard ausgebildeten Technokraten (die meisten waren knapp vierzig Jahre alt), öffnete sich Brasilien dem investitionshungrigen amerikanischen, kanadischen, deutschen, britischen und in den letzten Jahren vor allem auch dem japanischen Kapital.

Die Folge war ein Boom von fast sensationellem Ausmaß. Das Bruttosozialprodukt stieg in den fünf Jahren der Amtszeit Medicis um 63 Prozent (1973: 11,4 Prozent). So schnellte die Autoindustrie mit 858 500 Fahrzeugen im Jahr 1974 auf die siebte Stelle der Weltproduktion. Das Volkswagenwerk bei São Paulo produzierte 1974 458 950 Fahrzeuge. Unter seinen 40 000 Arbeitern und Angestellten befinden sich nur noch wenige Deutsche. Indirekt lebt eine Million Menschen vom VW. Die Stahlproduktion stieg auf fünf Millionen t. Elektroindustrie, Petrochemie und Maschinenindustrie verdoppelten bzw. verdreifachten ihre Produktion seit 1972. Im Gegensatz zu allen Industrieländern betrug die Zuwachsrate des Bruttosozialprodukts auch 1974 noch 10 Prozent und wird auch 1975 kaum sinken.

Eindrucksvoll war die Entwicklung des Exports. Er hatte 1969 2,5 Milliarden Dollar betragen, bis 1974 stieg die Ausfuhr auf fast 8 Milliarden Dollar. Daran war Kaffee noch immer mit 1,34 Milliarden Dollar der größte Einzelposten, aber Industrieprodukte, die 1963 noch kaum einen Anteil an der Ausfuhr hatten, brachten 1974 den stattlichen Betrag von fast drei Milliarden Dollar, etwa 40 Prozent der Gesamtausfuhr. Kein anderes Entwicklungsland hat einen so hohen Anteil der Industrieproduktion an seiner Ausfuhr erreicht. Am sensationellsten war das Wachsen des Schuhexports um 2391 Prozent innerhalb von vier Jahren, das Importrestriktionen in den USA hervorrief.

Diese Erfolge sind mit einer erheblichen Verschuldung Brasiliens erkauft worden. Die auswärtige Schuldenlast betrug 1973 12,8 Milliarden Dollar und war Ende 1974 auf 16,7 Mrd. gestiegen. Für Kreditrückzahlungen wurde die Devisenbilanz mit 1,8 Milliarden Dollar belastet. Erhebliche Steuerbegünstigungen haben beim brasilianischen Boom eine große Rolle gespielt. Die ausländischen Investitionen nahmen 1974 nochmals um 5,6

Milliarden Dollar zu. Die Reserven der Zentralbank, die 1973 bereits 6,4 Milliarden Dollar betragen hatten, begannen jedoch zu sinken. Ende 1974 betrugen sie noch 5,1 Milliarden Dollar. Die Zahlungsbilanz war 1974 mit 1,3 Milliarden Dollar passiv.

Auch Brasilien ist seit 1974 durch die Ölpreiserhöhung und die weltweite Inflation in eine Gefahrenzone geraten. 1972 mußte Brasilien für seine Öleinfuhren etwa 500 Millionen Dollar bezahlen. Ein Viertel des Ölbedarfs wurde aus der heimischen Produktion gedeckt.

1974 waren die Ausgaben für Öl auf drei Milliarden Dollar hochgeschnellt, da der Verbrauch durch die rasante Motorisierung beträchtlich – trotz der hohen Importpreise – stieg. Damit betrugen die Kosten für Öl ein Viertel der gesamten Einfuhr. So stellte sich plötzlich die Frage, ob die Gesamtkonzeption richtig war, in einem unterentwickelten Land der Automobilindustrie eine so große Priorität einzuräumen.

Diese Diskussion war noch mitten im Gange, als Präsident Geisel Ende 1974 mitteilen konnte, daß an der Küste des Nordostens riesige Ölvorräte entdeckt worden seien, die Brasilien in einigen Jahren in seinem Ölbedarf völlig unabhängig machen werden. Auch politisch war das ein Glücksfall für das Regime, das zum gleichen Zeitpunkt in eine neue problematischere Phase eingetreten war.

Wirtschaftlich ändert die Entdeckung der Öllager vorerst noch nichts daran, daß seit 1974 die Hydra der importierten Inflation die großen Erfolge der vorhergehenden Jahre bedroht. Konnte sich Finanzminister Delfim Neto Ende 1973 noch rühmen, die Inflationsrate auf 15 Prozent gesenkt zu haben – ein für südamerikanische Verhältnisse gutes Ergebnis –, so betrug sie Anfang 1975 erneut 35 Prozent. Auch Brasilien kann keine Schutzzone gegen Weltmarktvorgänge um sich bauen. Noch weniger als Japan.

Die Entdeckung der Erdöllager im Küstensockel wird eine schwerwiegende Frage aufwerfen. Theoretisch besteht in Brasilien für Erdölprodukte ein Monopol der staatlichen Erdölgesellschaft Petrobras, deren Generaldirektor General Geisel bis zu seiner Wahl zum Präsidenten gewesen ist. Die Ölprospektierung war jedoch nur mit Hilfe der amerikanischen Konzerne durchzuführen, die für ihre großen Investitionen die Hälfte der Ausbeute für sich verlangen, die andere Hälfte soll an Petrobras gehen. Auch wenn die Ölgesellschaften ihren Anteil an der Ausbeute an Petrobras weiterverkaufen, solange Brasilien nicht ölautark ist, erhebt sich die Frage, ob dieses wichtigste Staatsmonopol eingeschränkt werden darf. Daran wird sich eine heftige Kontroverse über die Rolle der multinationalen Gesellschaften entzünden. Die Nationalisten verlangen deren Beschränkung. Unter ihnen befinden sich viele der jüngeren Offiziere. Finanzminister Simonsen, der Nachfolger Netos, erließ erste Maßnahmen, welche die bisherige absolute Bewegungsfreiheit der »Multis« einschränken. Da andererseits Brasilien infolge seiner passiven Zahlungsbilanz weiterhin auf hohen Kapitalimport angewiesen bleibt, lassen sich harte Kämpfe um die künftige Wirtschaftspolitik voraussehen. Der Nationalismus wird auch in Brasilien wachsen.

Der japanische Vormarsch

Die Vereinigten Staaten und die Bundesrepublik Deutschland belegten sowohl als Handelspartner wie als Investoren im ersten Jahrzehnt des brasilianischen Aufschwungs kontinuierlich die beiden vordersten Plätzen unter den Partnern Brasiliens. Seit 1972 ist plötzlich Japan als Handelsgroßmacht auf dem brasilianischen Markt erschienen. Der japanisch-brasilianische Gesamthandel verdreifachte sich von 1971 bis 1974 und stieg von 383 Millionen Dollar auf fast 1,4 Milliarden. Die Investitionen der Bundesrepublik wurden 1974 auf über 4 Milliarden DM geschätzt.[7] Sie stiegen 1971/72 um 12 Prozent; diejenigen Japans aber um 54 Prozent auf etwa 3 Milliarden DM. Das ist aber nur der Anfang. Schon bis 1976 will Japan seine Investitionen in Brasilien auf etwa 10 Milliarden DM erhöhen. Alle großen japanischen Handelshäuser, angeführt von Mitsubishi, Mitsui, Hitachi, sind in erheblichem Umfang in das brasilianische Geschäft eingestiegen. 1974 ging etwa die Hälfte aller japanischen Auslandsinvestitionen nach Brasilien, und Premierminister Tanaka erschien im Herbst 1974 in Brasilia und São Paulo an der Spitze einer Handelsdelegation in einer Stärke, wie sie Japan noch nie ins Ausland entsandt hatte.

Bisher waren die Nachkommen der deutschen Einwanderer das rührigste fremdstämmige Element in Brasilien. Inzwischen ist die japanische Kolonie in Brasilien auf 750 000 Menschen angewachsen. Sie ist Japans bei weitem größte Auslandskolonie. Die Einwanderung begann schon Anfang des Jahrhunderts. Rund um São Paulo siedelten sich Zehntausende japanische Bauern an, die besten Gemüselieferanten der Großstädte. In den letzten Jahren drängten die Brasilien-Japaner immer stärker in die Industrie- und Handelshäuser. Präsident Geisel nahm mit dem 38jährigen Shigeaki Ueki erstmals einen Brasil-Japaner in sein Kabinett auf und vertraute ihm das wichtige Energieministerium an. Ueki hat vorher als Finanzdirektor mit Geisel in dem mächtigen staatlichen Ölkonzern Petrobras zusammengearbeitet.

Neben den japanischen Firmen wird dieser Minister vor allem das arabische Ölkapital an Brasilien zu interessieren versuchen. So ist vorauszusehen, daß sich der amerikanisch-europäische Anteil an der Entwicklung Brasiliens im nächsten Jahrzehnt vermindern wird.

Mit der verbissenen Zielstrebigkeit, deren die Japaner fähig sind, glauben sie, in Brasilien den geradezu idealen Partner gefunden zu haben, der fast alles besitzt, was Japan braucht. Um sich das brasilianische Erz auf Jahrzehnte zu sichern, ist Japan auch bereit, in Infrastrukturvorhaben hoch zu investieren, die keinen unmittelbaren Gewinn bringen, so in den Bau von Häfen und Eisenbahnen. Im Gegensatz zu Südostasien brauchen die Japaner in Brasilien nicht mit alten Ressentiments zu rechnen. Allerdings – sie sind auch dort nicht beliebt, aus den gleichen Gründen, aus denen sie überall Mißtrauen erwecken. Auch die zweite, fließend portugiesisch sprechende Generation hat sich kaum assimiliert. Wie überall bleiben auch in Brasilien die Japaner unter sich und verstehen nicht die Leichtlebigkeit ihrer neuen Heimat. Sollten die Japaner zu viel wirtschaftliche Macht gewinnen, dürften sie auch in Brasilien auf Schranken stoßen.

Die Integration des Nordostens

Das Römische Reich, so lehrte General Golbery auf der Kriegsschule, ist von den Säulen des Herkules bis nach Syrien durch seine Militärstraßen zusammengehalten worden. Das Militärregime sah daher als eine seiner Hauptaufgaben, ein Straßensystem zu schaffen, das Brasilien überhaupt erst zu einer Einheit werden ließ. Innerhalb eines Jahrzehnts haben sich bis 1974 die asphaltierten Straßenkilometer mit 36 000 Kilometer mehr als verdreifacht. Brasilia wurde mit São Paulo im Osten und mit Belém im äußersten Norden verbunden. Der Nordosten konnte bei der Dürrekatastrophe von 1970 erstmals direkt von den Agrargebieten des Südens erreicht werden. Im gleichen Jahr begann auch der Bau der Amazonasstraße.

Voraussichtlich werden im nächsten Jahrzehnt nicht mehr 4 000 Straßenkilometer jährlich neu gebaut werden. Seit 1972 setzte sich – wesentlich unter japanischem Einfluß – die Meinung in Brasilia durch, das vernachlässigte Eisenbahnwesen müßte wesentlich verstärkt werden, um neue Exportkorridore aus dem Hinterland zu schaffen. 1974/78 sollen 4,5 Milliarden Dollar in den Ausbau von vier Exportkorridoren und vier Häfen investiert werden, wobei die Japaner sich mit einem Kredit von 500 Millionen Dollar beim Ausbau des Erzhafens Vitoria beteiligen, über den Japan später eine Million Tonnen Roheisen beziehen möchte. Die bisherige Exportkapazität soll durch diese Exportkorridore, die das Hinterland mit den Häfen verbinden, auf zehn Millionen Tonnen verdreifacht werden.

Das Armenhaus

Was aber soll mit den dreißig Millionen Brasilianern im Nordosten geschehen, die bisher von diesen gewaltigen Planungen nicht erreicht wurden? Sind Erzbischof Dom Helder Camaras Anklagen und Hilferufe ungehört verhallt, der vor allem von den Vernachlässigten des Nordostens spricht?

Die von Kubitschek gegründete Entwicklungsgesellschaft SUDENE war ein Mißerfolg. Durch Steuererleichterungen wurden zwar Industriebetriebe aus dem Süden zur Investition im Nordosten verlockt, und mit unverhältnismäßig hohen Kosten gelang es, 150 000 neue Arbeitsplätze zu schaffen. Da die bitterarme Bevölkerung des Nordostens aber so gut wie keinen Markt bot, wurden die Fertigprodukte wieder nach dem Süden transportiert, für die man die Rohstoffe erst nach dem Nordosten expediert hatte. So profitierten nur die großen Gesellschaften. An der Lage im Nordosten änderte sich wenig, zumal die Fabriken nicht arbeitsintensiv waren, sondern meist hochautomatisiert.

In den siebziger Jahren konzentrierte sich die SUDENE fast nur noch auf die neue Industriestadt Aratú bei San Salvador, einem großzügigen Projekt, mit dem von 125 mittleren Firmen 50 000 neue Arbeitsplätze geschaffen werden.

Obwohl der Nordosten regelmäßig im Abstand einiger Jahre von Dürrekatastrophen heimgesucht wurde, hatte noch nie ein Präsident das Unglück des Nordostens mit eigenen Augen gesehen. Nachdem Präsident Medici die Dürregebiete besucht hatte und tief erschüttert zurückkam, erfolgte 1971/72 ein Kurswechsel. Man beschloß, im Nordosten die seit über einem Jahrhundert vernachlässigte *Landwirtschaft* in den Mittelpunkt aller Hilfsaktionen zu stellen. Zu diesem Zeitpunkt wurde die neue Organisation PRO TERRA gegründet, die bis 1978 800 Millionen Dollar im Nordosten investieren soll.

Das aber hatte nur Sinn, wenn das heikelste aller Probleme energisch angefaßt wurde, nämlich die *Landreform.* Die nur noch von Subventionen lebenden Plantagenbesitzer hatten sie seit der Jahrhundertwende immer wieder zu hintertreiben gewußt. Das Offiziersregime, das mit den Latifundienbesitzern nicht untergründig verbunden ist wie frühere Regime, steht hier jedoch vor der Sisyphusarbeit, daß der Großgrundbesitz von jeher die lokale Verwaltung der Provinzen des Nordostens auf seiner Seite weiß. Man wird erst Ende der siebziger Jahre sehen, ob es gelang, diese Verfilzung zu durchstoßen.

Das 1972 erlassene Landreformgesetz – zunächst aus finanziellen Gründen nur für einen Teil des Nordostens – ist rigoros. Die Latifundien sollen bis zu 70 Prozent aufgeteilt werden. Bei Barentschädigung sollen die Besitzer gezwungen werden, diese

Beträge zur Modernisierung ihrer Restbetriebe zu verwenden. PRO TERRA soll dann den Neusiedlern langfristige Kredite zur Verfügung stellen. Sollte dies gelingen, so wäre wenigstens für einen Teil der Landlosen des Nordostens gesorgt.

Für zwölf der dreißig Millionen des Nordostens kann aber auch die Landreform keine Hoffnung bringen. Es sind dies die im Sertão, dem knochentrockenen Hinterland, wohnenden Caboclos – Mischlinge zwischen Indianern und Weißen.[8] Sie gehören zu den Ärmsten der Armen auf dieser Erde. Planungsminister Veloso sagte mir, wirklich lösen lasse sich das Problem der Caboclos überhaupt nur, wenn man sie umsiedle.

Dem soll vor allem die Erschließung des teilweise sehr fruchtbaren Tales des São Francisco im Hinterland des Staates Bahia dienen, mit der PRO TERRA beauftragt wurde. Zur Irrigation dieses 2 600 km langen Flußtales wurden 150 Millionen Dollar investiert. Die Arbeiten sollen bis 1976 abgeschlossen sein. Die ersten Experimente im neu gewonnenen Land dieses Flußtales waren ermutigend. So brachte Reis die vierfache Ernte. Wieviele Millionen Caboclos das Tal aufzunehmen vermag, wird man bis Anfang der achtziger Jahre sehen.

Insgesamt birgt die Landwirtschaft Brasiliens, die erst in den siebziger Jahren Priorität in Brasilia erhielt, ungeahnte Möglichkeiten. Präsident Geisel hat an die Spitze des Landwirtschaftsressorts mit dem 37jährigen A. Paulinelli einen dynamischen Mann berufen, von dem erwartet wird, daß er in der Periode 1974/79 eine Agrarpolitik durchsetzt, welche die überschnelle Abwanderung in die Stadt zu bremsen vermag. Das Potential Brasiliens für die Welternährung ist bisher nur zum kleinsten Teil genutzt. Damit wendet sich unser Blick zum Amazonas-Projekt.

Die Erschließung des Amazonasbeckens

Das gewaltige Vorhaben der Amazonica-Straße, die bis 1975 nach nur vierjähriger Bauzeit – zunächst ohne Asphaltbelag – durch den Urwald geschlagen wurde, war eines der letzten gigantischen Kolonisationswerke auf dem Globus. Die 6 500 Kilometer lange Strecke ist unter mörderischen Bedingungen von Pionierbataillonen und Privatunternehmern erstellt worden. Ein Drittel der Bauarbeiter lag jeweils mit Malaria, Schwarzfieber und Wurmkrankheiten in den Hospitälern. In der Regenzeit im Winter wurden die Behelfsbrücken und auch Teile der schon gebauten Straße wieder davongeschwemmt. Man bediente sich der modernsten Methoden und arbeitete mit Maschinen, die drei bis vier Kilometer Urwald am Tag roden konnten, wozu man früher Wochen gebraucht hätte. Trotzdem schien es den wenigen Ausländern, die bereits große Teile der neuen Straße unter unsäglichen Mühen befuhren, fraglich, ob die Straße den Urwald schon wirklich bezwungen hat.

Die Amazonica soll sowohl der Kolonisation wie der Erschließung der gewaltigen Bodenschätze dienen, die unter dem Urwaldboden verborgen sind. Und schließlich sollen in den Lichtungen des Urwaldes Herden mit Millionen Rindern weiden. Eine solche Farm von der Größe Luxemburgs ist bereits in Betrieb.

Die Kolonisationspläne wurden durch den Erfolg der 2 113 Kilometer langen Straße von der Hafenstadt Belém im äußersten Norden nach Brasilia angeregt. Entlang dieser Straße hat sich die Bevölkerung in nur wenigen Jahren von 100 000 auf über zwei Millionen vermehrt. Weit über hundert neue Dörfer sind dort entstanden, und im Einzugsgebiet dieser Straße weiden bereits fünf Millionen Stück Vieh.

So sollen auch an der Amazonica in Abständen von etwa 20 Kilometern kleine Siedlungen entstehen, für die Freiwillige aus dem Nordosten angeworben werden. Jeder Siedler bekommt 100 Hektar, wovon 10 Prozent der Staat urbar macht. Den Rest muß der Ansiedler mit seiner Familie selbst besorgen. Zugleich erhält er Kredite, die erst nach acht Jahren in Raten zurückzuzahlen sind. Die ersten Agrovillas sind seit 1972 entstanden. Ihre Bewohner haben vorerst mit kaum vorstellbaren Widrigkeiten zu kämpfen. Ob eine dauernde Besiedlung des Amazonasgebietes überhaupt möglich ist, ob das feucht-heiße Klima auf Jahre hinaus ertragen werden kann, ist noch nicht sicher. Der Mensch gerät in den Neusiedlungen bis an die Grenzen der Belastbarkeit.

Das war bei vielen großen Kolonisationswerken ähnlich. Ist aber die Belastbarkeit Ende des 20. Jahrhunderts noch die gleiche?

Der Urwaldboden besitzt nur eine dünne Humusschicht. Wird er an ungeeigneten Stellen gerodet, so könnte das gleiche Unglück passieren wie im Sertão des Nordostens, der einst von Urwald bedeckt war. Es war der Mensch, der dort eine Halbwüste geschaffen hat. Planungsminister Veloso sagte mir, man habe diese Problematik genau studiert. Man wisse, daß nur einige Gebiete für Ansiedlung überhaupt in Frage kommen. In dem 140 Kilometer breiten und 600 Kilometer langen Streifen westlich von Altamira seien aber die geologischen Voraussetzungen für die Landwirtschaft ungewöhnlich günstig.

Entspräche dies nicht den Tatsachen, sollte die künftige Entwicklung des Amazonasbeckens schließlich doch zu unbesonnenen Eingriffen in den Haushalt der Natur führen, so wäre die mächtigste Urwaldregion der Erde bedroht, ja das menschliche Leben selbst. Die Urwälder des Amazonas entsprechen 12 Prozent der Tropengebiete der gesamten Erde. Es ist neben Sibirien das letzte noch verbleibende riesige Waldgebiet, das für die Erhaltung unserer Biosphäre entscheidend ist. *Die Umweltwissenschaft schätzt, daß der Urwald Amazoniens annähernd die Hälfte des für die Biosphäre der ganzen Erde benötigten Sauerstoffs produziert.* Die Vernichtung der amazonischen Urwälder käme nach Ansicht der Wissenschaftler einer Superatombombe gleich, die die Sonnenbestrahlung grundlegend verändern müßte.

Gewaltige industrielle Interessen sind auch am Amazonas im Spiel. Mit modernsten Infrarotmethoden sind vom Flugzeug aus über dem fast stets von dicken Wolken bedeckten Amazonasbecken riesige Lager von Mineralien aller Art, Eisenerz wie auch die verschiedensten Edelmetalle, festgestellt worden. Schon hat ein Wettlauf der größten Firmen der Welt um die künftige Erschließung der Erzlager eingesetzt, an dem sich vor allem auch die Japaner beteiligen.

Die Brasilianer haben kein Interesse daran, amerikanischen Konzernen ein Monopol auf die Ausbeutung des Amazonasbeckens einzuräumen. Man vermutet, daß in der Amtszeit General Geisels die Konzerne einen schwierigeren Partner haben werden, als es der zugänglichere Delfim Neto war. Die Grundlinien bleiben die gleichen, aber die Nuancen der Investitionspolitik sind anders gesetzt. Der Vorwurf, das Militär und die Technokraten verpfändeten Brasilien an das Ausland, ist bei Geisel nicht auf taube Ohren gestoßen.

Wahrscheinlich wird Brasilien mit der Erschließung des Amazonasgebietes in einem weiteren Jahrzehnt eine völlig neue Gestalt erhalten. Damit wachsen aber Gefahren für das Gleichgewicht der natürlichen Umwelt, die sicherlich größer sind, als die optimistischen Technokraten in Brasilia zuzugeben bereit sind. Die Zukunft des Amazonasgebietes gehört daher zu den entscheidenden Fragen, wo die Bedrohung der Weltzivilisation jetzt noch abwendbar ist. Wird das in einigen Jahrzehnten noch der Fall sein?

Schattenseiten des Wunders

Die Militärregierung behauptet mit gutem Grund, daß in den elf Jahren seit General Castello Brancos Machtübernahme mehr für die Entwicklung, Aufschließung und Vereinheitlichung des Landes geschah als in irgendeiner Periode seit dem Sturz des Kaiserreiches im Jahre 1889. Daß der seit hundertfünfzig Jahren vernachlässigte Nordosten nicht in wenigen Jahren saniert werden kann, sollte einleuchten. Aber auch hier ist ein Anfang gemacht, degenerierte soziale Strukturen aufzubrechen.

Dennoch gibt es Debetseiten im brasilianischen Hauptbuch. Auf ihnen steht der geringe soziale Fortschritt im Gegensatz zum wirtschaftlichen Fortschritt; ferner die überschnelle Verstädterung, durch die jetzt Millionen Menschen in Slums leben, und schließlich die politische Repression, die weit über die legitime Bekämpfung der Terroristen hinausging.

In der Weltbank in Washington sah ich 1972 einen unveröffentlichten Bericht über Brasilien, in dem festgestellt wurde, die 20 Prozent der obersten Einkommensgruppe (zu der die festangestellte Industriearbeiterschaft gehört) verfüge über 62 Prozent des gesamten Geldeinkommens des Landes, die 20 Prozent der untersten Einkommensgruppe nur über 3,2 Prozent. Im gleichen Bericht wurde aufgegliedert, das Realeinkommen von 90

Prozent der Erwerbstätigen sei zwischen 1960 und 1970 um 13 Prozent gesunken, das Realeinkommen der obersten 10 Prozent sei im gleichen Jahrzehnt um 20 Prozent gestiegen. Die automatische Angleichung der Gehälter und Löhne an die Inflationsrate, die seit Mitte der sechziger Jahre verfügt wurde, habe also ein Sinken des Realeinkommens der großen Masse nicht zu verhindern vermocht. Im gleichen Bericht wurde festgestellt, daß 1972 etwa 30 Prozent der Erwerbstätigen noch nicht einmal den Mindestlohn von damals 346 Cruzeiros* verdienten. Schon binnen zweier Jahre hatte sich das zum mindesten im wichtigsten Industriebezirk, im Staate São Paulo, geändert. 1973/74 herrschte dort Vollbeschäftigung, auch die Hilfsarbeiter erhielten mit 400–500 Cruzeiros, mehr als den Mindestlohn. Facharbeiter konnten zwischen 1000 und 1500 Cruzeiros nach Hause tragen. Das mochte in anderen Regionen des Riesenlandes anders sein. Brasilien war jedoch fast das einzige Entwicklungsland, in dem die Arbeitslosigkeit trotz sprunghafter Bevölkerungsvermehrung abnahm, bis auch dort die Folgen der verteuerten Ölimporte sich auswirkten.

Die technokratischen Minister in Brasilia, denen ich diese Zahlen vorhielt, stritten sie nicht ab. Sie fragen den Besucher kühl, ob er wirklich glaube, Massenarmut lasse sich in einem Jahrzehnt beheben. »Wir fanden hier«, entgegnete Planungsminister Veloso, »ein vernachlässigtes analphabetisches Volk vor. Ohne bessere Erziehung kann es auch keine besseren Löhne geben. Wir haben seit 1963 die Zahl der Volksschüler genau verdoppelt. Jetzt gehen 21 Millionen Kinder in die Schule. Das sind bereits 81 Prozent der schulpflichtigen Kinder. Die Zahl der Oberschüler hat sich seit 1963 um 300 Prozent auf 1,6 Millionen, die der Studenten um 700 Prozent erhöht. Mit Analphabeten können Sie keine moderne Wirtschaft betreiben. In einem weiteren Jahrzehnt muß sich auf das Lohnniveau auswirken, daß Brasilien bald ein Land ohne Analphabeten sein wird.«

Die Stichhaltigkeit dieses Arguments könnte sich also erst in einem weiteren Jahrzehnt herausstellen. Ich halte es für möglich,

* Ein Cruzeiro = 43 Pfennig; 1975 = 34 Pfennig

daß in den Industriezentren der Reallohn erheblich steigt, wenn es gelingt, die Mitte der siebziger Jahre erreichte Vollbeschäftigung aufrechtzuerhalten. Aber in den weit entfernten Provinzen wird die Armut sehr viel langsamer zu beseitigen sein, vor allem weil die Hebung des landwirtschaftlichen Einkommens, von der 1973 noch immer über 50 Prozent der Erwerbstätigen abhingen, nur langsam fortschreiten kann. Für die soziale Sanierung Brasiliens wird man daher einen Zeitraum von Jahrzehnten ansetzen müssen.

Das klingt hart, aber nach dem abschreckenden Experiment Allendes und der Dauermisere in Castros Reich muß man vermuten, daß die soziale Entwicklung dem wirtschaftlichen Fortschritt nicht viel schneller folgen kann als im England des 19. Jahrhunderts. General Golbery ging von der These aus, erst müsse das vernachlässigte Brasilien eine ausreichende Infrastruktur besitzen. Und er war davon überzeugt, durch ein Zusammenwirken eines starken Staates mit privaten Unternehmern sei dies schneller zu erreichen als durch einen Sozialismus, der die Armen nicht reicher machen kann. »Erst müssen wir Steuerkraft haben«, sagte mir Finanzminister Delfim Neto, »mit der wir die Armut beheben können, und wir werden dafür sorgen, daß die Steuern auch wirklich bezahlt werden.« Das ist inzwischen geschehen. Dem Computer der Finanzämter entkommen die Betriebe und freien Berufe nicht mehr so leicht, wie das früher der Fall war. Das mittelständische Einkommen hat sich beträchtlich gehoben, wie Martin Gerster zutreffend beobachtete.[7]

Vergleicht man das brasilianische System mit dem indischen, so gibt es zwar in beiden Ländern Massenarmut, aber in Brasilien hat bereits jeder des Schreibens Kundige eine echte Chance. Brasilien hat sich an Japan orientiert. Die erste große Reform der Meiji-Restauration war 1871 die Einführung der allgemeinen Schulpflicht. Sie war die Grundvoraussetzung für Japans Aufstieg. Da Brasilien im Vergleich zu Japan über ein viel größeres natürliches Potential verfügt, sind auch seine Chancen günstiger, das Massenelend Schritt um Schritt zu beseitigen. Im Nordosten hängt dies vom Erfolg der Landreform und der Umsiedlung von Millionen Caboclos ab – ein Prozeß, der Zeit braucht. Bleibt das Land politisch stabil, so hat es eine Zukunft vor sich wie wenige Provinzen der Weltwirtschaft.

Groß-São Paulo wird Ende der siebziger Jahre die Einwohnerzahl von New York und Tokio überflügelt haben. Es näherte sich 1975 der neunten Million. 1960 hatte São Paulo 4,3 Millionen Einwohner. Sie haben sich in 15 Jahren verdoppelt. Rio de Janeiro wuchs im gleichen Zeitraum von 4,5 auf über 8 Millionen, Belo Horizonte von 800 000 auf 1,6 Millionen, Recife von einer auf 1,7 Millionen, und selbst das entlegene Belém im äußersten Norden verdoppelte seine Einwohnerzahl auf über 700 000. Das gleiche gilt für viele mittelgroße Städte.

Die Militärregierung kann für sich in Anspruch nehmen, daß sie im Jahrzehnt 1965/75 fast zehnmal soviel Wohnungen bauen ließ als in den vorhergehenden dreißig Jahren: über eine Million Wohnungen gegen 120 000 zwischen 1937 und 1963. Durch ein obligatorisches Bausparen für alle regulär Beschäftigten hat die Nationale Wohnungsbank erhebliche Mittel aufgebracht. Es wurden einige Hundert Favelas beseitigt. Die Wohnungsbank will sich nunmehr auch mit der sanitären Verbesserung der Riesenstädte befassen.

So groß diese Erfolge sind, so können sie doch mit dem Zuzug immer neuer Millionen in die Städte nicht Schritt halten. Die sprunghafte Urbanisierung hat kaum zu bewältigende Probleme geschaffen. So haben 47 Prozent der städtischen Bevölkerung kein Wasser im Haus, und die Hälfte von ihnen hat nicht einmal einen Brunnen in der Nähe, sondern muß Wasser vom nächsten Fluß holen. Sollen bis 1980 auch nur 80 Prozent der Städter mit Trinkwasser versorgt werden, so bedeutet dies einen Aufwand von über zwei Milliarden Dollar. Eine ausreichende Kanalisation würde das Vielfache kosten.

Ebenso bedenklich ist die soziologische Zusammensetzung der neuen Großstädte. Fast die Hälfte der brasilianischen Bevölkerung war 1974 unter 15 Jahre alt. Daher betrug die erwerbstätige Bevölkerung nur 35 von 100 Millionen. Von ihnen waren kaum sieben Millionen in der Industrie beschäftigt, ebenso viele aber im »Dienstleistungsgewerbe«, worunter man alles verstehen kann, vom Kellner bis zum Stiefelputzer.

Nirgends in Lateinamerika besitzen die Riesenstädte einen angemessenen Kern einer stabilisierten Industriearbeiterschaft. Überall treffen wir auf die gleichen fluktuierenden Massen ohne geregelte Beschäftigung, jedoch mit dem Anspruch der höheren Erwartung der städtischen Zivilisation. Wenn São Paulo 1974 Vollbeschäftigung meldete, so wird man dahinter ein Fragezeichen zu setzen haben. Es gibt in diesem Stadtungetüm Hunderttausende Randfiguren der Gesellschaft, die kaum mehr einzuordnen sind. Hinzu kommt eine Umweltverpestung, die an Tokio erinnert. Die Japaner leiden unter entsetzlicher Raumnot. Brasilien hingegen hat Überfluß an Raum. Daß man derartige Zusammenballungen bedenkenlos zuließ, muß sich bitter rächen.

Das Verbrechertum in São Paulo gehört zu den schlimmsten aller Großstädte der Erde. Die marmornen Erdgeschosse der Bankpaläste in den Wolkenkratzerschluchten der City müssen von ganzen Wächterkompanien beschützt werden. Die ungesetzliche und gewiß widerliche Esquadrão da Morte hatte dort ihren Ursprung. Die reguläre Justiz vermochte gegen die organisierten Gangsterbanden nicht viel auszurichten. Die Paulistas sind stolz auf ihre Stadt, aber wieviele des neuen Mittelstandes haben je die sich endlos dehnenden Vorstädte anders als mit Furcht besucht?

Die brasilianische Bevölkerung verdoppelt sich in 24 Jahren und wird im Jahr 2000 rund 200 Millionen betragen. Das ist für ein so großes Land gewiß nicht zuviel. Der Gedanke aber, daß dann vielleicht 140 Millionen in diesen Monsterstädten wohnen könnten, ist erschreckend. Hier drängt die Zeit. Der Wettlauf mit einer Zukunft hat längst begonnen, die sich schwerer als die Probleme der jüngsten Vergangenheit bewältigen läßt.

Die Repression

Das brasilianische Offiziersregime ist durch Nachrichten über Polizeiterror und Folterungen bekannter in der Welt geworden als durch seine Aufbauleistungen. In den ersten Jahren der Militärregierung gab es noch Überreste der einstigen Parteiendemokratie. Sie wurden unter Costa e Silva, dem unbedeutendsten der bisherigen vier Generalspräsidenten, durch den Institutionellen Akt V (13. Dezember 1968) beseitigt. Die Exekutive ist seitdem allmächtig.

Bei der Repression in Brasilien ist zweierlei zu unterscheiden: Dem harten Kampf gegen den Terrorismus der Stadtguerillas stehen weit darüber hinausgehende Übergriffe gegenüber.

Den Kampf gegen die Stadtguerillas hat das Offiziersregime seit 1968 als »totalen Krieg« geführt, nicht anders, als das in Peru, Argentinien und Uruguay geschah. Es ist dabei zu Ausschreitungen und Folterungen gekommen, die auch dann zu verurteilen sind, wenn sie überall in Lateinamerika üblich sind. (Die entsetzlichen Gefängnisse Castros hatten nie die Publizität wie die brasilianischen, das gehört zum Kapitel der selektiven Moral.) Seit 1971 die wichtigsten Guerillaführer beseitigt waren, zerfielen die Terroristen in kleine Grüppchen. Im Gegensatz zu Argentinien hörten die Entführungen – vorerst – auf.

Nicht aber die Repression. Immer wieder gab es – vor allem in São Paulo und Rio – Fälle willkürlicher Verhaftungen. Angesehene Leute, die als oppositionell bekannt waren, verschwanden spurlos. Da die Zeitungen darüber nicht berichten durften, handelt es sich um eine Dunkelziffer, über die man die verschiedensten Schätzungen hören kann. Es war vor allem der Klerus, aber auch die Oppositionspartei im Parlament, die solche Fälle immer wieder zur Sprache brachten. Über die Parlamentsdebatten durfte aber nur das Amtsblatt berichten, das niemand liest. Erst seit 1975 dürfen die Zeitungen solche Fälle aufgreifen.

Hier lag die Achillesferse des Militärregimes. Das Offizierskorps ist weder so einheitlich noch so ideal, wie es nach General Golberys Theorien sein müßte. Es besteht wenig Zweifel, daß Präsident Medici die Übergriffe nie gebilligt hat. Er war ein strenger und auch rechtlich denkender Mann von einfachem Zuschnitt. Doch konnte er sich gegen die Militärbefehlshaber in den Provinzen nicht durchsetzen, die sich ungern von der weit entfernten Zentrale in »Sicherheitsfragen« hineinreden ließen. Ein Generalspräsident bleibt immer von den höchsten Offizieren abhängig. Präsident Geisel griff schärfer durch, aber der Widerstand mächtiger Provinzkommandeure blieb bestehen.

Brasiliens Militärregime ist von außen unstürzbar. Seine Gefahr liegt im Offizierskorps selbst. Wird dieser Orden auf die Dauer zu den Grundsätzen halten, die in der Militärschule São Jão aufgestellt wurden? Der Sturz Ayub Khans in Pakistan und des Militärregimes in Thailand, wie auch des autoritären Regimes in Portugal, sind Beispiele dafür, wie unerwartet sich die Erosion der Macht vollziehen kann, wenn das moralische Fundament erschüttert ist.

Der durchschnittliche Brasilianer interessiert sich mehr für Fußball oder die Inflation als für eine Präsidentenwahl. Er fühlt sich sicherlich nicht in einem unerträglichen Polizeistaat gefangen. Das einseitig düstere Bild, das Teile der westlichen Presse seit Jahren von Brasilien entwarfen, entsprach ebenso wenig der Wirklichkeit wie rosenfarbene Propagandabroschüren.

Schritte der Auflockerung

Mit dem Zweigespann Geisel/Golbery stehen ein strenger Puritaner und ein Denker von Format an den Schalthebeln der Macht. Bleiben sie am Leben, so ist für die siebziger Jahre mit Kontinuität in Brasilien zu rechnen. Diese beiden Männer kennen die Gefahr der Erosion eines autoritären Regimes durch Korruption. Die entscheidende Frage ist daher, wie das Offiziersregime seine Integrität zu bewahren vermag, wozu auch die Unterdrückung von Willkürakten gehört. (Der Kampf gegen Terroristen wird immer mit der gleichen Härte geführt werden.)

Für das Regime spricht die Reibungslosigkeit, mit der die Generalpräsidenten sich ablösten – und zwar mit einer Steigerung des Niveaus an der Spitze. Darin liegt ein Regulativ gegen die Abnutzung, die jedes Regime – auch demokratische Parteien – bedroht. Daß die Generation der Vierzigjährigen in Brasilias Ministerien den Ton angibt, ist ein Zeichen von Vitalität. Probleme, die wir in Moskau und Peking beobachteten, kennt Brasilia nicht. Dort herrscht keine Gerontokratie.

Ernesto Geisel war erst ein halbes Jahr Präsident, als mit den Wahlen vom November 1974 das seit einem Jahrzehnt entmachtete Parlament überraschend neue Bedeutung gewann. Zugelassen waren nur die Regierungspartei ARENA (Nationale Erneuerungsallianz) und die einzige legale Oppositionspartei MDB (Demokratische Bewegung Brasiliens). Der neue Präsident hatte dafür gesorgt, daß beide Parteien die gleichen Zeiten am Fernsehen und Rundfunk erhielten und Wahlfälschungen unterbunden wurden. Das Ergebnis war ein riesiger Sieg der darauf gar nicht vorbereiteten MDB. Sie erhielt 61 Prozent der Stimmen und eroberte 16 der 22 zur Wahl stehenden Senatssitze, sowie ein Drittel der Sitze in der Abgeordnetenkammer und die absolute Mehrheit in einigen Länderparlamenten, so vor allem in Rio und São Paulo.

Die Gelassenheit, mit der Geisel und Golbery das Wahlergebnis hinnahmen, ließ erkennen, daß die Präsidentschaft eine Stärkung der bisher nur nominell existierenden Opposition gewünscht hatte. Von der Kommandohöhe Brasilia selbst wurde das Schlagwort von der »decompressão« ausgegeben. Dieses bei Tauchern gebrauchte Wort bedeutet Druckverminderung, politisch also Abbau der Repression. Im Wahlkampf war der Opposition erlaubt worden, offen über Verhaftungen, Tortur und Zensur zu sprechen. Schon vor den Wahlen hatte Präsident Geisel bekanntgeben lassen, Brasilien werde sich in der nächsten Periode weniger dem absoluten Wachstum der Wirtschaft widmen als sozialen Verbesserungen durch Anhebung des Mindestlohnes und größere Sorge für die Unterschichten, die in diesem reichen Land teilweise noch unterernährt sind.

Auf Regierungsform und -stil hatte der Sieg der Opposition nur indirekten Einfluß. Gewiß gab es auch im Offizierskorps Stimmen, die von der Rückkehr der Armee in die Kasernen sprachen. Andererseits wurde Geisel von Viersterne-Generalen mißtrauisch beobachtet, denen diese Anfänge einer Liberalisierung bereits zuweit gingen. Für Geisel und Golbery stand kaum ein völliger Abbau des autoritären Systems zur Debatte. Ohne lange Einübung in Demokratie fürchten sie neues Chaos. Keinesfalls wollen sie den Vorteil preisgeben, die fortschrittlichen Technokraten in den Ministerien Brasiliens vor parteipolitischen Machtkämpfen schützen zu können. Solche Machtkämpfe wollen sie jedoch auch nicht in den Untergrund abschieben.

Damit verbindet sich die Überzeugung, daß in der Periode Delfim Netos – ähnlich wie in Japan – das wirtschaftliche Wachstum zu sehr zu einem Fetisch wurde und daß Brasilien der sozialen Herausforderung weit stärker gerecht werden müsse. Die Finanzoligarchie São Paulos war zu einem Korruptionszentrum gefährlichen Ausmaßes für den vom Militär konzipierten Staat geworden. Die führenden Männer in Brasilia waren darüber genau unterichtet und strebten eine Kurskorrektur an. Sie versuchten Rückfälle in engstirnigen Nationalismus ebenso zu vermeiden, wie die radikalen Linkstendenzen des jüngeren portugiesischen Offizierskorps. Dieses abschreckende Beispiel machte in Brasilia Sorgen. Für den Präsidenten Geisel geht es nicht nur um Druckabbau nach Innen, sondern ebenso um die Festigung der Kontinuität des Offizierskorps, dessen Nachwuchs das Chaos der frühen sechziger Jahre nicht mehr kennt. Versteht es noch die Motivation der älteren Generation? Das ist eine der offenen Fragen.

Der Fortgang des brasilianischen Experiments ist für ganz Lateinamerika von großer Bedeutung. Nachdem Allende gescheitert ist und Castro viel von seiner Anziehungskraft eingebüßt hat, ist auch Peru in Stagnation geraten, das lange von den jüngeren Offizieren Lateinamerikas als Kontrapunkt zu Brasilien angesehen wurde. Ob Geisel eine schrittweise Transformation des Militärregimes in ein Volksregime gelingt, ist daher eine Frage von weltpolitischer Tragweite. Für den ganzen Kontinent hängt davon ab, ob sich Stabilität ohne radikale Ideologien, aber auch ohne atembeklemmende Repression erreichen läßt. Nicht europäische Idealmaßstäbe sind hier anzulegen, welche die Europäer selbst nur reichlich ungenügend erfüllen. Der Maßstab kann nur sein, wie in diesem riesigen Reich eine handlungsfähige Führung der Herausforderung entspricht, einem modernen Staatswesen dauerhafte Fundamente zu geben. Brasilien ist das einzige Land Südamerikas, in dem der Versuch gemacht wird, systematisch eine breite Elite heranzubilden, welche die früheren Oberschichten ersetzen soll. Darin liegt Chance und Problematik zugleich. Wie tragfähig bleiben neue Eliten? Wie schnell verbrauchen sie sich?

Kapitel XIII
DER EUROPÄISCHE HAMLET

Als André Malraux an einem trüben Dezembertag des Jahres 1970 den zum Eremiten gewordenen General de Gaulle zum letztenmal in Colombey besuchte, sagte ihm der General zum Abschied: »Bin ich gescheitert? Fraglos wohnen wir dem Ende Europas bei. Wieso sollte die parlamentarische Demokratie, die überall im Sterben liegt, Europa schaffen können? So oder so – ich werde getan haben, wozu ich imstande war. Wenn man zusehen muß, wie Europa stirbt, laßt uns zusehen: So etwas passiert nicht alle Tage.«

Waren es nur die melancholischen Worte eines uralten Mannes, der enttäuscht war, wie alle Großen, wenn sich der Tag zu Ende neigt? Seit einem halben Jahrhundert sind die Europäer umwittert vom »Untergang des Abendlandes«. Mit einer Hekatombe von Blut und dem Wahnsinn eines Brudermordes ohnegleichen haben sie ihn erlebt – und schließlich doch überlebt. Europa ist nach dem Zweiten Weltkrieg noch einmal auferstanden, hat noch einmal Kraft bewiesen, hat noch einmal Wunder hervorgebracht. Nicht nur die Deutschen, die am tiefsten darniederlagen und durch eine blutende Grenze zerrissen wurden, auch die Italiener, die Spanier, die Franzosen – sie alle haben sich gegen den Untergang energisch gewehrt. Wie eine Verheißung stieg das Bild von einem gemeinsamen Europa vor ihnen auf, das vereint auch in einer verwandelten Welt ein mächtiges Potential sein würde. Es gab eine Zeit der Hoffnung in Europa, die unter Trümmern und Verwesung der Katastrophe nicht einmal zu ahnen war.

Diese Hoffnung ist schal geworden. Die beiden großen alten Männer, die sie vor allen anderen beflügelten, haben Unvollendetes hinterlassen, das sich nicht mehr zusammenfügen will. Als de Gaulle den Engländern den Eintritt in die Europäische Gemeinschaft versperrte, war die Empörung über so viel Starrsinn groß. Aber der General dachte nicht an Wirtschaft. Er dachte in den Mythen der Völker, und was er jenseits des Kanals sah, war schon damals die »englische Krankheit«. Sie hat sich wie ein Krebsgeschwür auf dem Kontinent ausgebreitet, gegen das die intelligenten Technokraten kein wirksames Mittel finden. Mit Manipulationen ist ihr nicht beizukommen. Der Herd sitzt tiefer.

Carl Schmitt schrieb dem Verfasser in sein kleines Buch »Hamlet und Hekuba« als Widmung: »Hamlet ist die Hieroglyphe der westlichen Welt.« Der europäische Hamlet sah in den letzten Jahrzehnten beständig die Möglichkeit zur Tat vor sich, aber sie blieb aus, sie mußte ausbleiben, weil des Gedankens Blässe den Impuls erstickte. »Hamlet steht mitten in der Spaltung, die das Schicksal Europas bestimmt hat« (Carl Schmitt).

Dreißig Jahre sind seit den denkwürdigen Tagen von Potsdam vergangen, in denen die nacheuropäische Weltordnung Gestalt gewann. In Potsdam standen sich die atlantisch-pazifische Weltmacht und das eurasische Weltreich gegenüber. Europa war nicht vertreten; denn Churchill war nur zugelassen als Sprecher eines überseeischen Weltreiches, das jedoch den Keim baldigen Verfalls schon in sich trug. Sein verzweifeltes Bemühen, von Europa noch etwas zu retten, blieb in Potsdam vergeblich. Es waren Stalin und Truman, die vermeinten, die Welt teilen zu können.

Vier Jahrhunderte hindurch war Europa das Kraftwerk des Erdkreises gewesen, von dem eine Energie ausstrahlte, die alle Kontinente verwandelt hat. Europa war nicht nur das Zentrum der Macht, sondern auch die bewegende Kraft des Geistes. Mit Galilei und Newton, Descartes und Kant, Hegel, Marx und vielen anderen wurde das wahrhaft universale Weltbild geschaffen, dem sich auch die Völker und Erdteile nicht entziehen, die nicht dem griechisch-römisch-christlichen Kulturkreis entstammen. Europa hat die Impulse für die moderne Welt gegeben – im Guten wie im Schlechten.

Das Schrumpfen der europäischen Macht wäre auch ohne Hitlers herostratische Tat, die den Zweiten Weltkrieg auslöste, unvermeidlich gewesen. Die neuen Weltmächte standen schon bereit, und die Gewichte hatten sich längst zuungunsten Europas verschoben. Wie so oft in der Geschichte ist der Krieg zum auslösenden Ereignis geworden. Nach seinem Ende wurde Europa zur Arena der Auseinandersetzung außereuropäischer Mächte. Ihre künftige Konfrontation kündigte sich schon an, als sie noch Verbündete waren. Die Zerstückelung Deutschlands und die Teilung Europas war eines der Ergebnisse.

Dreißig Jahre nach Potsdam – und Europa ist in den großen Fragen der Weltpolitik noch immer nur Zuschauer, dem es an einem gemeinsamen Willenszentrum auch in seiner westlichen Hälfte gebricht, der niemand freie Entscheidung verwehrt. Aus dem Staatenbund, mit seinem bürokratischen Zentrum in Brüssel, ist kein Bundesstaat erwachsen. Das Europa der Neun hat große Ähnlichkeit mit dem Deutschen Bund, der zwischen 1815 und 1866 kein handlungsfähiges Gebilde war. »Der Deutsche Bund«, urteilt Golo Mann, »war Lüge, ... um der Milchstraße kleiner deutscher Stätlein ein Gewicht zu geben, das ihnen nicht zukam, um der selbstischen Habsburger Macht Vorteile zu verschaffen, welche den Regeln echter Machtpolitik zuwiderliefen.«[1]

Wer dächte bei solchen Worten nicht an eine Europäische Gemeinschaft, die zwar zwanzigtausend Verordnungen zum Agrarmarkt erlassen konnte, von der aber nur verlegenes Stammeln zu hören ist, wenn es gilt, eine gemeinsame Politik sowohl gegenüber dem amerikanischen Verbündeten wie der sowjetischen Supermacht zu formulieren. Und es war de Gaulle, die mächtigste Erscheinung der europäischen Nachkriegszeit, der im melancholischen Rückblick vom Sterben Europas sprach, vorher aber die Dienste des Totengräbers geleistet hatte. Jener de Gaulle, der noch immer von Gloire der Franzosen träumte; jener de Gaulle, der mit dem Wettlauf nach Moskau begann, bei dem sich die Europäer gegenseitig betrügen wollten; de Gaulle, der zwar England von der Gemeinschaft fernhielt, zugleich aber nichts dafür tat, daß die Sechs zu einer handlungskräftigen Einheit werden konnten; de Gaulle schließlich, der die NATO verließ und damit dem atlantischen Bündnis einen Schlag versetzte, von dem es sich nicht erholten sollte.

Der Deutsche Bund hatte mit Wien und Berlin von Anfang an zwei Pole. Im Europa der ersten Nachkriegszeit war dagegen die Chance des Zusammenwachsens viel größer, weil die Deutschen, beladen mit der Hinterlassenschaft Adolf Hitlers, bereit waren, den Franzosen die erste Rolle zuzuerkennen. Hier war Adenauer ein Meister der Selbstzügelung, der davon profitieren konnte, daß es zu seiner Zeit keinen deutschen Nationalismus gab. Es war wiederum de Gaulle, der diese einzigartige Konstellation nicht nutzte.

Krise der Loyalität

Der Streit, ob Europa eine Konföderation oder eine Föderation, Staatenbund oder Bundesstaat, sein soll, könnte mit der geistvollen Bemerkung des ehemaligen französischen Außenministers Couve de Murville beendet werden: eine Föderation ist eine Konföderation, die gelungen ist. Diese cartesianische Logik geht jedoch am Wesentlichen vorbei: *Eine Konföderation schafft keine neue Loyalität.* Es ist schlechthin unmöglich, von den Bürgern Europas zu erwarten, daß sie in den Brüsseler Institutionen mehr sehen als einen gehobenen Marktplatz, auf dem über Rindfleisch, Zitrusfrüchte und Textilkontingente gefeilscht wird. Schon bei dem Problem der gemeinsamen Verteidigung beginnt das große Schweigen, von einer gemeinsamen Außenpolitik gar nicht zu reden.

Die eigentliche Herausforderung besteht jedoch darin, eine neue Qualität von *Loyalität* zu schaffen, über die keiner der europäischen Einzelstaaten mehr verfügt. Der gemeinsame Markt ist wichtig, aber er bleibt auf der Ebene handelstechnischer Absprachen. Damit aber ist kein politisch-geistiges Bezugssystem geschaffen, kein wirkliches Konkurrenzverhältnis der Talente aller Europäer.

Diese europäischen Einzelstaaten haben seit den sechziger Jahren allesamt einen *Verfall der Staatsautorität* erlebt, der um so schneller fortschreiten mußte, je undurchsichtiger die Regierungsmaschinerie wurde. »Die Überflußgesellschaft des Westens«, sagt dazu ein kluger amerikanischer Beobachter, »hat eine sozial-ökonomische Situation geschaffen, die zwar materiell befriedigt, aber nicht fähig ist, die positive Loyalität des Individuums zu gewinnen, das sich in wachsendem Maße entfremdet und unsicher über die philosophische Basis fühlt, auf der dies alles beruht. Zugleich aber wird die politische Ordnung, pluralistisch und frei wie sie ist, von der Mehrheit positiv akzeptiert, weshalb revolutionäre Gruppen keinen Widerhall finden.«[2]

Die Krise des europäischen Selbstverständnisses war – jedenfalls vor der Explosion der Ölpreise – kein vornehmlich materielles, sondern ein psychisch-geistiges Problem. Nie hat es in der Geschichte Europas einen so breit gestreuten Wohlstand gegeben wie am Beginn der siebziger Jahre. Das Brutto-Sozialprodukt der neun EG-Staaten betrug nach der Berechnung der Weltbank 1972 (zu Marktpreisen berechnet) 740 Milliarden Dollar (davon Bundesrepublik Deutschland 209 Mrd.; zum Vergleich: USA 1,16 Billionen Dollar, Sowjetunion 377 Mrd, Japan 247 Mrd, China 133 Mrd). Das Pro-Kopf-Einkommen in der EG betrug fast 3 000 Dollar (USA 5 590, Japan 2 320, Sowjetunion 1 530, China 170 Dollar). Das Wachstum der Wirtschaft der EG-Länder 1965/72 stand zwar mit knapp vier Prozent hinter den schnellen Wachstumsländern wie Japan und Brasilien zurück, doch war die Ausgangsbasis weit höher. Das Europa der Neun war unbestritten die zweitgrößte Wirtschaftsmacht der Welt. Sein Bruttosozialprodukt übertraf dasjenige der Sowjetunion fast um das Doppelte. Dazu stand das geschwundene politische Gewicht in krassem Mißverhältnis.

Ohne ein Willenszentrum ist noch nie in der Weltgeschichte etwas Bleibendes erreicht worden.

Zwar besaßen die Europäer die Einsicht in ihre Lage. Sie ist mit mehr oder weniger Geist in unzähligen Reden und Artikeln abgehandelt worden, beginnend mit Churchills Züricher Rede von 1946, dem ersten Anstoß zur Bildung des Europarates. Die Verträge von Rom (1957) waren von vornherein auf die Bildung einer politischen Union angelegt[3], und auf Konferenzen der Staats- und Regierungschefs erst der Sechs (Juli 1961) und später der Neun (Oktober 1972), wurde das Ziel bekräftigt, »vor dem Ende dieses Jahrzehnts [also bis 1980] die Gesamtheit der

Beziehungen der Mitgliedstaaten in eine Europäische Union umzuwandeln«. Aber auch der zweite Anlauf verlor sich hoffnungslos im Dickicht nationaler Egoismen und Haarspaltereien.

Unter dem Druck erst der Währungskrisen, dann des Energienotstandes setzte eine Rückbildung des schon Erreichten ein. Selbst der schon seit Jahren funktionierende Gemeinsame Markt wurde auf dem Verordnungswege 1974 von Mitgliedsstaaten wie Italien und Dänemark wieder in Frage gestellt. Der Agrarsektor befand sich ohnehin in einer Dauerkrise, und im Frühjahr 1974 begann die Labourregierung Harold Wilsons mit dem Austritt Großbritanniens zu drohen.

Mochte auch die Bevölkerung der Gemeinschaft auf dem Kontinent in demoskopischen Umfragen ihrem Willen zur Politischen Union immer wieder überzeugend Ausdruck geben, so entfernten sich doch die Regierungen immer weiter von diesem Ziel. In der Bundesrepublik Deutschland, lange Jahre hindurch der eifrigsten Verfechterin des Europagedankens, trat mit Bundeskanzler Helmut Schmidt im Frühjahr 1974 ein Mann in den Vordergrund, dessen Skepsis gegenüber Einigungsplänen wohlbekannt war. Schon vorher aber waren die Regierungen der sozial-liberalen Koalition in der Praxis keine Förderer eines engen Zusammenschlusses gewesen, wie Professor Dahrendorf bei seinem Austritt aus der Kommission im September 1974 mit bitteren Vorwürfen feststellte.

Die Stadtstaaten Italiens waren in ihrer Epoche glanzvolle und mächtige Gemeinwesen, deren Einfluß sich, wie der Republiken Venedig und Genua, weit über das Mittelmeer erstreckte. Als mit Frankreich und Spanien die großen nationalen Einheiten in Europa entstanden, sank die Bedeutung der italienischen Stadtstaaten zusehends. Obwohl viele weitsichtige Geister in Italien die fortbestehende Kleinstaaterei beklagten, kam es nie zu einem Zusammenschluß. Alle Versuche schlugen fehl. Sie scheiterten an Traditionen, die sich nicht mehr verändern ließen. Die Analogie zu de Gaulles verspäteter Liebe zur Gloire, zum fortbestehenden Insularkomplex der Engländer und zur Unmut der Deutschen, die europäische Zeche in klingender Münze bezahlen zu müssen, liegt nahe. Gemessen an den Weltreichen, den schon bestehenden und den zukünftigen, mit denen sich dieses Buch befaßt, sind die europäischen Nationalstaaten nicht viel mehr, als es einst die italienischen Stadtstaaten waren, nachdem die Nationalstaaten die Bühne betreten hatten.

Trifft dieses Bild wirklich zu? Haben nicht die *Bundesrepublik Deutschland und Frankreich* auch im weltpolitischen Vergleich eine Stabilität bewiesen, welche die Kernlande jeder europäischen Vereinigung zu wichtigen Partnern der Supermächte machte? Das deutsch-französische Zweigespann hat die ersten Fuhrleute de Gaulle und Adenauer unbeschädigt überlebt. Die beiden europäischen Hauptpartner haben es auch zu einer gewissen Rollenverteilung gebracht. Die Bundesrepublik blieb der Eckpfeiler des atlantischen Bündnisses, während Frankreich vor allem seinen Einfluß auf die arabischen Länder verstärkte. Über ein gewisses Maß von Koordination führte das jedoch nicht hinaus.

Wirtschaftlich ist die Bundesrepublik der bei weitem stärkere Partner. Politisch aber vermag sie jene Führungsrolle, die Adenauer den Franzosen zugedacht hatte, nicht zu übernehmen. Das stille Mißtrauen gegen jede »teutonische« Suprematie besteht in Europa fort. Es wäre allenfalls zu überwinden gewesen, wenn sich in Bonn Regierungen gefunden hätten, die mit vollem Elan auf das größere Europa hingearbeitet hätten. In der Periode Brandt hatte jedoch die Ostpolitik einen weit höheren Stellenwert als die Europapolitik. Über die technokratische Koordination in Brüssel hinaus gab es nur Unverbindliches.

Das deutsch-französische Verhältnis ist ambivalent. Verschwunden ist das Mißtrauen, das von der napoleonischen Zeit bis zum Zweiten Weltkrieg die Beziehungen der beiden großen Völker vergiftete. Sie sind jetzt von nüchterner Herzlichkeit. Die Marschrichtung ist jedoch häufig verschieden. Für die Bundesrepublik mußte seit Adenauers Zeit das Verhältnis zu Washington die gleiche Bedeutung behalten wie das Verhältnis zu Paris. Das widersprach der sinnlosen Formel vom »europäischen Europa«, mit der de Gaulle und Pompidou die Distanz Frankreichs zu den USA zu rechtfertigen versuchten. In großen Fragen, die über Europa hinausreichen, wie etwa der Energiefrage, war daher eine sturmfeste Koordination zwischen Paris und Bonn nur schwer zu erreichen. Die Vorstellung, wie Europa künftig aussehen soll, wurde trotz der regelmäßigen Kabinettsbesprechungen zwischen beiden Ländern nie wirklich geklärt.

Die politische Union mußte weiter in die Ferne rücken, als zwei große europäische Länder drastisch notleidend wurden: Großbritannien und Italien. Die Europäische Gemeinschaft ist ein Verbundsystem besonderer Art, eine Zwischenstufe zwischen Staatenbund und Bundesstaat. Wird die Disparität seiner Glieder zu groß, so sinkt die Aktionsfähigkeit auf den geringsten gemeinsamen Nenner. Die dramatischen Krisen in Großbritannien und Italien wurden daher zu europäischen Ereignissen erster Ordnung.

Die englische Krankheit

Die Frage, ob die Demokratie in Großbritannien überleben könne, wäre vor wenigen Jahren absurd erschienen. Ich habe Anfang der sechziger Jahre Unterhausdebatten zwischen dem Tory-Premier Macmillan und dem Labourführer Gaitskell noch in Anwesenheit Winston Churchills erlebt, bei denen die Mutter der Parlamente so frisch und kräftig wirkte, wie sie zu Zeiten Gladstones und Disraelis gewesen sein muß. Der Ausverkauf des Weltreiches war damals schon weit fortgeschritten. Die Mehrzahl der Engländer nahm das Unvermeidliche mit Selbstironie hin. Die Nostalgie der Colonel Blimps in rauchgeschwärzten Clubs war ein beliebtes Objekt der Karikaturisten. Die Konturen eines erneuerten, wenn auch verkleinerten England schienen sich abzuzeichnen.

Mitte der siebziger Jahre droht das ehrwürdige britische Parlament zu einer Fassade zu werden, dessen Debatten für die Zukunft Britanniens nicht mehr relevant sind. Das Schicksal des Landes hängt von außerparlamentarischen Kräften ab. Die militanten Gewerkschaften sind in England zu einer Nebenregierung geworden, die ihre monopolistische Macht rücksichtslos gegenüber Regierung und Parlament durchsetzt. Sie hält die demokratischen Institutionen in einem Würgegriff, dem sich keine der beiden großen Parteien entziehen kann. So stellte James Reston, der Chef der »New York Times«, im Sommer 1974 die Frage: »*Can democracy survive in Britain?*«[4] Seine Antwort: Die klassischen Spielregeln der Demokratie seien bereits unterhöhlt.

Ein stabiles Land wie Großbritannien geht nicht über Nacht zugrunde. Noch immer war London einer der wichtigsten Finanzplätze der Welt, noch immer war die britische Industrie ein bedeutender Faktor, aber der Niedergang war unverkennbar. Mit einem Zahlungsbilanz-Defizit von 22 Milliarden Mark (1974) konnte England seinen Lebensstandard nur noch durch Schuldenmachen aufrechterhalten. 1974 war das neue Ölkapital des Mittleren Ostens noch bereit, England auszuhelfen. Der Zeitpunkt ist jedoch voraussehbar, da niemand mehr in ein Faß ohne Boden Kredite pumpen will.

Die Stunde der Wahrheit schlug schon in den sechziger Jahren, als sich herausstellte, daß Großbritannien ständig über seine Verhältnisse zu leben begann, daß die Arbeitsproduktivität weit hinter dem Erforderlichen lag, daß die technisch zurückgebliebene Exportindustrie mit verschärfter internationaler Konkurrenz nicht mehr mitzuhalten vermochte. Eine große nationale Anstrengung – vor allem mehr und bessere Arbeit – war nötig, um dieser für die Briten neuen Herausforderung zu entsprechen. Statt dessen begannen die über 500 Gewerkschaften mit Tausenden von kleinen und großen Streiks die ohnehin mühsame Produktion zu unterbrechen. Keiner Regierung wollte es mehr gelingen, die Loyalität der britischen Arbeiter zurückzugewinnen.

Als zugleich mit dem Beginn der Ölkrise die Kohlenarbeiter im Winter 1973/74 eine Lohnerhöhung um 35 Prozent forderten und in Streik traten, erreichte diese schleichende Krise einen Höhepunkt. Eduard Heath verordnete die Drei-Tage-Woche und stellte dem Volk die pathetische Frage: »Wer regiert England?« – auf die die Wähler keine Antwort zu geben bereit waren. Der sehr unenglische Versuch einer offenen Konfrontation endete mit dem Sieg der Gewerkschaften, woran allerdings auch eine verfehlte Wirtschaftspolitik nicht wenig schuld war, welche die Inflation noch angeheizt hatte. Sie stieg bis Anfang 1975 auf fast 20 Prozent.

Die Macht der Gewerkschaften war nunmehr so fest etabliert, daß Wilson, wieder in Downingstreet, nur einen lahmen »social contract« mit ihnen schließen konnte, der neue überhöhte Lohnforderungen und neue Streiks keineswegs ausschloß. In den sechs Monaten zwischen Wilsons Amtsübernahme und den Neuwahlen im Oktober 1974 hatte es nochmals etwa 1000 Streiks von großen Industriewerken bis hin zu Röntgenspezialisten und Krankenschwestern gegeben. Im April 1975 kam die Regierung Wilson dem notleidend gewordenen Autogiganten British Leyland mit 700 Millionen Pfund (rd. vier Mrd DM) zu Hilfe und übernahm die Aktienmehrheit. Die 17 Gewerkschaften, auf die sich die 170 000 Mitarbeiter Leylands aufteilen, hatten zwischen 1969 und 1974 durch Streiks 65,5 Millionen Arbeitsstunden verloren gehen lassen. Ob Konfrontation oder Nachgeben – die »englische Krankheit« blieb.

Der radikale Gewerkschaftsflügel nahm diesen Zustand allgemeiner Unlust zum Vorwand, die Verstaatlichung der Großindustrie mit der Begründung zu fordern, die privaten Manager hätten ohnedies ihre Initiative eingebüßt. Die »englische Krankheit« ist zum abschreckenden Beispiel für alle Industrienationen geworden. Wie schnell kann ein blühendes Land in Verfall geraten, wenn keine verbindliche Loyalität mehr existiert. Doch darf man nicht übersehen, daß in England ganz besondere Bedingungen vorlagen. Erst jetzt nämlich, nach dem Ende des Weltreiches, begann sich in ganzer Schärfe auszuwirken, was Eingeweihten nie verborgen war: die Engländer waren ein Kastenstaat geblieben, wie er nirgends auf dem Kontinent besteht.

A Nation Divided

Schon vor einem Jahrhundert hat das Premierminister Benjamin Disraeli, ein Liebling der Königin Victoria, in aller Schärfe ausgedrückt: »England besteht aus zwei Nationen mit völlig verschiedener Lebensweise, die weder Gedanken noch Sympathien gemeinsam haben.« Trotz der Einrichtung eines äußerst kostspieligen Wohlfahrtsstaates hat sich das bis in die jüngste Gegenwart nicht wesentlich geändert.

Das äußere Unterscheidungsmerkmal war von jeher die Sprache. Zur Oberklasse zählt nur, wer das King's English mit Oxford- oder Cambridge-Unterton zu sprechen vermag, das für einen Cockney unerlernbar ist. Die Sprache unterscheidet, ob man U oder Non-U ist, ob man zur *upperclass* gehört oder zu den Außenseitern.

Das Empire ist nicht von »England« regiert worden, sondern jeweils von ein paar tausend Männern, die in der »public school«, d. h. einer exklusiven Privatschule erzogen worden waren. Dem fügte sich auch die Labourführung seit den dreißiger Jahren zwanglos ein. Sie entstammte mit wenigen Ausnahmen der an die Oberklasse adaptierten Mittelklasse, was übrigens auch auf Tories wie Eduard Heath und Margaret Thatcher zutrifft.

Solange das Weltreich existierte, war es für diese Führungsschicht nicht allzu schwierig, den Wohlstand der Massen zu fördern, durch Vorzugszölle billige Lebensmittel einzuführen und einer vielfach antiquierten Industrie noch immer genügend Absatzmärkte zu sichern. Darüber stand als a-politische Institution und Symbol einer aristokratischen Demokratie das Königshaus, das mit oft absurden Darbietungen wie feierlichen Heiraten in der königlichen Familie dem britischen Drang nach Unterhaltung ausgezeichnet entsprach. Der britische Commonsense, das vorherrschende Gefühl für Maß und Mitte, das sich erst im 19. Jahrhundert voll ausbildete, die instinktive Ablehnung radikaler Propheten – das alles war weit mehr mit der privilegierten Stellung Englands im Commonwealth verbunden, als man zuzugeben bereit war.

Als sich dann die Briten auf ihre kleine Insel beschränkt sahen, war mit dem Mythos des Weltreiches auch der Glanz der Oberklasse dahingeschwunden. Ihre Kasteneigenschaften hatten anderthalb Jahrhunderte das Wunder möglich gemacht, daß Hunderte Millionen Inder von wenigen tausend britischen Beamten verwaltet wurden. Wozu aber konnten diese spezifischen, hochgezüchteten Talente jetzt noch taugen? Der Wohlfahrtsstaat hatte die gesellschaftliche Nicht-Entwicklung verdeckt. Die Rebellion der Unterschicht, die der radikale Gewerkschaftsflügel artikulierte, machte auch vor der Labourführung nicht halt, zumal die Labourparty finanziell völlig abhängig von den Gewerkschaften ist. Sie mußte dulden, daß der Streik aus einer legitimen Waffe im sozialen Kampf zu einer rein politischen Waffe wurde. Ein den Engländern bisher fremder Extremismus wuchs heran, während gleichzeitig in Ulster ein unheilvoller Bürgerkrieg schwelte, bei dem sich die archaischen Motive eines Religionskrieges mit der sozialen Rückständigkeit der katholischen Unterschicht verbanden.

»A nation – divided«, rief Harold Wilson, sonst mit allen Künsten opportunistischer Taktik vertraut, in einer Aufwallung von Schmerz aus. Die Engländer hatten in ihrer Mehrheit die ständigen Krisen mit dem gleichmütigen Phlegma von *»jolly good fellows«* hingenommen, sie hatten einen Winter ohne Heizung und bei Kerzenlicht noch immer nicht als Menetekel verstehen wollen. Die Erosion ihrer demokratischen Institutionen begann die Instinkte des Mittelstandes erst wachzurütteln, als auf herkömmliche Weise nicht mehr viel zu retten war. Frau Margaret Thatcher als Leader der Tories wurde dafür zum Symbol. Sie trat die Führung der Konservativen mit einem Appell an die Bewahrung eines England an, das in der Nachkriegszeit zur Vergangenheit geworden war.

Das italienische Desaster

Das italienische Krankheitsbild ist nicht weniger ernst als das britische. Ähnlich wie Uruguay, wo zwei Drittel der Bevölkerung von Staatspensionen leben wollen, ist Italien ein Opfer des Gefälligkeitsstaates geworden. Die Democrazia Cristiana, die Alcide de Gaspari im ersten Nachkriegsjahrzehnt schuf und führte, hat die Grundlagen für jenes im Norden erstaunlich moderne Italien gelegt, das in den fünfziger und sechziger Jahren in den exklusiven Kreis der hochindustrialisierten Nationen einzutreten vermochte. Nach der freimaurerisch-liberalen, dem Klerikalismus abgeneigten Monarchie, nach dem schnell verbrauchten Pathos des Faschismus hat Italien einen unerwartet modernen und rasanten Impuls erfahren, der sich schon nach der Jahrhundertwende im Futurismus angekündigt hatte. Die beiden Weltfirmen Olivetti und Fiat waren dafür besonders typisch. Sie brachten nützliche Erzeugnisse von hohem Geschmack hervor. Die Triennale in Mailand war in ihrer Glanzzeit stilbildend für die gesamte industrielle Welt.

In diesen ersten Blütejahren war es der Democrazia Cristiana gelungen, die anarchischen Instinkte der Italiener zu bändigen und die Demoralisierung, die dem hypertrophierten Nationalismus gefolgt war, aufzufangen. Die römische Kirche hatte die Erschütterungen des Krieges einigermaßen unversehrt überlebt, so daß der traditionelle Antiklerikalismus der Intelligenzia kaum mit der Macht im Hintergrund konkurrieren konnte, die de Gasparis Parteigründung stützte. Sie unterschied sich so deutlich von der ehemaligen Volkspartei Don Sturzos, wie in Deutschland die CDU vom ehemaligen Zentrum. Die Democrazia Cristiana war auf der Grundlage der katholischen Soziallehre als klassenüberwindende Partei konzipiert, »die vom feudalen römischen Prinzen über Unternehmer und Beamte bis zu Bauern und süditalienischen Taglöhnern sämtliche in Italien vorhandenen Klassen umfaßte. Der einzige Kitt, der die oft gegensätzlichen Interessengruppen zusammenhielt, war der katholische Glaube« (Joachim Schilling). Daß es in unserem säkularisierten Jahrhundert einem so heterogenen Gebilde über drei Jahrzehnte gelang, mit knapp 40 Prozent der Wählerstimmen die bei weitem stärkste Partei zu bleiben, war erstaunlich. Der Preis, den die DC dafür zu bezahlen hatte, war jedoch hoch. Nach de Gasperis Tod (1954) ohne profilierte Führerpersönlichkeiten, degenerierte sie zu einem korrupten Schutzverband von Gruppeninteressen, den schließlich nur die Angst vor dem Kommunismus zusammenhielt.

Zu diesem Abstieg hat die schwankende und unsichere Figur Pauls VI. nicht wenig beigetragen, der die Autoritätskrise der katholischen Kirche mit seinen »gebrechlichen Kompromissen mit dem sozialistischen Zeitalter« verschärfte bis hin zur unmoralischen und schmachvollen Absetzung des Kardinals Mindszenty. Die Aufspaltung der DC in Flügel – ähnlich der konservativen japanischen Regierungspartei – wurde durch die kontroverse Politik des Vatikans gefördert und ein links-katholischer Kreis von Abgeordneten gestärkt, der den »historischen Kompromiß« mit den Kommunisten befürwortete – ein Experiment, das mit mathematischer Sicherheit mit dem Untergang der Democrazia Cristiana enden müßte.

Ihre farblosen Parteiführer hatten indes längst der kommunistischen Propaganda durch unmäßige Ämterpatronage in die Hände gespielt. Staat und Kommunen müssen über die Hälfte ihres Steueraufkommens für einen aufgeblähten Beamtenapparat aufwenden, für ein Millionenheer von Parasiten, das bei minimaler Arbeitsleistung mit Pfründen ausgestattet wurde, die vom meist abwesenden Straßenkehrer bis zu 59 477 staatlichen und halbstaatlichen Organisationen reichen, die meist zur Versorgung sonst Unbeschäftigter geschaffen wurden.[5] In Rom hatte die Stadtverwaltung bis 1974 durch ihre gigantischen Personalkosten eine Schuldenlast von 11 Milliarden DM angehäuft. Von den 40 000 städtischen Angestellten erschienen jedoch täglich etwa 12 000 nicht zum Dienst. Die Skandale der italienischen Post beschäftigten die Weltpresse seit Jahren.

Die Ämterpatronage der Regierungspartei, die Vertuschung zahlloser Bestechungsskandale, die Duldung jeden Mißbrauchs staatlicher Autorität hat den Impuls, der Italien in der Nachkriegszeit beflügelte, gelähmt, den anarchischen Sinn der Italiener ermuntert und jede Loyalität zerschlissen. So war es kein Wunder, daß die Gewerkschaften seit den ersten großen Streiks 1968/69 nachzuahmen begannen, was die Verwaltung vorexerzierte. Sie verlangten ständig verkürzte Arbeitszeiten, verlängerten Urlaub und eine Garantie für den Arbeitsplatz, gleichgültig, ob die Konjunktur dies zuließ. Auch in der Industrie machte sich der Absentismus breit. Die Arbeitsproduktivität ging rasant zurück, und die großen Werke versuchten sich durch vollautomatische Produktion dagegen zu schützen, überflüssige Arbeitskräfte bei verminderter Leistung durchhalten zu müssen.

Zu all dem kam der fortbestehende Dualismus zwischen Nord- und Süditalien, der auch durch die gewaltigen Investitionen der Cassa per il Mezzogiorno nicht behoben werden konnte. Über sechs Millionen Italiener sind in der Nachkriegszeit aus dem Süden ausgewandert, seit 1961 allein 4,2 Millionen, von denen nur ein kleiner Teil in der Schweiz und der Bundesrepublik Arbeit fand. Bis 1969 lag das Lohnniveau im Süden um die Hälfte niedriger als im Norden. Als das Lohngefälle durch Gesetz nivelliert wurde, fiel ein wesentlicher Anreiz für neue Industrie-Ansiedlungen im Süden weg, weshalb die großen staatlichen Werke der Petrochemie, das mächtige Stahlwerk in Tarent und die industriellen »Kathedralen in der Wüste«, die in Sizilien und Sardinien errichtet wurden, keinen Unterbau durch verarbeitende Industrie erhielten, sondern künstliche Inseln blieben.

Die hektische Urbanisierung hat in Italien ganz ähnliche Probleme geschaffen, wie wir sie bereits in Japan und Brasilien kennenlernten. Im Norden wurde die Infrastruktur der Großstädte überfordert, und Gemeinschaftleistungen wie Schulen, Krankenhäuser, Verkehrswege und Wasserversorgung konnten mit dem Zustrom aus Süditalien nirgends Schritt halten. Die Auszehrung der Landwirtschaft hat aber auch die südlichen Städte unmäßig aufgebläht, in denen die Zuwanderer kaum Beschäftigungsmöglichkeiten finden konnten.

Der Masse dieser nur halb beschäftigten Zuwanderer in die Städte kamen die von den Gewerkschaften mit ständigen Streiks erkämpften Lohnsteigerungen kaum zugute. Nur die bereits Beschäftigten in den nördlichen Industriegebieten profitierten von den Arbeitskämpfen, kaum aber jene 300 000 Neapolitaner, die in Slums leben.

Die sinkende Arbeitsproduktivität, hervorgerufen durch Streiks und Fernbleiben vom Arbeitsplatz bei ständigen Lohnsteigerungen, hat in den siebziger Jahren – ähnlich wie in England – zu einem erschreckenden Zahlungsbilanzdefizit geführt. Es erreichte 1974 18,5 Milliarden Mark. Dabei spielte keine kleine Rolle, daß auch italienische Weltfirmen zeitweise kaum lieferfähig waren. Die Inflationsrate näherte sich 30 Prozent, und das Haushaltsdefizit betrug 37 Milliarden Mark. Das verteuerte Erdöl war nur durch hohe Kredite zu bezahlen. Eine erschreckende Bilanz.

Italien ist für Frankreich und die Bundesrepublik ein wichtiger Kunde. Die Verflechtung innerhalb der EG ist soweit fortgeschritten, daß eine Zahlungsunfähigkeit Italiens eine unabsehbare Kettenreaktion auslösen müßte. Sie würde vor allem Rückwirkungen auf Frankreich haben, die dann die Bundesrepublik auch auf dem französischen Markt treffen müßte. Daher entschloß sich Bonn im Herbst 1974, den deutschen Exportüberschuß im Handel mit Italien durch einen 5-Milliarden-Kredit gewissermaßen selbst zu finanzieren. Was aber können solche Geldspritzen helfen, solange das Patronagesystem im Öffentlichen Dienst fortbesteht? Die EG besitzt keinen Mechanismus, der auf schwere Mißstände im inneren Bereich eines Mitgliedes einwirken könnte. Immerhin hat Italien durch eine restriktive Geldpolitik seit dem Sommer 1974 das Defizit seiner Zahlungsbilanz zu vermindern vermocht. Es hätte ohne diese Eingriffe nicht 18,5, sondern fast 30 Milliarden DM betragen. Der Wille zur Besserung wurde sichtbar.

Die wichtigste Voraussetzung für eine Gesundung Italiens wäre die Entlassung von einigen Hunderttausend überflüssigen Staatsbediensteten. Da diese Menschen dann der Arbeitslosenversicherung zur Last fielen, würde aber selbst eine so einschneidende Maßnahme das Haushaltsdefizit nicht entscheidend verringern.

Die Kommunistische Partei Italiens bietet unter ihrem geschickten Chef Berlinguer seit Jahren den »historischen Kompromiß« einer gemeinsamen Regierung mit der Democrazia Cristiana an und kann sich dabei auf die Sauberkeit jener Städte berufen, in denen sie, wie in Bologna, die lokale Regierung schon lange in Händen hat. Sie verspricht Fortbestand der EG, und sogar die NATO-Mitgliedschaft wird angeblich gewährleistet. Mit diesen Sirenentönen hat sie die innere Spaltung der Regierungspartei bewirkt, deren linker Flügel für den »historischen Kompromiß« eintritt, während die Mehrheit unter Parteichef Amintore Fanfani an die Taktik des trojanischen Pferdes erinnert, der 1948 die Tschechoslowakei zum Opfer fiel. Nach politischer Logik müßte es der kommunistischen Minderheit irgendwann gelingen, das Ziel der Mitbeteiligung zu erreichen. Sind doch die Kommunisten die einzige unverbrauchte Kraft in Italien. Aber politische Logik hat sich auf den verschlungenen Pfaden der italienischen Innenpolitik selten als das letzte Wort erwiesen.

Sollte der »historische Kompromiß« zustande kommen, so

ändern sich die Gewichte in Europa, und zwar selbst dann, wenn die Kommunisten eine relative Selbständigkeit gegenüber Moskau beweisen könnten. Die Europäische Gemeinschaft beruht auf einem Minimum des gleichartigen Ansatzes. Er würde dann nicht mehr bestehen.

Die breite Mehrheit der Italiener wünscht weder Kommunisten noch Faschisten in der Regierung; sie sehnt sich jedoch nach einer starken Zentralgewalt, die Erpressungen und Entführungen, wilde Streiks und Bandenunwesen unterbindet. Es ist die Tragödie der italienischen Demokratie, daß sie all dies nicht mehr zu bieten vermag.

Der weiche Unterleib Europas

Das Bild ist alt. Es stammt aus dem Zweiten Weltkrieg, als Churchill vergeblich darauf drang, den deutschen Herrschaftsbereich nicht vom Atlantik sondern vom Süden her aufzurollen. Er wollte damit einem Vorstoß der Sowjetunion ans Mittelmeer zuvorkommen.

Die Truman-Doktrin hat später Griechenland und die Türkei vor dem sowjetischen Zugriff gerettet, und der Abfall Titos von Moskau hatte seit dem Ende der vierziger Jahre auch die Adria immunisiert.

Das Bild ist alt, aber Mitte der siebziger Jahre gewann es neue Aktualität. Von Portugal bis zur Türkei befindet sich die Südflanke Europas in einem Zustand der Gärung. Nach einem Vierteljahrhundert relativer Stabilität – in oft unerwünschten Formen wie der Diktatur der sturen griechischen Obristen – sind die meisten südeuropäischen Staaten in einer evolutionären Umformung begriffen, den das allgegenwärtige Monster der Inflation beschleunigt. In Portugal und Griechenland wurden 1974 die Diktaturen gestürzt, Zypern wurde von einem Statsstreich erschüttert, der schon nach wenigen Wochen zur Besetzung der Hälfte der Insel durch die Türken und schließlich zu ihrer Abspaltung führte. In Jugoslawien und Spanien geht das Regime der beiden achtzigjährigen Regenten, das ein Menschenalter gewährt hat, seinem Ende entgegen. Und der Mittelpfeiler Italien ist, wie unsere Skizze zeigt, ein kaum mehr regierbares Land.

Die Reise in eine unsichere Zukunft war rings um das Mittelmeer unvermeidlich. Versteinerte Machtverhältnisse haben in Portugal, in Griechenland und gewiß nicht weniger in Spanien einen psychischen Rückstau erzeugt, der zur Entladung drängte. Die Stupidität der Obristen war für die intelligenten Griechen eine fortdauernde Beleidigung, insbesondere nachdem ihre anfänglich erfolgreiche Wirtschaftspolitik in die Mühlen der Inflation geraten war. Daß neun Millionen Portugiesen gleichzeitig drei Kolonialkriege mit 170 000 Soldaten in Übersee hätten unabsehbar weiterführen können, war absurd, zumal dieses Klein-Vietnam in Afrika fast die Hälfte der Staatseinnahmen auffraß. 1,6 Millionen Portugiesen, ein Fünftel der Gesamtbevölkerung, wählten seit 1950 im ärmsten Lande Europas als einzige Chance die Auswanderung – allein 1973 verließen 120 000 Portugiesen das Land, das nur durch die hohen Überweisungen der Auslands-Portugiesen seine passive Handelsbilanz auszugleichen vermochte.

Das Offiziersregime, das in Portugal 1974 die Macht ergriff, kam mehr und mehr unter kommunistischen Einfluß. Obwohl bei den ersten freien Wahlen ein Jahr später bei einer Wahlbeteiligung von über 91 Prozent zwei Drittel der Wähler die beiden gemäßigten sozialistischen Parteien gewählt und den Kommunisten nur 12,5 Prozent der Stimmen gegeben hatten, mißachteten die Offiziere das Votum des Volkes, verschärften ihren Linkskurs und stemmten sich gegen die Rückkehr Portugals zu einer echten Demokratie, wie sie die Mehrheit des Volkes wünschte. So befand sich Portugal auf dem Weg zum ersten kommunistischen Zwangsstaat Westeuropas. Ein weiteres Menetekel.

Der Zypernkonflikt schließlich war durch fortwährende Kompromisse immer wieder verkleistert worden. Vielleicht wäre dies dem Erzbischof Makarios auch weiterhin geglückt, wenn ihn die törichten Athener Obristen nicht zu beseitigen versucht hätten. Die Gefahr lag jedoch immer nahe, daß die Türken eines Tages ihre militärische Übermacht ausspielen würden.

Für alle diese Umwälzungen gibt es gute Gründe, wie auch für die in *Spanien* zu erwartenden tiefgreifenden Veränderungen. Der greise Staatschef hat sie selbst durch die Bestallung eines wenig profilierten Prinzen zum Nachfolger heraufbeschworen, auf den sich seine schon verwitterte Autorität nicht vererben läßt. Ähnlich wie in Portugal ist daher auch in Spanien der Abbau des falangistischen Regimes wahrscheinlich geworden – wenn auch unter günstigeren wirtschaftlichen Umständen.

Seit den sechziger Jahren hat Spaniens Modernisierung große Fortschritte gemacht. Das Volkseinkommen ist beträchtlich gestiegen (Wachstumsrate 1960/71 jährlich 6,1 Prozent pro Kopf). Die weit verbesserte Wirtschaftslage hat jedoch die sozialen Spannungen eher noch erhöht. Das enge Gehäuse, in das Franco die Spanier preßte, vermag weder die Intelligenzia noch die Arbeiterschaft zu befriedigen. Die Dekomposition dieses Regimes setzte seit 1974 unaufhaltsam ein. Eine neue Generation ist herangewachsen, für die der Schrecken des Bürgerkrieges und seiner Opfer nur noch Legende ist. Zugleich verfügt inzwischen Spanien auch über einen Mittelstand, den es Anfang der dreißiger Jahre noch nicht in dieser Breite gab. Die Zahl der Familien ist erheblich gewachsen, die etwas zu verlieren haben, wenn es erneut zu heftigen Konfrontationen kommen sollte. Es spricht daher viel dafür, daß die Spanier nach Franco zwar starken Spannungen, aber keiner Katastrophe ausgesetzt sein werden. Die »Europäisierung« Spaniens schreitet schnell voran. Das muß nicht Radikalisierung heißen, sondern eher eine Angleichung an das europäische Durchschnittsmaß.

Amerikas Rolle am Mittelmeer

Die weltpolitischen Folgen der vollzogenen und noch bevorstehenden Umwälzungen an den Gestaden des nördlichen Mittelmeeres führen uns auf die Positionen der Supermächte zurück, obwohl weder die USA noch die Sowjetunion unmittelbar an den Ereignissen in Portugal, Griechenland und Zypern beteiligt waren und voraussichtlich auch in Spanien kein direkter Eingriff droht.

Die lange Periode einer relativen Stabilität fiel zusammen mit der Kontinuität des amerikanischen Einflusses in den europäischen Mittelmeerländern. In Lissabon und Madrid, in Athen und Ankara hatten die Amerikaner ohne großes Aufheben die einstige Vormachtstellung der Briten im Mittelmeer übernommen. Nachdem auch Malta und Zypern unabhängig geworden waren, beschränkte sich die britische Präsenz auf den Stecknadelkopf Gibraltar (er ist nur noch ein Ärgernis für die Spanier, strategisch aber bedeutungslos) und auf zwei militärische Enklaven auf Zypern, deren Nutzlosigkeit beim Zypernkonflikt demonstriert wurde (nur zur Evakuierung von Touristen taugten sie noch). Die Azoren, der Flottenstützpunkt Rota in Südspanien, die Bucht von Athen wurden neben den italienischen Häfen wichtige Nachschubstützpunkte und Basen der Sechsten Flotte.

Weit über das Strategische hinaus war den Amerikanern, trotz mancher Mißgriffe, ein stabilisierendes Gewicht im nördlichen Mittelmeer zugefallen – eine Rolle, die keines der europäischen Länder zu spielen vermochte; auch nicht das Frankreich de Gaulles, das zwar eifersüchtig auf die Amerikaner war, sie aber nicht ersetzten konnte. Antiamerikanische Unterströmungen, Propaganda gegen wahre und erfundene Aktionen des CIA, gelegentliche Verstimmungen gab es zwar überall am Mittelmeer, aber das hielt sich in Grenzen. Keiner der europäischen Mittelmeer-Anrainer wollte auf amerikanische Hilfe verzichten. Im übrigen Europa legte man sich selten darüber Rechenschaft ab, in welch hohem Maße die Stabilität des Kontinents auf diesem politisch-strategischen Einfluß der USA im Mittelmeer beruhte.

Die Gärung in den Mittelmeerländern hat zu einer Erosion dieser amerikanischen Hegemonie geführt. Durch den Zypernkonflikt zerbrach die NATO im östlichen Mittelmeer. Das Unvermögen der Amerikaner, die Besetzung des Nordteils der Insel durch die Türken zu verhindern, kostete Washington die Freundschaft Griechenlands. Der Austritt aus der NATO war auch für einen westlich gesinnten Mann wie Konstantin Karamanlis unvermeidlich, wenn er im eigenen Land glaubwürdig bleiben wollte. Sein großer Wahlsieg im November 1974 verheißt Griechenland eine Periode der Stabilität.

Zugleich wurde aber auch die amerikanische Stellung in der Türkei zerzaust, nachdem der Kongreß sich mit dem türkischen Gewaltakt in Zypern nicht abfinden wollte und die Militärkredite sperrte.

Portugal ist zum ersten NATO-Land geworden, in dem ein Kommunist von Format dem Kabinett angehört. Daß Alvaro Cunhal, der sogleich nach dem Umsturz aus den Verliesen des Kreml angeflogen kam, eine Volksfront anstrebt, verbirgt er nicht. Noch behauptet man in Lissabon, den Austritt aus der NATO nicht zu erwägen, mit dem den Amerikanern der Stützpunkt der Azoren verlorenginge, dessen Wert sich bei der Luftbrücke nach Israel im Oktober 1973 erneut erwiesen hatte. Aber eine baldige Stabilisierung in Portugal ist ebenso ungewiß wie die Zukunft Spaniens. Ähnlich wie Alvaro Cunhal geduldig in östlichen Gefilden auf seinen Tag wartete, spähte der spanische KP-Generalsekretär Santiago Carillo angespannt nach Madrid und beschäftigte sich in Paris bereits mit untergründigen Volksfrontspielen im Sandkasten.

In Moskau hat man all diesen Vorgängen gegenüber Gelassenheit zur Schau getragen. Nach dem mißglückten Experiment Allendes in Chile drängte man sich kaum nach einer Verantwortung für Portugal, dessen gesamter Handelsverkehr nach Westen ausgerichtet ist (0,6 Prozent der portugiesischen Ausfuhr und 0,9 Prozent der Einfuhr wurden 1973 mit dem Ostblock abgewickelt). Griechenland suchte nach dem Austritt aus der NATO enge Tuchfühlung mit der EG, sperrte aber den Amerikanern die für die Sechste Flotte hochwichtige Basis bei Athen.

Die Erosion des amerikanischen Einflusses in den Mittelmeerländern ist ein langwieriger Prozeß, dem die Sowjetpolitik nur in vorsichtiger Dosierung Vorschub zu leisten braucht. Diese Taktik scheint nach dem Mißerfolg direkten und massiven Eingreifens in Ägypten größeren Erfolg zu versprechen.

Die Vertreibung der Amerikaner aus dem Mittelmeer bleibt eines der großen politisch-strategischen Ziele der Sowjetführung. Sie hält es nicht durch unmittelbare Konfrontation für erreichbar, welche die Vorteile der Entspannungspolitik in Gefahr brächte und den amerikanischen Widerstandswillen versteifen müßte. Die Sowjets setzen vielmehr darauf, in geduldiger Arbeit die antiamerikanischen Ressentiments der Völker am Mittelmeer zu stärken, wie das vor allem die KP in Italien praktiziert. Wenn Haßgefühle gegen Amerika aus verletztem Stolz ausbrechen wie in Griechenland, so kann dies nur den Unmut in den USA gegen Engagements steigern, die so viel Ungelegenheiten bringen wie der Konflikt um Zypern. Auch in Lissabon setzte schon bald nach dem Umsturz die Propaganda gegen den CIA ein (für die die Amerikaner selbst mit ihren Chile-Enthüllungen die Munition geliefert hatten). Dennoch sind Portugal, Spanien, ja vorerst sogar Griechenland nur Randgebiete des sowjetischen Interesses. Die Nahziele sind handfester.

Das jugoslawische Dilemma

Der Ausbruch Titos aus dem Kommandobereich des Sowjetimperiums ist von Stalin über Chruschtschow bis zu Breschnjew nie verwunden worden. Die wechselvolle Geschichte der Beziehungen zwischen Belgrad und Moskau seit jenem denkwürdigen Juni 1948 kann hier nicht nachgezeichnet werden. Perioden der heftigen Polemik wechselten mit Zeiten der Annäherung. In den Monaten nach dem sowjetischen Einmarsch in die Tschechoslowakei fürchtete man in Belgrad – zwanzig Jahre nach dem Bruch mit Moskau – nochmals eine militärische Intervention. Als sie ausblieb, versuchte Tito künftigen Gefahren durch die Ausschaltung der schärfsten Kritiker der sowjetischen Politik vorzubeugen. Die Säuberungen unter den kroatischen »Nationalkommunisten« und den serbischen »Liberalen« waren so hart, daß man Anfang der siebziger Jahre fast an eine freiwillige Rückkehr Jugoslawiens in den Ostblock denken konnte. Aber auch sie unterblieb. Auf jede Annäherung folgte nach kurzer Zeit wieder ein Rückschlag. Tito war im Laufe der Jahrzehnte eine eigenständige Figur der Weltpolitik geworden. Eine wirkliche Unterwerfung nach Art der Tschechen und Slowaken, eine Anerkennung der Breschnjew-Doktrin, d. h. die Aufgabe selbständiger Außenpolitik, kam für Tito nicht in Betracht.

Die inneren Spannungen des serbo-kroatischen Vielvölkerstaates, denen einst König Alexander zum Opfer gefallen war, konnten auch von Tito nur überbrückt, aber nie wirklich beseitigt werden. Die Frage war daher immer offen, was geschehen werde, wenn Titos Autorität weggefallen sein würde. In seinem

83. Lebensjahr hat Tito darauf im Herbst 1974 eine bittere Antwort erhalten. An der montenegrinischen Küste wurde eine antititoistische kommunistische Partei ausfindig gemacht, der, wie Tito selbst mitteilte, »enorme Mengen von im Ausland gedrucktem Propagandamaterial« zur Verfügung standen. Die Sowjetbotschaft war unmittelbar verwickelt.

Man muß die bald wieder vergessene Affäre festhalten, weil sie den schlüssigsten Beweis dafür geliefert hat, daß die Sowjetunion die Rückeroberung Jugoslawiens in ihren imperialen Bereich nicht aufgegeben hat – sei es durch Subversion und Unterwanderung des Tito-Kommunismus, sei es mit gewaltsameren Methoden. Hier ist der Angelpunkt der sowjetischen Mittelmeerpolitik wie auch der Balkanpolitik zu suchen, die man als eine Einheit sehen sollte.

Die Rückführung Jugoslawiens in das Sowjetimperium würde das Gleichgewicht im Mittelmeer grundlegend verschieben. Der Roten Escadra stünden die ausgezeichneten Häfen der dalmatinischen Küste zur Verfügung und damit eine gesicherte Operationsbasis, die die Sowjetunion vergeblich in Alexandria suchte. Damit ergäbe sich eine völlig neue Lage für Italien, das mit seiner langen ungeschützten Küste dem sowjetischen Machtbereich unmittelbar gegenüberläge. Daß dies ohne schwerwiegende innenpolitische Folgen bleiben könnte, läßt sich kaum annehmen. Griechenland im Süden und Österreich im Norden Jugoslawiens sähen sich ebenfalls in wesentlich neuer Lage. Kurzum, der weiche Unterleib Europas geriete in eine politische Bedrängnis, ohne daß auch nur ein Schuß fallen müßte – vorausgesetzt, ein Umschwung in Jugoslawien ließe sich durch Subversion erreichen.

Ebenso bedeutend wären die Rückwirkungen im Ostblock selbst. Rumänien hat seine vorsichtige Sonderrolle nie aufgegeben und zum Zorn der Sowjetführung auf seine Verbindungen zu China nicht verzichtet, selbst dann nicht, als die bulgarische KP 1973 davon zu sprechen begann, Bulgarien werde sich als Sowjetrepublik in die UdSSR eingliedern. Das war kaum ernst gemeint, sondern nur eines der Druckmittel gegen den rumänischen Staatschef Ceaucescu. Ein der Sowjetunion unterworfenes Jugoslawien ließe den Rumänen keinen Spielraum mehr für ein Minimum eigenständiger Politik.

Der jugoslawische Komitatschi, der geborene Partisan, war immer ein unberechenbarer Faktor in der Geschichte des Balkans. Diese Erfahrung würden wohl auch die Russen machen, falls ihnen ein Gewaltstreich in Belgrad und Zagreb gelänge. Wir verzichten daher darauf, die Konsequenzen weiter auszumalen. Auch ist es müßig darüber zu spekulieren, wie die amerikanischen Reaktionen sein könnten, weil das ganz von der Situation abhängt, in der eine Aktion in Jugoslawien abrollt. Ob sie mit oder gegen die jugoslawische Armee gestartet wird, ist zum Beispiel unvorhersehbar.

Nur soviel ist gewiß: Tito hat keinen Nachfolger, der auch nur annähernd die gleiche Autorität besäße. Die Versuchung für die Sowjetunion, die nach Titos Tod unvermeidlichen Spannungen auszunutzen, ist enorm, und die Wahrscheinlichkeit, daß dafür bereits Vorbereitungen getroffen werden, ist seit der montenegrinischen Affäre keine Spekulation mehr.

So spricht nicht wenig dafür, daß abermals vom Balkan her der europäische Hamlet vor die Existenzfrage gestellt wird. Die Chinesen haben ihre europäischen Gesprächspartner immer wieder davon zu überzeugen versucht, die Gefahrenzone des Fernen Ostens sei weniger brisant geworden als die europäische. Man hat das häufig nur als antisowjetisches Ablenkungsmanöver verstehen wollen. Aber die Chinesen sind durch ihre rumänischen Freunde über die Vorgänge im Hinterhof Europas sehr gut unterrichtet. Seit 1973 stellen sie regelmäßig europäischen Besuchern die Frage: Was geschieht nach Titos Tod?

Blick über den Atlantik

Die Schwäche Europas ist die tiefste Enttäuschung der Amerikaner. Seit dem Marshallplan, der in den fünfziger Jahren die europäische Wirtschaft wieder in Gang brachte, haben die Amerikaner den Zusammenschluß Europas befürwortet, wobei sie im letzten Jahrzehnt voraussehen mußten, sich damit einen scharfen Konkurrenten auf dem Weltmarkt zu schaffen. Im Verhältnis zu Europa überwog jedoch bei allen amerikanischen Präsidenten seit Truman das politische Interesse an der atlantischen Gemeinschaft.

Je weiter die Zeit fortschritt und je weniger Aussichten sich auf die Verwirklichung einer politischen Union der Europäer zeigten, um so ungeduldiger wurde man in Washington. Für die amerikanischen Regierungen wurde es zusehends schwieriger gegenüber dem Kongreß die fortbestehenden großen Verpflichtungen der USA für die Verteidigung Europas zu vertreten. Dazu entstand in der Periode Nixon–Kissinger das Dilemma, wie sich eine Politik der Entspannung gegenüber der Sowjetunion mit fortbestehender Verteidigungsbereitschaft vereinbaren ließe. Wir haben diese Problematik bereits im Zusammenhang mit der deutschen Ostpolitik untersucht.

Im April 1973 versuchte Kissinger in einer grundlegenden Rede, eine Neuordnung des amerikanisch-europäischen Verhältnisses zu erreichen. Grundgedanke war dabei, daß sich eine gemeinsame Verteidigung nicht von den Fragen der Währungen und des Handels trennen ließe. Das führte sogleich zu ätzender Kritik des damaligen französischen Außenministers Michel Jobert. In deprimierender Weise stellte sich heraus, daß Präsident Pompidou noch immer an den antiamerikanischen Komplexen de Gaulles festhielt, obwohl Frankreich zugleich deutlich machte, daß es unter keinen Umständen auf das Fortbestehen des amerikanischen Verteidigungsbeitrages verzichten wollte. An diesem Widerspruch scheiterte schließlich die amerikanische Initiative. Sie versandete im kleinlichen Gezänk über ein nichtssagendes Papier, dessen Inhalt einer mittelmäßigen Arbeit eines Proseminars für Politische Wissenschaft entsprach. Die Folge davon war, daß die Amerikaner die Europäer nur noch lückenhaft über ihre Politik unterrichteten und bei der Nahostkrise im Oktober 1973, die durch das Ölproblem den Lebensnerv Europas traf, die Europäer kaum mehr über ihr Krisenmanagement konsultierten.

In der Energiefrage gingen die Interessen der USA und der Europäer nicht parallel, wie wir schon dargelegt haben. Immerhin kam es im Herbst 1974 zu einem vertretbaren Kompromiß, bei dem sich die Amerikaner, fast ganz Westeuropa und Japan darauf einigten, daß man sich im Notfall gegenseitig aushelfen müsse. Giscard d'Estaing war ein zugänglicherer Verhandlungspartner als sein Vorgänger.

Nichts hat sich an der fundamentalen Tatsache geändert, daß die Sicherheit Europas vom amerikanischen Atomschirm abhängig bleibt und daß auch eine halbwegs ausreichende konventionelle Verteidigung ohne die amerikanischen Divisionen in Europa nicht denkbar ist. Allein schon der Hinweis auf das drohende jugoslawische Dilemma dürfte einsichtig machen, daß das bis weit in die achtziger Jahre hinein so bleiben wird.

Dieser Einsicht steht jedoch in Europa entgegen, daß vor allem die kleineren NATO-Staaten immer unwilliger werden, ihren bescheidenen Beitrag zur gemeinsamen Verteidigung aufrechtzuerhalten. Nur mit Mühe konnten die Niederlande an einer einseitigen Abrüstung gehindert werden. Dänemark versuchte sich nach Möglichkeit bindenden Verpflichtungen zu entziehen, und auf dem Programm der britischen Labourparty standen drastische Verminderungen des Verteidigungsetats. Der Austritt Griechenlands aus der NATO und die ambivalente Haltung der Türkei kamen hinzu.

Die Amerikaner hätten längst die Konsequenzen aus der Blindheit der Europäer gegenüber ihrem eigenen Schicksal gezogen, wüßten sie nicht, daß nach einem vollständigen Zusammenbruch der gemeinsamen Verteidigung der sowjetische Druck auf Europa so überwältigend stark würde, daß davon die ureigensten amerikanischen Interessen tief berührt würden.

Diese gegenseitige Unlust wäre nur zu beheben, wenn die Europäer bereit wären, nicht nur regional zu denken, sondern gemeinsam mit den Amerikanern ihre Politik unter globalen Gesichtspunkten zu entwerfen. Dazu waren in der ersten Nachkriegszeit nur die Engländer bereit. Die Hoffnung, durch den Beitritt der Briten zur europäischen Gemeinschaft könne die enge Sicht der Kontinentaleuropäer überwunden werden, hat jedoch getrogen. England war nach seinem Eintritt in die EG so sehr mit sich selbst beschäftigt, daß von London kein Impuls auszugehen vermochte. So bleibt das Verhältnis Amerikas zu Europa auf eine Vernunftehe beschränkt. Von dem Elan, der die amerikanischen Atlantiker zwei Jahrzehnte hindurch beseelte, ist wenig übriggeblieben. Bündnisse, so hat einmal de Gaulle gesagt, sind wie die Rosen und die jungen Mädchen, sie blühen, so lange sie blühen.

Die NATO wird dennoch weiter bestehen. Auf der militärischen Ebene ist eine weit bessere Integration als auf der politischen erreicht worden. Der moderne Berufsoffizier – hochgradig technologisch geschult – hat kaum mit den nationalen Hemmungen zu kämpfen, welche die Politiker belasten. So bleibt ein Minimum der übernationalen Kooperation im atlantischen Verhältnis garantiert. Für Schönwetterzeiten mag das ausreichen. Der Glaube, sie müßten ewig anhalten, ist auf wirtschaftlichem Gebiet bereits erschüttert. Auf ein politisches Sturmtief sind die Europäer noch weniger gerüstet. So handeln die Vereinigten Staaten häufig als Führer einer Einheit, die es in Wirklichkeit nicht gibt. Das ist das Kernproblem der atlantischen Gemeinschaft.

Die Chancen Europas

Wir begannen diese Betrachtung über Europa mit dem Blick auf die ungewöhnliche Vitalität, welche die Europäer nach der Katastrophe des Zweiten Weltkrieges bewiesen haben. Der phönixhafte Aufstieg aus Trümmern, Elend und Hunger brachte in den europäischen Kerngebieten einen Wohlstand der breiten Massen hervor, der die Verhältnisse in den »goldenen zwanziger Jahren« weit in den Schatten stellte. Damit aber begannen sich die Wertmaßstäbe zu verändern. Wir sahen, wie die Loyalität des Individuums und mehr noch der großen und oft militanten sozialen Gruppen zur übergeordneten Gemeinschaft zu zerbröckeln begann. Und wir sahen, daß keine neue Loyalität zu einer umfassenden europäischen Einheit entstehen konnte, obwohl dafür in allen europäischen Ländern günstige Voraussetzungen bestanden.

Der Rückkehr zu früheren Zuständen und Gepflogenheiten das Wort zu reden, wie das noch häufig geschieht, ist ein hoffnungsloses Beginnen. Der Prozeß der Verstädterung und Nivellierung der Industriegesellschaft ist nicht umkehrbar. Auch romantische Utopien können zu einem grausigen Ende führen, wie die Hitlerzeit bewies. Mit Recht hat Stephen Spender einmal gesagt, es sei heute oft schwierig, zwischen einem echten Revolutionär und einem romantischen Reaktionär zu unterscheiden.[6]

Der landläufige Pessimismus über unsere mißmutige und neurotisierte Gesellschaft mit ihren Reizmitteln, die zur Verdummung beitragen, beruht auf der Annahme, es werde alles so weitergehen, wie wir das seit der Vollendung der ersten Wiederaufbauphase Mitte der fünfziger Jahre in Europa erlebt haben. Der Mensch als Zivilisationsprodukt werde fast nur noch vom »Gesetz der höheren Erwartung« bestimmt werden. Vorausgesetzt wird also, Herausforderungen, bei denen es um Sein oder Nichtsein geht, werde es nicht mehr geben.

Diese Annahme ist kurzsichtig. Es wird ungeheure Herausforderungen für die Europäer geben, auch wenn es nicht zu globalen Katastrophen wie einem atomar geführten Krieg kommt. Allein die weltweite Bevölkerungsexplosion, mit der wir uns im folgenden Kapitel befassen, wird in den nächsten Jahrzehnten wesentlich neue Voraussetzungen für die Lebensbedingungen auf dieser Erde schaffen. Sie werden auch die Europäer in hohem Maße berühren. Es wird also mit schwierigen Verhältnissen zu rechnen sein, die an die Europäer in anderer Form die gleichen Anforderungen stellen, wie in dem Jahrzehnt nach 1945, in dem es um das nackte Überleben ging.

Steht irgendwo in den Sternen, die europäische Substanz und Vitalität sei so erschöpft, daß sie veränderten globalen Bedingungen nicht mehr gewachsen sei? Beruht das Erschlaffen, wie wir es am britischen Beispiel skizzieren, auf einem Naturgesetz? Ist es nicht intellektuelle Arroganz, wenn man voreilig aus Beobachtungen der Exzesse der Überflußgesellschaft so weitreichende Schlüsse zieht?

Kulturen, so meinte Arnold Toynbee, sterben nicht nach biologischen Gesetzen, sondern durch Selbstmord. Diese Gefahr besteht allerdings für Europa. Es ist auf bedrohliche Entwicklungen vorläufig nicht eingerichtet. Dafür ist typisch, wie etwa die fortschreitende Hochrüstung des Sowjetimperiums aus den Gedanken verdrängt und durch Illusionen ersetzt wird, weil es unbequem ist, die Realität nüchtern abzuschätzen. Ähnliche Verdrängungen erleben wir auch gegenüber dem schon heute bestehenden Hungergebieten in der Vierten Welt. Es bedarf jedoch weder nutzloser Predigten noch schriller Alarmrufe, um das zu ändern. Die neue Wirklichkeit wird selbst dafür sorgen, daß die Herausforderungen nicht ignoriert werden können.

Mit ihnen wird sich eine europäische Generation auseinanderzusetzen haben, die bisher noch nie bis zur Anspannung der letzten Kraft gefordert worden ist. Was berechtigt ältere Menschen zu der Behauptung, zu einer solchen Anstrengung sei diese an Wohlleben gewohnte Generation gar nicht mehr in der Lage? Ich glaube im Gegenteil, die Chancen Europas eröffnen sich erst von neuem, wenn bequeme Ausflüchte nicht mehr weiterhelfen. Der Wohlstandsgesellschaft entwich ein besonders aktiver Teil der jungen europäischen Generation in das Traumreich der verschiedenartigsten Utopien. Sie verlieren an Attraktion, wenn die Erkenntnis dämmert, daß es sich nicht mehr um unverbindliche Spiele, sondern um Existenzfragen handelt.

Der europäische Hamlet steht als Symbolfigur für die erste Nachkriegsgeneration. Jene skeptische Generation, die sich gegen ein Übermaß von Schlagworten wehrte. Inzwischen sind die Akzente anders geworden. Darf man die nachfolgende realistische Generation verdammen, weil sie sich noch nicht bewähren konnte? Schon Hegel hat den großen Fehler begangen, daß er glaubte, in seiner Lebensperiode sei die Weltgeschichte in ein Endstadium eingetreten. Man sollte diesem Irrtum nicht immer von neuem verfallen. Verändert hat sich die europäische Rolle in der Welt, unverändert aber bleibt die Notwendigkeit, daß Europa einen bedeutenden Beitrag zur Fortentwicklung des Weltgeschehens leistet.

Kapitel XIV
DIE NEUEN DIMENSIONEN

Die Menschenlawine rollt. Ein Mensch, der 1930 geboren wurde, war erst dreißig Jahre alt, als sich die Menschheit zu seinen Lebzeiten um eine ganze Milliarde vermehrte. Und er war erst 45 Jahre alt, als sich die Menschheit zu seinen Lebzeiten verdoppelt hatte, von zwei auf vier Milliarden Menschen. Für die erste Milliarde wurden noch 30, für den Zuwachs der zweiten Milliarde nur noch 15 Jahre benötigt. Wenn der 1930 geborene 70 Jahre alt sein wird, dürfte sich zu seinen Lebzeiten die Menschheit mehr als verdreifacht haben. Um das Jahr 2000 muß man mit sieben bis acht Milliarden Menschen rechnen. Der Prozeß des beschleunigten Wachstums hält noch immer an. Wann die Kurve sich nach unten senkt, ist umstritten. Die Demographie vermag kaum mehr über zwei bis drei Jahrzehnte vorauszusehen.

Bisher sind alle Voraussagen durch die Wirklichkeit weit übertroffen worden. Vor zwanzig Jahren nahm der Verfasser in einem Buch über die Weltbevölkerungsprobleme auf Grund der damaligen Daten an, die vierte Milliarde werde um 1990 überschritten werden.[1] Tatsächlich war das fünfzehn Jahre früher der Fall. Es ist also möglich, daß auch unsere jetzigen Vorausberechnungen noch übertroffen werden.

Die Epoche, in der wir leben, läßt sich mit keinem anderen Abschnitt der Menschheitsgeschichte vergleichen. Im 19. Jahrhundert bedurfte es rund 120 Jahre (1800–1920), bis sich die Menschheit verdoppelt hatte. Jetzt geschieht das in nur 15 Jahren. Die Folgen sind nur in unsicheren Konturen voraussehbar. So phantasielos kann jedoch kaum jemand sein, daß er annehmen könnte, die Regionen mit geringer Fruchtbarkeit – also im wesentlichen die atlantische Welt – könnten von diesem Wachstum der Menschheit unberührt bleiben. Auch gibt es bisher wenig Anhaltspunkte dafür, daß in den Weltprovinzen mit der größten Fruchtbarkeit schon bald die gleiche Entwicklung eintritt, die sich in der atlantischen Welt beobachten ließ. Dort sank die Todesrate im Laufe des letzten Jahrhunderts beträchtlich, aber auch die Geburtenrate ging als Folge wachsender materieller Zivilisation scharf zurück. In den jetzigen Gebieten hoher Fruchtbarkeit sank die Todesrate ebenfalls scharf und die Lebenserwartung stieg. Die Geburtenrate aber blieb gleich. Das ist die Ursache der Bevölkerungsexplosion, deren Zeugen wir sind.

Der Mensch ist ein irrationales Wesen. In den Berichten des Club of Rome wurde auf die Begrenztheit der Rohstoffe, die Nahrungsmittellücke und die Folge eines ungehemmten Bevölkerungswachstums aufmerksam gemacht. Ein sorgsamer Umgang mit Rohstoffen und die Bekämpfung der Umweltverschmutzung sind schwerwiegende, aber nach schweren Krisen wahrscheinlich lösbare Probleme. Der Mensch hingegen ist in seinem Wachstum nicht einfach zu »bewirtschaften«, wie sich das Professoren der Mechanik schematisch vorstellen. So war auch die Weltbevölkerungskonferenz in Bukarest im August 1974 ein Fehlschlag; ihr Pate, der Club of Rome, hätte jedoch in Bukarest lernen können, warum eine »biologische Globalsteuerung« nicht mit Rohstoffbewirtschaftung gleichgesetzt werden kann.

Die Größe einer Familie hängt nicht nur von der Intimsphäre des Elternpaares ab, sondern auch von den sozialen Umweltbedingungen, in denen dieses Paar lebt. Das von eifrigen Skandinaviern erfundene und propagierte Wort *Familienplanung* ist daher wenig glücklich. Damit wird der Mensch und vor allem die Frau in ein objektives Planungssystem eingeordnet, dem subjektiv gerade jene Völker, die unter zu großem Kinderreichtum leiden, widerstreben. Das Wort Familienplanung können nur europäisch-amerikanische und verwestlichte asiatische Oberschichten verstehen. Wo – wie in Indien – mit derart abstrakten Begriffen Massenpropaganda versucht wurde, war ein Mißerfolg unvermeidlich. Erfolg scheint dagegen der barfüßige Doktor in China gehabt zu haben. Er ist gar kein Doktor, sondern bestenfalls ein Feldscher, der sich um jedes junge Paar in seinem Dorf kümmert, der ihre Sprache spricht und nicht mit der Distanz eines Klinikbeamten im weißen Kittel angereist kommt.

Die globalen Zahlen sind alarmierend, aber sie sagen zu wenig aus. Argentinien und Brasilien haben sich in Bukarest heftig gegen weltübergreifende Familienplanung gewehrt. Mit Recht. In diesen beiden Ländern kann sich die Bevölkerung unschwer verdoppeln, ohne daß Gefahr zu großer Dichte entstünde. In beiden Ländern ist nicht die Bevölkerungszahl an sich das Problem, sondern übergroße und überschnelle Verstädterung. In Gabun im Westen Afrikas kommen zwei Menschen auf den Quadratkilometer. Was macht es aus, wenn sich dort die Bevölkerung verdreifacht? In Puerto Rico hingegen kommen 312 Menschen auf den Quadratkilometer und in Ägypten bereits tausend im bewohnbaren Bereich des Niltals. Der Wüste kann Fruchtland nur unter höchsten Kosten abgerungen werden. Sollte Ägypten bis 1985 um weitere 16 Millionen auf 52 Millionen Menschen zunehmen, wie angenommen wird, so entstehen kaum mehr lösbare Probleme.

Ein Gegenbeispiel: Tansania zählt mit 14 Millionen nur 15 Menschen auf den Quadratkilometer; trotzdem herrscht in diesem Land Hungersnot. Sie ist fast ausschließlich auf eine verfehlte Kollektivierung der Landwirtschaft zurückzuführen. Dieses Land ist nicht »übervölkert«, sondern nur falsch programmiert.

Mit pauschalen Zahlen ist also wenig anzufangen. Die Berechnung der Tragfähigkeit der Erde hängt nicht nur von wirtschaftsgeographischen Daten ab, sondern auch von politisch-sozialen Voraussetzungen. So hätte die Dürre in Äthiopien 1973/74 mit Sicherheit weniger Opfer gekostet, wenn weite Landstrecken nicht durch ein antiquiertes Feudalsystem bereits devastiert gewesen wären. Die Überschwemmungen in Bangladesch, mit denen regelmäßig zu rechnen ist, hätten durch vorsorgliche Dammbauten wesentlich gemildert werden können. In Indien und Birma hat eine verfehlte Preispolitik das Verteilungssystem von Getreide und Reis unterminiert. Diese Beispiele ließen sich um viele vermehren.

Der harte Kern des Problems bleibt. In den Gebieten des größten Bevölkerungsdrucks in Süd- und Ostasien, in Nordafrika, in Westindien und Mittelamerika sind die Mädchen bereits geboren, aus deren Schoß in den nächsten Jahrzehnten reicher

Kindersegen kommen wird. Selbst wenn es in diesen Gebieten wirksame »Familienplanung« gäbe, ist nichts mehr daran zu ändern, daß die Weltbevölkerung sich in den nächsten fünfundzwanzig Jahren etwa verdoppelt.

Während in Europa die Bevölkerung unter fünfzehn Jahren durchschnittlich 23 Prozent ausmacht und in den Vereinigten Staaten 28 Prozent, ist der Anteil der Kinder in Afrika 46 Prozent, ähnlich in Lateinamerika (in Brasilien sogar 53 Prozent) und in den dichtestbesiedelten Ländern Südasiens wie Indien und Sri Lanka 42 Prozent. Dieser Altersaufbau bedeutet, daß erst ab 1990 Geburtenbeschränkung wirklich ins Gewicht fallen könnte, wahrscheinlich aber erst später. Trotzdem muß mit großer Energie die Geburtenbeschränkung schon jetzt verständlich gemacht werden.

In den heute schon am dichtesten bevölkerten Gebieten Asiens leben zwischen 70 und 80 Prozent der Bevölkerung auf dem Lande. Dort aber bedeutet Kindersegen Altersversicherung und zugleich Status, den die Schwiegermutter beansprucht, die ihre unfruchtbare Schwiegertochter maltraitiert.[2] Eine Beschränkung der Kinderzahl ist daher vornehmlich ein Problem der Veränderung der ländlichen Struktur. Sie wurde in fast allen Entwicklungsländern vernachlässigt. Die wenigen positiven Gegenbeispiele – voran Taiwan und Malaysia – haben auf Länder wie Indien, Pakistan und Bangladesch wenig Einfluß gehabt.

In Südasien, in China und Teilen Lateinamerikas und Nordafrikas muß mit einer Menschenzusammenballung gerechnet werden, die das Gesicht der Welt nochmals wesentlich verändern wird.

Eine Rückwirkung auf die hochentwickelten Industriestaaten ist unvermeidlich. Die sich von Jahr zu Jahr verschärfenden Forderungen der Entwicklungsländer vor dem Forum der Vereinten Nationen sind nur ein Vorspiel. Es erscheint den wohlhabenden Ländern meist als billige Rhetorik. Der Anspruch auf eine gleichmäßigere Verteilung der Güter der Welt wird jedoch zugleich mit der Menschenlawine wachsen. Vor zwanzig Jahren habe ich einen *Klassenkampf im Weltmaßstab* vorausgesagt. Inzwischen ist dieser Zustand eingetreten.

Die Verelendungstheorie des Industrieproletariats, die Karl Marx auf Grund seiner Beobachtungen in England zwischen 1844 und 1864 aufstellte, hat sich als falsch erwiesen. Der Lebensstandard der Arbeiter ist gerade in den hochindustrialisierten Ländern ununterbrochen gestiegen. 100 Jahre später hat in diesen Gebieten ein qualifizierter Arbeiter einen weit höheren Lebensstandard als zur Zeit von Karl Marx die Mittelklasse. Diese Beobachtung darf jedoch nicht den Blick dafür trüben, daß sich der Proletarisierungsprozeß verlagert hat. Die meisten Entwicklungsländer stehen jetzt vor dem verzweifelten Problem, daß ihr rapides Bevölkerungswachstum alle heute und morgen getroffenen sozialen Maßnahmen schon übermorgen unwirksam macht.

Die Haltung, die von den Führern der asiatisch-afrikanischen Welt eingenommen wird, ist genau die gleiche wie die der Gewerkschaftsführer am Beginn der Gewerkschaftsbewegung im 19. Jahrhundert. Sie verlangten eine höhere Beteiligung der Arbeiterschaft am Sozialprodukt. Heute verlangen die Führer des Klassenkampfes im Weltmaßstab ganz ähnliches.

Der eigentliche Sieg der Gewerkschaftsbewegung ist in den hochindustrialisierten Ländern nicht durch die Drohung mit dem Generalstreik errungen worden. Den entscheidenden Durchbruch ermöglichten vielmehr Männer wie Henry Ford. Er gehörte bekanntlich zu den ersten, die einsahen, daß der Lohn eines Arbeiters eine doppelte Funktion hat. Im Betrieb ist er ein Kostenfaktor. In der Volkswirtschaft ist er gleichzeitig ein Kaufkraftfaktor. Der Mann, der in Massen billige Autos produzieren wollte, mußte naturgemäß daran interessiert sein, daß es eine möglichst breite Schicht gab, die diese Autos auch kaufen konnte. Dieser einfache Gedankengang führte Ford dazu, in seinen Werken das Lohnniveau systematisch zu erhöhen. Sosehr auch heute – vor allem nach der weltweiten Inflation – umstritten ist, wo die Grenzen der Kaufkrafttheorie liegen, so unbestritten ist die Abhängigkeit der Massenproduktion von einer kaufkräftigen Bevölkerung.

Seit dem Beginn der sechziger Jahre stellt sich die Frage, ob die Überwindung des Klassenkampfes im Weltmaßstab mit ähnlichen Prinzipien möglich ist, die bei der Überwindung des Klassenkampfes in den Industrienationen erfolgreich waren. Als Elendsmasse müssen die zuwachsenden Milliarden Menschen zur ständigen Bedrohung der sozial konsolidierten Völker werden. Mit der Hebung ihres Lebensstandards würden sich dagegen fast unerschöpfliche Möglichkeiten für die hochindustrialisierten Völker bieten. Das aber ist nur denkbar, wenn die vornehmlich agrarischen Völker ein genügendes Maß von Industrieprodukten herstellen, das einen vorteilhaften Austausch und eine Arbeitsteilung ermöglicht. Das Austauschverhältnis zwischen Agrar- und Industrienationen wird immer unbefriedigend sein.

Dem steht in jüngster Zeit das Bestreben der Rohstoffländer entgegen, ihre Rohstoffmonopole kräftig auszunutzen. Macht das Ölkartell auf vielen anderen Rohstoffgebieten Schule, so schrumpfen die Hilfsmöglichkeiten der Industrienationen. Das ist eine der Antinomien, vor die uns das rapide Bevölkerungswachstum vor allem in Südasien stellt.

Die Ernährungslücke

Eine andere Antinomie ist noch gravierender. Seit etwa zwei Jahrzehnten hat die Entwicklungshilfe sich vor allem auf die Industrialisierung konzentriert, und die Entwicklungsländer selbst haben den größten Teil ihres eigenen Sparkapitals auf die neuen Industrieanlagen verwandt. Das heißt nicht, daß die Landwirtschaft völlig vernachlässigt worden wäre. So hat zum Beispiel Indien zwischen 1951 und 1970 36 Milliarden DM für Dammbauten, Irrigation und Hebung der landwirtschaftlichen Produktion aufgebracht. In Ägypten hat man nach dem Bau des Assuandamms eine landwirtschaftliche Provinz neu gewonnen. Dennoch wurde die Ernährungslücke immer größer. Die landwirtschaftliche Produktion konnte fast nirgends in den Gebieten größter menschlicher Fruchtbarkeit mit der Zunahme der Bevölkerung Schritt halten.

Auf der Welternährungskonferenz in Rom hat eine Studiengruppe der FAO* festgestellt, in 61 von 97 Entwicklungsländern sei die Ernährung unzureichend. In Südasien, im Nahen Osten und in Afrika seien ein Viertel der Bevölkerung unterernährt oder fehlernährt, d. h. ohne ausreichende Proteinnahrung. Über 400 Millionen Menschen seien von Fehlernährung betroffen, lebten also am Rande des Hungers.

Die alarmierendste Feststellung war jedoch, daß bis 1985 jährlich 85 Millionen Tonnen Getreide fehlen: mehr als das Doppelte der durchschnittlichen Weltexporte im Zeitraum 1969/72. In schlechten Erntejahren kann das Defizit auf über 100 Millionen Tonnen steigen. Zugleich aber waren 1973/74 die Reserven der wichtigsten Exportländer ständig zurückgegangen, vor allem nachdem sich die Sowjetunion 1972 mit mindestens 27 Millionen Tonnen Brot- und Futtergetreide in Nordamerika eingedeckt hatte, was zu einer Vervierfachung des Getreidepreises führte. Ein Weltmarkt von Reis besteht bereits seit Jahren nur noch in geringem Umfang, nachdem die Mißwirtschaft in Birma, früher einem wichtigen Exporteur, den Überschuß fast verschwinden ließ. Auch Südvietnam fiel als Exporteur aus.

Es gehört zu den Merkwürdigkeiten der heutigen Welt, daß es nur vier große Überschußländer für Getreide gibt, die alle zur industrialisierten Welt rechnen: voran die USA, gefolgt von Kanada und Australien und mit erheblichem Abstand von Argentinien. Auch im nächsten Jahrzehnt muß die Nahrungsmittellücke Asiens, Afrikas und Lateinamerikas von diesen vier Großproduzenten zu wesentlichen Teilen ausgefüllt werden. Weder die Sowjetunion noch China dürften in der Lage sein, Überschüsse zu produzieren, die auf dem Weltmarkt zu Buche schlagen (China führt zwar Reis aus, kauft aber dafür das billigere Getreide).

Die vier Großproduzenten werden zwar ihre Erträge erheblich zu steigern versuchen, aber niemals in einem Umfang, mit dem die fehlenden 85 Millionen t aufgebracht werden könnten. Die USA haben in den sechziger Jahren einen großen Teil ihrer Überschüsse verschenkt, vor allem an Indien. Seit der krassen Erhöhung des Getreidepreises spielt der Nahrungsmittelexport

* FAO = Food and Agricultural Organization der Vereinten Nationen, mit dem Sitz in Rom. Die Welternährungskonferenz tagte im November 1974.

eine immer größere Rolle bei der Verbesserung des amerikanischen Außenhandelsdefizits. 1974 betrug der Wert des amerikanischen Agrarexports 17 Milliarden Dollar. Bei schwindenden Reserven ist man in Washington nicht mehr in der Geberlaune der sechziger Jahre.

Die Welternährungskonferenz beschloß zwar eine Nahrungsmittelreserve von etwa zwanzig Millionen Tonnen anzulegen, woran sich auch die USA beteiligen. Das reicht jedoch schon in den siebziger Jahren nicht aus, um Unterernährung und akuten Hunger wie im afrikanischen Sahelgebiet, in Tansania, Äthiopien und in Südasien wirksam zu bekämpfen. In Bangladesch starben im Herbst und Winter 1974/75 wahrscheinlich Hunderttausende an Folgen der Unterernährung. Hier kam die Hilfe zu spät.

Selbst wenn die großen Agrarüberschußländer genügend Getreide produzieren würden, um die Lücke zu füllen, müßten die Importländer jährlich 18 Milliarden Dollar an Devisen aufbringen, um diese Importe zu bezahlen. Nur ein Bruchteil davon steht zur Verfügung. Dennoch könnten auch acht Milliarden Menschen ernährt, kann eine Hungerkatastrophe unvorstellbaren Ausmaßes verhindert werden. Voraussetzung dazu ist ein Zusammenwirken der Industrie- und Agrarländer, wie es die Welternährungskonferenz erst in Ansätzen gebracht hat.

Die Hauptaufgabe muß von den Entwicklungsländern selbst gelöst werden. Die Industrieländer, die bei den Weltkonferenzen und vor der UN nur zaghaft aus der Defensive zu sprechen pflegen, haben darauf selten mit dem nötigen Nachdruck hingewiesen.

Eine Ausnahme machte Weltbankpräsident Robert McNamara bei der Weltbankkonferenz in Nairobi im September 1973. Er stellte fest, 70 Prozent der Bevölkerung der Entwicklungsländer lebe auf dem Lande. Trotz rasanter und ungesunder Urbanisierung werde voraussichtlich auch im Jahr 2000 noch über die Hälfte der Bevölkerung der Dritten Welt auf dem Lande leben, davon die meisten als Klein- und Kleinstbauern mit Betrieben unter fünf Hektar. Für eine größere Produktivität dieser über hundert Millionen Kleinbauernbetriebe mit 800 Millionen Menschen sei bisher fast nichts geschehen. Japan hat nach einer geglückten Bodenreform bewiesen was möglich ist. Dort werden auf den Hektar 6 720 kg Getreide geerntet, in Afrika dagegen nur 1 270 kg, in Asien 1 750 kg und in Lateinamerika 2 060 kg. Es bestehen also enorme Möglichkeiten der Steigerung der Hektarerträge, wenn entsprechend ineinandergreifende Maßnahmen durchgeführt werden, die McNamara in großen Zügen skizzierte.[3]

Gewiß ist der Zeitpunkt, zu dem die Entwicklungsländer das Schwergewicht fast ganz auf die Landwirtschaft verlegen müssen, nicht günstig. Durch die Vervierfachung des Ölpreises ist die Düngemittelindustrie in besonderem Maße betroffen. Dennoch ist die Erzeugung von Düngemitteln auf die Dauer selbst zu hohen Preisen vorteilhafter als riesige Ausgaben für Nahrungsmitteleinfuhren. Die Entwicklung einer noch fast unvorstellbar großen Düngemittelindustrie ist die Voraussetzung für den Fortschritt der »Grünen Revolution«.

In Afrika würde ein Feldzug gegen die Tse-Tse-Fliege der Landwirtschaft eine Fläche freigeben, die größer ist als die gesamte landwirtschaftlich genutzte Fläche der Vereinigten Staaten und eine jährliche Produktion von 1,5 Millionen Tonnen Fleisch erlaubte[4]; das entspricht der gesamten Fleischproduktion Kanadas.

Bei diesem Beispiel verbindet sich bereits Selbsthilfe mit Agrarhilfe der Industriestaaten. Sie hat große Erfolge bei der Bekämpfung der Malaria und der Bilharzia erzielt. So ist in der ägpytischen Oase Fayum, in der über eine Million Menschen lebten, durch ein Team aus der Bundesrepublik die Bilharzia völlig ausgerottet worden. Ebenso ist die Vernichtung der Tse-Tse-Fliege möglich.

Auf der Welternährungskonferenz forderten die Vertreter der FAO eine Erhöhung der Landwirtschaftshilfe (hauptsächlich also der Technischen Hilfe) der wohlhabenden Länder von 1,5 auf fünf Milliarden Dollar jährlich. Da es sich um das Überleben von mindestens einem Zehntel der Menschheit handelt, werden sich die wohlhabenden Länder einer massiven Hilfeleistung nicht entziehen können.

Mit verstärkter Agrarhilfe der Industrieländer und der Ölproduzenten ist es jedoch nicht getan. *Eine Voraussetzung für diese*

Hilfe muß sein, daß die Vierte Welt McNamaras präzise Vorschläge in die Tat umsetzt, die er zur Erhöhung der Produktivität der hundert Millionen Kleinbetriebe gemacht hat. Wer dem Aberglauben entgegentritt, die großen Entwicklungsländer hätten für ihre Landwirtschaft nichts getan, wird ebenso energisch fordern dürfen, daß sie weit mehr tun könnten und nutzlose Prestigeprojekte aufgeben.

Sentimentalität ist hier nicht am Platze. So machte sich zum Beispiel die verdiente deutsche Hilfsorganisation »Brot für die Welt« einer Fehlinformation schuldig, als sie in Lehrmaterial für die Schulen ausgerechnet das landwirtschaftliche Ujamaa-Kollektivsystem in Tansania als ein Musterbeispiel pries, das von den Experten der FAO als Grund für den katastrophalen Rückgang der Produktion und für den unnötigen Hunger in diesem Land angesehen wird. Tansania könnte sich bei vernünftiger Produktionsweise unschwer selbst ernähren.

Ein anderes Beispiel ist die agrarische Mißwirtschaft der Sowjetunion. Vor 1914 war Rußland ein Agrarexportland großen Stils. Das hat sich völlig geändert.

Die Sowjetunion beschäftigt noch immer 55 Millionen Menschen in der Landwirtschaft. In schlechten Erntejahren können sie nicht einmal die Ernährung der Sowjetbevölkerung sicherstellen, obwohl die Sowjetunion bei entsprechender Produktivität ein Agrarexportland sein müßte. In den USA haben 3,7 Millionen Farmer nicht nur die eigene Bevölkerung, sondern zeitweise ein Siebtel der Weltbevölkerung miternährt, obwohl das US-amerikanische Ackerland um 18 Prozent kleiner ist als das sowjetische. Ohne Freiheit und Wettbewerb auf dem Lande gibt es keine Steigerung der Produktivität.

Für eine ausreichende Welternährung ist die *Erhöhung der Hektarerträge die eigentliche Reserve.* In allen westeuropäischen Ländern mit intensiver Landwirtschaft werden zwischen 40 und 45 Doppelzentner Weizen pro Hektar geerntet, auch in Schweden mit seinem nördlichen Klima. Die Sowjetunion hingegen erzielt bei ähnlichen Klimabedingungen nur 14,7 Doppelzentner. Aber auch in einem Land wie Argentinien (16 Doppelzentner/ha) wäre für die Welternährung bei intensiverer Wirtschaft Erhebliches zu gewinnen. Verbesserungen in der Landwirtschaft brauchen Zeit – mehr Zeit als zur Verfügung steht, wenn sich die akute Hungersnot nicht auf eine Milliarde Menschen und mehr ausbreiten soll.

Die reichen Länder werden daher unter den vorgenannten Bedingungen sowohl mehr finanzielle Hilfe leisten wie auch ihren Überkonsum einschränken müssen. In den USA wurden 1974 pro Kopf 250 Pfund Nahrungsmittel mehr verbraucht als 1965. Ähnlich stieg auch der Verbrauch in Westeuropa. Dieser Mehrverbrauch beruhte hauptsächlich auf in Fleisch umgewandeltem Getreide. In den Industrieländern lebt die Bevölkerung hauptsächlich von animalischem Protein. Der Mehrverbrauch der Amerikaner und Westeuropäer pro Kopf und Jahr entsprach im letzten Jahrzehnt beinahe der Menge, die in Indien von einem Menschen während des ganzen Jahres verzehrt werden kann. Niemand wird behaupten, die Amerikaner und Europäer seien 1965 unterernährt gewesen.

In den Überflußländern wird kaum darüber nachgedacht, daß Ernährungsgewohnheiten in engem Zusammenhang mit den Nahrungsmittelreserven der gesamten Welt stehen. In der Bundesrepublik Deutschland haben etwa 50 Prozent der erwachsenen Bevölkerung Übergewicht. Eine Verminderung des Fleischkonsums kann niemand weh tun. Die westlichen Regierungen haben jedoch bisher versäumt, die Bevölkerung über diese Zusammenhänge nachdrücklich aufzuklären. Das ist nicht weitsichtig; denn ein Defizit von 85 Millionen Tonnen Getreide bis 1985 muß auch die wohlernährten Völker erheblich treffen. Es wäre daher nur weise, wenn sie sich rechtzeitig auf andere Ernährungsgewohnheiten und eine geringere Kalorienzufuhr einstellen würden, damit sie die unausweichliche Weizenkrise in den nächsten Jahren nicht so unvorbereitet trifft wie 1973 die Ölkrise.

Die Verschmutzung der Meere darf hier nicht unerwähnt bleiben. Um 1970 wurden jährlich 60 Millionen Tonnen Fische in den Ozeanen gefangen. Das wäre auf 100 Millionen Tonnen zu steigern, wenn die Weltfischerei bei der Konservierung des Fischreichtums zusammenarbeiten würde. Die Verschmutzung der Ozeane kann jedoch zur drastischen Senkung des Fischfangs führen.

Megalopolis dehnt sich aus

Mit dem sprunghaften Anwachsen der Weltbevölkerung sind weitschichtige soziale Probleme verbunden. Bei unserem Gang durch die großen Provinzen der Welt stießen wir überall auf das hemmungslose Anwachsen der Riesenstädte von Japan bis nach Brasilien und Argentinien. Die Bevölkerungsexplosion treibt in Asien, Afrika und Südamerika immer neue Millionen in die Megalopolis – ein Trend, dem auch China nicht entgeht, obwohl dort Millionen in weit entlegene Gegenden mit Zwang umgesiedelt wurden.

Zwischen 1964/65 und 1971/72 hat die Zahl der Millionenstädte der Erde um 37 zugenommen, ihre Bevölkerung stieg in diesem kurzen Zeitraum um etwa 100 Millionen auf 400 Millionen – ein Zehntel der Erdbevölkerung. In den USA überschritten in diesem Zeitraum nur zwei Städte die Millionengrenze, und die Megalopolis-Bevölkerung blieb mit 75 Millionen, etwa einem Drittel der Gesamtbevölkerung, konstant, ja begann sich zu vermindern. Dagegen stieg die Zahl der Millionenstädte in Lateinamerika von 11 auf 16 und über 20 Millionen Menschen strömten in nur sechs Jahren in die Millionenstädte. In Afrika waren es über 10 Millionen, die Großstädte vermehrten sich von drei auf zehn. Am größten aber war der Zuwachs in Asien. Dort lebten 45 Millionen Menschen mehr in der Megalopolis, die Zahl der Millionenstädte stieg in sechs Jahren von 43 auf 56 mit einer Gesamtbevölkerung von 153 Millionen.

In Argentinien lebt fast die Hälfte der Bevölkerung in Groß-Buenos-Aires und nur noch 15 Prozent auf dem Lande. Im kleinen Uruguay leben 60 Prozent der Gesamtbevölkerung in Montevideo. São Paulo wird Ende der siebziger Jahre die zehnte Million überschritten haben. In Japan sieht man das Kanto-Kansai-Gebiet zwischen der 20-Millionen-Agglomeration von Tokio und dem Ballungsraum Osaka-Kobe bereits als Zukunftsstadt mit einer Ausdehnung von 500 Kilometern. In Kalkutta rechnet man bei gleichbleibendem Wachstum mit 20 Millionen Ende der achtziger Jahre. Aber auch in Europa wachsen die Millionenstädte, vor allem in der Sowjetunion. Die 40 europäischen Millionenstädte hatten 1975 eine Gesamtbevölkerung von über 90 Millionen, wobei Agglomerationen wie das Ruhrgebiet, das belgisch-französische Industriegebiet, die britischen Midlands und das Rhein-Main-Gebiet nicht mitgerechnet sind.

Auch die europäisch-amerikanischen Riesenstädte haben große Probleme auf dem Gebiet des Verkehrs, der Hygiene und Krankenversorgung. Mit den Zuständen in der Megalopolis Lateinamerikas, Afrikas und Asiens lassen sich diese westlichen Sorgen jedoch kaum vergleichen. Nicht eine der lateinamerikanischen oder asiatischen Riesenstädte verfügt über ausreichende Kanalisation, selbst Tokio nicht. Um den Kern der Megalopolis der Dritten Welt haben sich die Slums gelegt, die Kanisterstädte, die man in Ostafrika als *shandy towns,* in Westafrika als *bidonvilles,* in Brasilien als *favelas,* in Mexiko und Peru als *barriadas* bezeichnet. In vielen Millionenstädten der Dritten Welt ist die Slumbevölkerung größer als die normal behauste Einwohnerschaft. Sie besitzt ihre eigene Sprache, ihren eigenen Moralkodex und ihre Gangsterbosse. Selbst in den chinesischen Riesenstädten, vor allem den Hafenstädten, ist das nicht anders, wenn davon auch der Fremde nichts erfährt.[5] Die Schulbildung und die Ernährung bleibt in den Slums weit hinter dem nationalen Durchschnitt zurück. Schilderungen, wie sie Malcolm X von Harlem gegeben hat, lassen sich auf São Paulo ebenso wie auf Kalkutta oder Mexiko City übertragen, das bereits neun Millionen Einwohner zählt.

Die Gründe für die Wanderung in die Städte sind in der Dritten Welt fast überall die gleichen. Das Land ist durch die Bevölkerungsexplosion überfüllt und bietet nicht mehr genügend Arbeitsmöglichkeiten. Das Landproletariat, meist analphabetisch, ist so zahlreich, daß nur ein Minimallohn vom Landbesitzer aufgewandt werden muß. Landflucht heißt daher häufig Flucht vor dem Hunger in den Dörfern. Man vertauscht ihn mit dem Hunger in der Stadt.

Beim Entstehen der euro-amerikanischen Großstädte waren eine wesentliche Motivation der Zuzügler die besseren Chancen in der Stadt. Der Großstädter wurde vor allem in der zweiten Generation zum typischen Aufsteiger innerhalb der sich verbreiternden Mittelklasse.[6] Das hat sich nur in Japan wiederholt. In den Riesenagglomerationen der Dritten Welt sind die Aufstiegschancen auf Ausnahmen reduziert, die wenig ins Gewicht fallen.

Es wurde gegen die Behauptung, der Großstädter sei atomisiert und vereinsamt, eingewandt, zwar sei er nicht mehr Glied einer einzigen Gruppe wie auf dem Lande, sein Gesamtengagement am kollektiven Leben sei jedoch viel höher als das des Dorfbewohners. In der euro-amerikanischen Großstadt trifft das meist zu. Dort haben sich, wie schon der französische Soziologe Emile Durkheim Ende des vorigen Jahrhunderts feststellte, neue soziale Kontrollen gebildet, die dem städtischen Milieu angepaßt sind.[7] Wie aber ließe sich das Paris jener Jahre mit São Paulo oder Kalkutta von heute vergleichen, mit Städten ohne breiten Mittelstand und einer völlig unzureichenden sozialen Arbeitsteilung?

In den neuen Millionenstädten in Lateinamerika und Asien ist die Zahl der ständig und regulär Beschäftigten im Verhältnis zur Gesamtbevölkerung der Stadt gering, die Zahl der Gelegenheitsarbeiter, der Halbbeschäftigten und Arbeitslosen dagegen übergroß, wie dies am Beispiel São Paulo gezeigt wurde. So stellte eine grundlegende Studie der Vereinten Nationen zum Problem der Urbanisierung fest: »Die soziale Struktur der Großstädte Lateinamerikas gibt den Jugendlichen in den Vorstädten nur eine geringe Chance, dem Status des Gelegenheitsarbeiters zu entkommen. Millionen Kinder und Jugendliche wachsen in den Slums unter Bedingungen heran, die weder der wirtschaftlichen Entwicklung dienen, noch eine effektive Teilnahme am nationalen Leben ermöglichen.«[8]

Terror in der Megalopolis

Die erste Generation besitzt noch Bindungen an die alte dörfliche Heimat. Sie befindet sich in einer Übergangsperiode. Wir sahen das schnelle Wachstum der japanischen Soka-Gakkai-Sekte mit dieser erst in den letzten Jahrzehnten zugewanderten Generation eng verknüpft. In den folgenden Generationen wirkt sich die Entwurzelung viel stärker aus. Die jungen Menschen wachsen ohne Orientierungshilfe in trostloser Umgebung auf.

Versuche der Umsiedlung, wie man sie im großen Stil bei den Favelas Rios versuchte, stoßen auf Widerstand. Die Slumbewohner sehen sich in weit außerhalb gelegenen Sozialsiedlungen ihrer kümmerlichen Verdienstmöglichkeiten beraubt. Daher wandten sich die Arbeiterpriester Rios gegen die Umsiedlungspläne der Regierung. Fortschritt heißt nicht immer auch Verbesserung der Lebensumstände.

Nicht viel anders ist es um den Widerstand der eingesessenen Arbeiterschaft in Norditalien gegen die zugewanderten Süditaliener bestellt, die als lästige Konkurrenz angesehen werden. In Bombay wollte die Stadtverwaltung Zehntausende aus Kerala zugewanderte Südinder aussiedeln, um der ständigen Verfolgung durch die mahratische Mehrheit ein Ende zu setzen. Die Südinder ließen sich jedoch nicht aus ihren Slums vertreiben.

Die Megalopolis wird in Asien, Lateinamerika und auch schon in Afrika zu einem dauernden Schlachtfeld blutiger Bandenkämpfe, die politische oder auch kriminelle Ursachen haben. Bombay, Kalkutta und Dacca, die Hauptstadt Bangladeschs, lieferten dafür schon in den siebziger Jahren bedrückende Beispiele. Die Millionenstadt Lagos verzeichnet häufige Zusammenstöße der Angehörigen verschiedener nigerianischer Stämme. Die Kriminalität in Soweto, der schwarzen Trabantenstadt von Johannesburg, ist kaum mehr zu kontrollieren.

Im Prinzip unterscheiden sich die Morde der linken Terrorgruppe der Montoneros und ihrer rechtsradikalen Gegner (AAA) in den endlosen Vorstädten von Buenos Aires nur wenig von den blutigen Kämpfen, die sich 1966/67 die chinesischen Roten Garden überall in den Großstädten Chinas lieferten. Wenn in 20 Jahren die globale Megalopolis auf eine Milliarde Menschen angewachsen sein wird, dürften die siebziger Jahre noch als goldene Zeiten erscheinen. Die Megalopolis zerstört die Stadtkultur auch dort, wo außerhalb Europas die Stadt ein gewachsenes Zentrum mit großer Ausstrahlung war. Das gilt nicht nur für alte Reichshauptstädte wie Peking und Kyoto, wie Istanbul und Kairo, sondern auch für moderne Gründungen wie Buenos Aires, das einen der schönsten Stadtkerne der westlichen Welt besitzt. Dort wird man manchmal an Madrid – mit seinen imposanten Avenidas, manchmal an Mailand – mit seinen von fröhlichem Leben erfüllten Galerien, manchmal auch an Paris erinnert – mit geschmackvollen Ladengeschäften, reichbestückten Buchhandlungen und verschwiegenen Palästen. Und doch ist diese beschwingte Stadt, die jetzt über neun Millionen Einwohner zählt, durch die Auswucherung zu einer Stätte der Brutalisierung geworden, in der Mord und Entführungen an der Tagesordnung sind.

Der Terrorismus anarchischer Gruppen ist in vielen der neuen Millionenstädte zur Dauererscheinung geworden. In den Slums wächst eine apathische Jugend ohne normale Aufstiegschancen heran. Ihre aktive Minderheit kann von politischen Fanatikern zu den unglaublichsten Gewalttaten mißbraucht werden. Die Naxaliten in Bengalen, die Ende der sechziger Jahre in Kalkutta täglich Morde begingen, waren jedem rationalen Argument unzugänglich. Die Berichte über ihre Psychologie haben große Ähnlichkeit mit den Erfahrungen, die der englische Botschafter G. Jackson während seiner achtmonatigen Haft mit den Tupamaros in Montevideo gemacht hat.[9] Er hatte mit seinen Masken tragenden Wächtern engsten Kontakt. Der Graben, den »Wut, blinde Verachtung und Haß« geschaffen hatten, blieb jedoch unüberbrückbar. Nur in ganz seltenen Fällen zeigten die Wächter normale menschliche Regungen. Die fanatisierten jungen Frauen waren am unzugänglichsten.

Die Naxaliten in Indien, die Tupamaros in Uruguay, die irische IRA und der palästinensische Schwarze September haben eines gemeinsam: die totale Abgeblendetheit gegen die Vielfalt der Außenwelt, aus der sich ein monomanischer Vernichtungswille ergibt. Die Riesenstadt begünstigt Neurosen, die Voraussetzung des Terrors.

In der Megalopolis steht diesen ideologisierten Banden die Gegenwehr der Polizei gegenüber, die nicht nur in Brasilien die Grenzen der Legalität überschreitet und bei der vermeintlichen Verteidigung der Gesellschaft häufig die gleichen Methoden anwendet wie die Banden, die sie bekämpft. Sadistische Folterungen, wie sie aus Brasilien und Südkorea glaubwürdig berichtet wurden, entspringen dem gleichen abgeblendeten Haß wie die Taten der Guerillas.

Die Menschenlawine und die sich daraus ergebende rasante Urbanisierung führt zur Brutalität. Die Gesellschaft setzt keine organischen Jahresringe mehr an. Ihre Zellen wuchern wie Krebs. Der Terrorismus, der seit Mitte der sechziger Jahre in allen Kontinenten zum unbewältigten Problem wurde, ist dafür nur Symptom. Man kann ihn zeitweise eindämmen, wie das in Manila geschah, als sich Präsident Marcos zum Diktator machte. Beseitigen könnte man ihn nur, wenn es möglich wäre, die Lebensdingungen in den Riesenstädten zu ändern. Aber wie soll das geschehen?

Lima, berühmt durch seine altspanische Schönheit, war um 1950 noch eine übersehbare Stadt mit etwa 700 000 Einwohnern, von denen nur 30 000 in den Barriadas, den Slumvorstädten, wohnten. Inzwischen zählt Lima fast vier Millionen Einwohner, von denen eine Million in Barriadas haust. Bei gleicher Entwicklung wird Lima um 1990 mehr als sechs Millionen Menschen zu versorgen haben, davon wahrscheinlich zwei bis drei Millionen in Barriadas. Die Unsicherheit und das Bandenwesen haben inzwischen die einst so stolze und traditionsbewußte Atmosphäre Limas radikal verändert. Die Militärregierung Perus kann nur mühsam gegensteuern. Wie aber soll sie die Mittel für eine Sanierung aufbringen, die das Nationalbudget weit übersteigt?

Nomaden der Neuzeit

Die Megalopolis der Dritten Welt stellt ein doppeltes soziales Problem: Auf der einen Seite die Integration und Rehabilitierung der Millionenarmee der analphabetischen Gelegenheitsarbeiter. Sie hebt sich sozial scharf ab von der ständig beschäftigten Arbeiterschaft, die zur »privilegierten Schicht« zählt, wie Indira Gandhi sagte.

Am anderen Ende der sozialen Skala steht die *Massenproduktion der Hochschulen,* die zum nicht minder gefährlichen Phänomen des arbeitslosen Akademikers führt, der infolge falscher Lernziele – und Methoden vieler Hochschulen kaum auf einen praktischen Beruf vorbereitet wurde. In Indien sind seit 1950 fast 100 Hochschulen entstanden, die jährlich einige 100 000 junger Leute graduieren. Um 1973 wurde die Zahl der »educated unemployed« bereits auf über drei Millionen geschätzt. Aber auch in der kleinen Republik Senegal produziert die Universität weit mehr Studenten als in entsprechenden Berufen unterkommen können. Das Bildungswesen befindet sich daher in der Dritten Welt in einer noch größeren Krise als in den Industriestaaten. So entstehen in den neuen Riesenstädten von oben wie von unten fluktuierende und unstabile Zwischenschichten.

Alle alten Kulturen waren von Nomaden bedroht. Um sich vor ihnen zu schützen, bauten die chinesischen Kaiser die Große Mauer, verteidigte sich das alte Ägypten gegen die Wüstenstämme der Hyksos. Das Szenarium gegen Ende des zwanzigsten Jahrhunderts ist viel komplizierter. Aus der Stadt, dem Inbegriff der Seßhaftigkeit, wird in den Zentren des rasanten Bevölkerungswachstums ein unübersehbares Nomadenlager, das die überkommenen Funktionen der Stadt von innen bedroht.

Noch sind die Euro-Amerikaner nur von Ausläufern dieses Wellenschlages berührt, wie etwa den Bombenlegern der Watermen-Bande in New York oder der Baader-Meinhof-Bande in Deutschland. Vorerst nur Symbolfiguren von episodischem Charakter. In der atlantischen Welt hat sich die Urbanisierung so schrittweise vollzogen, daß sie das bestehende Kulturgefüge noch nicht völlig erschütterte.

In Asien, Lateinamerika und fortschreitend auch in Afrika beginnt dagegen die Urbanisierung die herkömmlichen Kulturen aufzulösen. Diese ungeheuren, ja ungeheuerlichen Nomadenstädte, die in den letzten drei Jahrzehnten aufschossen und in absehbarer Zeit ihre Bevölkerung nochmals verdoppeln werden, haben das traditionelle Leben der Stadt vernichtet. Ein Vakuum ist entstanden, das Spenglers berühmten Titel »Untergang des Abendlandes« geradezu umkehrt.

Wie werden Hinduismus und Buddhismus in der asiatischen Megalopolis fortbestehen? Die asiatischen Hochkulturen beruhten auf Meditation und Intimität. Was blieb davon in Japan? Was wird in Indien bleiben? Welche Formen wird der traditionelle Katholizismus in Lateinamerika entstehen lassen? Ist Maos gigantischer Versuch, China von seiner Überlieferung abzuschneiden, irreversibel?

Auf diese Fragen gibt es keine generellen Antworten. Sie alle hängen aber mit der grundlegenden Veränderung aller Lebensverhältnisse in den volkreichsten Ländern zusammen. Das innere Nomadentum der neuen Millionenstädte ist ein unberechenbarer Faktor. Er hat die Welt stärker verändert als selbst die großen Kriege.

Grenzen der Megalopolis

Arnold Toynbee sah das Entstehen einer einzigen Weltstadt voraus, die er Ökomenopolis nannte.[10] Er machte sich Gedanken, wie dieses jetzt bereits entstehende Ungetüm durch neue übernationale Verwaltungsgliederungen humanisiert werden könnte, wobei, wie er zugeben mußte, die Beseitigung der Slums in diesem Jahrhundert so gut wie unmöglich sei, weil neuer Zuzug jede Sanierung überwältigt.

Nur beiläufig aber erwähnt er eines der härtesten Probleme der weiteren Urbanisierung: die *Verknappung des Trinkwassers* rings auf der Erde in allen großen Zusammenballungen. Der Wasserkreislauf ist eine begrenzte Größe. Er kann durch die kostspielige und energieaufwendige Meerwasserentsalzung auch in absehbarer Zukunft nur in geringem Maße ausgeweitet werden. Industrie- und vor allem kommunale Abwässer verunreinigen heute bereits das Fünfundzwanzigfache ihres Volumens.[11] Selbst wenn die Abwasserreinigung durch drakonische Maßnahmen erzwungen wird, muß der Wasserbedarf durch die Irrigation in halbtrockenen Gebieten gewaltig steigen. Sie ist unerläßlich für die Ernährung der wachsenden Menschheit. Damit aber wird schon in wenigen Jahrzehnten der Punkt erreicht, an dem die Megalopolis aus Wassermangel nicht mehr weiter wachsen kann. Diese Grenzen wird die heute lebende jüngere Generation überall auf der Welt erleben, am schärfsten und zuerst wahrscheinlich in Japan, wo die Bevölkerungsdichte auf kleinstem Raum am größten ist.

Wir haben das voraussichtliche Wachsen der globalen Megalopolis und die sozialen Auswirkungen, die sich daraus ergeben, entsprechend der statistischen Wahrscheinlichkeit geschildert. Wenn Mitte der siebziger Jahre bereits ein Zehntel der Erdbevölkerung in Millionenstädten lebte, besteht die Wahrscheinlichkeit, daß es – bei verdoppelter Menschheit – am Ende des Jahrhunderts eine Milliarde sein wird und daß etwa drei bis vier Milliarden Menschen, wenn nicht mehr, in Städten über 100 000 Einwohner leben.

Die Begrenztheit des Wasserhaushalts auf der Erde gibt jedoch einen Hinweis darauf, daß die statistische Wahrscheinlichkeit keineswegs mit der Wirklichkeit übereinstimmen muß. Irgendwann, noch vor dem Ende dieses Jahrhunderts, wird voraussichtlich in vielen Erdregionen erst fast unbemerkt, dann vehement ein *Auszug aus der Megalopolis* erfolgen, die ihre Bewohner nur noch mit streng rationiertem Wasser versorgen kann.

Im Kapitel über Japan wiesen wir auf den vorerst gescheiterten Plan des japanischen Ministerpräsidenten Tanaka zur Umformung des japanischen Archipels hin (vgl. S. 235). Das war – wie der seit Jahrzehnten wirksame Ruhrsiedlungsplan in Deutschland – ein Vorläufer kommender Entwicklungen. Städtische Agglomerationen, die auf 40 und 50 Millionen Menschen anwachsen, sind zwar denkbar, aber das Leben darin wird sozial so unerträglich, daß auch die kühnsten Zukunftsplanungen futuristischer Architekten nichts daran ändern können, daß der Mensch sich dort in seiner Existenz bedroht fühlen muß. Wir haben deshalb auch dem Terror in den Riesenstädten Lateinamerikas und Asiens so große Bedeutung beigemessen. Er ist nicht ein Auswuchs, sondern eine unvermeidliche Begleiterscheinung unmäßiger Urbanisierung.

Das Beispiel der unvermeidlichen Wasserverknappung zeigt, daß die Grenzen der Megalopolis in ihr selbst liegen. Wird die Massenflucht aus der Riesenstadt ebenso ungeregelt erfolgen wie in den letzten Jahrzehnten der Zuzug? Keine Regierung wird sich das leisten können, es sei denn, sie nimmt wachsende Unregierbarkeit in Kauf.

An die *Abwendung der Gefahren des Massenzuzugs* in die

Riesenstädte haben die meisten Regierungen der Dritten und Vierten Welt nur wenig Gedanken verschwendet, man überließ dies überforderten Stadtverwaltungen. Wenn die voraussehbare Umkehrung erfolgt, wenn Millionen aus einer Megalopolis fliehen müssen, die keine Lebensmöglichkeit mehr bietet, vermehrt sich die Gefahr; denn ohne eine umfassende Landschafts- und Städteplanung ist dieses Problem noch weniger zu bewältigen. Voraussetzung dafür müssen harte Gesetze gegen die Bodenspekulation sein, der Tanakas Plan – nicht ohne seine Schuld – zum Opfer fiel. Neben der Sicherheit der Ernährung wird die regionale Verteilung der in nur zwei Jahrzehnten zu erwartenden Milliarden neuer Erdenbürger zu einer der größten Aufgaben werden, die kaum ein Land für sich allein lösen kann.

Die Achillesferse der Demokratie

Bevölkerungsexplosion, Knappheit an Nahrungsmitteln und schleichende Korruption bedrohen die letzten Demokratien der Dritten Welt. *Regierbarkeit* wird in den siebziger Jahren zu einem universalen Problem in West und Ost.[12] Italien ist bereits zu einem kaum mehr regierbaren Lande geworden, wie auch der junge Staat Bangladesch. Ähnliches trifft auf große Gliedstaaten Indiens zu, wenn es auch bisher der Zentralregierung immer wieder gelang, der häufigen lokalen Krisen Herr zu werden.

Die Demokratien in der Dritten Welt stehen auf schwachen Füßen. Thailand fand nach einem Volksaufstand gegen seine korrupten Marschälle zur Demokratie zurück. Aber das fragile Regime, das der König aus der Taufe hob, dürfte keiner starken Belastungsprobe standhalten.

In Chile führte Allende eine der solidesten Demokratien Südamerikas in ein Chaos und in eine Inflation von fast 300 Prozent (1973). Die rechtsstaatliche Ordnung löste sich auf, die der Stolz Chiles gewesen war.[13] Das geriet in Vergessenheit, nachdem die Militärdiktatur mit intoleranter Härte zu regieren begann.

Argentinien war durch den allgegenwärtigen Mythos Peróns unter schwachen Militärregimen fast unregierbar geworden. Das einst reiche Land verfiel in Stagnation. Nach Peróns Rückkehr und seinem baldigen Tod hatte sich die Legende des sozialen Caudillo erschöpft. Die Rückkehr zur Demokratie war nur eine kurzfristige Episode. Die Unregierbarkeit bestand fort.

In Bangladesch schaffte Sheikh Mujib-ur-Rahman das parlamentarische System kurzerhand ab und ließ sich als Präsident diktatoriale Vollmachten geben. Etwa zehn meist maoistische Untergrundbewegungen hatten die Sicherheit im Lande unterminiert, und die Regierungspartei war zur Verteilungsstelle von Pfründen geworden.

Nicht alle Diktaturen und Einparteienregime in der Dritten Welt wurden zu Despotien, wie die beiden Koreas oder das Uganda Idi Amins, wo ein unerträglicher Personenkult die Willkür glorifiziert. Die »aufgeklärten Diktaturen« eines Senghor in Senegal, eines Kaunda in Sambia, eines Houphouét-Boigny an der Elfenbeinküste, eines Lee Kuan Yew in Singapur, des Kuomintang-Regimes in Taiwan, eines Sadat in Ägypten haben alle ihre Schwächen. Die Meinungsfreiheit bleibt beschränkt und emanzipierte Minderheiten werden scharf unter Kontrolle gehalten. Für die Majorität der Bevölkerung sind sie jedoch nicht unerträglich. Regierbarkeit beruht dort nicht ausschließlich auf Gewalt wie in Uganda oder Guinea.

Das zentrale Regierungsproblem ist in den meisten Ländern der Dritten Welt der krasse Gegensatz zwischen arm und reich. Das blanke Elend der untersten Schichten schließt sie weitgehend aus der sozialen Entwicklung aus. Selbst im ölreichen Venezuela sind die Slums nicht saniert, besteht Arbeitslosigkeit fort.

Die Gruppe der ärmsten Länder der Entwicklungswelt mit Pro-Kopf-Einkommen unter 200 Dollar zählt rund eine Milliarde Menschen (ohne die Volksrepublik China). Hier kann Regieren nur heißen, die einfachsten Bedingungen für das Überleben zu schaffen. Ohne starke Zentralgewalt ist das nicht möglich.

Die Aussichten für demokratische Regierungsformen in der Dritten Welt sind daher gering. Die Regierbarkeit wird auf Kosten der kleinen emanzipierten Schichten erhalten, deren Mitbeteiligung am »decision making« zurückgestaut wird. Dafür sind Pakistan, Brasilien und Iran verschiedenartige Beispiele. Sie haben den gemeinsamen Nenner des Mißmuts der Intelligenzia. Bei schneller Bevölkerungsvermehrung wird die Regierbarkeit jedoch so sehr bedroht, daß Rücksicht auf den fluktuierenden Faktor der Intelligenzia abnimmt.

Völlig anders stellt sich das Problem der Regierbarkeit in den *etablierten Demokratien* der freien Welt. Amerikas berühmtester politischer Publizist Walter Lippmann hinterließ bei seinem Tod im Dezember 1974 ein unvollendetes Manuskript mit dem bezeichnenden Titel: »The Ungovernability of Man«. Diesen erzliberalen Geist beängstigte in seinen letzten Lebensjahren die Aushöhlung der Funktionen des Staates durch die Ansprüche einer immer gieriger werdenden Gesellschaft.

Unübersehbar aufgeblähten Regierungsapparaturen stehen die Lobbys und *»pressure groups«* der gesellschaftlichen Organisationen gegenüber, die tief in die Parlamente hineinreichen und deren Kontrollfunktionen fragwürdig machen. In der westlichen Welt wurde Regieren gleichbedeutend mit der Anpassung an die Bequemlichkeit der Konsumgesellschaft. Mit ihrer Aushöhlung geht eine *»belle époque«* zu Ende.

Von der Bevölkerungsexplosion blieb die westliche Welt unberührt. Die Heranwachsenden wußten von den Nahrungssorgen der ersten Nachkriegsjahre bald nur noch vom Hörensagen. Rohstoffe waren billig; die *terms of trade* gegenüber den Rohstoffländern günstig. Die eigene Produktivität und Erfindungsgabe schuf riesige Chancen. So konnte sich ein nie geahnter Massenwohlstand entwickeln, von dem nur Abschlagszahlungen – mißmutig und zögernd – an die armen Länder geleistet wurden. Das Schaltsystem der Nationalökonomie galt als perfekt. Rezessionen waren hinnehmbar und dauerten niemals lange. Man glaubte, endlich die Regeln so zu beherrschen, daß einschneidende Krisen und Massenarbeitslosigkeit nicht mehr zu befürchten waren. Unter diesen Vorzeichen wuchsen anderthalb Generationen auf, für die Erzählungen über Wirtschaftskrisen soviel bedeuteten wie Berichte über den Punischen Krieg.

Die westliche Welt – geschützt durch die atomare Supermacht der USA – führte ein Inseldasein, nachdem die große Herausforderung der ersten Nachkriegsjahre abgewandt schien: der Expansionsdrang der Sowjetunion. Nicht daß das Leben auf dieser Inselwelt problemlos verlaufen wäre. Es gab den Mai 1968, der Frankreich erschütterte. Es gab die scharfe Kontroverse um Vietnam, an der alle westlichen Nationen teilnahmen, es gab Watergate. In der Bundesrepublik entbrannte die Kontroverse um die Ostpolitik, und später um Glanz und Fall Willy Brandts. Und in Großbritannien blieben die schwärenden Wunden von Ulster, die Bomben und sich verhärtende Fronten in Westminster. Insgesamt aber bestand kaum ein Zweifel, die Wohlstandsspirale werde sich ohne Ende immer weiter aufwärts bewegen. Man glaubte daran, auch wenn in der übrigen Welt das Elend wuchs, Hunger zur Dauererscheinung wurde und nur noch Diktaturregime ein bares Minimum von Stabilität garantieren konnten.

Das deutsche, italienische, japanische und als Nachzügler das französische und holländische Wirtschaftswunder waren aus harter Arbeit in den ersten Nachkriegsjahrzehnten entstanden. Seit den sechziger Jahren begann, zunächst fast unbemerkt, ein Einbruch. Die sozialen Massenorganisationen erhoben den Anspruch, der Reallohn müsse *automatisch* von Jahr zu Jahr steigen, wie auch die sozialen Nebenleistungen, zugleich aber müsse die Arbeitszeit von Jahr zu Jahr kürzer werden. Die seltsame Vorstellung, immer mehr Menschen könnten mit immer weniger Arbeit immer mehr verdienen, wurde von den sozialen Machtgruppen genährt. Von Kathederideologen wurde sie unterstützt, die unter dem Beifall ihrer Studenten die »Leistungsgesellschaft« zum Popanz machten, als ob rohstoffarme Länder wie Japan, Deutschland und England von etwas anderem leben könnten als ihren Leistungsvorsprüngen und ihrem Talent.

Jetzt wurde der Staat nur noch als eine gesellschaftliche Hilfsorganisation aufgefaßt, deren Funktionen auf ein Minimum abzubauen seien. Noch blieb – nach bösen Erfahrungen – die Rechtsstaatlichkeit unangetastet. Der Regierung wurde jedoch nur noch die Funktion eines obersten Zahlmeisters der Konsumgesellschaft zugebilligt, der einnimmt, umverteilt und ausgibt. Daß die Regierung die Spitze einer Notgemeinschaft sein muß, wenn Stürme aufziehen, geriet in Vergessenheit. Ideologen wurden preisgekrönt, die eine abgestandene Utopie aufwärmten: Herrschaftslosigkeit sei ein Idealzustand.

Solange das Sozialprodukt ständig wuchs, Produktion und Absatz sich erweiterten, wurde die Regierbarkeit einer so beschaffenen Gesellschaft nur wenig tangiert. Das begann sich bereits zu ändern, als Anfang der siebziger Jahre in allen Industriegesellschaften der Geldumlauf weit über den produktiven Zuwachs hinaus vermehrt wurde, um den sich beständig erweiternden Staatsausgaben gerecht werden zu können. *Der Inflation der Ansprüche und Erwartungen mußte eine Inflation des Geldes entsprechen.* In Wirklichkeit wurden die Ansprüche der sozialen Machtorganisationen jedoch nur durch Geldverschlechterung erfüllt, weil sie mit stabilem Geld nicht mehr zu bezahlen waren. Rücksichtslose Unternehmer nutzten dazu das Ansteigen des Preisniveaus auch dort aus, wo es der Lohnkostenfaktor nicht erzwang. Zusammen mit speziellen Ursachen wie den amerikanischen Ausgaben für den Krieg in Vietnam war das die wichtigste Ursache für weltumspannende Inflation. Ihre Auswirkungen haben wir beim Gang durch einige Weltprovinzen immer wieder als Grund für neue Unstabilität gefunden.

Eine grundlegend neue Lage trat erst ein, als die Preissteigerung des Öls eine Kettenreaktion auslöste, die überall im Westen bei der Automobilindustrie begann. Ein längst gesättigter Markt erwies sich als nicht mehr ausweitbar. Nicht anders war es bei der Bauindustrie, die überall in Europa am Bedarf vorbei investiert hatte. Mit der Krise dieser beiden Schlüsselindustrien begannen die Gewinne der Unternehmen dahinzuschmelzen. Die Investitionen sanken, eine Absatzkrise setzte ein, die zum ersten Mal in der Nachkriegszeit zur Massenarbeitslosigkeit führte.

In Japan, dem Vorreiter aller Wirtschaftswunderländer, sank das Wirtschaftswachstum 1974 von 11 Prozent fast auf Null. In der Bundesrepublik Deutschland, die 20 Jahre hindurch nur Vollbeschäftigung gekannt hatte, stieg die Zahl der Arbeitslosen auf über eine Million, in den USA auf 8,5 Millionen – der höchsten Zahl seit 1941. England blieb von einem totalen Zusammenbruch nur verschont, weil es öffentlich und privat 6,5 Milliarden Dollar von den neureichen Ölländern gepumpt hatte. Wie würde der von den großen sozialen Verbänden zu immer höheren Leistungen getriebene Staat diese Herausforderung überstehen?

Wir haben uns im Kapitel über den »europäischen Hamlet« eingehend mit Großbritannien befaßt. Wir sahen die katastrophalen Auswirkungen des britischen Gewerkschaftssystems, das es Tausenden von *shop stewards* in den Einzelbetrieben ermöglicht, aus oft nichtigen Anlässen wilde (wildcat) Streiks hervorzurufen. Die Produktivität der wichtigsten Industriezweige war dadurch seit Jahren gesunken und schließlich die Gesamtwirtschaft derart gelähmt worden, daß sich das einst so stolze Albion nur noch durch riesige Verschuldung über Wasser halten konnte. Eines Tages muß sie doch von der Gesamtheit bezahlt werden.

In allen Demokratien, einschließlich Japans und Indiens, bot sich das gleiche Bild: die Gewerkschaften hielten an der Forderung nach *automatischer* Steigerung des Reallohns fest, auch als der Staat als öffentlicher Arbeitgeber und die Wirtschaftsunternehmen dazu nicht mehr in der Lage waren. Die grundlegenden Veränderungen, die im internationalen Wirtschaftsgefüge eingetreten waren, wurden von den Gewerkschaftsführern meist ignoriert. Sie behaupteten schlicht, nichts habe sich verändert. Das konnte nichts anderes bedeuten als durch weiter steigende Lohnkosten angeheizte Inflation.

Der Kampf um einen größeren Anteil am Sozialprodukt war bei steigender Produktivität legitim. In vielen Ländern wurden unvernünftig gewordene Forderungen jetzt zu einer Machtfrage. In Italien und England machten die Gewerkschaften die weitere Regierbarkeit von der Erfüllung ihrer Forderung abhängig. Wohlgemerkt, die Gewerkschaften als Machtverband. In der Bundesrepublik Deutschland hatte, wie sich aus Meinungsumfragen ergab, die Arbeiterschaft sehr wohl begriffen, es sei klüger und vorausschauender, Lohnforderungen herabzuschrauben, wenn dies den Arbeitsplatz sichert.[14] Die Gewerkschaftsführer fügten sich murrend diesem Stimmungswandel. Überall sonst in Europa wurden Arbeitskämpfe zu Auseinandersetzungen um machtpolitische Monopole. Die Labourregierung Englands stand vor dem gleichen Problem, an dem Edward Heath gescheitert war.

In einer langdauernden Wirtschaftskrise wird Europa zu

einem Kampfplatz um die Regierbarkeit. Sie hängt davon ab, ob die Regierenden vor partikularen kurzfristigen Interessen zurückweichen (was zum Sturz Brandts und Tanakas führte), oder ob sie das Allgemeinwohl überzeugend zu verteidigen wissen. Die Verteidigung der sozialen Marktwirtschaft, die zum Wohlstand der Massen geführt hat, rückt die Problematik des »Verbändestaates« (Theodor Eschenburg) immer schärfer in den Scheinwerfer.

Inflation bedeutet politischen Vertrauensschwund. Der Zusammenhang zwischen Inflation und Regierbarkeit ist in den westlichen Ländern, einschließlich Japans, erst spät erkannt worden. Mit dem Einbruch einer Krise, die man Jahrzehnte hindurch für unmöglich gehalten hatte, traten Begriffe wie öffentliche Verschwendung in den Vordergrund. Es erhob sich die Frage, wann der Wohlfahrtsstaat zu einer so großen Belastung des Einzelhaushaltes führt, daß er sich schließlich selbst aufhebt. Darum begann die Debatte innerhalb der englischen Konservativen, die das eigentliche Problem lange vor sich hergeschoben hatten, daß die wirklich Bedürftigen zu wenig und die weniger Bedürftigen zu viel an öffentlicher Subvention erhalten. Diese Veränderung des Bewußtseins hat jedoch noch lange nicht die weitere Stufe der Einsicht erreicht, daß Völker, die sich nur noch als Wohlstandsgemeinschaft empfinden, in Krisenzeiten Gefahr laufen, unregierbar zu werden. Das kann das Überleben der Demokratie selbst in Frage stellen.

Die universale Entwicklung wird das Inseldasein der Überflußgesellschaften weder dulden, noch auch nur ermöglichen. Bewußte Enthaltsamkeit, wie sie Karl Steinbuch schon vor dem Einbruch der akuten Krise empfahl, heißt nicht Mangel, sondern »die Einsicht, daß die subjektiv empfundene Lebensqualität kaum mehr von größerem Konsum abhängt, vielmehr von Dienstleistungen und sozialen Kontakten.«[15]

Tiefgreifende Wandlungen finden nur statt, wenn eine Herausforderung zur ernsthaften Bedrohung wird. Die westliche Gemeinschaft steht vor der Alternative, die Konsumgesellschaft ungeachtet aller negativen Vorzeichen noch weiter zu steigern. Das bedeutet Unterwerfung unter den Willen der sozialen Machtverbände. Oder aber Verzicht auf Unwesentliches zu leisten, um das Wesentliche zu retten: eine freie Gesellschaft mit angemessenem Wohlstand. Er würde auch weiterhin hoch über dem Sozialprodukt der großen Mehrheit aller Völker liegen, aber langsamer steigen als bisher. Dafür wäre Stabilität durch Rückstau der Inflation gewonnen.

Wird der erste Weg beschritten, so ist da nur mit weiterer Geldwertverschlechterung und zugleich mit heilloser Verschuldung möglich. Daraus müssen Wirren entstehen. Die Regierbarkeit wird durch außerparlamentarische Mächte eingeschränkt und die Autorität der Regierung unterminiert. Auf ganz anderem Wege kommt dann schließlich die vermeintliche Überflußgesellschaft zum gleichen Ergebnis wie weite Teile Lateinamerikas und Asiens: zur Ablösung einer funktionsunfähig gewordenen Demokratie durch die Diktatur, wenn nicht eine Despotie. Wer könnte behaupten, das sei in Europa ausgeschlossen? In welchem Stadium dieses Prozesses befindet sich Italien? Ist das Warnzeichen der deutschen Geschichte dieses Jahrhunderts bereits vergessen? Der Staat von Weimar ging daran zugrunde, daß partikulare Interessen nicht mehr einzudämmen waren.

Der *Bundesrepublik Deutschland* kommt innerhalb der westlichen Welt bei dem harten Ringen um Zurückgewinnung der Stabilität eine wesentliche Rolle zu. Sie ist das wirtschaftlich bei weitem kräftigste Land Europas und hat den Weg in die Inflation langsamer vollzogen als alle anderen europäischen Staaten. Wird die Bundesrepublik zum »Gewerkschaftsstaat«[16], gibt sie Stabilität zu Gunsten einer imaginären »Globalsteuerung« auf, so ist damit für ganz Westeuropa die Marschrichtung bestimmt.

Hier geht es nicht um die legitime Funktion der Gewerkschaften, ihren Angehörigen einen angemessenen Anteil am Sozialprodukt zu sichern, sondern um den totalen Anspruch auf Wirtschaftslenkung. Wie ernst das zu nehmen ist, zeigte 1974 die Drohung Heinz Kühns, des Ministerpräsidenten von Nordrhein-Westfalen, im Falle eines Sieges der Opposition werde die Bundesrepublik unregierbar. Wenn in einer Demokratie Regierbarkeit nur noch mit einer Partei und einer politischen Richtung verbunden sein soll, ist der erste Schritt zur Auflösung dieser

Demokratie bereits gemacht. Drohung mit Unregierbarkeit kommt der Errichtung eines Einparteienstaates gleich, in dem die Opposition nur noch Dekoration ist, auf die man eines Tages auch verzichten kann.

Diese Auseinandersetzung zwischen Regierungsmacht und der Macht der Verbände in der Bundesrepublik ist auch im weltpolitischen Zusammenhang von großer Bedeutung. Weicht der Staat bei seinem Versuch, im eigenen Bereich Sparsamkeit zu üben und die Geldmenge zu vermindern, vor den Forderungen der Verbände zurück, so geht das an die Grundfesten der Demokratie. Damit aber müssen in den Vereinigten Staaten die Widerstände gegen ein fortbestehendes Engagement in Europa wachsen, wenn die freiheitliche Ordnung selbst im Herzen Europas zu zerbröckeln beginnt. Niemand hat davor ernster gewarnt als die amerikanischen Gewerkschaften.

Wege zur Kooperation

Wunderbeschwörungen wenden keine Katastrophen ab. Ein gewisser Teil der Friedensforschung beschäftigt sich damit, wie eine Weltregierung entstehen könnte, auf die alle jene drängenden Probleme abgeladen werden sollen, mit denen kein einzelnes Land mehr fertig wird. Diese Gedankenakrobatik macht es sich bequem: sie vermeidet eine genaue Aussage über jene Machtkomplexe, mit denen in der Realität zu rechnen ist. So wird der militärisch-industrielle Komplex der Sowjetunion als wahrer Herrschaftskern eines gewaltigen Imperiums in dieser Heilsliteratur kaum je erwähnt. Die qualitative Verschiedenheit der beiden Supermächte wird meist verschwiegen. In aller Unschuld wird die Forderung erhoben, die Supermächte sollten auf ihre Souveränität zugunsten einer Weltregierung verzichten, obwohl nicht einmal eine wirksame Rüstungskontrolle an Ort und Stelle möglich ist. Die Pseudowissenschaft stört das nicht. Sie begnügt sich mit einem Frieden durch Selbstbefriedigung.

Das könnte man auf sich beruhen lassen, würden durch solche Heilslehren nicht auch durchführbare und vernünftige Möglichkeiten internationaler Zusammenarbeit kompromittiert. Die Periode der Transformation, in der wir leben, läßt sich nicht durch Abkürzungswege umgehen, welche die Machtverhältnisse in ihrer realen Perspektive ignorieren. Wer ihnen nicht mutig gegenüberzutreten wagt, kann nur irrelevante Forderungen stellen. Er wird damit nicht zum Beweger, sondern zum Sektierer.

Die umfassenden Probleme der Menschheit, die sich aus der bevorstehenden Verdopplung der Erdbevölkerung und der drohenden Nahrungslücke ergeben, sind nur kooperativ zwischen den großen Weltprovinzen zu lösen. Da es keine Weltregierung geben wird, die befehlen und verwalten kann, müssen als übernationale Zwischeninstanzen Institutionen geschaffen werden, die eine solche Kooperation ohne Zwang möglich machen.

Das ist kein frommer Wunsch; denn wir haben bereits solche Institutionen. So hat die *Weltbank* in Washington in mühsamer Kleinarbeit Methoden ausgearbeitet, bei denen Tausende von Einzelfällen der konkreten Hilfe schließlich ein dichtes Gewebe ergaben. Diese vielleicht bedeutsamste Anstrengung der freien Welt genießt geringe Publizität. Dennoch wird in dieser Institution der Interdependenz der heutigen Welt so genau und praktisch entsprochen wie nur an wenigen anderen Stellen. Das Prinzip, das hier zugrunde liegt, ist wichtig für die Zukunft. Während die Institutionen der Vereinten Nationen durch die dort herrschenden Mehrheitsverhältnisse von den Interessenten beherrscht werden, ist die Weltbank ein *Treuhänder*. Sie bringt in den reichen Ländern Geld auf, das sie dort einsetzen kann, wo objektive Notwendigkeit besteht. Die Auswahl trifft weder der Geldgeber noch der Interessent, sondern der Treuhänder, der aus allen Ländern Experten von Rang zu beschaffen vermag.

Eine ähnliche treuhänderische Institution wäre sowohl auf dem Nahrungsgebiet denkbar, wo es vornehmlich um die Erhöhung der Hektarerträge in weiten Teilen der Welt geht, wie auch bei der Ausbeutung der immensen Naturschätze auf dem Meeresboden.

Auf der Seerechtskonferenz in Caracas und Genf standen die wenigen technisch potenten Staaten, die dafür allein die kostspielige technische Ausrüstung beschaffen können, der Mehrzahl der kleinen Staaten gegenüber, welche die Ausbeutung dieser

Schätze einer von ihnen abhängigen Weltbehörde übertragen wollen. Da die Mittel für eine solche Behörde nur von den potenten Staaten kommen können, wollten sie sich nicht majorisieren lassen. Auch hier wäre der Ausweg aus fruchtloser Konfrontation eine treuhänderische Institution.

Wenn sich die großen Weltprobleme der Zukunft weder national noch regional, sondern nur universal lösen lassen, so bedarf es dazu der Institutionen, die als *pouvoir neûtre* angelegt sind. Unsere Beispiele zeigen, daß es möglich ist. Wäre die Weltbank eine Institution der Vereinten Nationen, so würde sie unvermeidlich in den Strudel der Emotionen hineingezogen, die sich dort zu entladen pflegen. Sie wäre damit unwirksam. Andererseits zeigt die technokratische Bürokratie von Brüssel, daß eine Behörde ohne *pouvoir* ebenfalls unwirksam bleibt. Mit *pouvoir* ausgestattete treuhänderische Institutionen können sich dagegen einen weiten Spielraum schaffen.

Verfahrensweisen, die mit einer gewissen Bescheidenheit Schritt um Schritt vorgehen, mögen angesichts der Bedrohungen nicht genügend spektakulär erscheinen. Vermutlich sind sie jedoch der Ariadnefaden durch das Labyrinth. Lassen sich hier auch Wege finden, die den kommunistischen Staaten eine Mitarbeit ermöglichen? Sie haben bisher internationale Zusammenarbeit, unter strenger politischer Selektion, nur dort gesucht, wo sie ihre unmittelbaren Interessen zur Geltung bringen konnten. Sie werden weiterhin versuchen, jede internationale Institution in ihrem Sinne zu politisieren. Den großen Worten über die Entspannungspolitik stand ein eng begrenztes Entspannungsverständnis gegenüber.

Der abwendbare Untergang

Nach diesem Gang durch die Weltprobleme unserer Epoche bleibt die Definition des Titels. Wir blicken auf viele Hochkulturen zurück, die untergingen. In der Zukunft ist nicht nur ein einzelner Kulturbereich bedroht, sondern die Weltzivilisation schlechthin. Die Interdependenz zwischen den großen Weltprovinzen ist nicht mehr aufzuheben. Um notleidende Regionen gibt es keine wirksame Quarantäne. Der Überlebensinstinkt des Menschen, der anscheinend Unvermeidliches immer wieder abwehren konnte, war stets auf das Nahegelegene bezogen. Das reicht nicht mehr zur Bewältigung der Menschheitsprobleme aus. Ist unter derart veränderten Umständen das Wort Untergang nur eine Mystifikation? Und was kann »abwendbar« in einem so erweiterten Weltzusammenhang bedeuten?

Hier drängt sich eine Unterscheidung auf. Allen Weltprovinzen gemeinsam sind die übergreifenden Probleme wie die Bevölkerungsexplosion, Nahrungs- und Wasserverknappung, Umweltverschmutzung, ungehemmte Urbanisierung und – als Folge – wachsende Unregierbarkeit. Daneben haben aber auch im universalen Zeitalter die großen Weltregionen ihr eigenes Schicksal. In der westlichen Welt ist es damit verknüpft, ob und wie die Demokratie als Staatsform und vor allem als Freiheitsraum zu überleben vermag.

Der westlichen Welt kommt unter universalem Aspekt eine höhere Qualität von Verantwortung zu. Es war die europäisch-amerikanische Zivilisation, die mit dem Ausgreifen in alle Kontinente die Weltzivilisation geschaffen hat, in der wir leben. Das kann auch die überaus differenzierte Wirklichkeit des nachkolonialen Zeitalters nicht verwischen. Aber hat die westliche Welt Konsequenzen aus dieser höheren Verantwortung gezogen? Oder glaubt sie, sie könne ein Inseldasein des Überflusses bewahren? Es geht um weit mehr als oft billige Vorwürfe ehemaliger Kolonialvölker, die ihr Unvermögen zur Selbsthilfe auf einen Sündenbock abwälzen wollen. Aus der tieferen Mitverantwortung werden die Schöpfer dieser Weltzivilisation nicht entlassen. Ihre eigene Schöpfung – eben die Interdependenz aller Weltprovinzen – wird sie sonst in Bedrängnis bringen. »Der Verlust von einer Million Wählerstimmen verbreitet unter den Parteien (des Westens) mehr Schrecken als der Hungertod von einer Million Menschen in Südasien«, klagte Erhard Eppler.[17] Ist dieser Mangel an Weitsicht im parlamentarischen System unvermeidbar? Hat er tiefere Gründe?

Im westlichen Kulturbereich sind nicht die materiellen Krisen die eigentliche Gefahr, sondern *das Schwinden der Glaubwürdig-*

keit und damit der Legitimation der Führungsschichten. Unter den Ursachen, die diese Entkräftung der Demokratien bewirkt haben, sei hier nur eine besonders wesentliche genannt: die Parteiführer müssen ihre Konkurrenten mit *Glücksversprechen* beständig übertrumpfen, sie müssen bei den von banalen Werbefachleuten gesteuerten Wahlfeldzügen eine möglichst konfliktlose Zukunft verheißen und willige Diener des »Gesetzes der höheren Erwartung« sein. Nie dürfen sie davon sprechen, daß in einer sich wandelnden Welt Verzicht und Opfer unvermeidlich werden.

Auch die leitenden Apparatschiks der kommunistischen Staatenwelt haben an Glaubwürdigkeit eingebüßt. Man denke nur an die jämmerliche Lage des Regimes in Prag. Einen Vorteil haben sie jedoch vor demokratischen Führungsschichten voraus: sie können Verzicht und Opfer verlangen, ja sogar brutal erzwingen und brauchen sich nicht vor der Forderung zu scheuen, die gegenwärtige Generation müsse mit dem Blick auf die nächste ihr Soll erfüllen – ihr oft vergebliches Übersoll.

Wir verabscheuen in der westlichen Welt den Zwang, fordern aber Gemeinsinn. Dieser hohe Begriff der Freiheit als Selbstverantwortung wurde mehr und mehr durch das Zerrbild ersetzt, Freiheit sei ein Zustand, bei dem sich jeder nimmt, was ihm paßt – Demokratie als Selbstbedienungsladen. Eine Führungsschicht, die dem nicht entgegenzusteuern wagt, die handgreifliche Sachverhalte verschleiert, um ihre Privilegien zu erhalten, muß der Glaubwürdigkeit verlustig gehen. Sobald der Wind heftiger zu wehen beginnt, wird offenbar, daß der Gefälligkeitsstaat auf keine Loyalität rechnen kann.

Wie also definieren wir »Untergang«? Mit dem Verlust der Freiheit. Wenn Demokratien nur noch kurzatmig von der Hand in den Mund leben und ihre Führungsschichten keine langfristigen Ziele mehr setzen, können sie den Freiheitsraum nicht bewahren, in dem Selbstverantwortung möglich ist. Wir sahen, wie England und Italien sich nur durch heillose Verschuldung über Wasser halten, weil sie über ihre Verhältnisse leben. Auch die Bundesrepublik Deutschland beschreitet den gleichen Weg, nachdem ihre öffentliche Verschuldung allein im Jahre 1975 50 Milliarden DM beträgt. Verzweifelt fragte Erhard Eppler: »Trauen wir uns zu, notfalls auch ohne Steigerung des Realeinkommens Massenloyalität gegenüber der parlamentarischen Demokratie zu erreichen?«

Wie könnte das Führungsschichten gelingen, die mit einem pervertierten Demokratiebegriff selbst den Abbau ihrer Glaubwürdigkeit und damit ihrer Autorität herbeiführten. Ein Politiker wie Eppler, der daran mitbeteiligt ist, kann darauf kaum die Antwort geben. Wilhelm Hennis und Helmut Schelsky haben seit dem Ende der sechziger Jahre nachdrücklich dargelegt, daß eine »Demokratisierung« von Lebensbereichen, die das nicht vertragen, zur drastischen Verminderung der Effizienz führen muß, wie das bei vielen deutschen Hochschulen bereits geschah. Der Abbau der Autorität schlechthin wurde mit der Beseitigung eines »angemaßten Gehorsamszwangs« begründet. Bis hinunter zu »aufgeklärten« Schulbüchern glaubte sich diese Führungsschicht jede Aufsplitterung der sozialen Zusammenhänge leisten zu können. Die Chancen der intellektuellen Selbstmordkommandos, an deren Spitze sich einige Kultusminister setzten, werden jedoch geringer, wenn an die Stelle von Scheinproblemen echte Existenzfragen treten. Dieses Stadium ist erreicht.

Wie definieren wir »Abwendung«? Mit der Erkenntnis, daß uns die Willensfreiheit belassen ist, Fehlentwicklungen zu korrigieren. Die ungeheure Belastung, welche die unmittelbar bevorstehende Weltentwicklung für alle westlichen Länder bringen wird, erfordert Führungsschichten, die sich zutrauen, dem »Gesetz der höheren Erwartung« entgegenzuhandeln und damit wieder glaubwürdig werden. Demokratie und Autorität sind kein Widerspruch – vorausgesetzt, die Autorität erwächst aus Voraussicht und dem Mut zu vorübergehender Unpopularität.

Die Zwangssysteme des Ostens, welche die Lebensbedürfnisse der Völker nur mangelhaft befriedigen können, besäßen keinerlei Attraktivität, wäre im westlichen Kulturbereich der Freiheitsraum von willkürlicher Raffgier aller Schichten geschützt. Statt dessen sehen wir, wie in England, in Portugal, in Italien und – unterschwellig – auch in der Bundesrepublik Deutschland utopische Heilslehren an Boden gewinnen, deren Sieg das Ende der Freiheit überhaupt bedeuten müßte. Das Kampffeld ist bereits nach Westeuropa verlagert. Ein vordergründiger und fragiler Waffenstillstand wie die kurze Blütezeit der Entspannung wendet daher nur jene Gefahren ab, die am unwahrscheinlichsten sind, so etwa den Atomkrieg. Die oft überschwengliche Freude über das angebliche Versickern des Kalten Krieges beruhte auf einer flachen, ja falschen Fragestellung. Die Auseinandersetzung findet längst im Inneren der Demokratien selbst statt. Sie trägt den Charakter eines geistigen Partisanenkampfes, an dessen Rändern bereits physischer Terror entstand.

Die Demokratie ist dennoch nicht wehrlos. Sie kann schöpferischen Elan erzeugen, der in den Zwangssystemen verkümmert und erstickt – vorausgesetzt, sie besitzt Führungsschichten, die nicht nur der Begehrlichkeit nach dem Munde reden. Den asketisch-monomanischen Minderheiten können Demokratien sehr wohl erfolgreich begegnen, wenn sie es verstehen, die Ansprüche der Interessengruppen zu disziplinieren, wie das in Japan nach dem Einbruch der großen Krise geschah. Die Chancen der Systemveränderer vermehren sich nur, wenn die liberalen Gesellschaften zu unsoliden Praktiken Zuflucht nehmen, wenn ihre Führungsschichten zulassen, daß über die Verhältnisse gelebt wird, was Geldverschlechterung und Schulden zu Lasten künftiger Geschlechter nach sich zieht. Die Jüngeren beginnen schon zu ahnen, daß das »Unzeitgemäße« zeitgemäß wird. Der Verzicht auf Überflüssiges durch Selbstdisziplin.

Die innere Lage der Demokratien verschränkt sich mit der universalen Perspektive, der dieses Buch gewidmet ist. Die Verminderung der Kriegsgefahr zwischen den Supermächten hat zu einer selbstbetrügerischen Sorglosigkeit geführt. Die Umwälzungen, die am Rande des Pazifik und in anderen Kontinenten weitergehen werden, sollten die westliche Welt – nach der bitteren Lehre von Vietnam – nicht unvorbereitet treffen. Die Schicksalsgemeinschaft zwischen Europa und den Vereinigten Staaten kann stark genug sein, Gefahren abzuwenden. Aber – die Flutwelle bringt die Tiefe nach oben. Ducunt fata volentem, trahunt nolentem – den Wollenden führt das Schicksal, den Unwilligen schleppt es dahin. Das war Spenglers mahnendes Wort.

Anmerkungen

(Die Anmerkungen ersetzen kein Literaturverzeichnis, sondern beziehen sich nur auf Zitate)

Zu Kapitel I: Von den Weltkriegen zur Weltgeschichte

1 José Ortega y Gasset, Esquema de las crisis, Madrid 1942
2 Giselher Wirsing, Der Schritt aus dem Nichts, Düsseldorf 1951
3 Henri Bergson, Die beiden Quellen der Moral und der Religion, Jena 1933
4 E. F. Schumacher, Small is beautiful, A Study of Economics as if People mattered, London 1973

Zu Kapitel II: Einbruch des Ölkartells

1 Der Londoner »Economist« schätzte am 12. Oktober 1974 das Defizit der Zahlungsbilanzen der 18 wichtigsten Industriestaaten auf 45,8 Milliarden Dollar. Die Morganbank New York schätzte für 1975 das Zahlungsbilanzdefizit der gleichen Staatengruppe auf 55 bis 60 Milliarden Dollar, wovon nur 35 Milliarden durch den internationalen Kapitalmarkt abgedeckt werden können. (Financial Times, 24. Januar 1975). Die Lebensdauer der Währungsreserven von zehn Staaten lag bei gleichbleibendem Defizit der Zahlungsbilanz unter zwei Jahren.
2 Henry Kissinger, Interview mit Business Week, 3. Januar 1975
3 Über die Verteilung der Petrodollars 1974 gibt es verschiedene Berechnungen. Der Internationale Währungsfonds nahm im März 1975 an, es seien nicht 60, sondern nur 54 Mrd. Dollar nach dem Westen geflossen, davon 21 Mrd. (gleich 39 Prozent) in den Eurodollarmarkt.
4 Felix R. Paturi, Baumeister unserer Zukunft, Düsseldorf 1975
Dazu auch: Roger Hilsman, The Crouching Future, N. Y. 1975
5 Richard Jolly, in: Redistribution with Growth, Oxford University Press, 1974 (Publikation der Weltbank)
6 Nach der OECD betrugen die Leistungen der Ölländer für die Vierte Welt 4,75 Mrd. Dollar; 2,5 Mrd. Dollar öffentliche und 2,25 Mrd. private Leistungen. Ob die letzteren echte Hilfeleistungen sind, ist zweifelhaft. Das gleiche gilt für die private Hilfe der Industriestaaten, die OECD mit 15 Mrd. Dollar veranschlagte.
7 Dennis Meadows, Die Grenzen des Wachstums, Stuttgart 1972, S. 46 ff.
8 Evan Luard, The Control of the Sea, N. Y. 1975; dazu auch Financial Times, 1. Mai 1975

Zu Kapitel III: Wandlungen einer Weltmacht

1 Arthur M. Schlesinger Jr., A Thousend Days, Boston 1965, S. 831
2 New York Times, 26. Dezember 1973
3 Balls Memorandum findet sich in den Pentagon Papers, New York 1971, S. 440. Über Balls Rolle im Vietnam-Konflikt:
David Halberstam, The Best and the Brightest, Greenwich 1973 (Paperback) und Balls Memoiren: Disziplin der Macht, Frankfurt 1968
4 Wir folgen hier den Angaben von Roger Hilsman, a. a. O., S. 148
5 Lothar Ruehl, Vietnam, Brandherd eines Weltkonflikts?, Berlin 1966, S. 197
6 Henry Kissinger, Pressekonferenz vom 29. April 1975, zitiert nach Wireless Bulletin der amerikanischen Botschaft
7 Frank L. Klingsberg, »The Historical Mood in American Foreign Policy« 1952, zitiert bei Z. Brzezinski in »Foreign Affairs«, Juli 1973
8 Time, 22. Februar 1971, S. 12
9 Henry A. Kissinger, Amerikanische Außenpolitik, Düsseldorf 1969, S. 38
10 Der Spiegel, 1969/4; später auch 1970/52
11 Henry Kissinger, Großmachtdiplomatie, Düsseldorf 1962
12 H. Kissinger, Foreign Affairs, Januar 1969
13 Edgar Snow, The Long Revolution, New York 1972, S. 171 (Übertragung in direkte Rede vom Verf.)
14 New York Times, 17. April 1966
15 The Military Balance 1974/75, London 1974
16 John Newhouse, Cold Dawn, The Story of SALT, N. Y. 1973
17 Lothar Rühl, Machtpolitik und Friedensstrategie, Hamburg 1974
18 Adalbert Weinstein, Frankfurter Allgemeine, 5. Dezember 1974
19 Frankfurter Allgemeine, 13. Juli 1973
20 Zitiert nach Le Monde, 26. Juni 1973
21 Economist, 12. Januar 1974
22 US Foreign Policy for the 1970s, A Report to the Congres by Richard Nixon, 9. Februar 1972
23 Henry Kissinger, The troubled Partnership, New York 1965; deutsch: Was wird aus der westlichen Allianz? Düsseldorf 1965, Seite 238 f.

Zu Kapitel IV: Ein entscheidendes Zwischenspiel

1 Adenauer hatte der Sowjetregierung vorgeschlagen, der DDR den Status Österreichs zu geben. Konrad Adenauer, Erinnerungen 1955/59, Stuttgart 1967, S. 369–395
2 Heinz Timmermann, Im Vorfeld der Ostpolitik, in: Osteuropa, Juni 1971
3 Die neue Gesellschaft, März 1968 (Sperrung v. Verf.)
4 George Ball, a. a. O., S. 159
5 Henry Kissinger, The troubled Alliance, N. Y. 1965, S. 148
6 Helmut Allardt, Moskauer Tagebuch, Düsseldorf 1973, S. 231

7 Stern, 15. August 1971
8 Quick, Oktober 1973. Die Echtheit des Dokuments wurde nie bestritten.
9 Walter F. Hahn, in: Orbis (A Quarterly Journal of World Affairs), April 1973. Auch die Korrektheit dieses Dokuments wurde nie bestritten.
10 H. Allardt, a. a. O., S. 226
11 Am 19. April 1972 veröffentlichten die deutschen Tageszeitungen ausführliche »Protokoll-Fragmente« über die Moskauer Verhandlungen mit wörtlichen Wiedergaben der Gespräche zwischen Bahr und Gromyko. Sie waren dem Oppositionsführer Rainer Barzel zugespielt worden, der sie dem Bundeskanzler übergab. Sie wurden von der Regierung als »entstellte Bruchstücke« bezeichnet, doch konnte man sie nicht als bloße Erfindungen abtun. Gewisse Formulierungen ließen auf Echtheit schließen. Manipulation war jedoch nicht auszuschließen.
12 H. Allardt, a. a. O.
13 Klaus Mehnert, Christ und Welt, 10. Juli 1970
14 Ebenda
15 Über ähnliche Erfahrungen berichtete Kurt Birrenbach in Aufsätzen im »Europa-Archiv«, z. B. 1973/20.

Zu Kapitel V:
Das Sowjetimperium

1 So der Professor für osteuropäische Politik in Wien, Kurt Marko, in: Osteuropa, 1974/2, S. 140
2 Der Spiegel, 1974/7 vom 11. Februar
3 Antonio Carlo, Politische und ökonomische Struktur der UdSSR, Berlin 1972 bei Wagenbach
4 Boris Lewytzkyi, Soziologie der Führungsschicht der KPdSU, in: Osteuropa, 1973/11
5 John Dornberg, Breschnjew, München 1973, S. 300
6 John Dornberg, a. a. O., S. 111 ff.
7 Herald Tribune, 11. Juni 1974
8 Das schildert besonders eindrucksvoll ein anonymer britischer Autor als Augenzeuge: Observer/Message from Moscow. London 1969
9 Andrej Sacharow, Stellungnahme, Wien 1974
10 Rolf Winter, Die ärmliche Weltmacht, München 1971
11 Klaus Mehnert, Moskau und die Neue Linke, Stuttgart 1973
12 Neben vielen Quellen vor allem: B. Lewytzkyi, Die Marschälle und die Politik, Köln 1971. Ferner eine Dokumentation in: Osteuropa, 1975/1
13 Georg von Rauch, Geschichte des bolschewistischen Rußland, Wiesbaden 1955, S. 335
Dazu auch die von Wanda Bronska-Pampuch herausgegebenen sowjetischen Berichte von Nikulin und General Gorbatow: Geköpfte Armee, Berlin 1965. Nikulins Biographie Tuchatschewskis entspricht dem Geist der Entstalinisierung unter Chruschtschow. Der Vertrieb dieses Buches ist inzwischen in der Sowjetunion verboten.
14 Im Vorwort zu B. Lewytzkyj, die Marschälle und die Politik, Köln 1971
15 H. G. Skilling u. F. Griffith, Interest Groups in Soviet Politics, Prince-

ton 1971. S. P. Huntington u. C. H. Moore, Authoritarian Politics in Modern Society, N. Y. 1970
Martin Jänicke, Totalitäre Herrschaft, Berlin 1971
T. Kirstein, Die Konsultation von »Außenstehenden« durch den Partei- und Staatsapparat der UdSSR, Berlin 1972

16 Michel Tatu, Macht und Ohnmacht im Kreml, Berlin 1968, hat festgehalten, wie Chruschtschow im Dezember 1962 beim Besuch einer Ausstellung moderner Künstler in äußerste Wut geriet. Er begriff sofort die hinter diesen Bildern steckende Herausforderung an das System schlechthin.

17 Osteuropa 1972/5 S. 371

18 Ebenda

19 Aviation Week and Space Technology, New York, 4. 10. 1971

20 Hearings before the Joint Committee, Congress of the United States, July 17, 18, 19, 1973, S. 127

21 A. Sacharow, Stellungnahme, Wien 1974

22 John Dornberg, Breschnjew, München 1973, S. 315

23 Ein gutes Beispiel ist Rolf Winters »Ärmliche Weltmacht«. Der Verfasser fuhr – nach heftiger Kritik an den USA – in die Sowjetunion. Statt des positiven Gegenbildes brachte er ein genau belegtes Porträt des Jammers mit nach Hause. Nicht anders wie André Gide fast fünfzig Jahre vorher.

24 Fortune, New York, November 1974

25 Zitiert nach A. Buchholz, in: Osteuropa 1972/5 und 7

26 Jürgen Nötzold, Die Bedeutung des Technologietransfers in der wirtschaftlichen West-Ost-Kooperation, Ebenhausen 1974

27 Eine gute Übersicht über organisierten Diebstahl und illegalen Nebenerwerb, in: Osteuropa 1974/2

28 K. E. Wädekin, Privatproduzenten in der sowjetischen Landwirtschaft, Köln 1967

29 Nach einem umfassenden Gutachten des Instituts für Ostmarktforschung, Hamburg, November 1973

30 Neue Zürcher Zeitung, 8. Juni 1974

31 Gutachten, Anm. 29

32 Jürgen Nötzold, a. a. O.

33 Eine gute Reportage über Akademgorodok bei: Hugo Portisch, So sah ich Sibirien, Wien 1967

34 Der Spiegel, 1973/3

35 So bezeugt von Harrison E. Salisbury, War between Russia and China, New York 1969

36 Die genaueste Darstellung der ungleichen Verträge bei: Horst Pommerening, Der chinesisch-sowjetische Grenzkonflikt, Olten und Freiburg 1968

37 Zahlen nach Strategic Survey 1973, London 1974

38 Harry Gelber, Nuclear Weapons and Chinese Policy, 1973 London, glaubte, mit 250 Sprengköpfen könnte die UdSSR das chinesische Potential noch außer Kraft setzen.

39 The Arms Trade with the Third World, Uppsala 1971 (herausgegeben vom »Stockholm International Peace Research Institute)

40 Pressekonferenz von H. Kissinger, 25. Oktober 1973
41 Breschnjew vor dem Weltfriedenskongreß in Moskau, 26. Oktober 1973
42 John Newhouse, Cold Dawn, a. a. O., S. 189
43 Weißbuch der Bundesregierung 1974: Zur Sicherheit der Bundesrepublik. – The Military Balance 1974/75, London 1974
44 Das maßgebende Marinehandbuch »Jane's Fighting Ships« (London) hielt 1973 die Sowjetflotte für stärker als die amerikanische, weil sie über mehr als 300 U-Boote, davon fast ein Drittel atomgetrieben, verfügt, die Amerikaner dagegen nur über rund einhundert (ohne die Polaris-Raketenboote).
45 Wolfgang Höpker, Weltmacht zur See, Stuttgart 1971. Vom gleichen Autor: Die Ostsee – ein rotes Binnenmeer (1958); Das Mittelmeer (1961); Stoßrichtung Atlantik (1973), Der Indische Ozean (1975) – die fünf Bücher ergeben zusammen die genaueste Übersicht sowjetischer Flottenpolitik in deutscher Sprache.
46 Kissinger vor dem Finanzausschuß des Senats am 8. März 1974. Zitiert nach: Wireless Bulletin from Washington, 11. März 1974
47 M. S. Woslenskij, Mitglied der Moskauer Akademie der Wissenschaften, gab in »Osteuropa« 1973/11 eine dokumentarische Übersicht über die amtliche sowjetische Auffassung von »friedlicher Koexistenz« als Kampfmittel. Vgl. dazu auch G. Wettig, ebenda 1974/3
48 Erschöpfendes zur Konvergenztheorie bei: Brzezinski/Huntington, Politische Macht, USA/UdSSR, Köln 1966, im Schlußkapitel
49 Raymond Aron, Paix et Guerre entre les nations, Paris 1962

Zu Kapitel VI:
Pekings globaler Anspruch

1 Diese Vereinfachung sei in diesen verkürzten Bemerkungen erlaubt. In welchem Umfang Kontakte tatsächlich stattfanden, findet man am genauesten im Monumentalwerk von Joseph Needham, Science and Civilisation in China, Cambridge 1954 ff.
2 Wolfgang Bauer in: Propyläen Weltgeschichte, Band XII (Summa Historiae), Berlin 1965, S. 148.
3 Wolfgang Franke, Das Jahrhundert der chinesischen Revolution, München 1958, S. 151 ff.
4 Han Suyin, Die eiserne Straße, Hamburg 1965
5 Als Beispiel unter Dutzenden: Peking Review 1974/23 vom 7. Juni
6 Wortlaut des Gleichnis vom Törichten alten Mann bei Klaus Mehnert, China nach dem Sturm, Stuttgart 1971, im Anhang, und Wolfgang Bauer, China und die Hoffnung auf Glück, München 1971, S. 562
7 Die noch immer bei weitem beste Mao-Biographie von Stuart Schram (Frankfurt 1969) schätzt die Zahl der bis 1951 Exekutierten auf eine bis drei Millionen.
8 Unter den zahlreichen Darstellungen der innerparteilichen Kämpfe seien nur Edgar Snow, The long Revolution, ferner Joachim Glaubitz, Opposition gegen Mao, Olten 1969, Klaus Mehnert, Peking und die neue Linke, Stuttgart 1969, sowie Stuart Schrams deutsche (ergänzte) Ausgabe seiner Mao-Biographie genannt.

Die Literatur über die Kulturrevolution zählt bereits einige Dutzend Titel.
Die eindrucksvollste Schilderung eines beteiligten Rotgardisten ist: Ken Ling, Maos Kleiner General, München 1974

9 Edgar Snow, a. a. O., S. 174
10 Ken Ling, a. a. O., S. 167
11 Mao intern, herausgegeben von Helmut Martin, München 1974
12 Leo Goodstadt, Mao Tse-tung, The Search for Plenty, Hongkong 1972, S. 241
13 Die Dokumente zum Konflikt Peking – Moskau finden sich in deutscher Sprache bei: Harry Hamm / Joseph Kuhn, Das rote Schisma, Köln 1963, sowie bei: Fritz Schatten, der Konflikt Moskau – Peking, München 1963. Dazu: Klaus Mehnert, Peking und Moskau, Stuttgart 1962, und kürzer gefaßt: Joachim Glaubitz, China und die Sowjetunion, Hannover 1973
14 Wolfgang Bauer, China-Hoffnung auf Glück, München 1971, S. 570
15 Ebenda, S. 558
16 Current Scene, Hongkong, Dezember 1974
17 China aktuell, Hamburg, November 1974
18 Jürgen Domes, Politik und Herrschaft in Rotchina, Stuttgart 1965
19 derselbe in: Far Eastern Economic Review, Hongkong 1. Okt. 1973
Eine gründliche Analyse des Politbüros und des ZK von 1973 bei W. Bartke, China aktuell, September 1973 und Juni 1974
20 Mao Tse-tung, Theorie des Guerillakrieges, Hamburg 1966
21 Giselher Wirsing, Moskau, Peking und Afrika, in: Das große Dreieck, Stuttgart 1971
22 Peking Rundschau 1965 Nr. 24
23 Peking Review, 1974/16 vom 19. April
24 Dazu O. Weggel in: »China aktuell« 1974/4
25 Peking Rundschau, 1974/22
26 Peking Review, 1974/22

Zu Kapitel VII:
Das japanische Dilemma

1 Herman Kahn, Bald werden sie die Ersten sein, Wien 1970
2 Chie Nakane, Japanese Society, Berkeley 1972
3 Karl F. Zahl, Die politische Elite Japans nach dem Zweiten Weltkrieg, Wiesbaden 1973 (Institut für Asienkunde Hamburg)
4 Economist, London, 31. März 1973
5 R. F. Zahl, a. a. O., S. 159
6 J. C. Abegglen, The Economic Growth of Japan, in: Scientific American, März 1970
7 Economist, London, 4. Januar 1975
8 Über das Problem des japanischen Konsensus – vor allem auch innerhalb der Behörden und Managements von unten nach oben – gibt es zahlreiche interessante Studien. So etwa bei Lily Abegg, Japans Traum vom Musterland, München 1973, Kapitel VI, und als Hauptquelle Kiyoaki Tsuji, »Decision-Making in the Japanese Government: A

Study in Ringisei« in dem von R. E. Ward herausgegebenen Sammelband Political Development in Modern Japan, Princeton 1968. Das Wort Ringisei steht für die besondere Methode, wie in Japan gemeinhin Entscheidungen nicht durch Befehle, sondern durch Zustimmung herbeigeführt werden.

9 Düsseldorf 1969

10 Lily Abegg, Japans Traum, a. a. O.

11 Darüber berichten die japanischen Zeitschriften seit Jahren ausführlich. Siehe auch Z. Brzezinski, The Fragile Blossom, N. Y. 1972

12 Giselher Wirsing in: Indo Asia Januarheft 1965 und in »Christ und Welt«, Juni 1963

13 Kei Wakaizumi, Japan's Role in a New World Order, Foreign Affairs, N. Y. Januar 1973

14 Newsweek, 29. Juli 1974, Time, 12. Mai 1975

Zu Kapitel VIII:
Der indische Subkontinent

1 Hindustan Times, New Delhi, 31. Dezember 1973. Siehe auch: Indo Asia, 1974/2.

2 World Bank Atlas, 1974. New York

3 Far Eastern Economic Review, Hongkong, 20. Mai 1974.

4 Giselher Wirsing, Indien, Düsseldorf 1972.

5 Ayub Khan, Friends not Masters. Lahore und London 1967.

6 Arthur Schlesinger, A Thousand Days, New York 1965.

Zu Kapitel IX:
Iran – Die Wacht am Golf

1 Heinrich L. Kaster, Iran heute, Düsseldorf 1974.

2 Fortune, NY., Oktober 1974.

3 Iran kaufte 1974 von den Kruppwerken ein Aktienpaket im Börsenwert von 143,5 Millionen DM. Davon entfielen 114,4 Millionen auf die Krupp Hüttenwerke und 29,1 Millionen auf die Muttergesellschaft. Nach unbestätigten Gerüchten soll Iran für dieses Paket einen Kaufpreis zwischen 200 und 300 Millionen DM bezahlt haben.

4 Interview mit dem Schah, in: Newsweek, 21. Mai 1973.

5 Dieter Braun, Neue Konstellationen zwischen dem indischen Subkontinent und Westasien, Stiftung Wissenschaft und Politik, Ebenhausen 1974.

6 Schah-Interview, in Newsweek, 21. Mai 1973.

7 New York Times, 23. April 1973.

8 Die iranische Flotte wird um 1976 aus zehn Zerstörern, zwölf Fregatten und einem Dutzend Schnellboote und Minensuchbooten bestehen. Bandar Abbas am Eingang zum Persischen Golf wird zu einem großen Flottenstützpunkt ausgebaut:

Strategic Survey und The Military Balance 1974.
Dazu A. Weinstein, in FAZ, 25. Juli 1973 und 6. März 1974.

9 New York Times, 23. April 1973.

Zu Kapitel X: Die Wiederkehr der Araber

1 Giselher Wirsing, in: Das große Dreieck, Stuttgart 1971, sowie Osteuropa 1962/1

2 Arnold Hottinger, Fellachen und Funktionäre, München 1967

3 Zitiert nach Gerhard Konzelmann, Die Araber und ihr Traum vom Großarabischen Reich, München 1974

4 Gisela Bonn, Interview mit Anwar el-Sadat, Deutsche Zeitung, 6. September 1974

Zu Kapitel XI: Südafrika – Wandlung oder Katastrophe

1 Ein eindrucksvoller Querschnitt durch die Meinungen in Südafrika findet sich in: N. J. Rhoodie (Herausgeber) Contrasts in S. A. Thinking on Basis Race Issues, Johannesburg 1972

2 London Times, 27. April 1971

3 Nach Randy Daily Mail, 2. November 1973, wurden bis zu diesem Zeitpunkt bei den steuerbegünstigten Grenzindustrien knapp 100 000 Arbeitsplätze geschaffen. Dafür mußten fast drei Milliarden DM aufgebracht werden. In den Grenzindustrien müßten bis Ende des Jahrhunderts 6 Millionen Arbeitsplätze geschaffen werden, wenn man auch nur 70 Prozent des männlichen Zuwachses der Bantu Arbeit geben wolle. Das würde astronomische Summen kosten.

4 Economist, 17. November 1973

Zu Kapitel XII: Brasilien – Brücke zum 21. Jahrhundert

1 Dazu Anekdotisches bei Gustav Faber, Brasilien, Tübingen 1970

2 Klaus Lindenberg, in: Politik in Lateinamerika, Hannover 1971

3 Das ausgezeichnete, vor Allendes Sturz abgeschlossene Buch von Dieter Nohlen, Chile, Hamburg 1973, gibt ein klares Bild von Allendes Mißwirtschaft.

4 Jorge Imaz, Los que mandan, Buenos Aires 1971

5 Golbery do Couto e Silva, Geopolitica do Brasil, Rio de Janeiro 1967.

6 Michell Schooyans, Déstin du Bresil, Gembloux 1973

7 Es gibt keine zuverlässige Statistik über die ausländischen Privatinvestitionen in Brasilien. *Martin Gerster,* der wohlinformierte Brasilienkorrespondent der FAZ, schätzt die deutschen Investitionen auf 4 bis 5 Mrd. DM (Brasilienbeilage, 15. April 1975). Der Anlagewert ist jedoch weit höher. Die von der Banco Central do Brasil veröffentlichten Zahlen sind bei weitem zu niedrig.

8 Über den Sertão (Wildnis) und seine Bewohner siehe: J. J. van den Besselaar, Brasilien, Wiesbaden 1967, und Gustav Faber, a. a. O.
9 René Alemann, Guerilla in Lateinamerika, München 1974

Zu Kapitel XIII: Der europäische Hamlet

1 Golo Mann, Deutsche Geschichte des 19. und 20. Jahrhunderts, Frankfurt 1959, S. 321
2 Z. Brzezinski, America and Europe, in: Foreign Affairs, Oktober 1970
3 Walter Hallstein, Die Europäische Gemeinschaft, Düsseldorf 1973, gibt ein umfassendes Bild der Verträge, ihrer Ausführung und der hemmenden Faktoren.
4 New York Times, 30. August 1974
5 Der Spiegel, 9. Sept. 1974
6 Stephen Spender, Das Jahr der jungen Rebellen, München 1969

Zu Kapitel XIV: Die neuen Dimensionen

1 Giselher Wirsing, Die Menschenlawine, Stuttgart 1956
2 B. G. Verghese in: Indo Asia 1975/1
3 Die Rede von McNamara in Nairobi deutsch in: Indo Asia 1974/2; ferner: Die Jahrhundert-Aufgabe, Stuttgart 1974
4 Studie der FAO für die Welternährungskonferenz, Rom, Juni 1974
5 Ken Ling, a. a. O.
6 Willy Hellpach, Mensch und Volk der Großstadt, Stuttgart 1952
7 Emile Durkheim, De la Division du Travail Social, Paris 1893
8 Urbanization: development politics and planning, N. Y. 1968, (UN)
9 Geoffrey Jackson, People's Prison, London 1973
10 Arnold Toynbee, Cities on the Move, London 1970
11 Mihailo Mesarovic und Eduard Pestel, Menschheit am Wendepunkt, Stuttgart 1974, Anhang F – Zum Wasserkreislauf der Erde
12 Giselher Wirsing, Ein Jahrzehnt der Krisen, in Christ und Welt, 2. Januar 1970
13 Dieter Nohlen, Chile, a. a. O.
14 Eine Umfrage des Demoskopischen Instituts Allensbach (veröffentlicht in: Stern, 1975, Heft 1) hatte folgendes Ergebnis bei der Frage, ob die Löhne 1975 wesentlich weniger als in den vorhergehenden Jahren erhöht werden sollten: 74% der Befragten sprachen sich für wesentlich geringere Lohnerhöhungen aus und nur 13% für Lohnerhöhungen wie bisher. Für geringere Lohnerhöhungen sprachen sich 69% der Facharbeiter, 63% der angelernten Arbeiter, 81% der leitenden Angestellten und Beamten und 79% der sonstigen Angestellten und Beamten aus.
15 Karl Steinbuch, Kurskorrektur, Stuttgart 1973
16 Hierzu eine umfangreiche Auseinandersetzung zwischen Rolf Dahrendorf und Gewerkschaftsführern in: »Die Zeit« 1974 Nr. 49 und 50.
17 Erhard Eppler, Ende oder Wende, Stuttgart, 1975

REGISTER

Heinz Lathe

WIE LEBT, WAS DENKT DER SOWJET-BÜRGER

328 Seiten mit 15 Zeichnungen, Leinen

Heinz Lathe, profunder Kenner der Sowjetunion, zeichnet ein Bild vom Alltag in der UdSSR, wie es schillernder, detailfreudiger und mit soviel Gespür für das Wesen des Menschen dort bisher kaum vorgelegen hat. Hausfrauen, Studenten, Schwarzhändler, Oppositionelle ziehen wie in einem Farbfilm vorüber. Die Skala der Themen reicht von der Verbrechensbekämpfung, die Familienplanung über den Eisenbahnbau in Sibirien, die Wolfsjagd oder die Massenhysterie in den Fußballstadien bis zur Verwaltung der armenischen Kirche. So entstand ein schillerndes Kaleidoskop dieses Landes und seiner Menschen. Lathe ist einer der wenigen Autoren, der für seine Objektivität gleichzeitig von der FAZ wie von der PRAWDA hoch gelobt wurde.

Gérard de Villiers

DER SCHAH

Der unaufhaltsame Aufstieg
des Mohhammed Reza Pahlewi
496 Seiten mit 16 Abbildungen sowie 2 Karten, Leinen

Spätestens seit der Schah von Persien sich in das traditionsreiche deutsche Industriemonument Krupp einkaufte, wurde einer breiten Öffentlichkeit bewußt, daß dieser Mann mehr ist, als nur der Schlagzeilenlieferant für die Regenbogenpresse. Soraya und Farah Diba sind in den Hintergrund getreten – die ›Petro-Dollars‹ des Reza Pahlewi beherrschen die Szene. Er ist einer der mächtigsten Männer der Welt. Um seine Person ranken sich Mythen; er ist ein eiskalter Rechner – im Schachspiel der politischen Kräfte ist er ein Meister. Gérard de Villiers, ein Intimkenner und Freund des Iran, beleuchtet diesen Mann in all seinen Widersprüchen und Aspekten.